ÉCOLE FRANÇAISE DE ROME

MÉLANGES G. B. DE ROSSI

PARIS
ERNEST THORIN LIBRAIRE ÉDITEUR, 7, Rue de Médicis

ROME
SPITHÖVER, Place d'Espagne.

IMPRIMERIE DE LA PAIX, PHILIPPE CUGGIANI
ROME 1892.

MÉLANGES G. B. DE ROSSI.

MÉLANGES G. B. DE ROSSI

RECUEIL DE TRAVAUX

PUBLIÉS PAR L'ÉCOLE FRANÇAISE DE ROME

EN L'HONNEUR DE M. LE COMMANDEUR

GIOVANNI BATTISTA DE ROSSI

Supplément aux MÉLANGES D'ARCHÉOLOGIE ET D'HISTOIRE
publiés par l'Ecole française de Rome, T. XII.

PARIS
ERNEST THORIN LIBRAIRE ÉDITEUR, 7, Rue de Médicis

ROME
SPITHÖVER, Place d'Espagne.

Rome. — Imprimerie de la Paix, Philippe Cuggiani. — 1892.

A l'occasion du soixante-dixième anniversaire de naissance de M. le Commandeur G. B. De Rossi (22 février), un grand nombre d'universités, d'académies et de sociétés savantes italiennes ou étrangères lui ont présenté, en une fête solennelle (20 avril), des hommages de formes diverses.

L'Ecole française de Rome, reconnaissante, elle aussi, envers un tel maître, lui a dédié ce volume, composé de dissertations dues au seul groupe qu'elle représente.

On trouvera en tête une liste complète des publications de M. le Commandeur De Rossi. Un pareil catalogue, en permettant de mesurer l'œuvre accomplie, paraîtra le plus sincère et le plus incontestable des éloges.

La série de nos collaborateurs eût été plus longue si plusieurs ne s'étaient vus arrêtés par les labeurs de l'enseignement et par l'exigence des délais fixés. Tels d'entre eux dont le tribut n'a pu arriver à temps pour faire partie de ce volume, insèreront leurs mémoires dans le volume courant de nos *Mélanges d'archéologie et d'histoire*, et témoigneront ainsi de l'intention d'hommage respectueux qui nous a été commune.

Rome, Palais Farnèse, 15 mai 1892.

TABLE DES MATIÈRES

Catalogue des publications de M. le Commandeur DE ROSSI.
Pages 1-28.

AUDOLLENT (Auguste), *Professeur au lycée de Sens.* — Sur un groupe d'inscriptions de Pomaria (Tlemcen) en Maurétanie Césarienne. Pages 127-136.

BLOCH (Gustave), *Maître de conférences à l'Ecole normale supérieure.* — L'interdiction des sacrifices humains à Rome et les mesures prises contre le druidisme. Pages 251-262.

DE LA BLANCHÈRE (René), *Inspecteur général des bibliothèques et archives, chargé de l'inspection générale des bibliothèques, archives et musées archéologiques de l'Algérie et de la Tunisie.* — Le flambeau punique (dessin dans le texte). Pages 237-240.

DELAVILLE LE ROULX (Joseph), *Docteur-ès-lettres.* — Liste des Grands Prieurs de Rome de l'ordre de l'Hopital de Saint Jean de Jérusalem. Pages 263-270.

DE NOLHAC (Pierre), *Conservateur au Musée national de Versailles.* — Les manuscrits de l'Histoire Auguste chez Pétrarque.
Pages 97-112.

DIGARD (Georges), *Archiviste paléographe.* — Le domaine des Gaetani au tombeau de Cecilia Metella. Pages 281-290.

DOREZ (Léon), *Licencié ès lettres, archiviste paléographe.* — La Bibliothèque de Giovanni Marcanova (...-1467). Pages 113-126.

DUCHESNE (L'Abbé Louis), *Membre de l'Institut de France (Académie des Inscriptions et Belles lettres), Professeur à l'Ecole des Hautes études.* — Saint Barnabé. Pages 41-72.

DURRIEU (Paul), *Conservateur adjoint au Musée du Louvre.* — Une vue intérieure de l'ancien Saint Pierre de Rome au milieu du XVe siècle, peinte par Jean Foucquet (planche hors texte).
Pages 221-236.

FABRE (Paul), *Professeur à la faculté des lettres de Lille.* — Recherches sur le denier de Saint Pierre en Angleterre au moyen âge.
Pages 159-182.

GEFFROY (Auguste), *Membre de l'Institut de France (Académie des Sciences morales et politiques), Directeur de l'Ecole française de Rome.* — Une vue inédite de Rome en 1459 (planche hors texte).
Pages 361-382.

GSELL (Stéphane), *Professeur à l'Ecole supérieure des lettres d'Alger*. — Note sur la basilique de Sertei (Maurétanie Sitifienne) (Dessins et planches). Pages 345-360.

GUIRAUD (Jean), *Agrégé de l'Université de France*. — Le commerce des reliques au commencement du IXe siècle. Pages 73-96.

JULLIAN (Camille), *Professeur à la faculté des lettres de Bordeaux*. — La religion romaine deux siècles avant notre ère.
Pages 311-342.

LAFAYE (Georges), *Maître de Conférences à la faculté des lettres de Paris (Sorbonne)*. — Supplicié dans l'arène (une planche dans le texte). Pages 241-250.

LE BLANT (Edmond), *Membre de l'Institut de France (Académie des Inscriptions et Belles-lettres), Directeur honoraire de l'Ecole française de Rome*. — Les sentences rendues contre les martyrs.
Pages 29-40.

LÉCRIVAIN (Charles), *Professeur à la faculté des lettres de Toulouse*. — Observations sur la contrainte par corps et les voies d'exécution dans le droit grec. Pages 291-310.

MARTIN (Albert), *Professeur à la faculté des lettres de Nancy*. — Un manuscrit de l'*Abrégé de Chronologie* de Nicéphore. — Les stiques des *Acta Thomae*. Pages 201-206.

MICHON (Etienne), *Attaché au Musée du Louvre*. — La collection d'ampoules à eulogies du Musée du Louvre (planches dans le texte). Pages 183-200.

MÜNTZ (Eugène), *Professeur à l'Ecole nationale des Beaux-arts à Paris*. — Plans et monuments de Rome antique (Planches hors texte). Pages 137-158.

PÉRATÉ (André), *Agrégé de l'Université de France*. — La résurrection de Lazare dans l'art chrétien primitif. Pages 271-280.

PROU (Maurice), *Conservateur adjoint au Cabinet des médailles (Bibliothèque nationale de Paris)*. — Le monogramme du Christ et la croix sur les monnaies mérovingiennes (planche gravée, hors texte).
Pages 207-220.

TOUTAIN (Jules), *Agrégé de l'Université de France*. — Une borne milliaire inédite (Tunisie). Pages 343-344.

PUBLICATIONS DE M. LE COMM\ :sup:`r`. G. B. DE ROSSI

ANTÉRIEURES A 1882 (1).

Antiquités chrétiennes, Ouvrages en cours de publication.

I. Inscriptiones christianae urbis Romae septimo saeculo antiquiores, tomus primus, Romae, 1861.

II. La Roma sotterranea cristiana. Tome I avec atlas de XL planches, Rome, 1864. Tome II avec atlas de LXII planches + planches A, B, C, D, 1867. Tome III, atlas de LII pl., 1877.

Cf. *Rome souterraine, résumé des découvertes de M. de Rossi dans les Catacombes romaines*, par J. Spencer, Northcote et W. R. Brownlow, traduit de l'anglais, avec des additions et des notes, par Paul Allard, Paris, 1872 et 1874; préface de M. de Rossi.

Cf. *Les nouvelles études sur les Catacombes romaines, Histoire, Peintures, Symboles*, par le comte Desbassayns de Richemont; préface de M. de Rossi.

III. Musaici delle chiese di Roma anteriori al secolo XV. Roma, Spithöver 1872 sq., planches cromolithogr. grand in-folio.

IV. Bullettino di archeologia cristiana. Première série, in-4°, de 1863 à 1869, avec planches. — Seconde série, in-8°, de 1870 à 1875, avec planches. — Troisième série, in-8°, de 1876 à 1881, avec planches. — Quatrième série, in-8°, 1882. — Une édition française du Bulletin de 1863 a paru à Rome. — Une éd. française du Bulletin de 1867-1881 a paru à Belley par les soins et avec des annotations de Mgr Martigny. — Une éd. française du Bulletin de 1882 a paru par les soins de M. l'abbé Duchesne.

Première série. — 1. Scoperta d'una cripta istorica nel cimitero di Pretestato (1863 p. 1-6). V. n\ :sup:`os` 5 e 129.

2. Epitaffio dell'anno 406 (1863 p. 6-8).

---

(1) V. la note au bas de notre page 27.

3. Del sepolcro di s. Cirillo apostolo degli Slavi nella basilica di s. Clemente (1863 p. 6-15, 24). V. n. 22.

4. Epitaffio di Flavio Magno insigne oratore (1863 p. 14-16, 24).

5. Iscrizione Damasiana scoperta dinanzi la cripta quadrata nel cimitero di Pretestato (1863 p. 17-22).

6. Epitaffi con data certa degli anni 223 e 434 (1863 p. 22-24).

7. Prime origini della basilica di s. Clemente (1863 p. 25-31, 39; V. n. 122.

8. La croce d'oro rinvenuta nella basilica di s. Lorenzo (1863 p. 33-38).

9. Il cimitero di Massimo nella via Salaria nuova (1863 p. 41-46).

10. Una questione sull'arco trionfale di Costantino (1863 p. 49-53); V. n°s 12, 20 e 29.

11. Disegni d'alquanti vasi del mondo muliebre sepolto con Maria moglie di Onorio imperatore (1863 p. 53-56).

12. L'iscrizione dell'arco trionfale di Costantino (1863 p. 57-60). V: n°s 10, 20 e 29.

13. Un'accusa contro la memoria di s. Giovanni Crisostomo dileguata (1863 p. 60-62).

14. Scoperta d'un antichissimo codice della Bibbia nel Sinai (1843 p. 62-64).

15. La sottoscrizione di s. Panfilo martire ricopiata nel codice sinaitico (1863 p. 65-68). (Dissertazione sugli antichi correttori dei codici biblici).

16. Epitaffi con date consolari rinvenuti in s. Lorenzo fuori delle mura (1863 p. 68-72).

17. Monumenti di sacre vergini nell'agro Verano (1863 p. 73-80).

18. Escavazioni nel cimitero di Callisto (1863 p. 81-84).

19. Iscrizione epistografa degli anni 355, 436 (1863 p. 84-86).

20. Appendice agli articoli sull'arco di Costantino (1863 p. 86-87). V. n°s 10 e 12.

21. Rivista del Bullettino, anno primo (1873 p. 89-94). (Sintesi logica e cronografica di tutte le materie varie trattate nell'anno primo).

22. Le pitture scoperte in s. Clemente (1864 p. 1-6). (Traslazione del corpo di s. Cirillo alla basilica di s. Clemente).

23. Scoperta dei sepolcri di s. Ambrogio e de' martiri Gervasio e Protasio nella basilica Ambrosiana di Milano (1864 p. 6-9). V. n. 26.

24. Sette loculi intatti nel cimitero di Priscilla (1864 p. 9-13).

25. L'epigrafia cristiana di Treveri (1864 p. 13-14).

26. De' sepolcri dei ss. Gervasio e Protasio e di s. Ambrogio testè scoperti nella basilica Ambrosiana di Milano (1864 p. 17-24).

27. De' sepolcreti cristiani non sotterranei durante l'èra delle persecuzioni (1864 p. 25-33). (Commentario al testamento di un cittadino romano in Langres, e sua applicazione al gius sepolcrale cristiano nei primi secoli: trad. en français dans la *Revue archéologique*, Juillet 1764 p. 24-48).

28. Scoperte nella basilica di s. Lorenzo nell'agro Verano (1864 p. 33-38, 48).

29. Avvertenza sulle parole « *instinctu divinitatis* » scritte nell'epigrafe dell'arco dedicato a Costantino (1864 p. 38-39). V. n. 10, 12 e 20.

30. Le due basiliche di s. Lorenzo nell'agro Verano (1864 p. 41-45).

31. Epitaffio degli anni 370, 373 (1864 p. 45-46).

32. Una particolarità dei sarcofagi di Arles, assai importante per lo studio della cristiana iconografia (1864 p. 46-48). (Ritratto di s. Genesio martire di Arles).

33. I frammenti dell'epitaffio di un vescovo, rinvenuti nel cimitero di Callisto; e in genere degli epitaffi di vescovi nelle catacombe romane (1864 p. 49-54).

34. Il monumento d'un ignoto s. Leone vescovo e martire, nell'agro Verano (1864 p. 54-57).

35. Della *schola sodalium Serrensium* scoperta presso la via Nomentana (1864 p. 57-64). (I collegii *funerum causa* e loro relazione col diritto dei cimiteri comuni delle chiese cristiane).

36. Epitaffio dei tempi di papa Giovanni XII ricordante Marozia senatrice ed altri illustri personaggi (1864 p. 69-73).

37. Una memoria dei Cristiani in Pompei (1864 p. 69-73).

38. Di alcuni Florii e Florenzii cristiani; e del nome gentilizio di s. Ambrogio (1864 p. 73-77).

39. Monumenti cristiani recentemente scoperti in Como (1864 p. 77-80).

40. Frammenti d'un vetro cimiteriale adorno delle immagini degli apostoli Pietro e Paolo (1864 p. 81-87). (Dissertazione sulle più antiche rappresentanze dei ritratti dei due principi degli apostoli, ristampata nel volume « Omaggio ai principi degli apostoli nel XVIII centenario dal loro martirio », Roma 1867 p. 233-41).

41. L'autografo del Ciacconio (1864 p. 88).

42. Patena vitrea adorna di immagini bibliche scoperta in Colonia (1864 p. 89-91).

43. Dei Giudei libertini, e dei Cristiani in Pompei (1864 p. 92-93).

44. Un'esplorazione sotterranea sulla via Salaria vecchia (1865 p. 1-3). (Carta topografica dei cimiteri della via Salaria vecchia, e scoperta del cimitero di s. Pamfilo).

45. Delle statue pagane in Roma sotto gl'imperatori cristiani (1865 p. 5-8).

46. Rivista generale delle escavazioni e ricerche che ora si fanno nelle catacombe romane (1865 p. 9-13).

47. Del cristianesimo nella famiglia dei Flavii Augusti; e delle nuove scoperte nel cimitero di Domitilla (1865 p. 17-24). Cf. n. 49, 50.

48. Delle immagini di s. Giuseppe nei monumenti dei primi cinque secoli (1865 p. 25-32). V. n. 56.

49. Delle nuove scoperte nel cimitero di Domitilla (1865 p. 33-40).

50. Delle pitture scoperte nel cimitero di Domitilla (1865 p. 41-46).

51. Del sarcofago di s. Aurelia Petronilla (1865 p. 46-47). V. n. 182, 188.

52. Degli ipogei cristiani scoperti nella villa Patrizi (1865 p. 49-53).

53. Le iscrizioni trovate nei sepolcri all'aperto cielo nella villa Patrizi (1865 p. 53-54).

54. Di alcuni scritti inediti del p. Giovenazzi e del p. Di Costanzo sull'inno a Cristo ricordato da Plinio (1865 p. 54-56).

55. Un ipogeo cristiano antichissimo di Alessandria in Egitto (1865 p. 57-64). Cf. n. 57.

56. Apologia dell'articolo sulle immagini di s. Giuseppe nei monumenti dei primi cinque secoli (1865 p. 65-72). V. n. 48.

57. I simboli dell'eucaristia nelle pitture dell'ipogeo scoperto in Alessandria d'Egitto (1865 p. 73-77).

58. Iscrizione di Troesmis nella Mesia inferiore illustrante i monumenti delle cripte di Lucina presso il cimitero di Callisto (1865 p. 77-79).

59. Un documento inedito sui luoghi santi di Gerusalemme e della Palestina (1865 p. 81-88).

60. Le varie e successive condizioni di legalità dei cimiteri, il vario grado di libertà dell'arte cristiana e la legalità della medesima religione nel primo secolo, verificate dalle recenti scoperte nel cimitero di Domitilla (1865 p. 89-99).

61. Esame archeologico e critico della storia di s. Callisto narrata nel libro nono dei « Filosofumeni ». (Opera completa di critica storica e patristica distribuita nei fascicoli dell'anno 1866 p. 1-14, 17-33, 65-72, 77-99).

62. Epitaffio dell'anno 501 scoperto in s. Lorenzo nell'agro Verano (1866 p. 14-16).

63. Lampadaro di bronzo trovato in Africa, della forma di una basilica (1866 p. 16).

64. Un sarcofago rinvenuto in Roma posto a confronto con uno simile di Apt presso Avignone (1866 p. 33-36, 52). (Il sarcofago di Apt rappresenta Cristo, gli Evangelisti, e i santi Sisto ed Ippolito, tutti designati coi loro nomi). Cf. n. 102.

65. I monumenti cristiani di Porto (1866 p. 37-51, 63).

66. I busti di s. Pietro e di s. Paolo nei sarcofagi (1866 p. 52.

67. I templi pagani in Roma sotto gl'imperatori cristiani; ed una tavola degli atti dei fratelli Arvali ora rinvenuta nel tempio della dea Dia (1866 p. 53-62).

68. Frammento di sarcofago cristiano scoperto a Saint-Gilles presso Nîmes (1866 p. 63-64). (I tre fanciulli ebrei rifiutanti l'adorazione alla statua di Nabucodonosor, effigiati a riscontro dei tre Magi adoranti il Messia).

69. Le lucerne istoriche della chiesa Alessandrina (1866 p. 72).

70. Scoperte negli edifizi cristiani di Ravenna (1866 p. 73-75).

71. Lo xenodochio di Pammachio in Porto (1866 p. 98-102).

72. Ritrovamento del cimitero di Balbina contiguo a quello di Callisto (1867 p. 1-5).

73. Iscrizione ritrovata in Ostia di un M. Anneo Paolo Pietro; e le relazioni tra Paolo l'apostolo e Seneca (1867 p. 6-8).

74. Le lucerne cristiane rinvenute nel palazzo dei Cesari, ed altri monumenti della storia cristiana del Palatino (1867 p. 9-16, 98).

75. *Excerptum ex chronica Orosii*: documento inedito per la storia dei secoli quarto, quinto e sesto (1867 p. 17-23).

76. Dei primi monumenti cristiani di Ginevra, e specialmente d'una lucerna di terra cotta con le immagini dei dodici apostoli (1867 p. 23-28, 87). — Reproduit en français dans les « *Mémoires et documents publiés par la société d'archéologie de Genève*, T. I cahier 1, Genève 1870 » con tavole cromolitografiche.

77. Scavi nel cimitero di Balbina (1867 p. 30-32).

78. La cattedra di s. Pietro nel Vaticano, e quella del cimitero Ostriano (1867 p. 33-47, 89).

79. Dell'antico oratorio scoperto nello scorso secolo presso s.ª Prisca (1867 p. 48).

80. I monumenti del secolo quarto spettanti alla chiesa di s.ª Pudenziana (1867 p. 49-60).

81. Di tre antichi edificî componenti la chiesa dei ss. Cosma e Damiano; e di una contigua chiesa dedicata agli apostoli Pietro e Paolo (1867 p. 61-72).

82. L'epitaffio di Teofilatto arcidiacono napolitano; e la scoperta d'un cubiculo dipinto nelle catacombe di s. Severo in Napoli (1867 p. 72-74).

83. Sui graffiti del Palatino (1866 p. 75).

84. Secchia di piombo trovata nella Reggenza di Tunisi (1867 p. 77-87). (Dissertazione sull'antichità dell'uso dell'acqua benedetta, sul simbolismo primitivo dell'acqua, e sul simbolismo cristiano tratto dalle immagini dei giuochi palestrici ed anfiteatrali).

85. Musaico d'un battistero presso la cattedrale di Dié (1867 p. 87-88).

86. Vetro sul quale è effigiato Pietro che percuote la rupe (1868 p. 1-6). Cf. n. 101.

87. Escavazioni nel cimitero di Callisto (1868 p. 6-15).

88. Epitaffio cristiano scoperto in Evreux (1868 p. 15-16).

89. Dei Cristiani condannati alle cave dei marmi nei secoli delle persecuzioni; e della cura ch'ebbe di loro la chiesa romana (1868 p. 17-25, 47). V. n. 185.

90. Scoperta d'un cimitero cristiano nel bosco sacro degli Arvali al quinto miglio fuori della porta Portuense (1868 p. 25-32). Cf. n. 100 e 103.

91. Utensili cristiani scoperti in Porto (1868 p. 33-44, 76).

92. Un'impostura epigrafica svelata. Falsità delle insigni iscrizioni cristiane di Alba, che si dicevano trascritte dal Berardenco nel 1450 (1868 p. 44-47.

93. Il culto idolatrico in Roma nel 394. Notizie raccolte da un inedito carme scoperto in Parigi (1868 p. 49-58) Cf. n. 95.

94. La pittura celimontana rappresentante il Salvatore che dà la legge a s. Paolo; nella quale è forse altresì effigiato Michele re dei Bulgari (1868 p. 59-60).

95. Il trionfo del cristianesimo in Occidente nel 394. Notizie raccolte da un inedito carme scoperto in Parigi (1868 p. 61-75, 92, 93). V. n. 93.

96. Annotazione bibliografica sopra un'insigne iscrizione cristiana di Catania (1868 p. 75-76).

97. Insigne lucerna di bronzo trovata negli scavi di Porto (1868 p. 77-79). Cf. n. 104.

98. Cucchiari d'argento adorni di simboli e nomi cristiani (1868 p. 79-83).

99. Epigrafe storica scoperta in Porto, alludente agli ultimi spettacoli gladiatorii e alla loro abolizione (1868 p. 84-87).

100. Immagine del pastor buono scoperta nel cimitero sotto il bosco degli Arvali (1868 p. 87-91). — (V'è inserita la trattazione sulla croce gammata cristiana, e sulle sue relazioni col simile segno indiano appellato (*svastika*).

101. Di Pietro nuovo Mosè, e dei monumenti nei quali talvolta Cristo dà a s. Paolo in luogo di s. Pietro il volume sacro (1868 p. 92).

102. Del sarcofago di Apt in Francia, sul quale sono sculte le immagini dei quattro evangelisti (1868 p. 93). V. n. 64.

103. Il cristiano sepolcreto scoperto presso il quinto miglio della via Portuense è il cimitero di Generosa (1869 p. 1-16). V. n. 90 e 100.

104. Avvertenza sulla insigne lucerna di bronzo trovata negli scavi di Porto (1869 p. 16). V. n. 97.

105. L'elogio metrico di Marea insigne personaggio della chiesa Romana e vicario del papa Vigilio (1869 p. 17-31). V'è inserita una dissertazione inedita di Gaetano Marini sulle antiche iscrizioni cristiane alludenti al sacramento della confermazione.

106. Ampolla dell'olio di san Menna martire, scoperta in Arles (1869 p. 31-32).

107. Le medaglie di devozione dei primi sei o sette secoli della chiesa (1869 p. 33-35, 49-64).

108. Una nuova ampolla dell'olio del martire Menna trovata in Alessandria d'Egitto (1869 p. 46).

109. Una statua del pastor buono a Costantinopoli (1869 p. 47, 48).

110. Le catacombe di Albano (1869 p. 65-78).

111. Intorno ai monumenti cristiani di Boville, Ariccia ed Anzio (1869 p. 79-82).

112. Recenti scoperte nella chiesa alle acque Salvie dedicata alla memoria del martirio dell'apostolo Paolo (1869 p. 83-92).

113. Indici generali della prima serie del Bullettino di Archeologia Cristiana, anni 1863-69 compilati dal medesimo Autore (con prefazione ed indici analitici delle materie ed epigrafici greci e latini).

SECONDE SÉRIE. — 114. D'un singolare bollo di mattone trovato nell'emporio romano (1870 p. 7-32). — (Dissertazione sulle iscrizioni figuline cristiane, e sulla sigla ΧΜΓ significante Χριστός, Μιχαήλ, Γαβριήλ.).

115. Epigrafe cristiana votiva testè rinvenuta a s.ᵃ Bonosa in Trastevere (1870 p. 33-41). — (Vi è inserito un inedito documento sulla città di Porto nel secolo XII).

116. L'anello trovato nel sepolcro di Ademaro vescovo di Angoulême; ed il delfino, simbolo di Cristo Salvatore (1870 p. 49-73).

117. Lucerne cristiane trovate fra molti e preziosi arnesi d'arte profana in una casa antica di Ostia (1870 p. 77-85).

118. Della singolare lucerna nella quale è effiggiato il pastore con i busti del Sole, della Luna e sette stelle sul capo (1870 p. 85-88).

119. Un'insigne epigrafe di donazione di fondi fatta alla chiesa di s.ᵃ Susanna dal papa Sergio I (1870 p. 89-112).

120. Un'epigrafe di donazione alla basilica di s.ᵃ Maria in Trastevere (1870 p. 113-115).

121. L'antica serie dei papi, dipinta sulle pareti della basilica di s. Paolo, testè riordinata ed affissa alle pareti del monastero attiguo alla basilica (1870 p. 122-124).

122. I monumenti scoperti sotto la basilica di s. Clemente, studiati nella loro successione stratigrafica e cronologica (1870 p. 129-168). V. n. 7.

123. La basilica profana di Giunio Basso sull'Esquilino dedicata poi a s. Andrea ed appellata *catabarbara patricia* (1871 p. 5-29). Cf. n. 124.

124. Della basilica di Giunio Basso console sull'Esquilino (1871 p. 41-64).

125. Epigrafe d'un sacro donario in lettere d'argento sopra tabella di bronzo (1871 p. 65-70).

126. Spicilegio d'archeologia cristiana nell'Umbria (1871 p. 81-129, 131-148). — (Monumenti di singolare pregio architettonico, ed iconografici, epigrafici).

127. Teca di bronzo figurata: cimelio singolare della classe degli encolpi (1872 p. 5-24).

128. Le ampolle alessandrine di eulogie di martiri (1872 p. 25-30).

129. Le cripte storiche del cimitero di Pretestato (1872 p. 45-80).

130. Il Tuscolo, le ville tusculane, e le loro antiche memorie cristiane (1872 p. 82-121, 125-155).

131. Le insigni capselle reliquiarie scoperte in Grado (1872 p. 155-188).

132. Scoperte nell'arenaria tra i cimiteri di Trasone e dei Giordani, sulla via Salaria nuova (1873 p. 5-21). Cf. n. 135.

133. Sepolcri del secolo ottavo scoperti presso la chiesa di s. Lorenzo in Lucina (1873 p. 22-35). Imprimé aussi dans le Bull. della Commiss. archeol. comunale di Roma, 1872.

134. Diploma pontificio inciso in marmo (1873 p. 36–41). Imprimé aussi dans le même Bull. 1872.

135. Epigrafi rinvenute nell'arenaria tra i cimiteri di Trasone e dei Giordani nella via Salaria nova (1873 p. 43-48). V. n. 133.

136. Carta topografica degli antichi monumenti cristiani nei territorii Albano e Tusculano (1873 p. 83-117).

137. Scoperte di monumenti varii in Sardegna (1873 p. 123-139).

138. Cimitero cristiano sopra terra presso Treveri: vetri insigni, e loro speciale famiglia renana (1873 p. 140-147).

139. Iscrizione di un cittadino di *Carrae* nella Mesopotamia (1873 p. 147-150).

140. Il disco d'argento testè scoperto in Verona, paragonato col simile di Perugia (1863 p. 151-158).

141. Scoperta della basilica di s.ª Petronilla col sepolcro dei martiri Nereo ed Achilleo nel cimitero di Domitilla (1874 p. 5-35). Cf. n. 143, 145 e 182.

142. Dei collari dei servi fuggitivi, e d'una piastra di bronzo opistografa, che fu appesa ad un siffatto collare, testè rinvenuta (1874 p. 41-67, 159).

143. Pianta della basilica di s.ª Petronilla nel cimitero di Domitilla (1874 p. 68-75).

144. I primitivi monumenti cristiani di Corneto Tarquinia (1874 p. 81-118). Cf. n. 153.

145. Scoperta dell'immagine a fresco di s.ª Petronilla, nèl cimitero di Domitilla (1874 p. 122-115).

146. Lucerna cristiana di tipo assai raro, tratto dalle rovine d'una villa romana di Posilipo presso Napoli (1874 p. 129-132).

147. Necropoli cristiana all'aperto cielo, a Julia concordia — Portogruaro (1874 p. 133-144).

148. Importanti iscrizioni scoperte nel celebre cimitero degli Aliscamps presso Arles (1874 p. 144-149).

149. Camera sepolcrale sotterranea dipinta, a Fünf-Kirchen in Ungheria (1874 p. 150-152).

150. Insigne tazza vitrea figurata, rinvenuta a Podgoritza in Albania (1874 p. 153-155).

151. Sepolcri antichissimi in Gerusalemme creduti giudaico-cristiani (1874 p. 155-158).

152. Insigni scoperte nel cimitero di Domitilla (1875 p. 5-77).

153. Il pavimento di s.ª Maria in Castello di Corneto-Tarquinia (1875 p. 85-131). (V'è inserita una dissertazione sulle varie scuole dei marmorarii romani dei secoli XI, XII e XIII).

154. Scavi nel cimitero di Callisto (1875 p. 133-137).

155. Encolpio di vetro pisciforme (1875 p. 138-142).

156. Scoperta del cimitero di s. Alessandro vescovo e martire a Baccano sulla via Cassia, con parte del suo antico altare (1875 p. 142-152).

157. Lucerna di bronzo bilicne e letterata, nel museo di Modena (1875 p. 152-155).

158. Abbazia di s. Pietro in Ferentillo, nell'antico ducato di Spoleto; e suoi monumenti sacri e profani (1875 p. 155-162).

159. Scoperte di insigni storiche epigrafi di martiri di Milevi (Milah), di Sitifi (Setif), e di luogo incerto tra Kalama (Ghelma) e Cirta (Costantina) (1875 p. 162-175). Cf. n. 166.

160. Indici generali per gli anni 1870-1875 della seconda serie del Bullettino di archeologia cristiana compilati dall'autore.

TROISIÈME SÉRIE. — 161. Insigne vetro, sul quale è effigiato il battesimo d'una fanciulla ed oratorio domestico scoperti nel Monte della giustizia presso le terme Diocleziane (1876 p. 5-15). Cf. n. 165.

162. Scoperte nell'agro Verano e nel sotterraneo cimitero di Ciriaca (1876 p. 16-26).

163. Sarcofago figurato scoperto presso Riano al XVI miglio della Flaminia (1876 p. 27-30).

164. Scoperta d'un ipogeo cristiano presso il quinto miglio della via Latina (1876 p. 32-35).

165. Oratorio privato del secolo quarto, scoperto nel Monte della giustizia presso le terme diocleziane (1876 p. 37-58).

166. Notizie più precise intorno all'epigrafe dei martiri di Milevi sotto il preside Floro (1876 p. 59-64). V. n. 159.

167. Cameo bizantino rappresentante la *laus cruci* in un calice di Mosca (1876 p. 65-69).

168. Il sarcofago di s. Siro primo vescovo di Pavia (1876 p. 77-107). (Ristampato nell'opera del Prelini, s. Siro primo vescovo di Pavia, Pavia 1880 tomo I p. 1-36).

169. Le nuove scuole di christiana archeologia (1876 p. 107-111).

170. Il museo epigrafico cristiano pio-lateranense (1876 p. 120-144; 1877 p. 5-42).

171. Arcosolio dipinto del cimitero di Ciriaca nell'agro Verano (1876 p. 145-149).

172. L'insigne piatto vitreo di Podgoritza, oggi nel museo Basilewsky in Parigi (1877 p. 77-85).

173. Scoperta d'un cimitero cristiano con importanti iscrizioni in Tropea di Calabria (1877 p. 85-95).

174. *Memoriae* degli apostoli Pietro e Paolo e di ignoti martiri in Africa (1877 p. 97-117).

175. Epigrafe mutila di strano senso rinvenuta nel torrione destro della porta Flaminia (1877 p. 118-124). — Imprimé aussi dans le Bull. della Commiss. archeol. comunale di Roma (1877 p. 241-46).

176. Nuove scoperte africane (1878 p. 5-36). (Vi è una dissertazione sui *Flamines perpetui Christiani*).

177. Basilica dei ss. Pietro e Paolo, e reliquie quivi collocate, in Loja — Spagna — nel secolo quinto (1878 p. 37-43).

178. L'indice antichissimo dei cimiteri romani in un esemplare del secolo XI (1878 p. 44-48).

179. Insigne epigrafe commemorante ignoti martiri ed il sepolcro dei loro genitori, in Piperno (1878 p. 85-99).

180. Monumento dei martiri storici di Salona; e sepolcreto cristiano di quella città (1878 p. 100-114).

181. Arco d'un ciborio presso Mediana Zabuniorum nell'Africa (1878 p. 115-117).

182. Sepolcro di s.ª Petronilla nella basilica in via Ardeatina, e sua traslazione al Vaticano (1878 p. 125-146; 1878 p. 5-20).

183. Vetro graffito con immagini di santi (1878 p. 147-152).

184. Pergamena epigrafica entro un reliquiario dei tempi di Carlo Magno in Aquisgrana (1878 p. 153-158).

185. I santi Quattro Coronati, e la loro chiesa sul Celio (1879 p. 45-90). (Dissertazione sugli atti dei predetti martiri e sui Cristiani lavoranti nelle miniere e scultori). V. n. 89.

186. Il primitivo cimitero cristiano di Ravenna presso s. Apollinare in Classe (1879 p. 98-117).

187. Cimitero cristiano di Stabia — Castellamare — (1879 p. 188-127).

188. Esame critico ed archeologico dell'epigrafe scritta sul sarcofago di s.ª Petronilla (1879 p. 139-160). V. n. 51.

189. Escavazioni e scoperte nel cimitero di Priscilla (1880 p. 5-54).

190. Una visione narrata da martiri africani del secolo terzo; ed un graffito simbolico trovato nel cimitero Ostriano (1880 p. 66-68).

191. Il sepolcro della martire Cristina in Bolsena, ed il suo cimitero (1880 p. 109-143).

192. L'abside della basilica Severiana in Napoli (1880 p. 144-160). (Stampata anche separatamente nel volume intitolato: L'abside dell'antica basilica di s. Giorgio Maggiore in Napoli; relazioni della Commissione etc. Napoli 1881). V. n. XXIII.

193. La basilica di s. Giovanni Maggiore in Napoli; ed i nomi di vescovi sui capitelli delle chiese in Italia, in Africa, in Oriente (1880 p. 161-168).

194. La silloge epigrafa d'un codice già corbeiense, ora nella biblioteca imperiale di Pietroburgo (1881 p. 5-25). V. n. XXV.

195. Elogio damasiano del celebre Ippolito martire sepolto presso la via Tiburtina (1881 p. 26-55).

196. Il cubicolo di Ampliato nel cimitero di Domitilla (1881 p. 57-74).

197. Pettine adorno di simboli cristiani trovati in Chiusi (1881 p. 75-85).

198. Dello scavo fatto nell'antica basilica di s. Lorenzo per collocare il sepolcro di Pio IX; e dei papi quivi deposti nel secolo quinto (1881 p. 86-92).

199. L'epitaffio metrico del papa Zosimo sepolto in s. Lorenzo nell'agro Verano (1881 p. 93-100).

200. Vaso fittile con simboli ed epigrafe abecedaria, trovato in Cartagine presso un battistero (1881 p. 125-146). (Qui si tratta dell'alfabeto nei monumenti cristiani, e delle origini e ragioni dell'uso degli alfabeti greco e latino segnati dal vescovo sulla croce decussata nel consecrare le chiese).

201. Transenna marmorea trovata a Castel Volturno ora nel museo di Capua (1881 p. 147-153).

202. Paralipomeni del cimitero di Callisto (1881 p. 154-162).

203. Conferenze della Società di cultori della cristiana archeologia in Roma, compilate dal sig. O. Marucchi segretario, epitomate ed annotate dall'Autore del Bullettino (1877 p. 46-76; 1878 p. 49-74; 1879 p. 21-43, 133-138; 1880 p. 55-65, 83-108; 1881 p. 101-122).

204. Indici generali per gli anni 1876-1881 della terza serie del Bullettino.

QUATRIÈME SÉRIE. — 205. Il cimitero di s. Ippolito presso la via Tiburtina e la sua principale cripta storica ora dissepolta (1882 p. 9-76).

206. Un' iscrizione greca novellamente scoperta nella Frigia, paragonata col celebre epitafio metrico d'Abercio (1882 p. 77-82).

OUVRAGES COMPLETS ET DISSERTATIONS.

V. Osservazioni sopra il musaico testè discoperto nella cattedrale di Pesaro (*Bulletin de l'Institut Allemand de correspondance archéologique de Rome*, 1852, p. 25.

VI. Relazione dell'opera del p. Garrucci sopra tre sepolcri mitriaci (*ibid.* 1853 p. 87–93).

VII. Due monumenti inediti spettanti a due concilii romani del secolo VIII ed IX (*Annali delle scienze religiose*, 1854, p. 1-51).

VIII. De christianis monumentis ἰχθὺν exhibentibus (Pitra, *Spicilegium Solesmense*, t. III, Paris, 1855, p. 544-577).

IX. Utilità del metodo geografico nello studio delle iscrizioni cristiane (*Bull. archeol. Napolitano*, Septembre 1857, p. 9-13).

X. Iscrizioni cristiane di Tropea in Calabria (*ibid.* 13-16).

XI. De christianis titulis Carthaginiensibus (Pitra, *Spicileg. Solesmense*, t. IV, 1858, p. 505-38).

XII. Della croce monogrammatica segnata del codice greco Vaticano della Bibbia (*Atti dell'accad. rom. d'archeol.*, t. XIV, p. 338-43).

XIII. De la détermination chronologique des inscriptions chrétiennes (*Revue archéol.* Déc. 1862, p. 370-79).

XIV. Imagines selectae Deiparae Virginis in coemeteriis subterraneis udo depictae, Romae 1863. Quatre planches chromolithographiques avec texte in 4°. Deux éditions, italienne et française.

XV. Aperçu général sur les catacombes de Rome et description du modèle d'une catacombe exposée à Paris en 1867. Paris, 1867.

XVI. Sepolcri del secolo VIII scoperti presso la chiesa di S. Lorenzo in Lucina (*Bull. della commiss. archeol. comunale* di Roma, 1872, p. 42-53).

XVII. Diploma pontificio inciso in marmo (*Bull. della commiss. arch.* di Roma, 1872), traduit en français par M. Léop. Delisle dans la *Biblioth. de l'Ecole des Chartes*, 1873, p. 260-66.

XVIII. Il museo epigrafico cristiano pio-lateranense, Roma, 1877, in-4°.

XIX. Parere intorno ai lavori per ridurre l'altare della chiesa abbaziale di S. Maria di Grottaferrata alle forme prescritte dal greco rito (Grottaferrata, 1881).

XX. Esame archeologico dell'abside di S. Giorgio Maggiore in Napoli (Napoli, 1881, et dans le *Bull. di arch. cristiana*, V. n. 192.

XXI. Esame storico ed archeologico dell'imagine di Urbano II papa e altre pitture nell'oratorio di S. Nicola entro il palazzo lateranense (*Studi in Italia*. Juillet-Août 1881, p. 217-73; traduit en français dans la revue: *La Croix*, Paris, Octobre 1882).

XXII. Syllogae epigrammatum in cod. Petrop. traditae cum similibus comparatio (dans le volume intitulé: *Venanti Honori Clementiani Fortunati Opera poetica. Recensuit et emendavit Fredericus Leo.*, Berolini 1881, p. XXVI et XXVII).

XXIII. Della scoperta del carme damasiano in elogio del martire Ippolito (Dissertazioni dell'*Accad. rom. d'archeol.*, 2ª serie, t. II, p. 27.

XXIV. Dell'iscrizione ricordante Onesiforo servo o liberto *clarissimae feminae coiux* (Dissert. ibid. p. 40).

XXV. Di una bolla plumbea papale del secolo in circa decimo scoperta nel foro romano (*Notizie degli scavi di antichità comunicate alla R. Accademia dei Lincei*, Maggio 1882).

XXVI. Discorso sui monumenti cristiani di Capua. (*La Campania sacra*, Capua, Ottobre 1882 p. 303).

Épigraphie.

XXVII. Corpus Inscriptionum latinarum de Berlin. V. sur la collaboration générale de M. de Rossi à ce grand recueil la Préface du tome III. Le tome VI, subdivisé en plusieurs volumes, est intitulé: Inscriptiones Urbis Romae latinae collegerunt Guilelmus Henzen et Johannes Baptista De Rossi ediderunt Eugenius Bormann et Guilelmus Henzen.

XXVIII. Relazioni annue dei lavori pel Corpus inscriptionum latinarum all'Accademia di Berlino dal novembre 1854 all'ottobre 1858; pubblicate nelle Monatsberichte der K. Akademie der Wissenschaften zu Berlin.

XXIX. Le prime raccolte d'antiche iscrizioni compilate in Roma tra il finire del secolo XIV e il cominciare del XV (*Giorn. arcadico*, t. CXXVII, CXXVIII, 1852. Tirage à part de 176 pages).

XXX. Œuvres complètes de Bartolomeo Borghesi publiées par les ordres et aux frais de l'empereur Napoléon III. Paris 1862-72. M. de Rossi a pris une part active aux travaux de la commission, composée de savants Français, Allemands et Italiens.

XXXI. Delle lodi di Bartolomeo Borghesi (Discorso accademico, Roma 1860.

XXXII. Degli studî di Bartolomeo Borghesi (*Archivio storico italiano* 1850. Nouv. série t. XII, partie II, p. 1-16).

XXXIII. L'iscrizione della statua ristabilita di Nicomaco Flaviano seniore. (*Ann. d. Ist.* 1849 p. 283-363).

XXXIV. Frammenti d'iscrizioni dedicate ai figliuoli di Traiano Decio e di Massimino il seniore. (*Bull. d. Ist.* 1852 p. 15-19 e p. 132).

XXXV. Lamina di piombo con imprecazioni antierotiche. (*Bull. d. Ist.* 1852 p. 20-25 e p. 137, 138).

XXXVI. Iscrizione consolare dell'anno 210. (*Bull. d. Ist.* 1852, p. 26-28).

XXXVII. Iscrizione di Q. Cerellio legato di M. Antonio. (*Bull. d. Ist.* 1852, p. 57-59).

XXXVIII. Iscrizioni onorarie latine. (*Bull. d. Ist.* 1852, p. 177-184).

XXXIX. I fasti municipali di Venosa restituiti alla sincera lezione. (*Giorn. Arcadico* T. CXXXIII, an. 1853).

XL. Sentenza di Tarracio Basso prefetto di Roma (*Bull. d. Ist.* 1853, p. 37-41).

XLI. Esemplare della silloge epigrafica dell'anonimo di Einsiedeln scoperta in Germania dal Poggio. (*Bull. d. Ist.* 1853, p. 128).

XLII. Note sur le recueil d'inscriptions latines intitulé « Epigrammata antiquae urbis ». (*Revue archéol.* 1856, T. XIII, p. 51-53).

XLIII. Iscrizione greca falsamente attribuita a Nicomaco Flaviano il giuniore (*Bull. d. Ist.* 1856, p. 109).

XLIV. Vicende degli atti dei Fratelli Arvali, ed un nuovo frammento di essi. (*Ann. d. Ist.* 1858, p. 54-79).

XLV. Frammento di un calendario romano. (*Bull. d. Ist.* 1860, p. 71-80).

XLVI. Delle sillogi epigrafiche dello Smezio e del Panvinio. (*Ann. d. Ist.* 1862, p. 220-244).

XLVII. Sepolcreto scoperto in Civitavecchia (*Bull. d. Ist.* 1865, p. 42-46).

XLVIII. Dell' « Opus de antiquitatibus » di Hartmann Schedel norimbergese. (*Nuove Mem. d. Ist.* 1865, p. 500-518).

XLIX. Iscrizione rilevante i nomi dei consoli del 144. (*Bull. d. Ist.* 1867, p. 123-126).

L. L'archeologia nel secolo decimoquarto (*Bull. d. Ist.* 1871, p. 3-17).

LI. Iscrizione dedicata dal corpo dei corarii a Costantino giuniore cesare. (*Bull. d. Ist.* 1871, p. 161-170).

LII. Tessera d'una *Arbitrix Emboliarum*. (*Bull. d. Ist.* 1873, p. 67-70).

LIII. Un singolare sigillo figulino. (*Bull. d. Comm. arch. comun. di Roma* 1873, p. 123-130).

LIV. Singolare epigrafe di fistola plumbea aquaria. (*Bull. d. Comm. arch. comun. di Roma* 1873, p. 131-137).

LV. De fastis feriarum Latinarum. (*Ephem. epigrafica* T. II, 1874, p. 93-101).

LVI. Iscrizione di Costantina dedicata all'Imperatore Domizio Alessandro che imperò nell'Africa dal 308 al 310. (*Bull. d. Ist.* 1876, p. 89, 90).

LVII. Iscrizione in Ferentillo d'un *Thesaurus*. (*Bull. d. Ist.* 1876, p. 36-38).

LVIII. I collegii funeraticii famigliari e privati, e le loro denominazioni. (Nelle *Commentationes Philologae in honorem Theodori Mommseni*, Berolini 1877, p. 705-711). Cf. n. seg.

LIX. Del *Collegium Phylletianorum*. (*Bull. d. Ist.* 1877, p. 49, 50).

LX. Epitafio metrico supplito. (*Bull. d. Ist.* 1877, p. 56).

LXI. Sulle tabellette di bronzo con nomi di personaggi illustri. (*Bull. d. Ist.* 1877, p. 81-83).

LXII. Iscrizioni di liberti con indicazioni del cognome del patrono. (*Bull. d. Ist.* 1878, p. 34, 35).

LXIII. Frammenti di fasti trovati in Leprignano, ed epigrafe coi nomi dei consoli dell'anno 135 èra volgare. (*Bull. d. Ist.* 1880, p. 138-140).

LXIV. Lamina plumbea imprecatoria (*Bull. d. Ist.* 1880, p. 6-9).

LXV. L'elogio funebre di Turia scritto dal marito Q. Lucrezio Vespillone console nell'anno di Roma 735. (*Studi e documenti di storia e diritto*, 1880, p. 11-37).

LXVI. Sull'epigrafe del centupondio ercolanese dell'anno 47. (*Ann. d. Ist.* 1881, p. 196-203).

LXVII. Iscrizioni di Giudei in Roma. (Dissertazioni dell'*Accad. Rom. d'Archeologia*, p. 26).

LXVIII. Delle *Adversaria maiora* e *minora* di Gaetano Marini (*ibid.* p. 37).

LXIX. Frammento degli atti degli Arvali dell'anno 145. (*Bull. d. Ist.* 1882, p. 72, 73).

Topographie romaine, variétés archéologiques, histoire.

LXX. Piante icnografiche e prospettiche di Roma anteriori al secolo XVI. Roma 1879. Atlas in folio, texte in-4°.

LXXI. Codicum latinorum Bibliothecae Vaticanae tomes X, XI, XII, XIII. Tables de ces mêmes volumes, par M. de Rossi, avec l'aide de M. Jos. Gatti.

Dissertations.

LXXII. Sopra il cosmografo Ravennate e gli antichi geografi citati da lui. (*Giornale arcadico*, t. CXXIV, an. 1852).

LXXIII. Descrizione fatta da Ciriaco d'Ancona nell'anno 1446 della gemma incisa da Eutiche figlio di Dioscoride. (*Bull. d. Istit.* 1853, p. 19-26).

LXXIV. Scheletri acefali con teste artificiali di cera rinvenuti in un sepolcro cumano. (*Ibid.*, 1853, p. 66-69, 130).

LXXV. Sopra l'arco di L. Stertinio presso il ponte Rotto. (*Ibid.*, 1853, p. 115).

LXXVI. Topografia delle spiagge di Baja, graffita sopra due vasi di vetro. (*Bull. archeol. napolet.*, marzo, 1853, p. 133-136).

LXXVII. Nuove osservazioni intorno alla topografia Puteolana graffita in un vasetto di Populonia. (*Ibid.*, maggio, 1854, p. 153-57).

LXXVIII. Il *Pausilypon* di Mezia Edone sul lago Sabbatino. (*Bull. archeol. napolet.*, agosto, 1853, p. 21-23).

LXXIX. L'ara massima ed il tempio d'Ercole nel foro Boario. (*Ann. d. Istit.* 1854, in foglio, p. 28-38. Tirage à part 8°, 44 pages).

LXXX. De' nuovi frammenti del libro terzo delle storie di Sallustio Crispo. (*Giorn. arcadico*, T. CXXXVII, an. 1855).

LXXXI. Scavi nell'orto di santa Sabina sull'Aventino. (*Bull. d. Istit.*, 1855, n. 11, 12, in folio. Tirage à part 8°).

LXXXII. Antichi mulini in Roma e nel Lazio (*Ann. d. Istit.*, 1857, p. 274-281).

LXXXIII. Le stazioni delle sette coorti dei Vigili nella città di Roma. (*Ann. d. Istit.*, 1858, p. 265-297).

LXXXIV. Dell'arco Fabiano nel foro romano. (*Ann. d. Istit.*, 1859, p. 307-325).

LXXXV. Il tempio d'Ercole e delle Muse nel portico di Filippo. (*Bull. d. Istit.*, 1869 p. 3-12).

LXXXVI. Iscrizione topografica rinvenuta presso la Colonna nel territorio Labicano. (*Bull. d. Comm. arch. comun. di Roma*, 1873, p. 270-78).

LXXXVII. Ricerche archeologiche e topografiche nel monte Albano e nel territorio Tusculano. (*Ann. d. Istit.*, 1873, p. 162-221).

LXXXVIII. La base di una statua di Prassitele e la serie di simili basi, alla quale essa apparteneva. (*Bull. d. Comm. arch. comun. di Roma*, 1874, p. 174-181).

LXXXIX. Piastra di bronzo del collare d'un servo fuggitivo con menzione del *Forum Martis* e del *Coelimontium*. (*Bull. d. Istit.*, 1874, p. 84, 85).

XC. Gemma incisa da Eutiche figlio di Dioscoride. (*Bull. d. Istit.*, 1878, p. 40, 41). V. n. LXXX.

XCI. Monumenti antichi nell'Abbazia di S. Pietro in Ferentillo. (*Bull. d. Istit.*, 1879, p. 9, 10).

XCII. Epigrafe della regione VII *ad tres Silanos*. (*Bull. d. Istit.*, 1879, p. 73, 74).

XCIII. Piastra di bronzo del collare di un servo fuggitivo con menzione del *Balineum Scriboniolum* nella regione XII. (*Bull. d. Istit.*, 1880, p. 1011).

XCIV. I cataloghi dei manoscritti nella biblioteca Vaticana. — I cataloghi dei gabinetti e delle collezioni varie annesse alla biblioteca Vaticana (dans le journal L'*Aurora*, 1880, nn. 35, 95, 96, 97, 98, 139, 141).

XCV-XCVI. Gli statuti del Comune di Anticoli in Campagna con un atto inedito di Stefano Porcari. Della famiglia, del nome e della casa dei Porcari nel rione Pigna. (*Studi e docum. di St. e Dir.*, 1881, p. 71-103).

XCVII. Lettre à M. Lacour-Gayet sur un médaillon de verre (*Mélanges d'archéologie et d'histoire de l'école Française de Rome*, 1881, p. 138, 139).

XCVIII. Note di topografia romana raccolte dalla bocca di Pomponio Leto, e testo pomponiano della « Notitia regionum urbis Romae ». (*Studi e docum. di Stor. e Dir.*, 1882, p. 49-87).

XCIX. La loggia del comune di Roma, compiuta nel Campidoglio dai senatori dell'anno 1299. (*Bull. d. Comm. arch. comun. di Roma*, 1882, p. 130-140).

C. La villa di Silio Italico ed il collegio salutare nel Tuscolo (Bull. cit., 1882, p. 141-148). Trad. en français par M. Fl. Vallentin: *Bull. épigraphique de la Gaule*, 1882, n. 5, p. 205-211.

PUBLICATIONS DE M. LE COMM^r. G. B. DE ROSSI

DE 1882 À 1892

Inscriptiones christianae urbis Romae septimo saeculo antiquiores. Voluminis secundi pars prima. Romae, 1888, in folio.

Bullettino di archeologia cristiana. Série IV, 6 volumes.

Index pour les années 1882-1891.

Musaici delle chiese di Roma anteriori al secolo XV. Fascicules XIII-XXIV, grand in-folio.

CI. Miscellanea di notizie bibliografiche e critiche per la topografia e la storia dei monumenti di Roma. (Extraits du *Bullettino della commissione archeologica comunale di Roma*, 1886-1890).

Dissertations.

CII. Del codice della biblioteca Marciana, contenente la silloge epigrafica di Pietro Sabino e la « Notitia regionum urbis Romae ». (*Dissertaz. dell'Accad. rom. d'archeol.* 2ᵉ série, 1881, t. II, p. 46-48).

CIII. Le jugement de Salomon dans une fresque de Pompéi. (*Bulletin critique*, 1882, p. 272-273).

CIV. Di un trittico in smalto, della fabbrica di Limoges, donato dal S. P. Leone XIII al museo sacro della biblioteca Vaticana. (*Dissertaz. dell'Accad. rom. d'archeol.* 2ᵉ série, tome II, 1892, p. 64, 65).

CV. Di una insigne terracotta, della scuola di Lucca della Robbia, acquistata dal S. P. Leone XIII pel museo sacro della biblioteca Vaticana. (*Dissertaz. dell'Accad. rom. d'archeol.* 2ᵉ série, 1883, tome II, p. 72, 73).

CVI. Verre représentant le temple de Jérusalem. (*Archives de l'Orient latin*, 1883, p. 439-455).

CVII. Del luogo appellato « ad capream » presso la via Nomentana, dall'età arcaica ai primi secoli cristiani. (*Bull. della Commiss. arch. comun. di Roma*, 1883, p. 244-258).

CVIII. Frammenti di fasti di ludi Capenati. (*Ann. dell'Istit. archeol.*, 1883, p. 253-284).

CIX. Di un tesoro di monete anglo-sassoni trovato nell'atrio delle Vestali. (*Notizie degli scavi d'antichità*, 1883, p. 487-514).

CX. Di due pregevoli iscrizioni ritrovate nei magazzini della biblioteca Vaticana: l'una spettante al sinodo xistico degli atleti greci, l'altro con ricordo dell' « insula Sertoriana ». (*Dissert. dell'Accad. rom. d'archeol.* 2ᵉ série, tome II, 1884, p. 86-89.

CXI. Note di ruderi e monumenti antichi per la pianta di G. B. Nolli, conservate nell'archivio Vaticano (*Studi e documenti di storia e diritto*, 1884, p. 109-157).

CXII. La biblioteca della Sede Apostolica, ed i Catalogi dei suoi manoscritti (*ibid.*, p. 317-368).

CXIII. I gabinetti di oggetti di scienze naturali, d'arti e d'archeologia annessi alla biblioteca Vaticana (*ibid.*, p. 369-380).

CXIV. Le martyrologe hiéronymien (*Mélanges d'archéologie et d'histoire publiés par l'Ecole française de Rome*, 1884, p. 115-119).

CXV. Le iscrizioni antiche doliari di Gaetano Marini (*Biblioteca dell'Accad. storico-giuridica*, t. III).

CXVI. Le « Horrea » sotto l'Aventino, e la « statio annonae urbis Romae » (*Annali dell'Istit. archeol.*, 1885, p. 223-234).

CXVII. Piccola tessera quadrata di bronzo, opistografa, con lettere niellate d'argento (*Bull. dell'Istit. archeol.*, 1886, p. 125, 126).

CXVIII. Dell'ipogeo martyrium di Poitiers, scoperto ed illustrato dal p. La Croix (*Dissert. dell'Accad. rom. d'archeol.*, 2ᵉ série, tome II, p. 553-557).

CXIX. Lettera al sig. G. Lecointre-Dupont, in appendice alla relazione precedente. Poitiers 1886.

CXX. De origine, historia, indicibus scrinii et bibliothecae sedis apostolicae. (*Bibliotheca apostol. Vaticana, Codices latini*, tome I).

CXXI. Il monastero di s. Erasmo presso s. Stefano Rotondo nella casa dei Valerii sul Celio. Roma, 1886.

CXXII. D'un codice fiorentino delle note pomponiane di topografia romana. (*Studi e documenti di storia e diritto*, 1886, p. 129-132).

CXXIII. La basilica di s. Stefano Rotondo ed il monastero di s. Erasmo sul Celio (*ibid.*, p. 217-233).

CXXIV. La casa dei Valerii sul Celio ed il monastero di s. Erasmo (*ibid.*, p. 235-243).

CXXV. Musaico di s. Maria in Aracœli, esistente nella cappella del palazzo Colonna (*Miscellanea Francescana di storia, lettere ed arti*, 1886, p. 65-68).

CXXVI. Cenni illustrativi di due epitafi metrici contenuti in un codice Sessoriano. (*Archivio della reale Società rom. di st. patria*, 1886, p. 280, 281).

CXXVII. Dei « Versi di Cristoforo patrizio » editi da un codice di Grottaferrata dal p. Rocchi. (*Dissert. dell'Accad. rom. d'archeol.*, 2e série, tome II, 1887, p. 575, 576).

CXXVIII. Commemorazione di G. Henzen (*Bull. dell'Istit. archeol.*, 1887, p. 65-73).

CXXIX. Di un affresco del Sodoma nel chiostro di Monte Oliveto maggiore, rappresentante una prospettiva del Foro romano (*ibid.*, p. 150).

CXXX. Elogio metrico sepolcrale d'un « praefectus annonae » del secolo quinto o del sesto (*Röm. Quartalschrift*, 1887, p. 41-45).

CXXXI. La « Biblia pauperum » del liceo di Costanza. (*Osservatore romano*, 5 Nov. 1887, n. 251).

CXXXII. Il tomo secondo dell'opera « Inscriptiones christianae urbis Romae saeculo septimo antiquiores (*Archivio della reale Soc. rom. di storia patria*, 1887, p. 696-711).

CXXXIII. La bibbia offerta da Ceolfrido abbate al sepolcro di s. Pietro: codice antichissimo tra i superstiti delle biblioteche della sede apostolica. Roma, 1888.

CXXXIV. Di un disegno appartenente ad una raccolta di vedute di Roma antica, che si conserva nella Biblioteca dell'Escuriale (*Bull. dell'Istit. archeol.*, 1888, p. 94, 95).

CXXXV. Del « porticus triumphi » (*ibid.*, p. 314).

CXXXVI. Delle recenti scoperte nel cimitero di Priscilla sulla via Salaria nuova. (*Dissert. dell'Accad. rom. d'archeol.*, 2e série, tome III, p. 454-457).

CXXXVII. Scoperte nel cimitero di Priscilla sulla via Salaria. (*Notizie degli scavi*, 1888, p. 139-141).

CXXXVIII. Les nouvelles fouilles du cimetière de Priscilla: sépulture des Acilii Glabriones. (*Congrés scientif. internat. des Catholiques tenu à Paris du 8 au 13 Avril 1888*, tome II, p. 261-267).

CXXXIX. Porticus triumphi. (*Notizie degli scavi*, 1888, p. 709-714).

CXL. L'inscription du tombeau d'Hadrien I composée et gravée par ordre de Charlemagne (*Mélanges d'arch. et d'histoire de l'Ecole française de Rome*, 1888, p. 478-501).

CXLI. Del « praepositus de via Flaminia ». (*Bull. della comm archeol. comun.*, 1888, p. 257-262).

CXLII. La capsella argentea africana offerta al S. P. Leone XIII dall'Emo sig. card. Lavigerie arcivescovo di Cartagine. Roma, 1889. (Traduction française par M. de Laurière, dans le *Bulletin monumental*, 1889, fasc. 4, 5).

CXLIII. Statua del buon Pastore. (*Bull. della Comm. arch. comun.*, 1889, p. 131-139).

CXLIV. Della decorazione interna del mausoleo costantiniano della via Nomentana, appellato di S.^{a} Costanza. (*Bull. dell'Istit. archeol.*, 1889, p. 79).

CXLV. Atto di donazione di fondi urbani alla chiesa di s. Donato in Arezzo, rogato in Roma l'anno 1051. (*Archivio della reale Società romana di storia patria*, 1889, p. 199-213).

CXLVI. Dissertazioni postume del p. don Luigi Bruzza. (*Studi e docum. di st. e dir.*, 1889, p. 417).

CXLVII. Iscrizione in uno spillo d'oro. (*Bull. dell'Istit. arch.*, 1890, p. 285, 286).

CXLVIII. Elogio funebre del prof. C. Re. (*Studi e docum.*, 1890, p. 335-348).

CXLIX. Cloche, avec inscription dédicatoire, du VIIIe ou du IXe siècle, trouvée à Canino (*Revue de l'art chrétien*, 1890, p. 1-5).

CL. Les dernières découvertes faites au cimetière de Priscille. (*Congrès scientifique international des Catholiques tenu à Paris du 1er au 6 Avril 1891*).

CLI. Programma di un concorso letterario in occasione del XIII centenario dall'elezione di s. Gregorio il Grande al sommo pontificato. Roma, 1891.

CLII. La grande sfera di mirto dinanzi la porta maggiore della basilica Vaticana nella festa di s. Pietro. (*Voce della Verità*, 7 Luglio 1891, n. 151).

CLIII. Panorama circolare di Roma, delineato nel 1534 da Martino Heemskerck pittore olandese. (*Bull. della Comm. arch. comun.*, 1891, p. 330-340).

On a reproduit ici à peu près entièrement le catalogue dressé en 1882, sous les yeux de M. le Comm.^{r} De Rossi, par M. le professeur Joseph Gatti, son dévoué et savant auxiliaire. Ce catalogue a été publié en 1882 dans l'*Albo dei sottoscrittori per la medaglia d'oro in onore del* Comm. G. B. de Rossi, Roma, in-4°. C'est à M. Gatti également qu'est due la notice des publications de 1882 à 1892.

LES SENTENCES
RENDUES CONTRE LES MARTYRS

Le chrétien, debout devant le tribunal, a pu résister aux adjuraisons comme aux violences et le gouverneur va prononcer la condamnation.

C'est en public, du haut de son siège, qu'il a interrogé le fidèle, qu'il a ordonné la torture. On ferme les *vela* du *secretarium* et le juge s'isolant de la foule comme de l'accusé, délibère avec le conseil et rédige sa sentence (1).

Une règle probablement ancienne (2), mais dont nous ne trouvons de mention qu'en l'an 371, veut qu'elle soit écrite (3). Le juge la trace le plus souvent de sa main (4); puis pour la

---

(1) *Constit. Apost.* II, 52: Οἱ ἡγούμενοι... πλείοσιν ἡμέραις ποιοῦνται τὴν 'ἐξέτασιν.... παραπετάσματος μέσου. S. AUGUST. *Sermo XLVII*, De ovibus, c. 2, § 4: « Ultimam sententiam quam dicturus est judex in tabella scripturus manu sua, ultra quam sententiam nihil jam judicaturus est; partes non audiunt; illis foras exeuntibus scribitur. S. BASIL. *Epist. CCXXIII*, adversus Eustathium. Ed. Bened., t. III, p. 140: Εἰ γὰρ οἱ τοῦ κόσμου τούτου ἄρχοντες ὅταν τινὰ τῶν κακούργων θανάτῳ καταδικάζειν μέλλωσιν, ἀφέλκουνται τὰ πετάσματα.....; *Acta ss. Claudii, Asterii*, § 3: « Lysias introgressus, obduxit velum, et post, exiens, ex tabella recitavit sententiam ». (Bolland. 23 aug.); *Acta s. Eupli*, § 3: « Calvisianus intra velum interius ingrediens sententiam dictavit » (*Acta sincera*, p. 407).

(2) Voir le passage d'Apulée à la page suivante.

(3) C. I, *De sententiis ex periculo recitatis* (*Cod. Theod.* l. IV, § 17) et les notes de Godefroy.

(4) S. AUGUST., *loc. cit.*, PONTIUS, *Vita s. Cypriani*, § 12: « Is ut in me respexit (Proconsul) adnotare statim cœpit in tabula sententiam ». *Acta s. Agapes*, § 6: « Cumque chartam petiisset, sententiam hanc contra ipsam scripsit ». (*Acta sincera*, p. 395) *Passio s. Gordii*, § 5: « Et manu et lingua nefanda ad viri damnationem

proclamer, il faut ouvrir les *vela* et reparaît aux yeux de tous (1). La doit-il lire lui même, ainsi qu'on peut l'induire d'une loi de Valérien et de Gallien (2), ou peut-il la faire lire? Les textes paraissent laisser ce point douteux, car, avec ceux qui nous montrent le jugement lu par un agent de l'*officium* (3), il en est d'autres où nous trouvons ces mots appliqués au juge:

" *De tabula legit* „ (4)

" *Legit de tabula sententiam* „ (5)

" *Decretum ex tabella recitavit* „ (6)

" *Decretum ex tabella recitavit* „ (7)

---

se accinxit (*ibid.*, p. 513); *Acta s. Isidori*, § 7: « Innuens ut pugillares adferrentur, hæc in iis scripsit » (Bolland. 15 maii). Voir en sens contraire: *Acta s. Marcelli*, § 5: « Ita dictavit sententiam » (*Acta sincera*, p. 304); *Acta s. Eupli*, § 3: « Sententiam dictavit » (*ibid.*, p. 407); *Passio s. Afræ*, § 3: « Iudex iniquissimus dictavit sententiam » (*ibid.*, p. 456).

(1) S. Chrysost., *In Matth. Homil. LVI*, 54: Καθάπερ γὰρ τοὺς δικαστάς, ὅταν δημοσίᾳ κρίνωσι τὰ παραπετάσματα συνελκύσαντες οἱ παρεστῶτες πᾶσιν αὐτοὺς δεικνύουσιν. *In Isaiam*, c. VI, §. 2: Ἔθος δὲ τοῖς δικάξουσι ταῦτα ποιεῖν μὴ λάθρα, ἀλλ'ἐφ' ὑψήλου τοῦ βήματος καθημένους, παρεστώτων ἁπάντων, καὶ τῶν παραπετασμάτων συνελκομένων τοῦτο ποιεῖν.

(2) C. I. *De sententiis ex periculo recitandis* (*Cod. Just.*, l. VII, tit. XLIV): « Arbitri nulla sententia est quam scriptam edidit litigatoribus, si non ipse recitavit ». Cf. la loi 2.

(3) *Acta proconsularia martyrum Scillitanorum*, § 5: « Proconsul dedit in eos sententiam per exceptorem, dicens:.... » (*Acta sincera*, p. 87); *Passio s. Pionii*, § 29: « Et recitari jussit Proconsul ex tabella » (*ibid.* p. 150); *Acta s. Mammarii*, § 9: « (Anulinus proconsul) jussit talem sententiam ex tabella recitari.... » (Bolland. 10 jun.); Ado, *Martyrologium*, 11 nov. « Pyrrhus sententiam ex tabella recitari præcepit ». Cf. mon Mémoire intitulé: *Les Actes des Martyrs, supplément aux Acta sincera*, § 49.

(4) Apul., *Florid.*, l. I, c. IX.

(5) Pontius, *Vita et passio s. Cypriani*, § XVII.

(6) *Acta martyrum scillitanorum*, § 4 (*Acta sincera*, p. 89).

(7) *Acta proconsularia s. Cypriani*, § 3 (*ibid.* p. 217).

" *Sententiam scriptam legit* " (1)
" *Sententiam ... legit* " (2)
" *De libello legit* " (3)
" *Ex tabella recitavit sententiam* " (4)
" *Ex tabella sententiam recitavit* " (5).

Ces formules toutefois ne sont peut-être pas décisives, car un traité de saint Augustin nous apprend que, dans le style des *exceptores*, la formule *judex dixit* n'implique pas que les paroles aient prononcées par le magistrat même (6).

Dans toute l'étendue de l'Empire et jusqu'à la loi édictée en 397, sous le règne d'Arcadius et d'Honorius, les sentences, je le note en passant, devaient être rendues en latin (7).

Un passage d'Apulée qui met sous nos yeux, en quelques mots, une scène de tribunal, constate qu'aucune modification ne pouvait être apportée à leur libellé qui, sur l'heure, était transcrit dans les archives de la province (8); et ainsi s'explique

---

(1) *Acta s. Agapes, Chioniæ*, § 4 (*ibid.* p. 394).
(2) *Acta s. Eupli*, § 3 (*ibid.* p. 407).
(3) *Acta s. Crispinae*, § 2 (*ibid.* p. 451).
(4) *Acta s. Claudii, Asterii*, (Surius, 23 aug.).
(5) DE SMEDT, *Analecta Bollandiana*, t. IX, p. 11.
(6) *De Trinitate*, l. III, c. XI, § 23: « Cum verba judicis præco pronuntiat, non scribitur in gestis: *Ille præco dixit*, sed, *ille judex* ».
(7) L. 48, *De re judicata* (*Dig.* XLII, I): « Decreta a prætoribus latine interponi debent ». L. 12, *De sententiis et interlocutionibus omnium judicum* (*Cod. Just.*, l. VII, tit. XLV). « Judices tam latina quam græca lingua sententias proferre possunt ». Cf. LYDUS, *De magistratibus populi Romani*, l. II, c. 12 et l. III, c. 42.
(8) « Proconsul moderata voce rarenter et sedens loquitur, et plerumque de tabella legit.... Proconsulis autem tabella sententia est; quae semel lecta neque augeri littera una, neque autem minui potest; sed utcumque recitata est, in provinciae instrumento refertur » (*Florid.* l. I, c. IX). Cf. S. AUGUST. *Sermo XLVII* de ovibus, c. II, § 4, cité plus haut; l. 45, § 1, *De re judicata* (*Dig.* XLII, I).

le refus opposé par Pilate aux juifs qui lui demandaient de changer la rédaction de l'écriteau résumant la sentence rendue contre le Christ (1).

Seuls parmi les textes antiques, les documents chrétiens nous ont conservé des libellés de sentences capitales. Il en est dans le nombre des Actes des martyrs plus d'une dont il pourrait être intéressant d'étudier la teneur. Je ne m'arrêterai toutefois ici qu'à celles dont l'authenticité présente le plus de garanties.

Ce qu'était la formule des jugements rendus contre les chrétiens, nous l'apprenons par ces mots du traité *Ad nationes :* " Illum duci, suffigi, ad bestias dari placet „ (2) et nous la retrouvons à la fois dans les précieux Actes proconsulaires du martyre de saint Cyprien, dans un sermon que saint Augustin a consacré au panégyrique de ce grand évêque. Le libellé en est court et répond à celui que donne Tertullien : *Thascium Cyprianum gladio animadverti placet* (3). Cette même formule reparaît dans les passages suivants tirés de deux Actes des martyrs où sa présence me semble être, au point de vue de l'authenticité, une marque digne d'attention :

" Maximilianum, eo quod indevoto animo sacramentum mi-
„ litiae recusaverit, *gladio animadverti placuit* „ (4).

" Marcellum, qui centurio ordinarius militabat, qui abjecto
„ publice sacramento, polluisse se dixit ; et insuper apud acta
„ praesidialia alia verba furore plena deposuit, *gladio animad-*
„ *verti placet* „ (5).

---

(1) Joh. XIX, 21, 22.
(2) L. I, c. III.
(3) *Acta procons. S. Cypriani*, § 4 ; (*Acta sincera*, p. 217). S. Augúst., *Sermo CCCIX*, § 3.
(4) *Acta s. Maximiliani martyris*, § 3. (*Acta sincera* p. 301).
(5) *Acta S. Marcelli centurionis*, § 5 (*ibid.*, p. 304).

A côté de ces textes s'en place un autre tiré d'une pièce non admise par Ruinart, mais qui ne m'en paraît pas moins mériter sur certains points quelque créance; c'est le jugement rendu contre un groupe de martyrs africains, saint Mammarius et ses compagnons: " Qui Imperatorum praecepta contemserunt „ *gladio animas eorum interfici placet* „ (1).

Ces sentences, les motifs qui les avaient fait prononcer, étaient pour les chrétiens l'attestation publique de leur courage et un brevet d'honneur. C'est l'une d'elles, c'est la confiscation qu'elle édictait, c'est la perte des dignités, la condamnation à l'exil que saint Denys d'Alexandrie invoque comme ses titres de gloire (2). saint Cyprien rappelle non sans orgueil que les païens ont fait annoncer publiquement la saisie de tous ses biens (3). Plus tard, avant de décréter contre lui la peine capitale et de lire la sentence, le proconsul en avait proclamé verbalement les motifs: " Tu as montré longtemps un esprit de sacrilège. Autour de toi, „ tu as groupé de détestables conjurés. Tu t'es fait l'ennemi des „ Dieux de Rome et de ses lois saintes. Les pieux et sacrés Em-„ pereurs Valérien et Gallien Auguste et le très noble César „ Valérien n'ont pu te ramener à célébrer les rites de leur culte. „ Tu as donc été le fauteur de crimes abominables et le porte-„ enseigne des scélérats. Tu serviras d'exemple à ceux que tu „ as faits tes complices, et tu scelleras de ton sang la disci-„ pline „ (4).

" Sentence glorieuse, dit Pontien, diacre de saint Cyprien et „ historien de sa vie, sentence glorieuse et vraiment digne d'un „ si grand évêque. On l'y proclame le porte étendard de la foi

---

(1) MABILLON, *Vetera analecta*. Cf. DE SMEDT, *Analecta Bollandiana* (t. IX, p. 18): « Gladio animadverti placuit ».
(2) EUSEB., *Hist. Eccl.*, l. VII, c. XI.
(3) *Epist. LXIX*, ad Florentium Pupianum, § 4.
(4) *Loc. cit.*

„ et l'ennemi des Dieux. On y dit qu'il servira d'exemple et que
„ son sang scellera la discipline. C'est la vérité même. Bien que
„ sorties de la bouche d'un gentil, toutes ces paroles ont la mar-
„ que divine. Ce porte-étendard enseignait en tenant haut le signe
„ du Christ; cet ennemi des Dieux poursuivait la destruction des
„ idoles. Il a servi d'exemple en ouvrant la voie à d'autres dé-
„ voûments, car c'est lui qui, dans la province d'Afrique, a été
„ les prémices du martyre. La discipline qu'il a scellée de son
„ sang est celle du suprême sacrifice, car d'autres l'ont scellée à
„ leur tour en suivant l'exemple de leur maître „ (1).

Une voie de salut était ouverte à ceux que frappait la justice criminelle: l'appel contre la condamnation. La loi romaine admettait ce recours, en invoquant le généreux principe de la miséricorde. " Credo, disait le grave Ulpien, credo humanitatis ratione provocantem audiri debere „ (2). Jusqu'à l'heure du supplice, le condamné et tout autre même à son défaut, si le malheureux s'obstinait à mourir, pouvait appeler du jugement et arrêter le bras de l'exécuteur (3).

Il n'est dans l'histoire des martyrs aucun exemple de tels recours.

A n'examiner que les lois, cette voie semble leur avoir été fermée. Une réserve au droit d'appeler était écrite contre certains coupables: les fomentateurs de séditions et les *duces factionum* dont le repos public exigeait la punition prompte (4).

(1) PONTIUS, *Vita et passio s. Cypriani*, § XVII.
(2) L. 6, *De appell.* (*Digest.*, l. XLIX, t. I).
(3) *Ibid.*: « Non tantum ei qui ad supplicium ducitur provocare permittitur; verum alii quoque nomine ejus, non tantum si ille mandaverit, verum quisquis alius provocare voluerit..... Quid ergo si resistat qui damnatus est, adversus provocationem? Nec velit ejus appellationem, perire festinans? Adhuc putem differendum supplicium ».
(4) L. 16, *De appellationibus* (*Digest.*, l. XLIX, t. I): « Constitutiones quæ de recipiendis, nec non, appellationibus loquuntur, ut

Or, si l'on ouvre les livres de Tertullien, celui de Minutius Félix, ces importants témoins des combats de l'Eglise, on voit le mot *factio* employé par les persécuteurs pour désigner la réunion des fidèles (1). C'est comme chef de *factio* ou de *conspiratio*, ce qui est tout un (2), qu'est frappé, en 259, saint Cyprien (3) dont la courageuse parole avait, suivant un mot des confesseurs d'Afrique, entraîné, comme l'accent du clairon, les soldats du Christ au combat (4).

Sur ce point, la loi était précise. Aucun recours n'était ouvert aux *duces factionum* et, l'eût-il voulu, l'illustre évêque n'aurait pu en appeler à l'Empereur.

Je ne saurais dire si cette interdiction ne s'étendait pas à tous les chrétiens ; si la redoutable accusation de lèse-majesté,

---

nihil novi fiat, locum non habent in eorum persona quos damnatos statim puniri publice interest, ut sunt insignes latrones, vel seditionum concitatores, vel duces factionum ».

(1) MINUT. FELIX, *Octavius*, VIII : « Quid homines, inquam, deploratæ, inlicitæ ac desperatæ factionis grassari in Deos non ingemiscendum est ? ». TERT., *Apolog.* XXXIX. « Eadem jam nunc ipse negotia christianæ factionis, ut qui mala refutaverim, bona ostendam.... Cum probi, cum boni coeunt cum pii, cum casti congregantur, non est factio dicenda sed curia. At e contrario illis nomen factionis accommodandum est..... Cf. PRUDENT., *Peristeph.* s. Roman., v. 62 et 90, etc.

(2) *De proprietate sermonum*, c. IV, n° 191 : « Factio dicitur malorum consensus et conspiratio ». (D. GOTHOFR., *Auctores latinæ linguæ*, p. 658).

(3) « Diu sacrilega mente vixisti, porte la sentence, et plurimos
» nefariæ tibi conspirationis homines aggregasti.... Et ideo cum sis
» nequissimorum criminum auctor et signifer deprehensus, eris ipse
» documento his quos scelere tuo tecum aggregasti ». *Acta proconsul. s. Cypriani*, § IV. (*Acta sinc.*, p. 217). Cf. MIN. FEL., *Octav.*, VIII : « Plebem profanæ conjurationis instituunt »; PRUDENT., *Peristeph.*, s. Roman., v. 62 et 90, etc.

(4) « Nam quasi bonus et verus doctor, quid nos discipuli se-
» cuti apud præsidem dicere deberemus, prior apud acta proconsulis
» pronuntiasti, et tuba canens Dei milites cælestibus armis instru-
» ctos ad congressionis prælium excitasti etc. ». (S. CYPRIANI *Epistola LXXXVIII*, §. 2. Nemesiani ad Cyprianum).

de sacrilège, qui pesait sur eux (1), si l'aveu du fait incriminé qui résultait de leur confession même (2), ne leur enlevait pas le droit d'appel. Quoiqu'il en ait été des règles spéciales inscrites sans doute à cet égard dans un livre d'Ulpien par malheur disparu (3), c'est au courage des martyrs qu'il nous faut attribuer l'absence de tous recours contre les jugements qui les frappaient. Il n'est pour eux qu'une seule pensée, l'ardent désir de hâter l'heure du sacrifice et de sa récompense. " Le „ fidèle, écrit Tertullien, se glorifie lorsqu'on le dénonce ; accusé, „ il ne se défend pas ; si on l'interroge, il avoue ; quand on le „ condamne, il rend grâces „ (4). Ce ne sont pas là de vaines paroles. Le martyr amené devant le juge ne songe point à l'apitoyer ; il n'emprunte pas cet appareil de deuil que revêtent d'ordinaire les accusés pour tenter d'émouvoir les cœurs (5) ; il garde jusqu'à l'heure dernière le visage souriant (6), l'aspect joyeux

---

(1). TERTULL., *Apologet.* X. « Sacrilegii et majestatis rei convenimus ».

(2) Une règle que nous ne trouvons pas écrite avant l'année 314, mais qui peut avoir été plus ancienne, exclut du droit d'appeler, alors qu'ils ont avoué leur crime, les *malefici* parmi lesquels les gentils comptaient les chrétiens (C. I, quorum appellationes non recipiantur, *Cod. Theod.*, l. XI, t. XXXVI. Cf. mon *Mémoire sur l'accusation de magie dirigée contre les chrétiens*).

(3) LACTANT., *Instit. div.* V, 11.

(4) « Si denotatur, gloriatur; si accusatur, non defendit; interrogatus, vel ultro confitetur; damnatus, gratiam agit » (*Apolog.*, c. I). « Christianus etiam damnatus gratias agit » (c. XLVI).

(5) TIT. LIV., VI, 20 ; CICERO, *Pro Cluentio*, LXVII; *Sid. Apoll., Epist.* I, 7, etc.

(6) Des textes dont tous ne sont pas de premier ordre, mais qui tirent de leur nombre une certaine valeur nous montrent les martyrs souriant devant le juge, au milieu des souffrances. Voir ADON, *Martyrol.*, 10 aug.; *Passio s. Cassiani*, § 1; *Passio s. Theodoreti*, § 3; *Passio s. Bonosi*, § 1. (RUINART, *Acta sincera*, p. 305, 590, 598); *Passio s. Thyrsi*, § 9. (BOLLAND., 28 jan., t. II, p. 825). Le même trait est des plus fréquents dans d'autres récits de martyrs.

qui sied à sa gloire (1). Dans le récit de la passion de Sainte Perpétue, on lit que la jeune femme enlevée et jetée à terre dans le cirque par une vache furieuse, se hâte de rattacher ses cheveux dont le désordre était, aux temps antiques, une marque de deuil. " Il ne convenait pas, dit l'historien, que la martyre „ pérît les cheveux épars et semblât ainsi s'affliger au milieu de son triomphe „ (2). Si quelque délai est offert au chrétien condamné, il le repousse (3), ne réclamant que le temps de dire une prière suprême (4). " Deo gratias! „ s'écrient saint Cyprien (5), saint Maximilien (6) quand la sentence de mort est prononcée. " Grâces à Dieu! „ avaient dit avant eux les saints de Scillita, " grâces à Dieu qui daigne nous admettre au ciel „ comme martyrs de la foi! „ (7). Ainsi parlent encore Lucien (8), l'évêque Félix (9), Julien qui fut brûlé en Palestine (10), trois jeunes africaines dont le livre d'Adon nous a conservé l'histoire (11),

(1) S. August., *Enarratio in Psalm.*, CXXXVII, § 3: « Gaudet iniquus in popina, gaudet martyr in catena. Quomodo gaudebat sancta ista Crispina cujus hodie solemnitas celebratur? Gaudebat cum terrebatur, cum ad judicium ducebatur, cum in carcerem mittebatur, cum ligata producebatur, cum in catasta levabatur, cum damnabatur ». Voir de plus *Passio s. Pionii*, § XXI; *Passio ss. Saturnini et Dativi*, § IV. (*Acta sincera*, p. 150, 383) etc.

(2) « Non enim decebat martyrem dispersis capillis pati, ne in » sua gloria plangere videretur ». (§ XX, *ibid.*, p. 101). Cf. Tit. Liv., I, XXVI; Ovid., *Epist. X*, Ariadne Theseo, v. 139; Petron., *Satyr.*, c. CXI.

(3) *Acta ss. mart. Scillit.*, § 3; *Passio s. Pionii*, § XX; *Acta s. Didymi et Theodorœ*, § II. (*Acta sincera*, p. 89, 150, 398) etc.

(4) Euseb., *Mart. palœst.*, c. VIII.

(5) *Acta s. Cypriani*, § IV. (*Acta sincera*, p. 217).

(6) *Acta s. Maximiliani*, § III (*ibid.* p. 301).

(7) *Acta martyrum Scillitan.*, § V (*ibid.*, p. 89).

(8) *Acta s. Luciani*, § VII (*ibid.*, p. 168).

(9) *Acta s. Felicis*, § V et VI (*ibid.*, p. 357).

(10) Euseb., *Mart. palœst.*, c. XI.

(11) *Martyrol.* 30 jul. Cf. De Smedt, *Analecta Bollandiana*, t. IX, p. 116 et 122.

et, lorsqu'on le conduit au supplice, saint Marcel dit au proconsul: " Que Dieu te comble de ses bienfaits! (1).

Un autre texte vient s'ajouter à ces premiers témoignages. Le récit du martyre de saint Philéas nous montre ceux qui entourent le chrétien devant le tribunal faisant efforts pour le sauver: " Il a déjà sacrifié! Il demande un délai! „ répètent à l'envi les assistants. Puis lorsqu'il marche au supplice, l'un des *advocati*, qui est son frère, s'écrie: " Philéas en appelle! „ Sur ce mot, le juge ordonne qu'on ramène le chrétien et lui demande si le fait est vrai. " Dieu m'en garde! répond Philéas, n'écoute „ pas ce malheureux. Pour moi, je rends grâces de toute mon „ âme aux Empereurs et au magistrat par lesquels je deviens „ le cohéritier du Christ „ (2).

Nous l'avons vu plus haut: en matière criminelle, l'appel d'un tiers était efficace, quoique pût vouloir le condamné. Il n'en fut pas ainsi dans le procès de Philéas et, malgré l'intervention de son frère, le martyr fut conduit au supplice. Pour qui se place au seul point de vue des dispositions légales, il y

---

(1) *Acta s. Marcelli*, § V. (*Acta sincera*, p. 304). Voir encore *Passio s. Irenœi*, § V; *Passio s. Philippi*, § XIII; *Acta s. Crispinœ*, § II; *Passio s. Afrœ*, § III (*ibid.*, p. 403, 419, 451, 456) etc.

(2) *Acta ss. Phileœ et Philoromi*, § 3. (*Acta sinc.*, p. 496): « Cumque existent et irent ad locum cædis consuetum, frater Phileæ qui erat unus ex advocatis, exclamavit dicens: Phileas abolitionem petit. Culcianus revocans eum dixit: Quid appellasti? Phileas respondit: Non appellavi; absit. etc. ». Les mots *abolitionem petere* n'indiquent pas, je le sais, l'appel, mais la demande de suppression de la poursuite. Ils figurait, en effet, avec ce sens, dans la singulière Déclamation qui montre un homme, accusé d'adultère, obtenant par un brillant fait d'armes, la radiation de la cause (Quintil. *Declam.*, 249; éd. de 1665, p. 303). Mais ici le texte n'est pas certain. Les Bollandistes, notent d'après deux manuscrits les deux variantes *appellationem* et *dilationem* (*Acta sanctorum*, 4 febr. p. 465). Je me suis guidé ici sur le sens des paroles qui suivent: *Quid appellasti?* et *Non appellavi*.

a là un fait inattendu. Si l'accusé avait le droit d'appel, pourquoi n'a-t-il pas été tenu compte du recours formé en son nom? S'il était privé de ce droit, que signifie la question posée par le juge? Les écrits de Lactance viennent nous éclairer sur ce point. C'est au temps de Dioclétien qu'a été frappé Philéas et, en ce qui touche les chrétiens, toute règle protectrice de l'accusé semble avoir alors disparu (1). Chacun des magistrats se gouvernait suivant son penchant et son gré; impitoyables les uns par cruauté de nature, par haine des justes, d'autres pour plaire au pouvoir et avancer dans leur carrière (2). Leur unique souci était de briser par quelque moyen que ce fût la constance des fidèles, plus fiers d'une telle victoire, ajoute Lactance, que s'il eussent défait une armée de barbares (3). Ainsi s'expliquent à la fois et l'interrogation du juge croyant entrevoir une défaillance dont il se ferait honneur et l'inutilité de l'appel interjeté au nom de Philéas.

Aucun texte ne parle de martyrs songeant à recourir au prince même pour obtenir une mort plus douce. Si nous voyons à Lyon, au second siècle, un gouverneur faisant surseoir au supplice d'Attale et en référant à l'empereur parce que cet homme est citoyen romain, ce n'est point par la voix du chrétien qu'il

---

(1) LACTANT., *De mortibus persecutorum*, c. XXII: « Licentia rerum omnium, solutis legibus adsumpta et judicibus data etc. ».

(2) LACTANT., *Inst. Divin.*, V, 11: « Accepta enim potestate pro suis moribus quisque sæviit; alii præ nimia timiditate plus ausi sunt quam jubebantur; alii suo proprio adversus justos odio; quidam naturali feritate; nonnulli ut placerent et hoc officio viam sibi ad altiora munirent ».

(3) *Ibid.*: « Vidi ego in Bithynia præsidem gaudio mirabiliter elatum tanquam barbarorum gentem aliquam subegisset, quod unus qui biennium magna virtute restiterat, postremo cedere visus est ». Voir mon mémoire intitulé: *Les Actes des martyrs, supplément aux Acta sincera*, § 23.

en est averti. L'avis lui est venu sans doute des agents de l'*officium* accomplissant ainsi un devoir de leur charge (1).

Une seule fois, le mot *appello* se trouve dans la bouche d'un martyr. Si nous devons en croire Prudence dont les poèmes reproduisent souvent les termes des écrits originaux dont il s'est inspiré, il aurait été dit par saint Romain ; mais ce n'est pas à une puissance humaine que le fidèle adresse son recours ; c'est au Christ qui le voit et qui le juge comme il voit et juge ses bourreaux (2).

EDMOND LE BLANT.

---

(1) EUSEB., *Hist. eccl.*, l. V, c. I ; C. 59, *De appellationibus et pœnis* : « Teneat apparitio veterem disciplinam nec a suggestionibus necessariis retrahatur ». (*Cod. Theod.*, lib. IX, tit. XXX). PRUDENT., *Peristeph.*, Hym. X, S. Romani, v. 111-115 :

« Apparitores sed furenti suggerunt
» Illum vetusta nobilem prosapia
» Meritisque multis esse primum civium.
» Jubet amoveri noxialem stipitem
» Plebeia clarum pœna ne damnet virum ».

(2) PRUDENT., *ibid.*, v. 818.

SAINT BARNABÉ

Saint Barnabé tient une place importante dans l'histoire des origines de l'Eglise, telle qu'elle se déduit des Actes des Apôtres et des Epîtres de saint Paul. Clément d'Alexandrie et d'autres à sa suite lui attribuent une épître sans adresse ni signature, composée vers la fin du premier siècle et qui est classée dans le groupe des " Pères apostoliques „. D'autres, comme Tertullien, ont cru que l'Epître aux Hébreux avait été écrite par lui. Ces attributions sont plus que douteuses. Elles n'ont eu d'ailleurs aucune influence sur le développement de la tradition relative à Barnabé. L'opinion de Tertullien sur l'auteur de l'épître aux Hébreux est restée à peu près isolée ; quant à l'épître non canonique, elle tomba de bonne heure dans l'oubli. C'est l'apôtre, non l'écrivain, que la tradition a retenu.

I.

S. Barnabé à Rome.

Barnabé a trouvé place dans le personnel du fameux roman syrien sur les pérégrinations de saint Pierre en Syrie, dont il nous reste deux rédactions du troisième siècle. Son rôle est assez restreint. Une des nécessités du roman est que Clément, le futur pape, se transporte en Syrie et s'y mette en rapport avec saint Pierre, dont il va devenir le disciple et le compagnon. Comme saint Pierre n'est point encore allé à Rome — on est à l'année même de la mort du Christ — il faut que Clément lui soit présenté par quelqu'un. C'est à Barnabé qu'échoit cette tâche. Suivant une des rédactions de la légende, il est allé à Rome prêcher la bonne nouvelle, du vivant même de N. S., et c'est là qu'il a rencontré Clément; suivant l'autre texte, cette première évangélisation de Rome a lieu par le ministère d'un envoyé inconnu; Barnabé prêche en même temps, mais à Alexandrie, et c'est dans cette ville que Clément le rejoint. Dans un cas comme dans l'autre, ils se retrouvent peu après à Césarée de Palestine, où Barnabé présente Clément à saint Pierre.

Que, par cette histoire, ou plutôt par ce détail du roman, on ait voulu faire de Barnabé le fondateur apostolique de l'église romaine, et le substituer dans ce rôle à l'apôtre Pierre, c'est ce qu'il n'est pas permis de croire, excepté peut-être à Tubingue (1), où le roman pseudoclémentin est passé à l'état d'Evangile. Encore faut-il remarquer que ce roman lui-même, non seulement suppose la tradition de saint Pierre fondateur de l'église romaine, mais l'exprime très clairement, tant par la façon dont il présente l'éducation du futur pape Clément, à l'ombre du prince des apôtres, que dans le récit qu'il fait de l'installation de Clément par saint Pierre lui-même comme son successeur au gouvernement des fidèles de Rome. L'épisode de Barnabé n'a, dans l'intention du romancier, aucune attache avec l'idée de la fondation de l'église romaine ou d'une succession apostolique quelconque. Il n'est même pas sûr, en présence de la divergence des deux rédactions, que le texte plus ancien d'où elles paraissent dériver ait placé à Rome la prédication de Barnabé.

Quant à présenter de tels récits (2) comme des " traditions „, c'est le comble de l'hypercritique. Nul ne s'est encore avisé

(1) J'entends le Tubingue moral, le cercle des fidèles aux idées de F. Chr. Baur; il n'en reste plus beaucoup.

(2) On en peut dire autant des Actes gnostiques de saint Paul (*Actus s. Petri Vercellenses*) où Barnabé a sa place parmi les compagnons ou messagers de l'apôtre.

de considérer l'épisode de *Quasimodo* comme une tradition conservée par les chanoines de Notre-Dame.

Il n'y a donc pas de tradition romaine de saint Barnabé. Si les Romains ont pu entendre parler de sa prédication chez eux, ce n'a guère été avant le commencement du cinquième siècle, lorsque Rufin leur traduisit le roman grec des Recognitions. Cette traduction, dont l'auteur était assez mal vu, ne fit pas fortune à Rome. Au VIe siècle nous la trouvons à l'*Index*, dans le décret *De recipiendis et non recipiendis libris*. Elle y figure à la plus mauvaise place, entre le concile arien de Rimini et les actes manichéens des apôtres André, Thomas, etc.

MM. Lipsius et Ad. Harnack déplorent l'ingratitude des Romains, qui ont laissé tomber la *tradition* de Barnabé. Ils voient là une intrigue pontificale. Les papes ont fait disparaître l'incommode Barnabé, qui menaçait les droits de priorité de saint Pierre et enlevait à l'église de Rome le privilège d'avoir été fondée par le prince des apôtres. *Barnabas Roma expellitur!* gémit M. Harnack (1); M. Lipsius (2) constate avec douleur que, sur les quatre cents églises de Rome, il n'y en a pas une en l'honneur de saint Barnabé.

Hommes pieux, séchez vos larmes! Outre que Barnabé n'a pu être chassé de Rome, par la bonne raison qu'il n'y est jamais entré, on peut montrer que les Romains ont été meilleurs pour lui que vous ne pensez.

D'abord, il n'est pas exact que les Romains n'aient point élevé d'église à saint Barnabé. Il n'y en a pas maintenant, à ma connaissance; mais il y en a eu autrefois au moins une, Saint-Barnabé *de porta*, près la Porta Maggiore; elle est men-

---

(1) *Theologische Literaturzeitung*, 1876, p. 448.
(2) *Die apocryphen Apostelgeschichten*, t. II, p. 275.

tionnée dans le catalogue des églises de Rome au XIV⁰ siècle (1). D'ailleurs il serait imprudent de juger de la considération que les Romains portaient à un saint d'après le nombre des églises qu'ils lui ont consacrées. Je ne serais pas embarrassé d'énumérer une quarantaine d'églises romaines en l'honneur de saint André, un grand apôtre, certainement, mais qui n'a pas, pour les Romains surtout, l'importance de saint Pierre : or saint Pierre n'a guère que sa basilique du Vatican. Du moment où saint Barnabé n'avait pas son tombeau à Rome, il était presque impossible qu'une église sous son vocable s'élevât dans la banlieue, dans la région des cimetières. A l'intérieur de la ville, les églises portaient ordinairement, au IV⁰ et au V⁰ siècle, le nom de leur fondateur et non celui d'un saint patron. Une église Saint-Barnabé n'a donc été possible, à Rome, qu'à une date relativement basse ; la réalité est bien d'accord ici avec la possibilité.

Mais si les Romains n'avaient aucune raison d'élever une église en l'honneur de saint Barnabé, et ne se sont pas pressés, en effet, de lui en élever une, ils n'en ont pas moins honoré d'une façon très significative le souvenir d'un homme qu'ils savaient, par les Actes des apôtres, avoir grandement contribué à la fondation de l'Eglise. On ne voit pas que sa fête ait été célébrée à Rome avant le neuvième siècle ; elle ne l'était d'ailleurs nulle part, avant la découverte de son tombeau dans l'île de Chypre, sous l'empereur Zénon. Mais son nom fut mis dans le Canon de la messe romaine, et ceci est un honneur très singulier, bien plus important que l'érection d'une église. L'érection d'une église, en effet, peut être l'œuvre d'une personne privée ; la formule officielle de la liturgie quotidienne

---

(1) PAPENCORDT, *Geschichte der Stadt Roms*, p. 58; Urlichs, *Codex U. R. topogr.*, p. 174.

ne pouvait être établie ou retouchée que par l'autorité supérieure de l'église romaine, par le pape. Les diptyques des saints, dans le Canon de la messe romaine, sont partagés en deux listes, dont l'une (*Communicantes*) comprend les apôtres, les papes et un certain nombre de martyrs, l'autre (*Nobis quoque*) commence par les noms de s. Jean Baptiste, s. Etienne, s. Matthias, s. Barnabé, s. Ignace, et se continue par l'énumération d'un autre groupe de martyrs. Le Canon romain nous est parvenu dans des manuscrits dont les plus anciens remontent au septième siècle; plusieurs de ses parties sont attestées dès le cinquième siècle et même dès le déclin du quatrième. Je ne veux pas dire que l'insertion du nom de saint Barnabé remonte jusqu'à cette dernière date, car je n'en ai pas la preuve directe; il n'est même pas absolument sûr qu'elle n'ait pas été faite postérieurement à la découverte du tombeau dans l'île de Chypre, quoique cette hypothèse soit bien invraisemblable (1). Ce qu'il y a de plus probable, c'est que, quelle que soit la date de l'insertion, elle s'est faite en vertu des mêmes autorités qui ont fourni les noms précédents, et ces autorités, ce sont les livres du Nouveau-Testament, surtout l'Evangile et les Actes: *Barnabas Romae honoratur*.

II.

S. Barnabé en Chypre.

Jusqu'à la fin du cinquième siècle, personne n'avait entendu parler du tombeau de saint Barnabé. En dehors de quelques mentions incidentes dans les romans sur les apôtres, on ne savait de ce personnage que ce qu'en raconte le livre des

---

(1) Au moment de la découverte et plus de vingt ans après, il y eut schisme entre l'église romaine et l'église grecque.

Actes; il était impossible de dire ce qu'il était devenu depuis le moment (1) où il se sépara de saint Paul pour passer dans l'île de Chypre en compagnie de Marc. Les Chypriotes avaient tout droit de le revendiquer comme leur apôtre national. Né d'une famille juive établie dans l'île, Barnabé y était revenu comme apôtre, et cela au moins deux fois; il est possible qu'il y ait terminé sa carrière, mais on n'avait, avant la fin du cinquième siècle, aucune raison de l'affirmer.

Depuis le commencement de ce siècle (2), les évêques de Chypre, groupés en province ecclésiastique sous l'autorité du métropolitain de Salamine, étaient en démêlés avec le patriarcat d'Antioche. Ils entendaient jouir de l'autocéphalie, c'est-à-dire ne point dépendre du patriarche d'Orient. Profitant d'une occasion favorable, ils avaient fait reconnaître leurs droits par le concile d'Ephèse (431). Mais Antioche revenait de temps en temps à la charge. Sous l'empereur Zénon, le puissant et actif patriarche Pierre le Foulon parvint à réduire les Chypriotes aux abois. La cour, l'évêque de Constantinople, toutes les autorités, avaient épousé la querelle de l'évêque d'Antioche: l'autocéphalie de l'île de Chypre était à la veille de périr. C'est dans cette extrémité qu'ils furent secourus par leur apôtre national. On découvrit sa tombe aux environs de Salamine; outre ses restes, elle contenait un manuscrit de l'évangile selon saint Matthieu. L'opportunité parut miraculeuse; les partisans d'Antioche furent déconcertés et les droits du siège de Salamine obtinrent une reconnaissance définitive.

Cette découverte est un fait historique. Sévère, patriarche d'Antioche, l'atteste dans une lettre (3), où il raconte que, se

---

(1) *Act.* XV, 39.
(2) Lettre du pape Innocent à l'évêque d'Antioche Alexandre, vers 415 (JAFFÉ 310).
(3) ASSEMANI, *Bibl. Or.*, t. II, p. 81.

trouvant à Constantinople au temps du patriarche Macedonius (495-511), il avait eu occasion de consulter le manuscrit de saint Matthieu. Ce manuscrit, écrit avec luxe, était conservé respectueusement dans le palais impérial: on disait que, sous l'empereur Zénon († 491), il avait été trouvé " dans une ville de l'île de Chypre, avec saint Barnabé „. Il faut remarquer que Sévère ne dit pas sur quels indices on s'était guidé pour identifier le tombeau, ni dans quel état on avait trouvé le corps du saint.

Peu après cet évènement, on vit circuler une légende sur les voyages apostoliques de Barnabé; elle a été publiée par les Bollandistes, au 11 juin, puis par Tischendorf d'après un manuscrit grec, daté de 890 (1). L'auteur prétend être Jean Marc, le compagnon de Paul et de Barnabé, devenu plus tard évangéliste et fondateur de l'église d'Alexandrie. Dans la première partie de son histoire, qui correspond à la période connue par le livre des Actes, il se met plusieurs fois, sans s'en douter, en contradiction avec le texte canonique. Pour le reste, ce n'est que le récit d'une excursion rapide et peu fructueux le long des côtes de la Cilicie Trachée et à travers l'île de Chypre. Barnabé, contrarié par les juifs et par le fameuse magicien Barjésu, ne parvient pas à faire beaucoup de conquêtes. A Salamine, où il s'arrête en dernier lieu, les juifs s'emparent de lui, le traînent dans l'hippodrome et le brûlent tout vivant. Puis ils recueillent ses cendres dans une nappe, y attachent un plomb et attendent un moment favorable pour aller les jeter à la mer. Marc profite de ce délai pour se saisir des restes de son maître; il les enterre dans un lieu écarté, avec l'évangile de saint Matthieu, que Barnabé portait toujours avec lui dans ses voyages. Cela fait, il n'a que le temps

---

(1) *Acta App. apocrypha*, p. 64.

de s'enfuir; les juifs se mettent à ses trousses et c'est à grand peine qu'il parvient à s'embarquer pour Alexandrie.

Ce récit, combiné évidemment pour expliquer et illustrer la découverte du temps de Zénon, ne suffit pas longtemps à l'enthousiasme local. Les cendres de saint Barnabé, c'était déjà beaucoup; mais il eût été mieux d'avoir son corps tout entier. De plus, on avait omis de marquer le lieu et les circonstances de la découverte. Déjà, vers la fin du sixième siècle, Théodore le Lecteur, en relatant (1) cette histoire, sait que la tombe sainte avait été trouvée sous un caroubier, que le manuscrit était un autographe de Barnabé lui-même et qu'il reposait sur sa poitrine. Ce dernier détail est de conséquence. Avant ou après Théodore, mais s'inspirant évidemment de la même tradition, un moine Alexandre, prêtre et gardien de l'église élevée sur le tombeau de saint Barnabé, composa une histoire des voyages du saint et de l'invention de ses reliques. Cette histoire, dont on peut voir le texte grec dans les *Acta Sanctorum*, au 11 juin, représente la forme définitive de la légende chypriote. L'auteur a mis à contribution les Actes des apôtres, les Clémentines et le Pseudo-Marc, en les complétant par des détails nouveaux. Il dit, en particulier, comment s'est opérée la découverte. Au temps de la querelle avec Pierre le Foulon, les intérêts du siège de Salamine étaient d'autant plus menacés que le métropolitain, Anthime, saint homme d'ailleurs, n'avait pas les qualités d'esprit nécessaires pour lutter contre un adversaire aussi puissant. Comme il se trouvait à Constantinople, faisant de son mieux, mais n'avançant guère, saint Barnabé lui apparut à plusieurs reprises et lui donna des indications exactes sur l'endroit où il était enterré. C'était en un lieu appelé Τόπος τῆς ὑγιείας (Lieu de la Santé), à cinq stades (un

---

(1) II, 2.

kilomètre environ) de Salamine, sous un caroubier. Muni de ces renseignements, l'évêque fit exécuter des fouilles qui furent couronnées de succès. On trouva le corps saint, parfaitement conservé, ayant sur la poitrine une copie autographe de l'évangile de saint Matthieu. L'empereur, informé de cet évènement, se prononça en faveur de l'autocéphalie de la province de Chypre; en reconnaissance, on lui fit cadeau du précieux manuscrit. L'évêque Anthime s'empressa d'élever sur le lieu de la découverte une magnifique église, avec atrium et cellules pour les pélerins; le sarcophage de saint Barnabé y fut déposé, à droite de l'autel, sous un dais que supportaient des colonnes de marbre ornées d'argent. On fixa la fête anniversaire au 11 du mois de juin.

III.

S. Barnabé à Milan.

Saint Barnabé avait tiré d'embarras ses fidèles de Chypre, on plutôt leur métropolitain, et assuré à celui-ci une complète indépendance à l'égard du patriarche d'Antioche. Ce n'est pas le seul service qu'il ait rendu en ce genre d'affaires. En Occident aussi on s'est réclamé de lui pour soutenir une métropole attaquée dans ses privilèges.

Bien que la découverte de 488 eût assuré à l'île de Chypre le droit exclusif de revendiquer saint Barnabé, les catalogues (1) des apôtres et des 70 disciples disposèrent de lui

---

(1) M. Lipsius, *Op. cit.*, t. I, p. 202, reporte, je crois, ces petits écrits à une date un peu trop élevée; ils seraient, selon lui, du cinquième siècle. Mais son principal argument (p. 195) est un texte apocryphe (cf. *Acta SS. octobris*, t. XIII, p. 689 et suiv.). Il fau-

en faveur de l'église de Milan. Cette église est une des rares, parmi celles de l'Occident, à laquelle les rédacteurs grecs de ces catalogues aient fait honneur de quelque personnage apostolique. Mais aussi l'église de Milan avait, après Rome et Carthage, une importance hors ligne. Du moment où l'on ne gardait pas tous les soixante-dix disciples pour les provinces orientales de l'empire, Milan ne pouvait manquer d'en obtenir un. Cependant toutes les rédactions ne sont pas d'accord. Il y en a qui attribuent saint Barnabé à la ville d'Héraclée en Thrace. Celle qui circule sous le nom de saint Hippolyte concilie tant bien que mal les deux systèmes, en énumérant deux Barnabés, l'un évêque de Milan, l'autre évêque d'Héraclée. Bien que ces petits livres aient existé dès le septième siècle et que l'on n'ait pas tardé beaucoup à les traduire en latin, l'église de Milan ne paraît pas s'être empressée d'accueillir le fondateur apostolique dont on la gratifiait.

Les monuments liturgiques officiels de cette église fournissent ici des renseignements très significatifs. Le plus ancien sacramentaire (1) qui provienne de la région soumise à l'autorité de cette métropole, c'est le sacramentaire de Bobbio, actuellement conservé à la Bibliothèque nationale (n° 13246). M. Delisle (2) l'estime du VII° siècle. Mabillon l'a publié comme

drait plutôt descendre jusqu'au VII° siècle. — En ce qui regarde s. Barnabé, on pourrait être tenté de raisonner ainsi: les catalogues n'attribuent pas cet apôtre à l'île de Chypre, donc ils sont antérieurs à la découverte du tombeau, c. à. d. à la fin du V° siècle. Mais je répondrais que l'idée d'attribuer Barnabé à l'île de Chypre était suggérée par les Actes des apôtres, et cela plus fortement encore que par la découverte de 488. La fantaisie du rédacteur, qui a négligé une indication aussi autorisée que celle des Actes des apôtres, a pu, tout aussi bien, négliger les revendications des Chypriotes.

(1) V. mes *Origines du culte chrétien*, p. 150.
(2) *Mémoires de l'Académie des inscr.*, t. XXXII, 1ʳᵉ partie, n.° 6.

gallican, et il a eu raison, car la liturgie gallicane y est en effet contenue, mais d'une façon incomplète. On n'y trouve pas une seule messe qui aille au delà du *Sanctus*. Pour continuer la liturgie, il fallait prendre, à ce moment, l'ordinaire de la messe romaine, qui figure en tête du manuscrit. C'est en somme une combinaison entre les deux usages romain et gallican ; ce qu'on appelle le rit ambrosien n'est pas autre chose, sauf que les détails gallicans ont été de plus en plus effacés, par une assimilation progressive à l'usage de Rome. Le sacramentaire de Bobbio contient, au *Memento*, le nom de saint Ambroise, que l'on ne rencontre ni dans les sacramentaires romains, ni dans les anciens livres de ce genre exécutés en pays frank, et qui figure au contraire dans les sacramentaires milanais de date postérieure. Ces deux circonstances, sans parler d'autres détails que je n'ai pas le loisir d'expliquer ici, me portent à croire que le sacramentaire de Bobbio doit être placé en tête des livres analogues du rit ambrosien.

Il contient encore, au *Nobis quoque*, le nom de saint Barnabé, qui figure dans tous les anciens exemplaires du Canon romain. Chose extraordinaire! De tous les anciens sacramentaires ambrosiens qui soient venus à ma connaissance (1), c'est le seul où ce nom ait été maintenu. On ne s'est pas fait faute de développer, au point de vue des traditions locales, les listes de saints contenues dans le *Communicantes*, dans le *Nobis quoque*, dans le *Libera nos*. Or y a introduit une longue suite

(1) Bibliothèque ambrosienne: A 24 *bis inf*. (Xe siècle); A 24 *inf*. (XIe s.); trois sacramentaires du XIe siècle, conservés dans le trésor de la cathédrale; un autre, du même temps, dans la bibliothèque du marquis Trotti; un autre, encore du XIe s. *Ambr*. T. 120, *sup*. (Delisle, *l. c.* n°s 71-77). Dans le dernier, le nom de saint Barnabé figure au *Communicantes*, à la suite de ceux des douze apôtres, mais « il a été intercalé après coup, probablement au XIVe ou au XVe siècle »; telle est l'appréciation de M. Delisle.

d'anciens évêques de Milan et de martyrs honorés spécialement dans cette église. En revanche on a effacé le nom de saint Barnabé de l'endroit où il se trouvait. Sept sacramentaires, du X⁰ et du XI⁰ siècle, témoignent de cette suppression, qui s'est perpétuée jusqu'à nos jours dans le Canon ambrosien. *Barnabas Mediolani expungitur!*

Il partage ce sort avec quelques autres saints, qui n'intéressaient pas spécialement l'église de Milan, Lin et Clet, effacés dans le *Communicantes*, Matthias, Ignace, Alexandre, dans le *Nobis quoque*.

Dans son célèbre sermon (1), prononcé à Milan en 1059, pour défendre la réforme grégorienne et l'autorité du saint-siège, saint Pierre Damien fait l'histoire des origines de l'église de Milan, telle qu'on l'admettait de son temps. Selon lui cette église doit sa fondation aux apôtres romains, saint Pierre et saint Paul. Les deux saints Gervais et Protais avaient eu saint Paul pour maître; saint Nazaire avait été baptisé par saint Lin, *Petri auctoritate;* il fut ensuite envoyé de Rome à Milan, avec saint Celse. Pas la moindre mention de s. Barnabé. Et il faut noter que ce discours fut tenu dans une grande assemblée du clergé et du peuple milanais, l'archevêque étant présent; que les arguments historiques de l'orateur étaient présentés comme de graves arguments en faveur d'une thèse fort désagréable à l'auditoire. Ce n'était ni le lieu ni le moment de supprimer les traditions reçues dans l'église de Milan. Du reste, la légende de s. Barnabé, telle qu'elle se fixa peu après, n'allait nullement à l'encontre des revendications romaines; bien au contraire, elle pouvait fournir un puissant argument en leur faveur. Ainsi, du silence de s. Pierre Damien il résulte que la

---

(1) Migne, *P. L.*, t. CXLV, p. 91.

croyance à l'apostolat milanais de s. Barnabé n'était pas encore reçue à Milan au milieu du onzième siècle.

Mais ce n'est pas tout. L'église de Milan avait un catalogue de ses anciens évêques. Ce catalogue nous est parvenu en trois copies (1). La première (*Ambr.* C. 133 inf.) est du onzième siècle; elle s'arrête à l'évêque Guy, mort en 1075; une fois rédigée, elle fut continuée par diverses mains jusqu'en 1206. Or elle commence par saint Anathalon et ne parle pas de saint Barnabé. Une copie de ce catalogue, prolongé seulement jusqu'en 1126, a été connue de Muratori; elle appartenait à la cathédrale de Milan: elle a disparu depuis; on n'y trouvait pas saint Barnabé.

Le catalogue de 1075, avec sa continuation jusqu'en 1206, fut copié, pendant le treizième siècle, dans un recueil de documents relatifs à l'église de Milan, que l'on appelait le *Beroldus*. On y ajouta des compléments de diverse nature, entre autres une note au commencement sur saint Barnabé, premier évêque. La date précise de ces insertions n'est pas connue. Le *Beroldus* est perdu; mais, en 1296, ou peu après, le catalogue et ses appendices fut recopié dans un autre exemplaire de la collection, que l'on appelle le nouveau *Beroldus* et qui existe encore. Ainsi, c'est dans le courant du XIIIe siècle, entre 1206 et 1296, que l'on trouve, pour la première fois, saint Barnabé dans le catalogue des évêques de Milan.

C'est un peu tard. Mais aussi, catalogues et sacramentaires sont des livres officiels, où les traditions de fraîche date n'entrent pas sans faire quelque stage. On ne s'étonnera pas de trouver saint Barnabé, archevêque de Milan, dans des compositions d'un caractère privé, mais d'une date fort antérieure au XIIIe siècle.

---

(1) *Mon. Germ. Scr.*, t, VIII. p. 101.

Au temps des luttes entre Hildebrand et le clergé lombard, au plus fort de l'agitation patarine, deux clercs de Milan s'occupaient de l'histoire de leur église ; l'un d'eux, Arnulf, nous a laissé des *Gesta episcoporum Mediolanensium* (1), qui vont de 925 à 1077 ; l'autre, Landulf, composa une *Historia Mediolanensis* (2) en trois livres, poursuivie jusqu'à l'année 1085. Ils étaient tous deux de chauds partisans des privilèges de leur église, et des abus traditionnels que Grégoire VII cherchait à extirper. Arnulf cependant finit par se soumettre, tandis que Landulf demeura toujours intraitable. Arnulf, qui est un historien assez sérieux, ne parle jamais de saint Barnabé, bien que l'occasion de s'en réclamer ne lui ait point fait défaut. Quant à Landulf, c'est un enragé, pour qui la distinction du vrai et du faux cesse d'exister dès que l'intérêt de sa cause est en jeu. Pour lui, comme pour son collègue, saint Ambroise est toujours le principal ancêtre de l'église de Milan (3) ; cependant il lui associe saint Barnabé, non dans la trame de son récit, mais dans deux morceaux accessoires, le poème qui sert d'introduction à son deuxième livre, et un discours qu'il met, un peu plus loin, sur les lèvres, de Benoît, archevêque de Milan au commencement du huitième siècle (4). Que le poème et le discours soient de Landulf, c'est ce dont personne ne doute ; le discours en particulier, farci de citations des fausses décrétales, ne saurait avoir été prononcé par un prélat du temps des rois lombards. Dans ce discours, Be-

---

(1) *M. G. Scr.*, t. VIII, p. 6.
(2) *Ibid.*, p. 32.
(3) *Monum. Germ. Scr.*, t. VIII, p. 45, 51, 52.
(4) L'occasion de ce discours est une protestation contre l'exemption du siège de Pavie qui s'était émancipé de la métropole de Milan et placé directement sous l'autorité du pape. Le conflit dont parle Landulf est un fait historique ; il est mentionné dans le *Liber pontificalis*, vie du pape Constantin, t. I, p. 392.

noît se réfère à un écrit ancien, d'où il tire ce qu'il dit de la fondation du siège de Milan par l'apôtre Barnabé.

On connaît cet écrit ancien. C'est le livre *De situ civitatis Mediolani*, avec un catalogue des évêques de Milan jusqu'au sixième siècle. Après avoir circulé longtemps sans nom d'auteur, il a fini par attirer celui de Datius, évêque de Milan († 552), qui errait autour des histoires ecclésiastiques du pays, et s'attacha même à celle de Landulf (1). Il est sûr que le *De situ* est postérieur à Paul Diacre, c'est-à-dire, au huitième siècle. Il n'a aucune référence antérieure à Landulf; le manuscrit d'où l'a tiré Muratori (2) est du XIIe siècle; rien ne s'oppose à ce que cette compilation soit l'œuvre, soit de Landulf lui-même, soit de quelque contemporain. C'est dans le *De situ* que se rencontre, pour la première fois, l'histoire de l'apostolat milanais de saint Barnabé.

On cite encore une légende, ou plutôt un sermon publié par Mombritius et par Papebroch (3), qui dit l'avoir tiré d'un manuscrit du dixième siècle.

Papebroch n'en donne que le commencement, où il n'est pas question du séjour de l'apôtre à Milan. On le trouve tout entier dans la *Bibliotheca Casinensis* (4), où le texte est emprunté à un manuscrit du siècle. Ceux de Bruxelles et de Namur, dont les Bollandistes ont récemment publié la description, sont, les plus anciens du XIe siècle, les autres postérieurs (5). Bien que la légende y soit complète, elle ne parle nulle part du voyage à Milan. Celui-ci aura donc été inter-

---

(1) *Mon. Germ.*, l. c., p. 34.
(2) *Script.* t. I, part. 2.
(3) *Acta SS. iun.*, t. II, p. 425.
(4) T. III (*Florileg.*), p. 354.
(5) *Anal. Boll.*, t. I, p. 512; *Catal. codd. hagiogr. Bruxellens.*, t. II, p. 24.

polé dans le manuscrit dont s'est servi Mombritius, et, après lui, Biraghi (1).

Un autre document, soi-disant antérieur au XI⁰ siècle, a été introduit dans la cause. Je vais le signaler, pour montrer quelles métamorphoses subissent parfois les textes en passant d'un compilateur à un autre.

M. Lipsius, dans son livre sur les Actes apocryphes des apôtres (2), allègue, pour l'antiquité de la tradition, une homélie prononcée dans la seconde moitié du VIII⁰ siècle par un évêque de Verceil appelé Beringus. M. Lipsius tient ce document de Braunsberger, *Der Apostel Barnabas*, Mayence, 1876, p. 95.

Braunsberger se réfère à Sormani, *Orig. apost.*, p. 86.

Sormani emprunte à Cusano, *Discorsi historiali concernenti la vita et attioni de' vescovi di Vercelli*, Verceil, 1676, p. 3.

Cusano invoque Puccinelli (Placido), *Vita di s. Barnaba apostolo*, Milan, 1649, p. 46.

Puccinelli se réclame de Defendente Lodi (pseudonyme?), *Discorsi historici*, Lodi, 1629, p. 262.

Defendente Lodi cite monsig. Bonomio, évêque de Verceil, *Antiquorum PP. sermones et epistolae de s. Eusebio episcopo Vercellensi*, Milan, 1581, p. 2.

Nous voici enfin à la source. Mgr Bonomio, dans sa préface, adressée au peuple et au clergé de son diocèse, s'exprime ainsi (*l. c.*): *Primum fidei mysteriis, Dei singulari benignitate, iam imbuti estis usque ab initio nascentis religionis, quo scilicet tempore sanctus Barnabas apostolus in omni fere Insubria ac Liguria evangelium disseminavit.*

C'est ce texte, tiré d'un livre imprimé à la fin du XVI⁰ siècle,

(1) *Datiana historia ecclesiae Mediolanensis*, Milan, 1848, p. 102.
(2) T. II, p. 309.

qui, par des transformations successives, est devenu un témoignage du VIII⁰ siècle.

Defendente Lodi cite exactement.

Puccinelli estropie le nom du prélat, qu'il appelle monsignor Bonino.

Cusano change Bonino en Buringo : " e riferendo (il Puccinelli) poscia il dire di Buringo, vescovo di Vercelli ", etc.

Sormani fixe la date de Buringo à l'année 795 et réfute Ughelli, qui le place au temps d'Hadrien II (858-872) (1).

Braunsberg copie Sormani.

Lipsius s'en réfère à l'un et à l'autre.

Et nous voilà bien renseignés.

Buringus écarté, nous nous retrouvons en face de cette situation : *La légende milanaise n'a pas de références certaines antérieures à Landulf.* Pour éclaircir un peu sa genèse, il n'y a plus qu'à l'interroger elle-même.

La tendance de la légende est facile à discerner. L'auteur tient à établir que Milan est la seconde ville d'Italie, le premier siège après le siège apostolique de Rome. Saint Barnabé n'est point mis en ligne contre saint Pierre ; il n'y a pas la moindre trace d'opposition entre la tradition de Rome et celle de Milan. Ce n'est pas la première place que l'on demande pour Milan, c'est la seconde. On affirme en avoir toujours joui et l'on fait les plus grands efforts pour s'y maintenir. Les évêques de Milan, dit-on, ont reçu la suprématie non seulement sur ceux de Ligurie, mais encore sur ceux de Vénétie, d'Émilie, de Rhétie, des Alpes Cottiennes, et même d'une partie de la Tuscie.

---

(1) Cette question chronologique n'a rien qui puisse nous intéresser en ce moment, puisque, quelle que soit la réalité et la date de l'évêque de Verceil Buringus, il ne s'agit pas de lui, mais de Mgr Bonomio.

Ceci est très juste; telle était, en effet, la circonscription métropolitaine de Milan au temps de saint Ambroise. Elle s'étendait à toute l'Italie du nord, à tout le diocèse d'*Italie*, de même que la circonscription métropolitaine de Rome correspondait au diocèse suburbicaire, embrassant ainsi la péninsule et les îles. Mais cette grande primatie n'avait pas duré longtemps. La fondation des métropoles d'Aquilée et de Ravenne avait eu pour conséquence de soustraire à l'obédience de Milan la deuxième Rhétie avec la plus grande partie de la Vénétie et de l'Émilie. Les prélats milanais étaient depuis longtemps accoutumés à ce régime lorsque fut rédigé le livre *De situ civitatis Mediolani*. Cependant, bien que Ravenne eût été la résidence des empereurs, des rois goths et des exarques, bien que le métropolitain d'Aquilée se fût paré dès le sixième siècle du titre de patriarche, Milan n'avait pas cessé d'être considérée comme le premier siège italien après celui de Rome. Ce que l'archevêque avait perdu dans l'ordre purement ecclésiastique, il l'avait largement regagné dans l'ordre politique. C'était lui qui couronnait les rois lombards; quand les princes allemands descendaient en Italie pour se faire sacrer empereurs par le pape, ils s'arrêtaient d'abord à Milan pour recevoir la couronne de fer des mains du grand primat italien. Et ce n'était pas un primat *in partibus* comme ceux de Ravenne et d'Aquilée, villes déchues de leur splendeur antique. Milan était la plus riche, la plus industrieuse, la plus peuplée des cités du nord de l'Italie. Son archevêque avait sous ses ordres un clergé extraordinairement nombreux, riche et influent. Tout concourait à l'éclat du siège de saint Ambroise.

Cette situation était trop considérable pour ne pas porter ombrage. On ne pouvait songer encore à démembrer la province ecclésiastique de Milan, comme on le fit plus tard par la fondation des métropoles de Gênes (1133), de Turin (1515) et de Verceil (1817); mais certains évêchés qui cherchaient à s'émanciper isolément de la juridiction milanaise trouvèrent appui à Rome et même à Aquilée. Au commencement du huitième siècle, la ville royale de Pavie ne relevait plus de l'archevêque de Milan; son évêque avait le droit d'être consacré par le pape. L'archevêque Benoît fit, vers l'année 710, le voyage de Rome pour tâcher de ressaisir ce suffragant. Mais ce fut en vain; on lui opposa une prescription. Le *Liber pontificalis* (1) assure que *a priscis temporibus sedi apostolicae Ticinensis ecclesiae antistes ad consecrandum pertinebat atque pertinet*. Cependant l'évêque de Pavie signait encore, au concile romain de 680, parmi les prélats de la province de Milan. La prescription n'était donc pas bien longue. L'émancipation aura eu lieu, je crois, à la demande des rois lombards, dans un moment de bonne entente avec le pape. Sous le pontificat de Jean VII (705-707), le roi Aripert rendit au saint-siège le patrimoine de Gênes, dit des Alpes Cottiennes, confisqué sous Rotharis. Il y a peut-être quelque lien entre ces deux affaires.

Mais ce qui est fort curieux, c'est que l'on s'efforça de mettre ce changement sous le patronage des apôtres d'Aquilée. Le petit martyrologe d'Aquilée qui fut placé par Adon en tête du sien propre, porte, au 12 septembre: *Ticini, confessoris Syri et Eventii, discipulorum Hermagorae, Aquileiensis primi episcopi.* Syrus et Eventius sont l'un le premier, l'autre le troisième évêque de Pavie. Eventius est probablement celui qui siégea au concile d'Aquilée en 381, et cette circonstance pourrait avoir eu quelque influence sur la naissance de la légende (2).

(1) Vie de Constantin, *L. P.*, t. I, p. 392.
(2) Quant à saint Syrus, c'est le plus ancien évêque de Pavie. On a retrouvé son sarcophage, il y a environ douze ans. Il porte l'inscription:

SVRVS
E P C

Adon développa le texte du petit martyrologe, en le complétant de détails nouveaux sur la prédication des saints de Pavie, qui auraient porté l'évangile à Vérone, à Brescia et à Lodi. Vérone est dans la province d'Aquilée ; Brescia et Lodi dans celle de Milan. Y a-t-il ici un jalon posé en vue de la création d'une métropole de Pavie? C'eût été bien osé, surtout en ce qui concerne Brescia, qui conservait le tombeau de saint Anathalon, premier évêque de Milan, et avait été, à l'origine, comprise dans le même diocèse que la cité métropolitaine. Il est plus simple de croire que ces deux cités ont été mentionnées ici parce que, pour aller de Vérone à Pavie, il faut les traverser, ou tout au moins passer sur leur territoire.

Quoiqu'il en soit, la situation spéciale de Pavie était déjà, vers le milieu du neuvième siècle, sous la protection de saint Hermagore, patron du patriarcat d'Aquilée.

M. de Rossi a commenté ce monument dans le *Bullettino* de 1876, p. 77 et suiv., faisant valoir toutes les raisons favorables à la « tradition » qui reporte saint Syrus aux temps apostoliques. Le signe EPC pour *episcopus* est un grave argument contre cette haute antiquité. On a cru s'apercevoir, à Pavie, qu'il représentait une adjonction postérieure. Ceci admis, M. de Rossi a comparé l'épitaphe restante, réduite au seul nom SVRVS, avec les épitaphes d'évêques de diverses époques. Les seules qui aient présenté une teneur aussi restreinte sont celles de LINVS à Rome et d'EVTROPIVS à Saintes, relatives à des évêques dont le premier est sûrement du temps des apôtres, le second, si l'on s'en rapporte à un *fertur* de Grégoire de Tours (*Gl. mart.*, 55), serait un contemporain de saint Clément. Mais M. de Rossi a constaté plus tard (*Inscr.*, t. II, p. 237) que l'épitaphe de Linus est un monument des plus douteux. Quant à Eutropius, l'assertion de Grégoire relativement à sa date est réfutée par ce qu'il dit de la découverte du tombeau de cet évêque, dont l'*historia passionis* faisait défaut. Il est du reste bien peu probable qu'il y ait eu des évêques à Saintes avant le troisième siècle fort avancé. Enfin M. Le Blant a fait valoir des raisons très sérieuses pour abaisser jusqu'au sixième siècle la date de l'inscription d'Eutropius. De tout cela il résulte que le sarcophage de Pavie n'offre aucun appui sérieux à la « tradition », et que celle-ci n'a pas de document plus ancien que le martyrologe d'Adon et le petit martyrologe d'Aquilée.

A la fin du même siècle, l'évêché de Côme, malgré sa proximité de Milan, appartenait certainement à la province d'Aquilée. Nous en avons le témoignage dans une lettre du pape Etienne V, adressée en 887 ou 888 au patriarche Walbert (1), dans laquelle celui-ci est requis de procéder sans autre délai à l'ordination de Liutward, élu évêque de Côme. Ce n'était pas la première fois que le pape invitait Walbert à faire cette ordination; il aurait pu la faire lui-même, mais il ne voulait pas, dit-il, *alicuius ecclesiae privilegium infringere*. Un tel langage suppose une possession déjà établie; les patriarches d'Aquilée étaient les métropolitains des évêques de Côme; cette situation se maintint depuis lors; elle a duré jusqu'en 1817.

Il est sûr qu'elle n'est pas primitive, et que les évêques de Côme ont commencé par être suffragants de Milan. C'est en cette qualité que saint Abundius signa, en 451, la lettre synodale adressée à saint Léon par l'archevêque Eusèbe. On n'a pas assez de documents pour déterminer au juste quand eut lieu le changement. Mais il est impossible de se tromper sur l'intention qui l'a inspiré. Ce n'est pas à Milan qu'on en avait eu l'idée; ce n'est pas là qu'on l'avait vu de bon œil.

Mais ce n'est pas seulement ses suffragants que l'on ravissait au siège de saint Ambroise; on empiétait aussi sur ses droits historiques à être, après Rome, la première des métropoles italiennes. Et ce n'était pas seulement avec Aquilée que Milan avait affaire; Ravenne aussi entrait en ligne et luttait vivement pour la première place. Au concile de Francfort (794), dans un document rédigé par le patriarche d'Aquilée, le *Sacrosyllabus* des évêques italiens, on trouve encore les provinces ecclésiastiques énumérées suivant l'ordre ancien, Milan, Aquilée, Ravenne; mais déjà, dans son testament, rédigé en 811, Charlemagne donne

(1) Jaffé, 3442.

le pas à Ravenne (1). Au concile de Mantoue, en 827, l'évêque de Ravenne siégeait avant celui de Milan ; les actes de cette assemblée, rédigés en grande partie sur les documents fournis par le patriarche d'Aquilée, portent que saint Pierre ordonna Hermagore *proton Italiae pontificem*; cette situation fut consacrée, au siècle suivant, par un diplôme du pape Léon VIII, qui ordonna *ut inter omnes Italicas ecclesias sedes prima post Romanam Aquileiensis habeatur* (2). Ce diplôme est daté du 13 décembre 963, et adressé au patriarche Rodoald, tout récemment sacré. Quelques jours auparavant, le 4 décembre, au synode qui déposa Jean XII, ce même Rodoald, encore diacre, siégea, comme représentant du patriarche malade, avant les archevêques de Milan et de Ravenne (3). L'ordre est ici Aquilée, Milan, Ravenne. Il changeait quelquefois, ces questions de préséances étant réglées plutôt d'après la faveur dont les titulaires jouissaient auprès du pape et de l'empereur que d'après une tradition bien établie. Cependant il y avait pour Aquilée des arguments très graves : d'abord la croyance universelle où l'on était que ce siège avait été réellement fondé par saint Marc, ensuite la possession du titre de patriarche, que les papes contestaient encore au huitième siècle, mais qui avait fini par passer au rang des choses reçues.

Les prélats milanais, satisfaits apparemment de la réalité de leur influence, laissaient dire et même faire. Mais la mesure finit par être comble. Au XIe siècle le conflit se produisit. Au sacre de l'empereur Conrad II, en 1027, on vit l'archevêque de Ravenne se placer hardiment à la droite du souverain, usurpant ainsi la place de l'archevêque de Milan. Des protestations

---

(1) *Roma, Ravenna, Mediolanum, Forum Iulii, Gradus.* EGINHARD, *Vita Caroli*, c. 33.
(2) JAFFÉ, 3701.
(3) LIUTPRAND, *ap.* WATTERICH, *Vitae pont.*, t. I, p. 53.

fort vives s'élevèrent et la cérémonie se compliqua d'un effroyable tumulte; quelques semaines après, l'archevêque de Milan fit consacrer ses droits dans un synode présidé par le pape, au palais de Latran. Dix ans plus tard, en 1036, l'insurrection de la Lombardie ayant ramené en Italie l'empereur Conrad, il s'éleva une querelle entre lui et le même archevêque de Milan, Héribert, des mains duquel il avait reçu en 1027 la couronne des rois lombards. Héribert fut arrêté, jeté en prison et confié à la garde du patriarche d'Aquilée, Poppo, très influent auprès de l'empereur. L'injure était cuisante; Poppo, continuant la tradition de ses prédécesseurs, s'était fait délivrer par le pape Jean XIX (1) le privilège de siéger à la première place après le pontife romain, à sa droite. Héribert réussit à s'échapper; mais il fut mis au ban de l'empire et anathématisé par le successeur de Jean XIX, le trop fameux Benoît IX. Il n'en tint compte. On comprend que son attitude de rebelle envers le pape et envers l'empereur n'était pas faite pour lui concilier les faveurs de la cour pontificale. Clément II rendit, en 1047, un décret (2) qui tranchait, encore une fois et d'une autre façon, les questions de préséances débattues depuis longtemps entre les primats italiens. La première place fut donnée à l'archevêque de Ravenne, la seconde au patriarche d'Aquilée, la troisième à l'archevêque de Milan. A ce moment le siège de saint Ambroise était occupé par Guy, créature de l'empereur Henri III, successeur malléable de l'intraitable Héribert. C'est sous lui que l'on voit commencer la lutte entre les partisans de la réforme de l'Eglise et les tenants intéressés des vieux abus.

C'est, je crois, au milieu de ces conflits, où le prestige de leur métropole était si gravement menacé, et surtout par le patriarcat d'Aquilée, que les clercs de Milan eurent l'idée d'in-

(1) JAFFÉ, 4103.
(2) JAFFÉ, 4141.

voquer eux aussi un fondateur apostolique et de se réclamer de saint Barnabé. Il ne faut pas leur attribuer le mérite de l'invention : j'ai dit plus haut que saint Barnabé est qualifié d'évêque de Milan dans les catalogues des soixante-dix disciples qui circulaient en Orient depuis le septième siècle. Jusque là personne n'avait remarqué cette attribution. Depuis le neuvième siècle, les martyrologistes, chroniqueurs, hagiographes, de l'Occident latin s'occupent souvent de saint Barnabé ; ils connaissent en particulier la découverte de son tombeau dans l'île de Chypre sous l'empereur Zénon. Mais ils ne disent rien de ses rapports avec l'église de Milan. Nous avons ici juste le contraire de ce qui s'est passé pour Aquilée. Les catalogues grecs ne parlent pas de saint Marc comme apôtre d'Aquilée : et pourtant la légende d'Aquilée est relativement ancienne ; on la trouve en circulation dès le huitième siècle au moins, peut-être plus tôt encore. A Milan, où l'on pouvait s'autoriser des catalogues pour revendiquer saint Barnabé, on s'abstint de le faire, ou du moins on attendit le milieu du onzième siècle. C'est que l'on avait à Milan, un ancêtre de premier ordre dans la personne de saint Ambroise, tandis que la succession épiscopale d'Aquilée ne présente pas un seul nom illustre, au moins dans sa partie ancienne.

En somme, l'idée de l'apostolat milanais de saint Barnabé n'a été mise en avant, à Milan même, qu'à une date très basse, au déclin du XIe siècle, et cela dans un milieu littéraire assez suspect. Cependant, abstraction faite des développements que l'on y a ajoutés, il n'y a pas lieu d'incriminer outre mesure la sincérité de ceux qui l'ont produite d'abord. Ils pouvaient croire, de très bonne foi, que les catalogues grecs dérivaient de traditions anciennes, dont on avait, à tort, négligé de tenir compte. La légende fit son chemin peu à peu ; les livres liturgiques et les listes épiscopales finirent par l'admettre comme chose reçue.

La falsification consciente, en cette affaire, doit être mise au compte des savants de la Renaissance. Ses premières manifestations se rencontrent dans un groupe d'inscriptions fausses dont je vais m'occuper maintenant (1).

IV.

Les inscriptions d'Alciat.

La première est l'épitaphe de saint Calimerus, un des évêques antérieurs au quatrième siècle. Nous l'avons dans trois recensions: l'une est la pierre originale, mutilée; l'autre provient d'un ancien recueil d'inscriptions milanaises, formé vraisemblablement au XIe siècle, en tous cas antérieur au XVIe; la troisième est celle d'Alciat, le célèbre jurisconsulte, qui, dans sa jeunesse s'occupa d'épigraphie, on va voir avec quel scrupule. Je donne ici le texte qu'on lit sur la pierre, avec les suppléments fournis par la deuxième recension:

```
† QVAMVIS AETHERIA REGNIT IN ARCE SACERDOS·
CONGRVVM EST SANCTIS REDDERE VOTA PIIS·
HIC QVONDAM SUBMERSVS CORPORE CONDITVS IACIT·
 . . . RESERAT POLVM REVOCAT IPSE DEV . . . .
 . . . . NERANDE TIBI THOMAS AEGREG . . . . . .
 . . . . . XPLENDO OPERE LVC . . . . . . . . . .
 . . . . . . VNCTIS NIVEO VER . . . . . . . . . .
 . . . . . . . . . . . . . . . .
```

---

(1) V. sur ces inscriptions Mommsen, *C. I. L.*, t. V, p. 619, 623 et suiv.; De Rossi, *Inscr. christ.*, t. II, p. 174 et suiv.

Deuxième recension :

Quamvis aeteria regnet in arce sacerdos
congruum est sacris reddere vota piis.
Hic quondam submersus corpore conditus iacet
sed reserans coelum advocat ipse Deus.
At, venerande, tibi Thomas egregius vates
gestit in explendo opere lucifluo,
quod vernat cunctis niveo vibrante metallo.

Recension d'Alciat :

Divo Kalimero Mediol. Lyguriaeque summo sa-
cerdoti qui successit Castriciano, qui Caio, qui
Anateloni, qui Barnabae apostolo.
Cuicunq. aetheria qui regnet in arce sacerdos
cum deceat homines reddere vota pios,
reddidit haec, venerande, tibi, Kalimere, Thaumas
et Pario fulctum marmore struxit opus.
Hic ubi mersus eras et corpore conditus olim
te reserans caelum sustulit unde Deus.
Nunc locus hic vernat flavo radiante metallo
lychnuchiq. ardent lumine perpetuo.
Thomas archiepisc. Mediol. f. c. salutis
n̄rae · ann · D · C̄C̄L̄X̄X̄X̄.

Cette inscription a été rédigée au nom de l'évêque Thomas († 784). Il est aisé de voir que le collectionneur du XI° siècle l'a reproduite, non sans doute avec une fidélité absolue, mais sans trop la remanier. Alciat, au contraire, outre qu'il l'a refaite à peu près complètement, l'a encadrée entre deux appendices en prose qui sont tout-à-fait de son crû. Ce n'est pas son seul exploit en ce genre. Il nous reste toute une série d'inscriptions métriques, composées au commencement du sixième siècle par Ennodius de Pavie pour être placées au dessous des portraits des évêques de Milan jusqu'à Laurent II, son contemporain. Ces inscriptions nous sont parvenues tant dans le recueil des poésies d'Ennodius, formé par l'auteur lui-même, que dans la collection du XIe siècle; Alciat en fit à son tour un recueil, mais avec le même système de corrections (?), d'interpolations et de compléments. On peut s'en assurer en se reportant aux collections épigraphiques citées plus haut.

Il résulte de cela que toute inscription convaincue ou soupçonnée de n'avoir d'autre attestation que la sienne, doit être considérée, jusqu'à preuve du contraire, comme fabriquée ou, tout au moins, comme gravement interpolée. Le mal qu'il s'est donné pour adapter à la thèse de saint Barnabé l'éloge métrique de saint Calimerus qui ne se prêtait guère à un tel usage, nous révèle une de ses préoccupations favorites: donner à la " tradition „ sur le fondateur apostolique de l'église de Milan l'appui des monuments épigraphiques. Mais poursuivons.

La deuxième inscription est censée avoir été rédigée par Protasius, évêque de Milan († v. 352) pour être placée sur une fontaine en l'honneur de saint Barnabé. Le texte nous en est parvenu par deux voies distinctes: J. B. Fontana († 1555) l'inséra dans son histoire manuscrite des évêques de Milan; il l'avait lue, dit-il, *in volumine Saxonico a me viso in Germania*. On ignore ce que c'est que ce volume saxon. D'autre part, C. Bescapè, évêque de Novare, la publia dans ses deux ouvrages sur l'histoire ecclésiastique de Milan, imprimés en 1628 (1),

---

(1) *Brevis historia provinciae Mediolanensis* (Milan, 1628), p. 54; *De metropoli Mediolanensi* (Milan, 1628), p. 11.

et à chaque fois comme ayant été produite par Alciat. La voici, suivant la leçon de Fontana (1):

> *Hunc fontem tibi dedicat atq. Deo super undis*
> *consecrat impositam famulus Prothasius aram,*
> *qua Ticina silex et Martia porta, beate*
> *Barnaba, te Ligures advectum nuper in oras*
> 5 *audiit hortantem coetus et rite lavantem*
> . . . .
> . . . .
> *ut per te tua plebs lustrali admota sacello*
> *atque haec praecipue colat intra moenia Christum*
> 10 *urbs Mediolani ante Italas ingentior urbes.*

Fontana marque, après le cinquième vers, qu'il en manque deux. Dans Bescapè il n'en manque qu'un et demi: il donne la finale du septième: *flamine victo*. De plus, les deux derniers vers ont la teneur suivante:

> *quam facies est alba urbi quam candida genti*
> *tam niveis animis colat intra moenia Christum.*

Bescapè connaît les deux leçons; il a soin de marquer leur différence dans les deux derniers vers: *Alciatus sic habet sequentes versus.*

On n'a pas la preuve que Fontana dérive d'Alciat, car il n'est pas sûr que son volume saxon soit un exemplaire du recueil d'Alciat. Mais le témoignage de Bescapè a une valeur incontestable. Le recueil d'Alciat était terminé en 1508; rien

---

(1) Sauf au dernier vers, où le ms. de Fontana porte *ingenuar*, faute évidente, pour *ingentior*.

n'empêche qu'il s'en soit trouvé un exemplaire en Saxe, quelques années après.

La troisième inscription a été publiée par Baronius, dans ses notes au Martyrologe romain (25 sept.), en 1588. Il l'avait tirée d'un manuscrit d'Alciat, *De rebus patriis*, qui se trouvait entre les mains de son parent le cardinal Fr. Alciat. Le travail d'Alciat *De rebus patriis* parut à Milan, en 1625; l'inscription n'y a pas été imprimée. Mais comment douter de l'assertion de Baronius? Ainsi ce texte épigraphique provient des manuscrits d'Alciat. On le trouve aussi dans un manuscrit de Jacques Valerio, chanoine de la Scala († 1651), à la bibliothèque Trivulziana, à Milan. C'est de là que, par l'intermédiaire de Scaliger, il est entré dans le recueil de Gruter. Une telle provenance n'est pas pour infirmer le dire de Baronius. Valerio s'est beaucoup occupé des manuscrits épigraphiques d'Alciat (1). Voici le texte de Baronius; l'autre n'en diffère que par des variantes orthographiques sans importance aucune.

D. Anathaloni Attico, secundo episcopo.
Petri hospes, sanctequc, Anathalon, domne probate,
atque idem socius Barnabae apostolici,
qui Mediolani verbi mysteria tradens,
te iubet agnatos visere Cenomanos.
Dum tua membra metu rigidis subducta tyrannis
Brixia vicino detinet in loculo,
Hic titulum et picto venerandos pariete vultus
Mirocles reddidit, praestitit alma fides.
Mirocles episcopus.

(1) *Corp. inscr. lat.*, t. V, p. 625, 631.

En somme, toute l'attestation épigraphique de la légende paraît être le fruit de la verve d'Alciat, qui se sera amusé, dans sa première jeunesse, à composer ou à refaire ces inscriptions.

En mettant les choses au mieux, en supposant que ce n'est pas Alciat qui a fabriqué les deux dernières inscriptions, ce sera quelqu'un des siens, quelque lettré de son temps et de son pays, possédé comme lui de la manie d'authentiquer saint Barnabé par des documents épigraphiques. Car de considérer un seul instant comme antiques les deux textes en question, c'est ce que ne fera jamais un épigraphiste, si peu versé qu'il soit dans l'étude des anciens monuments chrétiens.

En résumé :

1.º Les inscriptions milanaises relatives à saint Barnabé ne remontent ni au VIIIe siècle, ni au IVe, mais seulement au XVIe ; ce sont des compositions littéraires d'une sincérité assez équivoque, postérieures de deux ou trois siècles au moment où l'apostolat de saint Barnabé fut accepté officiellement à Milan.

2.º Cette acceptation officielle ne paraît pas antérieure au XIIIe siècle.

3.º La légende paraît être du XIe siècle ; elle a été mise en circulation pour défendre la situation traditionnelle de l'église de Milan contre les entreprises des métropoles rivales, d'Aquilée et de Ravenne, de la première surtout.

4.º La donnée de s. Barnabé évêque de Milan est beaucoup plus ancienne ; elle remonte jusqu'aux catalogues grecs du VIIe siècle, lesquels toutefois n'ont aucune valeur traditionnelle.

5.º Les deux légendes chypriotes de s. Barnabé sont toutes les deux postérieures à la découverte du tombeau de l'apôtre, en 488.

6.º Les documents qui parlent d'un séjour de s. Barnabé à Rome sont des pièces apocryphes, sans aucune valeur historique; cela n'empêche pas que la mémoire de ce saint personnage n'ait été honoré de bonne heure dans la capitale du monde chrétien.

L. Duchesne.

LE COMMERCE DES RELIQUES
AU COMMENCEMENT DU IXe SIÈCLE

Grâce aux nombreux pèlerinages qui, pendant plusieurs siècles, s'étaient succédé auprès des tombeaux des Apôtres et des martyrs, Rome était devenue pour les âmes pieuses du IXe siècle une ville sainte, une nouvelle Jérusalem. Malgré les ruines qu'y avaient accumulées les barbares, malgré la misère où venaient de la plonger les incursions répétées des Lombards, elle était toujours la Ville Eternelle, la Ville d'Or " *Aurea Roma* „ (1). C'était surtout la ville des saints. De retour dans leurs lointains pays, les pèlerins racontaient qu'ils avaient vu dans ces lieux privilégiés une infinité de corps saints. Les légendes qui s'étaient formées peu à peu avaient singulièrement grossi la réalité: c'est par centaines que les martyrologes d'Adon et d'Usuard comptent les martyrs romains (2). Aussi, les Catacombes devaient apparaître aux imaginations de cette époque comme d'immenses nécropoles de martyrs, des réserves inépuisables de reliques.

D'autre part, les pèlerins emportaient avec eux des souvenirs de leur pieux voyage; ils faisaient toucher les tombeaux des martyrs à des objets qui devenaient ainsi sacrés, et qu'une fois revenus chez eux, ils vénéraient et faisaient vénérer comme des reliques; quelquefois même, ils obtenaient quelque fragment

---

(1) C'est ainsi qu'est appelée Rome dans la Chronique du Mont-Cassin du IXe siècle. Muratori, *Rerum Italicarum scriptores*, II, p. 351.
(2) Romae sanctorum martyrum ducentorum sexaginta. Usuard, 1 mars. Migne, t. 123, p. 806.
Romae Via Appia sanctorum martyrum nongentorum qui sunt positi in cemeterio ad S. Caeciliam. Usuard, 4 mars. *Ibid.*, p. 581.

de corps saint, qu'ils emportaient dans leur pays, et qui devenait pour les personnes de leur connaissance un objet d'envie. Plus on avance dans le VII⁰ et le VIII⁰ siècle, plus on voit grandir le désir qu'avaient les chrétiens de tous les pays de posséder dans leurs églises, leurs couvents ou même leurs demeures des reliques romaines. Tel monastère se piquait d'en posséder plus que le monastère voisin, et d'acquérir ainsi aux yeux du peuple un plus grand renom de piété et de sainteté. Lorsqu'un grand personnage fondait une abbaye, il se montrait aussi soucieux de la doter de nombreuses reliques que d'immenses étendues de terres; et c'était juste. La possession de ces ossements sacrés consacrait ces nouvelles demeures. Le lieu que choisit Eginhard sur les bords du Mein pour y fonder un monastère s'appelait Mulinheim; mais, après les nombreuses translations qui s'y firent, et que nous allons raconter dans le cours de cette étude, il prit le nom de Seligunstadt (1), la ville des saints. Ce changement de nom n'est-il pas significatif?

La présence de ces saints objets attirait dans la nouvelle église les foules qui ne pouvaient pas aller à Rome et désiraient cependant révérer les martyrs; de plus, elle procurait aux moines, en même temps que la vénération des fidèles, leurs riches offrandes. Une église pauvre en reliques ne se distinguait en rien des autres; si au contraire on avait eu soin de l'en doter, elle devenait un sanctuaire, souvent même un lieu de pèlerinage. En 790, Angilbert restaura le monastère de S. Riquier, et il n'oublia pas de le sanctifier par de nombreuses reliques. Il a eu soin d'en dresser lui-même la liste (2); elle est bien plus longue que les

(1) Parlant des translations à Mulinheim des Ss. Marcellin et Pierre, Prote et Hyacinthe, un élève de Raban Maur nous dit en 838 : « in villa quae prius Mulinheim, nunc autem Seligunstadt dicitur, digna celebratione a fidelibus venerantur. » *Monumenta Germaniae. Scriptorum* XV¹, p. 329.

(2) Elle se trouve dans le *Libellus Angilberti abbatis de ecclesia*

litanies mêmes des Saints. Il les a choisies parmi les plus vénérables: on y trouve des vêtements de Notre-Seigneur, des instruments de la Passion, des reliques de la Sainte-Vierge, de S. Pierre, de S. Paul et de tous les autres Apôtres. Les martyrs romains ne sont pas négligés: le gril de S. Laurent se trouve avec les reliques des grands saints de Rome, Cécile, Félicité, Sixte, Clément, Corneille, Sébastien, Hippolyte; on reconnaît dans cette liste la plupart des saints nommés dans le Canon. Nous voyons la même préoccupation au Mans. En 835, Aldric consacra sa cathédrale, et entassa dans les divers autels qu'elle renfermait une infinité de saints ossements. Les *Gesta Aldrici* (1) les énumèrent avec complaisance; la longueur de la liste doit prouver, aux yeux du compilateur des *Gesta*, l'éminente dignité et la sainteté de cette église qui lui était si chère, et pour laquelle il semble avoir tant travaillé (2). En 1872, on a trouvé à Grado, sous l'autel majeur de la cathédrale, deux cassettes d'argent renfermant un assez grand nombre de reliques avec les noms des martyrs à qui elles appartenaient (3). La liste en est longue, et, là aussi, nous trouvons quatre saints romains des plus illustres, S. Hippolyte, S. Sébastien, S.ᵉ Agnès et S. Pancrace. Le célèbre Hilduin (4) de Sois-

Centulensi, publié dans la Collection des *Monumenta Germaniae historica*, tom. XV, pars I scriptorum, p. 174. L'énumération est à la page 176.

(1) Les *Gesta Aldrici* sont publiés dans la même Collection des *Monumenta Germaniae historica. Scriptorum* t. XV, pars I, p. 304. Voir page 312.

(2) C'est à l'auteur des *Gesta Aldrici* que M. Paul Fournier rapporte la fabrication des fausses décrétales destinées à appuyer certaines prétentions de l'église du Mans. Voir la savante dissertation de M. Fournier dans le *Congrès international des catholiques*, t. II, p. 403.

(3) De Rossi, *Bullettino d'archeologia cristiana*, 1872, p. 42.

(4) Voir *Monumenta Germaniae historica. Scriptorum* XV, pars I, p. 380.

sons revint un jour de Rome sans en rapporter des reliques à son monastère de S. Médard ; soit à cause des nombreuses occupations qui avaient rempli son séjour, soit peut-être par indifférence, il avait oublié de s'en munir. Ses moines furent déçus dans leurs plus chères espérances (1) ; l'un d'eux, Rodoinus, osa le lui dire et lui exprimer ouvertement ce que chacun pensait. Hilduin dut réparer son oubli ; il le fit amplement ; car, si l'on en croit la légende, il enleva de Rome pour ses moines l'un des plus grands saints des Catacombes, S. Sébastien.

Ce désir était encore plus vif dans les pays où le christianisme faisait à peine son apparition. A la fin du VIIIe siècle et au commencement du IXe, grâce à l'extension de l'empire franc, l'Evangile pénétra dans des contrées nouvelles. Les bords du Rhin redevinrent chrétiens, les missionnaires de S. Boniface fondèrent Fulda, ceux de Wala et d'Adalhard Corvey et Hambourg ; vers le milieu du IXe siècle, S. Anschaire envoyait des missionnaires en Danemark et jusqu'en Suède. Ces nouvelles chrétientés manquaient de reliques ; elles aussi avaient été fondées souvent par des martyrs, mais le nombre n'en était pas assez grand pour fournir des objets de culte et de vénération à ces jeunes églises. Les nouveaux adeptes avaient besoin de sanctuaires qui leur fissent oublier leurs anciennes idoles ; si aucun saint palpable ne les appelait dans les églises, ils pouvaient facilement retourner à leurs dieux. Il semble que cette raison ait frappé l'esprit des missionnaires qui créaient de nouvelles chrétientés en Germanie. Une de leurs préoccupations constantes a été de munir de reliques les monastères et les églises qu'ils fondaient, et de satisfaire la dévotion des fidèles par la multiplication des sanctuaires et des lieux de pélerinage. Au VIIIe siècle, les moines de Reichenau se procurent des reliques de

---

(1) *Ibid.* Voir page 381, l'entretien de Rodoinus et Hilduin.

martyrs apportés de Jérusalem, Génésius et Eugène (1). En 815, Eginhard fonde le monastère de Mulinheim, et aussitôt il se demande comment il pourra acquérir à son église de vraies reliques venues de Rome (*quomodo ad id pervenire possem ut aliquid de veris sanctorum reliquiis, qui Romae requiescunt, adipisci contingeret*) (2); bientôt après, ont lieu à Mulinheim les translations des Ss. Pierre et Marcellin, Prote et Hyacinthe. En 834, l'évêque Hitto veut donner un nouveau lustre à son siége épiscopal, et il fait transporter de Rome à Freisingen les corps de S. Alexandre et de S. Justin (3). Presque en même temps (838), le monastère de Fulda, qui cependant possédait déjà des restes authentiques de martyrs authentiques, ceux de S. Boniface et des premiers apôtres de la Germanie, s'enrichit de reliques romaines. Raban Maur acquiert pour cette abbaye des ossements de S. Corneille, Ss. Nérée et Achillée, S. Calliste et Sᵉ Cécile. Il semble que ce couvent reculé de Germanie veuille s'approprier toutes les gloires des Catacombes (4). Enfin, en 844, on transfère à Prum les fameux Ss. Chrysanthe et Darie et avec eux quarante-six martyrs (5).

Comme nous le montrent ces exemples, c'est surtout à Rome qu'on allait chercher ces reliques; l'explication en est bien simple. C'est surtout à Rome que se portaient les pélerinages; or c'est par les pélerinages que ces saints objets se répandaient dans le monde chrétien, d'autant plus vénérables que de nombreuses légendes les entouraient et qu'ils venaient d'une terre sacrée; d'au-

---

(1) Reliquias sanctorum martyrum Genesii et Eugenii de Hierosolymis a negotiatoribus asportatas. *Monumenta Germaniae. Script.* XV[1], p. 170.
(2) Voir *Translatio Ss. Marcellini et Petri. Monumenta Germaniae. Scriptorum* XV[1], pp. 238-339.
(3) Voir *Monumenta Germaniae historica. Scriptorum* XV[1], p. 286.
(4) *Monumenta Germaniae historica. Scriptorum*, XV[1], pp. 333-339.
(5) *Ibid.*, p. 374.

tre part, les catacombes semblaient renfermer, dans le nombre infini de leurs galeries souterraines, des réserves inépuisables de corps saints. Charlemagne avait envoyé des moines dans toutes les directions à la recherche de reliques; ils avaient parcouru (1) l'Italie, la Germanie, l'Aquitaine, la Bourgogne et la Gaule, mais c'est surtout de Rome que venaient les trésors qu'ils rapportaient.

Il ne semble pas toutefois que les désirs des pieux Francs aient pu toujours s'exaucer aussi facilement que ceux de Charlemagne. Les récits de ces translations nous montrent que si les étrangers souhaitaient d'emporter les corps saints, les Romains ne désiraient pas moins les conserver. L'Eglise Romaine ne voyait pas sans déplaisir cette exportation d'un nouveau genre, qui lui enlevait pièce à pièce ce qui faisait sa gloire aux yeux du monde entier. Quand les empereurs Louis le Pieux et Lothaire l'exigeaient, elle consentait bien à se séparer d'un de ces saints (et encore faudrait-il examiner s'il ne s'est pas commis parfois de pieuses supercheries, et si de simples mortels n'ont pas été transformés en martyrs de la foi); mais lorsqu'elle était en butte aux sollicitations importunes d'un abbé, d'un évêque ou d'un simple pélerin, elle opposait de vives résistances. C'est que le peuple romain tenait aussi à ses saints. Le culte qu'il leur rendait devait ressembler quelque peu à celui que leur rendent aujourd'hui les dévots italiens; or qui oserait dépouiller Naples de S. Janvier? Au IXe siècle, S. Sébastien (2) semble avoir joui de la

(1) Id est *imprimis de sancta Romana Ecclesia*, largiente bonae memoriae Adriano, summo pontifice, et post eum venerabili Leone, papa Romano; de Constantinopoli vel Hierosolimis per legatos illic a Domino meo directos, usque delatas, deinde de Italia, Germania, Aquitania, Burgundia atque Gallia a sanctissimis patribus, patriarchis videlicet, archiepiscopis necnon episcopis atque abbatibus nobis directas. *M. G. Scriptorum*, XV[1], p. 175.

(2) Quippequem (Sebastianum) post apostolos quasi tertium magnificis Romana plebs frequentabat muneribus atque laudibus. *M. G. Scriptorum* XV[1], p. 383.

même popularité à Rome ; c'était le troisième protecteur de la ville " *apostolorum Petri et Pauli tertius* „ ; le peuple l'invoquait après les grands Apôtres ; on entourait son tombeau d'offrandes et de prières. Sur la voie Nomentane, S. Alexandre n'était pas moins vénéré (1) ; lorsque le bruit se répandit à Rome qu'on allait l'emporter à Freisingen (2), la foule se souleva ; elle s'écriait qu'on ne devait pas dépouiller Rome de ses martyrs et surtout de S. Alexandre, le cinquième après S. Pierre dans le classement hiérarchique où le peuple avait rangé ses saints, " *quintus post Petrum* „. Son tombeau, fort éloigné de Rome, puisqu'il se trouvait au septième mille, était très fréquenté ; beaucoup de malades y recouvraient la santé. Comment pourrait-on s'étonner que le peuple se soit révolté à la pensée qu'il allait perdre un si grand protecteur? Le pape et les conseillers de l'Eglise devaient tenir compte de l'opinion, et procéder prudemment à ces aliénations, qui pouvaient causer des troubles dans la ville. Le récit de la translation de S. Sébastien nous fait assister à l'anxiété où se trouvait le haut clergé de Rome, quand il était en butte aux sollicitations de trop grands et trop pieux personnages. Hilduin, abbé de Saint-Médard de Soissons, envoyait un de ses moines à Rome demander les reliques de S. Sébastien. Sa requête méritait considération : il était un des conseillers les plus influents de l'empereur. Il l'avait

---

(1) Hujus namque memoriam populus sollemniter frequentabat, eo quod, sicut ipsi ferebant, infirmorum plurimae fierent sanitates. *M. G.*, XV¹, p. 286.

(2) Fama facti totam concitat urbem, praecipue propter S. Alexandrum qui quintus post Petrum, in ordine vero septimus, pontificalem cathedram tenens martyrio coronatus est, et septimo ab Urbe milliario, Via Numentana, ubi decollatus fuerat, erat sepultus. » Plus haut on nous rapporte que certains Romains dirent au pape : « non debere Romam martyribus usquequaque destitui. *M. G. Scriptorum* XV¹, p. 286.

représenté à Rome (1), et en cette qualité, il avait jugé le différend entre le pape et l'abbaye de Farfa. Il pouvait servir ou nuire beaucoup à l'église romaine auprès de Louis le Pieux ou de Lothaire. Il était donc de toute nécessité de se le concilier, même au prix des plus grands sacrifices. Mais, d'autre part, le peuple était turbulent et exalté; si on lui prenait ses saints, il pouvait se révolter et se livrer aux plus regrettables excès; il ne supporterait pas qu'on lui enlevât celui qu'il mettait dans ses prières et son culte immédiatement après les apôtres Pierre et Paul. Le pape était fort perplexe. Il n'accorda pas aussitôt la demande; après avoir bien réfléchi lui-même, il réunit son conseil: l'affaire était trop grave pour être résolue sans l'avis " du prudent sénat romain „ (2). L'assemblée fut aussi hésitante que son chef; ce ne fut qu'après de longues discussions qu'Eugène II se décida à livrer, à l'insu du peuple, les précieuses reliques de S. Sébastien.

Il y avait donc opposition entre la dévotion des Romains et celle des autres peuples; ceux-ci cherchaient à emporter les martyrs, ceux-là à les garder; ce conflit rendait de plus en plus difficiles et périlleuses les translations de reliques. Pour exploiter les pieux désirs des étrangers, et surmonter les difficultés qu'ils avaient à se satisfaire, il se créa à Rome tout un groupe de personnes qui vivaient de la vente des reliques; ce nouveau genre de commerce naquit vers le commencement du IXe siècle, et ne tarda pas à prendre les plus grandes proportions. Il était fort lucratif, car la piété naïve des Francs et des Germains ne com-

(1) Qui (Hilduin) a piissimo Caesare ad quorumdam improbitatem compescendam... Romae delegatus, sic judicium omne prudenti examinatione exercuit... *M. G. Script.* XV[1], p. 381.

(2) Voir le récit de toutes les délibérations: *M. G. Scriptorum* XV[1], p. 383. Spatium quo haec meditaretur, et consilium cum prudenti Romanorum senatu sine cujus consultu talia moliri non esse bonum aiebat, praestolari jussit.

ptait pas, quand il s'agissait de se procurer des martyrs illustres, et d'autre part, ces marchands de corps saints, vrais ou faux, se faisaient grassement payer cette contrebande d'un nouveau genre.

Le type de ces commerçants est le diacre Deusdona. Nous avons sur ses opérations et sur ses associés les détails les plus précis, qui nous ont été transmis par ses clients. Aussi, faut-il rechercher quel personnage il était et quel rang il occupait dans l'église romaine; cette question une fois résolue, nous pourrons peut-être mieux comprendre pourquoi il se livrait à ces occupations.

Tous les documents, qui nous le présentent, lui donnent la qualité de diacre de l'Eglise romaine; c'est ainsi que le nomment Eginhard dans sa *Translatio Ss. Marcellini et Petri*, et Rudolfus dans ses *Miracula Sanctorum in Fuldenses ecclesias translatorum* (1). Or, encore au IXe siècle, les diacres avaient conservé dans l'Eglise romaine leurs anciennes attributions administratives. Nous parlant de Nicolas I, le *Liber pontificalis* nous dit que, pendant son diaconat, il avait mérité l'affection du clergé, les louanges des grands et la reconnaissance du peuple (2). Le mot dont se sert le biographe pour nous exprimer les sentiments des petites gens à l'égard de Nicolas (*a plebe magnificabatur*), fait sans doute allusion aux richesses dont le diacre avait l'administration, et aux secours qu'il devait distribuer aux pauvres; la " *magnificentia* „ a toujours été la qualité de ceux qui distribuent des aumônes. Le diacre Deusdona était donc un grand personnage dans l'Eglise romaine.

---

(1) *M. G. Scriptor.* XV^1, p. 240. Diaconus Romanae ecclesiae.
Ibidem, p. 330; quidam diaconus Romanae ecclesiae, nomine Deusdona.

(2) *Liber pontificalis*, éd. Duchesne, t. II, p. 151. Amabatur autem a clero, a nobilibus laudabatur et a plebe magnificabatur.

De plus, sa qualité de diacre pouvait lui donner de plus grandes facilités qu'à tout autre pour pénétrer dans les catacombes et en extraire des corps saints. Les cimetières de Rome n'avaient pas d'administration et de clergé particuliers ; ils étaient partagés en sept groupes qui se rattachaient aux sept régions urbaines (1) ; les prêtres d'une région desservaient les catacombes du groupe cimitérial correspondant, et les diacres de la même région les administraient. Prenons un exemple dans la dissertation que M. de Rossi a consacrée à ce sujet : la première zône cimitériale comprenait les catacombes de la Voie Appienne et de la Voie d'Ostie et arrivait jusqu'au Tibre ; d'autre part, la première région ecclésiastique de la ville embrassait l'Aventin ; or il est démontré par l'épigraphie que les prêtres de l'Aventin, c'est-à-dire de la première région urbaine, desservaient les cimetières de Calliste, de Domitille et de Balbine qui composaient précisément le premier groupe cimitérial ; enfin, le premier diacre de l'Eglise avait l'administration de cette agglomération de catacombes. Il en était de même des six autres régions urbaines, des six autres zônes de sépultures et des six autres diacres. Cette division est ancienne ; on la distingue dès le vi^e siécle ; mais elle a duré fort tard, et existait encore au ixe siècle, puisque alors le cimetière de S. Valentin qui se rattachait au cinquième groupe catacombaire, appartenait précisément à l'église Saint-Silvestre *in Capite*, qui se trouvait dans la cinquième région urbaine (2).

Revenons maintenant au diacre Deusdona. Il habitait, nous dit toujours Eginhard, à côté de Saint-Pierre-ès-liens " *juxta basilicam b. Petri ad vincula* " (3). Cette église se trouvant, avec

---

(1) Pour la desservance et l'administration des cimetières, voir de Rossi, *Roma sott.*, t. III, p. 515.

(2) De Rossi, *Roma sott.*, III, 517.

(3) Juxta basilicam beati Petri apostoli quae vocatur ad Vincula, ubi et ipse domum habebat. *M. G. Script.*, XV^1 p. 241.

celle de S. Clément, dans la troisième région ecclésiastique, ses prêtres desservaient les sanctuaires de la troisième zône cimitériale, qui comprenait en général les nécropoles des voies Labicane, Prénestine et Tiburtine, et en particulier le célèbre cimetière des Ss. Pierre et Marcellin (1). Or ce qui frappe le plus dans le récit d'Eginhard, c'est la prédilection que témoigne Deusdona à cette dernière catacombe. Dans son voyage à Aix-la-Chapelle, il se fait fort auprès d'Hilduin de lui procurer des reliques de S. Tiburce (2); or ce martyr était une gloire de la catacombe *ad duas lauros*: dans la principale chambre de ce cimetière, on avait peint, au IVe siècle, un beau Christ assis sur un trône entre S. Pierre et S. Marcellin, S. Gorgonius et S. Tiburce; on peut les y voir encore. C'est toujours dans cette catacombe que Deusdona conduit les envoyés d'Eginhard; il semble leur faire les honneurs de sa propriété : d'abord, il ne demande à personne ni la permission, ni les moyens, d'y pénétrer; il y mène ses hôtes la nuit, sans avertir personne au préalable : " *nullo Romanorum civium sentiente* „ (3). Une fois qu'ils sont entrés dans ces galeries souterraines, Deusdona les guide avec une sûreté parfaite. Il les conduisit successivement au tombeau de Tiburce et à ceux de Pierre et de Marcellin, et il est à croire qu'il fut pour les Francs émerveillés un parfait *cicerone* puisqu'on lui reconnut une pleine et parfaite connaissance de ces lieux : " *ille eorumdem locorum plenariam atque omnimodam habebat notitiam* „ (4). Ne pourrait-on pas supposer que Deusdona ne connaissait si bien cette catacombe que parce qu'il en avait la garde, en sa qualité de diacre

---

(1) De Rossi, *Roma Sott.*, III, 516.
(2) Diaconus ei pollicitus est se efficere posse ut corpus beati Tyburtii martyris in ejus veniret potestatem. *M. G. Script.*, XV¹, p. 240.
(3) *M. G. Scriptorum*, XV¹ p. 241.
(4) *Ibid.*

de la troisième région? Aucun texte ne nous l'affirme d'une manière rigoureuse et indéniable; mais l'union de la catacombe en question à l'église de S. Pierre-ès-liens, la résidence de Deusdona auprès de Saint-Pierre-ès-liens, la connaissance parfaite que le diacre a de ce cimetière, la facilité avec laquelle il y accède, toutes ces circonstances concourent à nous faire croire, avec la plus grande vraisemblance, que ce marchand de reliques était l'administrateur même de la catacombe qu'il dépouillait (1).

Ce qui facilitait ces opérations c'était l'état même où se trouvaient les Catacombes vers l'an 825. Quelques-unes étaient encore fréquentées: le *Liber pontificalis* dit que le pape Léon III fit restaurer les deux principales cryptes du cimetière de S. Calliste, celle des papes et celle de S. Corneille (2); c'est à ces travaux que M. de Rossi attribue les peintures byzantines que l'on voit encore dans la crypte de S. Corneille, et qui représentent ce saint avec S. Cyprien, S. Optat de Vesceter et S. Sixte (3); ces réparations semblent nous indiquer qu'au moins au commencement du siècle, la grande catacombe de la voie Appienne était fréquentée. Il en était de même de sa voisine, celle de S. Sébastien; lorsque Rodoinus, envoyé d'Hilduin, sollicita, en 826, du pape Eugène les reliques de ce saint, on trouva la demande fort indiscrète; car le peuple de Rome se portait souvent à ce sanctuaire (4), où se produisaient de nombreux miracles. Dans un document de 834, nous voyons que le tombeau de S. Alexandre attirait une aussi grande affluence de dévots au septième mille de la voie Nomentane (5). Sous le pontificat de Grégoire IV, la foule se trans-

---

(1) Ceci est une simple hypothèse qui nous paraît avoir une certaine vraisemblance, mais que nous présentons sous toutes réserves.
(2) Renovavit... cemeterium beati Xysti atque Cornelii. *Liber pontificalis*, éd. Duchesne, t. II, p. 2.
(3) De Rossi, *Roma sott.*, t. I, p. 299.
(4) *M. G. Scriptorum*, XV[1] p. 383.
(5) *M. G. Script.*, XV[1] p. 286.

portait comme par le passé à la catacombe de S. Hermès, sur la voie Salaria ; la basilique souterraine, que l'on y voit encore, se remplissait de fidèles et de pélerins, qui venaient y vénérer Ss. Prote et Hyacinthe (1)

Mais ce n'étaient que des exceptions ; la plupart des Catacombes étaient déjà dévastées. Lorsque le diacre Deusdona vit pour la première fois Eginhard, la conversation s'engagea sur Rome et les tombeaux *abandonnés* des martyrs " *de neglectis martyrum sepulchris, quorum Romae ingens copia est* „ (2). Dans la vie de Pascal, le *Liber pontificalis* emploie un terme encore plus fort : il dit que, les Catacombes étant alors ruinées (*dirutis*) (3), le pape fit transporter à Rome un grand nombre de corps saints pour les tirer de l'abandon, et leur rendre les honneurs qui depuis longtemps leur avaient manqué. C'est aussi à ce sentiment qu'obéirent ses prédécesseurs et ses successeurs lorsque, pendant tout le IXe siècle, ils procédèrent à des translations de reliques. La première moitié du IXe siècle marque donc un grand changement dans la vie religieuse de Rome : sauf les exceptions que nous venons d'énumérer, les Catacombes sont ruinées ; le culte des martyrs se replie de la campagne sur la ville. Au milieu de cette désolation, les cimetières pouvaient être facilement pillés ; on pouvait les dépouiller de leurs illustres saints sans éveiller l'attention des autorités ecclésiastiques ou de la foule. C'est ce que faisait Deusdona. Grâce aux facilités que pouvait lui donner sa dignité, grâce à l'abandon où le clergé et les fidèles laissaient les anciennes Catacombes, il pouvait les parcourir et y faire en toute liberté des provisions de reliques. Quand il parle avec Eginhard des saints de Rome, il lui dit qu'il en possède une infinité chez lui : " *esse sibi domi*

---

(1) Congregatae ad basilicam martyris multitudini. *Ibid.*, p. 262.
(2) *M. G. Scriptorum* XV¹, p. 240.
(3) *Liber pontificalis*, éd. Duchesne, II, p. 54.

plurimas sanctorum reliquias „ (1). A la suite de ses recherches dans les galeries abandonnées, il a pu réunir chez lui une infinité de corps saints, que les âmes pieuses de la Gaule et de la Germanie se disputeront au poids de l'or ; il a créé, si l'on peut s'exprimer ainsi sur un si grave sujet, son entrepôt pour l'exportation.

Ce n'était pas en effet pour satisfaire sa dévotion personnelle que Deusdona avait ainsi recueilli des reliques ; c'était plutôt pour les donner à de pieux habitants de l'empire franc ou à quelque nouveau monastère de la Germanie. L'Italie ne pouvait offrir qu'un faible débouché à son commerce ; les objets de dévotion ne lui manquaient pas ; " on ne porte pas des chouettes à Athènes „, le proverbe était aussi vrai du temps de Deusdona qu'au temps des anciens Grecs. Aussi, notre diacre accomplit une série de voyages au delà des Alpes ; il est fort curieux de l'y suivre et de surprendre ses procédés.

Sa première expédition se place aux environs de l'an 827 ; l'occasion était propice. A cause du crédit dont il jouissait auprès de Louis le Pieux, l'abbé de Saint-Médard de Soissons, Hilduin, avait obtenu du pape le corps de S. Sébastien, qu'il avait fait transporter en grande pompe dans son abbaye ; on parla dans tout l'empire franc des fêtes de Soissons. Lorsque Deusdona se rencontra pour la première fois avec Eginhard, ce dernier lui raconta la translation de S. Sébastien à Saint-Médard (2) ; évidemment il portait envie à son ami Hilduin, et il ne cesserait de le faire que le jour où il pourrait placer dans son monastère de Mulinheim un saint aussi illustre. La visite de Deusdona était trop opportune pour n'avoir pas été calculée à l'avance

(1) *M. G. Scriptorum* XV¹, p. 240.

(2) Inter prandendum plura locuti, eo usque sermocinando pervenimus ut de translatione corporis beati Sebastiani... mentio fieret. *M. G. Script.* XV¹, p. 240.

Eginhard venait de fonder son abbaye, et il cherchait le moyen de l'enrichir de reliques. Il était à la cour d'Aix-la-Chapelle lorsque il se rencontra avec le diacre qui venait implorer Louis le Pieux (1): " *pro suis necessitatibus regis opem imploraturus.* „ C'était le prétexte officiel de son lointain voyage et Eginhard, à qui il le donna, ne put pas le révoquer en doute, mais un autre chroniqueur contemporain ne se laissa pas aussi bien tromper. Deusdona, nous dit Rudolfus, venait sous prétexte d'implorer la protection royale, mais c'était en réalité pour se procurer de l'argent avec ses reliques; " *re autem vera, sanctorum, quas secum habebat, reliquias daturus alicui religiosorum in Francia virorum, cujus adjutorio posset inopiae suae capere supplementum* (2). „ Nous sommes par là renseignés sur la nature de ce commerce: il était clandestin; les autorités impériales et pontificales devaient l'ignorer; c'était, si l'on peut s'exprimer ainsi, un commerce de contrebande. Quelques textes nous font assister au manège de Deusdona. Comme son métier était occulte, il devait donner à ses opérations le caractère de services rendus; il faisait le commerce que nous a décrit Molière: il donnait gratuitement des reliques à des personnes qui lui donnaient gratuitement de l'argent (3). Il faisait rouler la conversation sur son voyage, et laissait deviner qu'il était romain; dès qu'on le savait (*cognitoque quod esset Romanus*), on lui demandait des détails sur les reliques que renfermaient en si grand nombre les Catacombes; " au milieu du repas, raconte Eginhard, „ nous sommes venus à parler de la translation de S. Sébastien, „ et des tombeaux abandonnés de martyrs, qui sont en si grand „ nombre à Rome „ ; et naturellement, à cause du désir que chacun avait de posséder des reliques romaines, on finissait par deman-

(1) *M. G. Scriptorum* XV¹, p. 240.
(2) *M. G. Scriptorum* p. 330.
(3) Pour tout ce passage voir *M. G. Scriptorum* XV¹, p. 240.

der au diacre comment on pouvait s'en procurer. " Puis, lui „ parlant de la dédicace de notre nouvelle basilique, je lui de„ mandai par quel moyen j'arriverais à posséder quelqu'une de ces „ reliques authentiques qui reposent à Rome „. Deusdona qui est habile, et ne veut pas passer pour un commerçant vulgaire, ne se livre pas dès l'abord; il hésite, laisse naître l'espérance, puis déclare qu'il ne saurait répondre à une pareille question; il cherche à piquer la curiosité de son interlocuteur et à exciter ses désirs par l'incertitude où il le laisse. Quand il a enfin produit les sentiments voulus (*cum me de hac re sollicitum simul et curiosum esse animadvertit*), qu'il a fait naître chez son interlocuteur une convoitise qui demande à se satisfaire à tout prix, il renvoie au lendemain les explications; mais les désirs qu'il a provoqués, deviennent d'autant plus forts qu'ils ont plus de chances de se réaliser. Eginhard lui adresse de nouveau et avec plus d'instance la même question, et Deusdona, voyant que l'on a mordu à l'hameçon, se livre enfin, et présente un mémoire rédigé au préalable, un vrai prospectus, où l'on verra que pour un petit secours et le don d'un mulet, il procurera les corps saints qui lui sont demandés. Le manuscrit étant préparé d'avance, nous voyons bien que les hésitations de Deusdona étaient feintes; elles n'étaient que pure comédie destinée à amorcer le client.

C'est à la suite de ce premier voyage qu'eut lieu à Mulinheim la translation des Ss. Pierre et Marcellin. Eginhard luimême l'a racontée. Il envoya à Rome, avec Deusdona, son propre notaire, Ratleicus, qui prit si bien en main les intérêts de son maître, qu'au lieu de quelques reliques, il lui apporta les corps de ces deux grands martyrs romains. Avant de repartir pour son pays, Deusdona prit d'autres commandes. Depuis la translation si solennelle de S. Sébastien à Saint-Médard de Soissons, la passion d'Hilduin pour les reliques était connue de tous; notre diacre ne pouvait pas manquer de le voir, et de lui offrir ses services. Il alla donc d'Aix-la-Chapelle à Soissons, et promit à l'abbé de Saint-Médard de lui faire parvenir le corps de S. Tiburce, un des grands saints de la voie Lavicane (1).

Cette première expédition de Deusdona ne dut pas être pour lui une source de déceptions, puisque elle se répéta plusieurs fois. Un ou deux ans après, nous le retrouvons en voyage. Vers 830, il repasse les Alpes, arrive dans le pays des Alamans, et va offrir de ses reliques à un curé de village, dans un *pagus* que l'auteur du récit appelle Turichgau; il laissa là une partie du corps de S. Alexandre (2). Mais il venait surtout voir ces dignitaires ecclésiastiques de la cour impériale qui, comme Hilduin, pouvaient disposer d'une grande influence et de non moins fortes sommes d'argent; il voulait se rencontrer avec ces grands évêques qui présidaient en Germanie au développement de chrétientés déjà riches et florissantes. Il pouvait d'autant mieux entrer en relations avec eux, que depuis la translation des Ss. Pierre et Marcellin, il était devenu l'ami d'Eginhard (*erat enim ei familiaris*) (3). Aussi est-ce à Mulinheim qu'il va d'abord; il dépose ses reliques dans l'église du couvent, et se met immédiatement en rapports avec ceux qui peuvent lui en demander. Précisément en ce temps là Raban-Maur, abbé de Fulda, avait envoyé à Mayence auprès de l'archevêque, Otgarius, un de ses moines. Il semble que cette abbaye aurait pu se passer des services de Deusdona; elle possédait, elle aussi, des corps de martyrs bien vénérables, ceux des premiers apôtres de la Germanie, Boniface et ses compagnons; c'était de son sein qu'un siècle auparavant, le christianisme s'était répandu dans ces régions: pour ces deux raisons, cette abbaye était devenue à juste titre un lieu saint pour les Germains; et cependant au IXe siècle, les reliques romaines

---

(1) *M. G. Scriptorum* XV^1, p. 240.
(2) *M. G. Scriptorum* XV^1, p. 330.
(3) *Ibid.*, p. 331.

exerçaient un tel prestige, que même à Fulda, on se préoccupait d'en avoir (1). Aussi, sachant qu'un moine de ce couvent, Théotmar, traitait quelques affaires de la communauté avec l'archevêque Otgarius de Mayence, Deusdona s'empressa d'aller le trouver, et d'entrer en relations avec lui. Il ne tarda pas à lui dévoiler qu'il avait emporté dans son voyage des ossements sacrés et naturellement le moine lui en demanda pour son abbé. Théotmar n'avait pas pour ce genre de négociations l'habile discrétion d'Eginhard; il aborda franchement, brutalement même, la question du prix, assurant à son interlocuteur que son abbé ferait bien les choses, et saurait bien payer la possession de ces reliques " *se procul dubio ob id ab eo fore remunerandum* „ (2); plus loin, l'auteur du récit nous dit qu'à son arrivée à Fulda, le moine exposa à son abbé les conditions du marché conclu avec le diacre romain. On voit donc que dans ces négociations, la question d'argent n'est pas laissée dans l'ombre, et que nous sommes en présence de vraies opérations commerciales (3). L'abbé de Fulda, Raban, apprit ces nouvelles avec le plus grand plaisir, et aussitôt, pour ne pas laisser passer une occasion si belle, il envoya à Deusdona le même moine et deux prêtres avec les présents qui lui avaient été promis. A la suite de ces démarches, le monastère de Fulda reçut du diacre une infinité de reliques romaines. Elles appartenaient aux saints les plus illustres de Rome: il y en avait d'Alexandre, le thaumaturge vénéré de la voie Nomentane, de S. Sébastien, un des protecteurs de la

---

(1) Raban avait déjà envoyé un de ses moines en Italie pour y rechercher des reliques. Son disciple, Rudolfus, nous dit qu'il était très désireux d'en avoir: « talium rerum desiderio non parum movebatur. » *M. G. Scriptorum* XV¹, p. 330.

(2) *Ibid.*, p. 332.

(3) Le récit de ces translations, écrit par Rudolfus, disciple de Raban Maur, se trouve dans les *Monumenta Germaniae Scriptorum* XV¹, pp. 328-341.

voie Appienne, des papes Fabien et Urbain, dont les corps avaient reposé dans la crypte des papes, du diacre Felicissimus, un des compagnons de martyre de S. Sixte II, enfin des plus illustres parmi les martyres, Félicité et Emérentienne. L'abbé Raban les reçut avec joie, et combla de présents Deusdona et son frère, qui lui promirent de revenir avec d'autres provisions de reliques.

On ne sait si Deusdona tint sa promesse et revint; après son voyage à Fulda, on ne le retrouve qu'une fois; c'est toujours à Mulinheim: en 834, il porta à son ami Eginhard des reliques de S. Hermès, qui d'ailleurs lui furent bien payées (1); mais après ce voyage, on perd tout à fait ses traces.

Ses frères prirent sa succession. En effet, le diacre n'opérait pas seul; il était à la tête d'une vraie association, organisée pour le commerce des corps saints; nous voyons agir sous sa direction au moins trois personnages bien distincts. Lorsque, après son premier voyage en Germanie, il arriva à Rome avec Ratleicus, notaire d'Eginhard, il déclara qu'il ne pouvait pas lui remettre les reliques promises, parce que son frère, à qui il les avait confiées, s'était absenté (2). De même, lorsque les Francs emportèrent de son tombeau le corps de S. Marcellin, Deusdona leur proposa de le garder, et le confia à son frère Luniso (3). Ces deux détails nous éclairent sur la manière dont procédait Deusdona. Sans doute, à cause de sa dignité et de ses fonctions, il ne pouvait pas cacher aux regards du public ce qui se passait chez lui; sa maison ne pouvait recéler aucun mystère; elle devait

---

(1) Cum interim, circa mensem Augustum, Deusdona diaconus... Roma veniens, unum articulum digiti beati Hermetis martyris *pro magno nobis munere* attulit. *M. G. Scriptorum* XV¹, p. 263.

(2) Quod frater suus, cui et domum et cuncta quae habebat, inde abiens commendaverat, negotiandi causa, Beneventum esset profectus. *Ibid.*, p. 241.

(3) Se servare velle ac posse affirmans, fratri suo, nomine Lunisoni, commisit. *Ibid.*, p. 241.

être fréquentée par les hauts dignitaires de l'Eglise romaine et toutes les personnes qui avaient recours au ministère du diacre. Le butin qu'il faisait dans les Catacombes n'était donc pas en sûreté chez lui; aussi le faisait-il garder par ses frères, qui étaient en même temps ses associés. Il avait dit à Eginhard qu'il possédait beaucoup de reliques chez lui (*domi*); en réalité, elles étaient chez ses frères.

Quand Deusdona revint d'Allemagne, il ne put pas remettre au notaire d'Eginhard les reliques promises; Luniso, son frère, en avait la garde et il était absent; il était allé à Bénévent, dit le diacre même, pour affaires commerciales " *negotiandi causa* ". A quel genre de commerce se livrait-il? Deusdona se garda bien de le dire à ses hôtes; il employa un mot vague. On peut croire qu'il s'agit toujours du commerce des reliques, puisque ce sont les opérations auxquelles se livrait toute la famille. Au même moment, les deux frères s'occupaient de la même manière, l'un au Nord, l'autre au Midi. Ce qui nous le fait soupçonner, c'est que, par suite de l'absence de Luniso, Deusdona ne peut pas livrer les reliques promises à Eginhard; ne peut-on pas supposer que son frère les avait emportées avec lui à Bénévent? Ce qui accroît encore le soupçon, c'est que, quelques années plus tard, nous voyons un autre frère de Deusdona exercer le même commerce. Lorsque, dans son second voyage en Allemagne, notre diacre alla à Fulda, il emmena avec lui son frère Théodore; Raban Maur les renvoie tous deux chargés de présents (1). Deux ans après ce premier voyage, en 836, ils firent parvenir à l'abbé de Fulda les corps saints qu'il leur avait demandés. Ce fut d'abord par l'entremise d'un certain Sabbatinus,

---

(1) Remuneratum diaconum et fratrem ejus remisit in patriam. *M. G. Script.* XV¹, 331.

le quatrième membre de l'association (1). Comme on le voit, ce genre d'exportation prend de plus en plus de l'importance; d'abord, Deusdona vient seul, et offre timidement les reliques qu'il n'a pas osé emporter avec lui; dans son second voyage, comme il sait que sa marchandise trouvera des débouchés certains, il se charge de provisions; enfin, en 836, nous voyons s'abattre sur la Germanie et ses pieux monastères toute une nuée de négociants (2). Sabbatinus part de Rome avec Théodore, frère de Deusdona; ils emmènent avec eux plusieurs compagnons: c'est une vraie caravane qui passe les Alpes. Soit que le chef de la société soit allé explorer d'autres terrains, soit qu'il ait mieux aimé se faire annoncer par son associé, Sabbatinus précéda Théodore à Fulda; il y arriva le 24 avril avec des reliques vénérables. Il offrit à Raban des ossements de ce saint évêque de Sissia en Pannonie, Quirinus, dont le corps avait été transporté à Rome, et honoré par les pèlerins de plusieurs siècles dans le cimetière de Calliste; il lui donna en outre des reliques de S. Corneille, de S. Calliste, et des Ss. Nérée et Achillée (3). Théodore arriva peu de temps après Sabbatinus; le 1er juin, veille de Pentecôte, il était à Fulda. Aux ossements déjà donnés par son associé, il en ajouta de S.te Cécile et de ses compagnons de martyre, Valérien et Tiburce; il apportait en outre de précieux restes de S. Hippolyte, de S. Zénon, des trois diacres de Sixte qui furent tués avec ce pape dans le cimetière de Prétextat, enfin des saints amis du grand apôtre Paul, Aquila et Prisca (4). Raban Maur reçut ces reliques avec la plus grande

---

(1) Il nous est représenté comme l'ami de Deusdona: « quemdam familiarem suum, cui Sabbatino cognomen erat. » *M. G. ibid.*, p. 263.
(2) Quidam laicus ab urbe Roma, Sabbatinus nomine, cum sociis suis in Franciam ferens secum reliquias. *M. G. ibid.*, p. 333.
(3) *Ibidem*, p. 333.
(4) *Ibid.*, p. 334.

solennité (1). Il ne les garda pas toutes à Fulda; autour de son monastère, il érigea plusieurs oratoires pour les recevoir : à douze stades à l'Orient de l'abbaye, sur une montagne élevée, il fit consacrer par le chorévêque de Mayence un petit sanctuaire où il plaça les reliques des SS^tes Félicité, Concordia, Basilla, Emerentienne, Candida et Eutropia ; il y ajouta les vêtements et les dépouilles saintes d'Aquila et Prisca : il les y transporta le 28 septembre. Le 25 octobre, il transféra solennellement au monastère de Holzkiricha, du diocèse de Würzbourg, les ossements de S. Janvier et de ses compagnons. Les reliques de Ste Cécile, S. Valérien et S. Tiburce furent envoyées au monastère de Rathesdorf, qui se trouvait à dix lieues de Fulda, dans le diocèse de Würzbourg. Dans chacune de ces églises, Raban Maur fit graver une inscription métrique, rappelant aux fidèles les noms et l'histoire des saints dont les reliques étaient déposées en ces lieux. N'était-ce pas à l'imitation du pape Damase, dont les petits poèmes, recueillis par les pèlerins, étaient déjà répandus dans tout l'Occident chrétien ?

Nous nous sommes longuement étendu sur les opérations commerciales du diacre Deusdona ; c'est qu'elles nous donnent les détails les plus précis sur la vente des reliques au IXe siècle. Sous la direction d'un diacre de l'église Romaine, nous voyons fonctionner toute une association, organisée à merveille pour exploiter la dévotion des Francs, et leur faire payer fort cher des corps dont la sainteté était peut-être sujette à caution. Mais, à côté de ce fonctionnement si régulier d'un commerce irrégulier, il est à présumer que les documents nous signaleraient plusieurs opérations isolées, s'ils étaient plus nombreux. Sans aucun doute, maint Italien peu scrupuleux dut dépouiller les

---

(1) Pour le récit des fêtes qui eurent lieu à Fulda à l'occasion de ces translations, voir *ibid.*, pp. 337-339.

cimetières de sa patrie, pour aller échanger contre l'or franc les ossements de ses ancêtres ; nous pouvons en fournir plusieurs exemples. Deux ans après le voyage de Sabbatinus et de Théodore, l'abbaye de Fulda reçut la visite d'un autre clerc italien nommé Félix. Il venait, lui aussi, offrir des reliques, et naturellement dans sa collection (on pourrait presque dire son assortiment), se trouvaient des ossements de ces bienheureux Saints, Corneille, Calliste, Cécile, Agapit, qui étaient si populaires au-delà des Alpes et que tout clerc italien ne manquait pas d'offrir à ses clients.

Nous avons tenu à décrire tout au long cet épisode de l'histoire religieuse du ix° siècle, parce que, malgré son caractère bizarre, il nous fait pénétrer dans les âmes franques de cette époque. Il nous montre l'impression religieuse que produisait Rome sur leurs imaginations : à la suite des pélerinages, cette ville était devenue pour eux une Jérusalem céleste, la ville des saints et des martyrs. Par tous les moyens, même par le vol ou l'achat simoniaque des reliques, ils voulaient détourner sur leur ville ou leur monastère un peu de cette sainteté dont Rome débordait. Ils n'avaient pas même la pensée de discuter l'authenticité des reliques qu'on leur présentait : tant ils croyaient que tout ce qui venait des Catacombes était sacré ! Il est fort important de constater le prestige qu'exerçait Rome sur l'Occident chrétien, précisément vers le milieu du ix° siècle, à l'entrée de cette triste période où la papauté, asservie et corrompue, sembla s'éclipser.

Jean Guiraud

LES MANUSCRITS DE L'HISTOIRE AUGUSTE
CHEZ PÉTRARQUE

On connaît assez peu les études de Pétrarque sur l'*Histoire Auguste*. Il y a pourtant, dans ses lettres et dans ses traités, d'assez nombreuses mentions ou allusions qui se rapportent à ce recueil, et le poète en a indiqué plusieurs fois les divers auteurs par leur nom, avec la complaisance qu'il mettait à citer les écrivains peu lus de son temps (1). Les notes manuscrites que j'ai relevées sur les marges de volumes lui ayant appartenu ajouteront d'autres citations ou renvois à ceux qu'on peut reconnaître dans ses œuvres imprimées (2). Mais les emprunts les plus considérables qu'il ait faits à l'*Histoire Auguste* sont réunis en deux dissertations historiques qui figurent dans ses recueils épistolaires; l'une est la lettre à Pierre Berçuire sur l'organisation des armées romaines comparée à celle des armées modernes, l'autre est le petit traité adressé à François de Carrare. *De republica bene administranda* (3). Les extraits directs y sont assez nombreux, et Pétrarque s'y montre remarquablement informé sur les actes et sur le caractère des empereurs.

Les plus ancien de ces deux documents, la lettre à Berçuire, est de 1360, et nous savons par le *Parisinus 5816* que l'au-

---

(1) V. des citations dans *Fam.* XX, 4; XIII, 12; *Sen.* II, 1; XV, 3; *Rem. utr. fort.*, II, 60 (Lampridius); *Vita sol.* II, 9, 2 (Capitolinus). Emprunts sans citation de source: *Rem.* I, 43, et *passim*.

(2) V. un volume sous presse, *Pétrarque et l'humanisme*, d'après un essai de restitution de sa bibliothèque, Paris, 1892, pp. 133, 253. 278, 293, etc.

(3) *Fam.* XXII, 14; *Sen.* XIV, 1 (imprimée comme un ouvrage à part dans *Petrarcae opera*, Bâle, 1581, pp. 372 sqq.).

teur avait fait transcrire le recueil pour son usage en 1356. Ce manuscrit, qui n'a jamais été décrit, porte toute une annotation marginale autographe de notre poète, et il est certain qu'il a été fait pour lui par un copiste qui travaillait à Vérone et dont la souscription donne le nom: *Explicite uite diuersorum principum et tyrannorum a diuo Adriano usque ad Numerianum feliciter. Utere felix* (1). *Scriptus fuit sub millesimo ccc°lvj de mense febr. Et scripsit eum frater Iohannes de Campagnola Reginensis diocesis. Deo gratias. Amen. Amen. Amen.* Le manuscrit, transcrit par cahiers de dix feuillets à deux colonnes, est orné d'élégantes lettres à rinceaux (2). A l'angle du haut de droite de chaque recto, Pétrarque a mis le nom des empereurs; ces titres courants s'arrêtent au f. 62. Voici les principales rubriques:

F. 1: [V]ite diuersorum principum et tyrannorum a diuo Hadriano usque ad Numerianum diuersis composite [*suit la table des biographies au nombre de* lvij. *Au bas:*] Spartiani de uita Hadriani imperatoris ad Dyoclitianum Augustum. Adrianus imperator imperauit annis xxj mensibus xj, tempore Alexandri primi pape (3). — F. 6 v°: Incipit eiusdem Spartiani Helius ad Dioclitianum. — F. 8: Incipit Iuli Capitolini Antoninus Pius feliciter ad Dioclitianum Augustum. — F. 10: Incipit Marci [*en marge:* Antonini] Phylosophi eiusdem Iuli Capitolini ad Dioclitianum Augustum. — F. 15 v°: Incipit eiusdem Verus feliciter ad. D. A. — F. 17 v°: Inc. Didius Iulianus Aeli Spartiani feliciter ad D. A. — F. 19: Inc. Commodus Antoninus Aelij Lampridij ad D. A. — F. 23: Inc. Pertinax Iuli Capitolini. — F. 25 v°: Inc. Auidius Vulcatij Gal-

---

(1) Cette première partie de la souscription appartient au *Palatinus* étudié plus loin.
(2) 110 ff. 330 × 240 mill. Reliure du XVIIe s.
(3) En marge, de la main de P.: *Additio est.* La page de v° qui suit a trois marges entourées de rinceaux.

licani. vc. [*sic*] feliciter (1). — F. 28: Inc. Elij Spartiani Seuerus. F. 32: Inc. Elij Spartiani Pescennius Niger. — F. 34 v°: Inc. Antoninus Caracallus. — F. 36 v°: Inc. Antoninus Geta. — F. 37 v°: Inc. Elij Lampridij Antoninus Heliogabalus feliciter. — F. 43: Inc. Diadumenus Antoninus Lampridij (2). — F. 44 v°: Inc. Opilius Macrinus Iuli Capitolini feliciter (3). — F. 47. Inc. uita Clodij Albini Iulij Capitolini. — F. 49 v°: Inc. Alexander Seuerus Elij Lampridij. — F. 60 v°: Inc. Maximini duo Iuli Capitolini feliciter (4). — F. 68 v°: Inc. Gordianus (5). — F. 72: Gordianus tercius explicit. Inc. Maximus. — F. 75: Maximus siue Puppienus et Balbinus Iuli Capitolini explicit. Inc. eiusdem Valeriani duo. — F. 77 v°: Inc. eiusdem Gallieni duo (6). — F. 79 v°: Saloninus Gallienus. — F. 80 v°: Inc. eiusdem tyranni triginta. — Cyriades primus. — Postumus ij. — F. 81: Postumus iunior iij. — Lollianus iiij. — Victorinus v.... — F. 86 v°: Victoria xxx. — F. 87:

(1) A l'explicit de Pertinax, P. a mis: *Hic erat locus Didii Iuliani;* et au début d'Auidius: *Huius locus post Marchum philosophum erat.*

(2) Note de P. sur l'interversion que présente le ms.: *Hic preit patrem.*

(3) Note de P.: *Hic erat locus Heliogabali.* C'est-à-dire, suivant la place de la note: Héliogabale devrait suivre Antonin Diadumène.

(4) Au bas de la col. 1 du f. 65 commence la vie de Maximinus junior, sans aucune indication ni aucun blanc.

(5) *Sic*, sans rubrique jusqu'au f. 72. Au f. 69 v°, P. a mis en marge: *Gordianus iij^{us}.*

(6) Les dernières lignes de la biographie précédente et tout le commencement de celles-ci offrent de nombreuses lacunes de mots que le copiste ne pouvait pas lire dans l'exemplaire qu'il transcrivait; il a mis en marge: [*sic*] *inueni in exemplo.* Ces lacunes sont celles du *Bambergensis* et du *Palatinus* (éd. Jordan et Eyssenhardt, t. II, Berlin, 1864, pp. 71-73). La description est aux pp. V-VI, XI-XVI du t. I; quelques détails y sont ajoutés par H. Stevenson junior, *Cod. Palat. lat. Bibl. Vat.*, t. I, p. 320; les deux publications donnent la table. Autre description dans l'édit. Peter, Leipzig, 1865, p. VII. Le ms. a été collationné par Saumaise et Gruter, retrouvé par A. Kiessling, puis étudié par H. Peter, ainsi que par H. Jordan et ses collaborateurs.

Titus. — Censorinus. — F. 87 v°: Inc. Treuellij Pollionis diuus Claudius. — F. 90 v°: Inc. Flaui Vopisci Sirracusi dius Aurelianus. — F. 98 v°: Inc. eiusdem Tacitus. — F. 100 v°: Inc. Florianus. — F. 101 v°: Inc. eiusdem Probus feliciter. — F. 105 v°: Inc. eiusdem Firmus Saturninus Proculus et Bonosus. — F. 107 v°: Inc. eiusdem Carus et Cari[nus] et Numerianus feliciter.

Un examen rapide du volum suffit pour établir qu'il se rattache au *Palatinus 899*, important manuscrit du IXe-Xe siècle, qui est aujourd'hui, comme on le sait, une des deux sources principales du texte. En effet, sans parler des variantes de détail, le copiste a tenu compte des observations portées en marge du *Palatinus* par un lecteur du XIVe siècle et relatives aux transpositions des vies de Maximinus et Balbinus (1), et il a rétabli l'ordre logique retrouvé par cet anonyme (2); d'autre part, il n'a pas su remettre en ordre la vie d'Alexandre Sévère, dont la confusion a été reconnue par le même lecteur sans qu'il ait indiqué le remède à y apporter, et cet important morceau de l'*Histoire Auguste* se présente dans les deux manuscrits avec les mêmes interversions (3). Bien plus, le recueil de Paris a été directement copié sur celui du Vatican et nous sommes, devant ce dernier, en présence d'un des anciens manuscrits qui ont servi aux transcriptions exécutées pour la bibliothèque de Pétrarque.

---

(1) Cf. Jordan, pp. XIV-XV, où ces observations sont transcrites avec de légères inexactitudes.

(2) Toutefois, aux points d'attache, le copiste a laissé des mots parasites, qui sont incompréhensibles et que P. a marqués d'un signe particulier (ex. f. 63 v°).

(3) Tout procède en ordre dans le *Parisinus* jusqu'au f. 32, aux mots *pena adfecit* (éd. Jordan, t. I, p. 229, l. 4); puis le texte se présente ainsi:

ff. 32-54: p. 248, 26, à 258, 21;
ff. 54-59: p 229, 4, à 248, 26;
ff. 59-60' v°: p. 258, 21, à la fin.

Il n'y a pas lieu d'élever de doute sur cette origine du manuscrit de Paris, car le *Palatinus 899* a lui-même figuré entre les mains du poète (1). Des propriétaires modernes qui y ont fixé leur souvenir, le seul connu jusqu'à présent était Gianozzo Manetti, qui en a dressé la table et a mis son ex-libris au feuillet de garde (2); mais le principal annotateur n'est autre que Pétrarque. M. Léon Dorez, membre de l'Ecole française de Rome, qui a bien voulu vérifier mon hypothèse de provenance, s'est assuré qu'une partie des notes marginales sont de sa main, et m'a permis de les étudier en m'en transmettant le dépouillement.

Ces notes sont relativement nombreuses, surtout au commencement du volume; elles ont le caractère d'une première lecture générale, pendant laquelle ont été marqués au passage seulement les plus notables morceaux. On y rencontre des appréciations morales, la mise en lumière de quelques renseignements historiques, suivant des formules qui sont ordinaires à l'illustre lecteur, et des signes marginaux assez fréquents. Il est utile de remarquer qu'aucune des notes du manuscrit du Vatican ne se retrouve sur celui de Paris (3); les passages même notés dans le premier ne l'ont presque jamais été dans le second (4). Les deux annotations sont absolument indépendantes, et la seconde, qui est aussi la plus intéressante et de beaucoup la plus étendue, n'a rien emprunté à la première; celle-ci prouve, du

---

(1) 216 ff. 310 × 240 mill. Relié aux armes d'Urbain VIII.

(2) V° du f. non coté: *Iannocii Manetti. 82.*

(3) Par simple coïncidence, sur *Car.* 10, il y a au *Palat.*, f. 73: *Gothi, Gethe*, et au *Paris.*, f. 37: *Gothi, Gethe, idem.*

(4) Dans ce cas même, la remarque a lieu de façon très différente. Par ex. sur *Ver.* 5, p. 69, 19; *Palat.* f. 31 v°: *Secundum quosdam de lege conuiuii tractantes nec pauciores ·3· nec plures ·9· conuiuio sunt adhibendi, ut in illis Gratiarum numeri fiat imitatio, in his uero Musarum.* — *Paris.*, f. 16 v°: *Attende M. Varronis sententiam.* (Cf. Aulu-Gelle, XIII, 11, 1; Macrobe, *Sat.* I, 7).

moins, que le *Palatinus* a appartenu à Pétrarque un certain temps, avant qu'il eût fait transcrire le volume qui devait lui servir désormais.

Le travail considérable fait sur les marges du manuscrit de Paris se rattache à plusieurs époques. J'y pourrais désigner telle scholie qui remonte au moment même de son arrivée chez Pétrarque à Milan, telle autre qui a été écrite à Arquà et date des dernières années de sa vie. Ce travail, repris souvent, a déposé sur le volume une masse tellement abondante de signes et de scholies qu'il faudrait y consacrer de longues pages pour le faire connaître entièrement. J'ai dû négliger les simples signes de *nota*, les traits marginaux, les mains indicatrices, les *At.*, qui signifient *Attende* et ont toujours un intérêt spécial pour la pensée de Pétrarque, les corrections au texte, enfin la suite des sommaires analytiques et des appréciations morales de forme commune (1). Restreint aux notes proprement dites, le dépouillement serait encore trop étendu, et on n'en peut donner ici qu'un choix.

Observons d'abord que l'*Histoire Auguste* fournissait à Pétrarque, comme Suétone, une abondante moisson d'anecdotes et de détails sur le caractère physique et moral des personnages historiques. Il parle avec quelque mépris de ce genre de renseignements dans la préface primitive de son *De Viris illustribus*, qui a été récemment éditée : *Quid nosse attinet quos seruos aut canes uir illustris habuerit, que iumenta, quas penulas, que seruorum nomina, quod coniugium, artificium peculiumue, quibus cibis uti solitus, quo uehiculo, quibus phaleris, quo amictu, quo denique salsamento, quo genere leguminis delectatus sit? Hec et his similia quisquis nosse desideras, apud alios quere, quibus*

---

(1) Le même ensemble, mais moins dense et moins curieux, se retrouve au *Palatinus*.

non tam clara uel magna quam multa dicere propositum est (1). Mais, s'il porte dans la composition historique des préoccupations plus élevées, il est loin de dédaigner comme lecteur ce qu'il rejette comme auteur. Il est avide, au contraire, de minuties et des détails individuels, et les marges de son manuscrit témoignent qu'il a eu l'attention retenue, non seulement sur les anecdotes de caractère, mais encore sur celles qui n'ont qu'un simple intérêt de curiosité (2). Quelques sommaires de la vie d'Hadrien suffiront à appuyer cette remarque: F. 3, *Militariter per omnia;* f. 3 v°, *Peregrinationes Hadriani;* f. 4, *Studia Hadriani. Pictura. Mores. Crudelitas. Emulatio. Cupiditas fame. Dicendi genus;* f. 4 v°, *Iocus balnearis. Peregrinandi cupiditas. Frigoris patientia;* f. 5, *Ciuilitas. Memoria. Dicacitas. Equorum amor et canum. Libertorum contemptus. Cibus;* f. 5 v°, *Amicitie. Disciplina ciuilis. Morbus et morbi causa. Suspitiones;* f. 6, *Vite tedium. Statura. Signa mortis.* Ce volume est, de tous ceux que j'ai étudiés, celui qui nous révèle le mieux le goût de Pétrarque pour la petite anecdote et le détail vivant de l'hisstoire.

Si ces historiens l'intéressent, il ne va pas jusqu'à leur porter grand respect. Outre qu'il trouve assez souvent à les rectifier pour des questions de fait (3), il n'hésite pas à mettre sur les

(1) Dans mon travail, *Le De Viris ill. de P. Notice sur les mss. originaux suivie de fragments inédits*, Paris, 1890, p. 113.

(2) Le *Palatinus* fournit quelques exemples du même genre. Dans *Ant. Pius*, Pétrarque note: *Parcitatem patris Adriani in re priuata secutus, hic in re publica* (éd. Jordan, t. I, p. 38, 4, f. 17), *Insolens pedagogus* (p. 40, 12, f. 18), *Faceta dicacitas* (p. 41, 13, f. 18), *Mitissimus princeps mitissime periit* (p. 41, 13, id.), etc. *Vir summe fortitudinis, si gladios ut carra digito depellere potuisset!* (t. II, p. 95, 25, f. 164).

(3) Ex: F. 42 v°, *Heliog.* 31, p. 215, 21 (*Neronem quingentis carrucis...*): *Imo nunquam minus mille. Tranquillus in 6° Cesarum*. F. 87 v°, *Claud.* 2, p. 123, 10: *Moyses uixit cxxv annis secundum istum, uere autem cxx. Deuteronom. c° ultimo.*

marges des critiques de tout genre. F. 58, transition trop brusque de détails de mœurs à des indications d'ordre administratif (*Alex. Sev.* 39, p. 244, 25): *Hec essent nec opportuna hic.* F. 73, il reproche une obscurité au mot *eorum* (*Max. et Balb.* 4, p. 54, 27): *Quorum? confusa res est.* F. 83 v°, il se moque de la croyance d'après laquelle l'image d'Alexandre le Grand portait bonheur (*Trig. tyr.* 13, p. 104, 10: *dicuntur iuuari in omni actu...*): *Mallem ferme inauditus semper esse, quam hoc credere uerum esse, aut dici etiam nisi ab insanis* (1). F. 91, il s'étonne du préambule de Vopiscus à la vie d'Aurélien, où Tite-Live, Salluste, Tacite et Trogue-Pompée (2), sont habilement nommés et taxés de mensonge (*Aur.* 2 ; p. 137, 16): *Notat ystoricos, immeriter puto, precipue primos duos;* un peu plus tard, il croit n'y voir que l'artifice oratoire d'un prétentieux écrivain: *Sed hic uult se miscere cum magnis. Mira arte.*

Pétrarque a révisé son texte avec tout le soin possible. Plusieurs des leçons qu'il a mises aux marges de notre *Parisinus* se trouvent adoptées par les éditeurs (3). Il a cherché, comme on l'a vu, à rétablir, au moins pour la lecture, l'ordre des biographies troublé dans le manuscrit. Il s'est aussi occupé des éclaircissements historiques. Il a fait de nombreux renvois d'un passage à l'autre. F. 1 v°, à propos des *sortes Vergilianae* au début de la vie d'Hadrien, il met en marge: *Sortes. Sic est in*

---

(1) Dans le *Palat.*, au même passage, f. 167 v°, P. s'était contenté de marquer: *Attende de Alexandro Magno.*

(2) Cf. une autre énumération d'historiens, f. 102 (*Prob.* 2, p. 185, 23: *Et mihi quidem id animi fuit non ut Sallustios Liuios Tacitos Trogos... imitarer..., sed Marium Maximum, Suetonium Tranquillum... Aelium Lampridium ceterosque,* etc.); P. a souligné pour lui l'importance de ce passage, par ces mots: *Nomina ystoricorum primi et secundi ordinis.*

(3) J'ai vérifié quelques leçons: ff. 22 v°, 25, 25 v°, etc. Quelques-unes des corrections du *Palat.* appartiennent aussi à son écriture.

uita Alexandri prope principium; f. 6, à propos du tombeau d'Hadrien à Pouzzoles (*Hadr.* 27): *Reliquie tamen Romam reuccte sunt, ut infra sub Antonio Pio, et condite ubi scis.* Est-il besoin de rappeler que Pétrarque songe au Château Saint-Ange (1)? Il s'attache particulièrement à identifier les personnages qui passent dans le récit; au f. 7 par exemple, à un passage, incertain pour le texte, de la vie d'Aelius Verus, 5, il observe: *Confusa res uidetur, sed non est; duo enim sunt unius nominis, pater et filius, primus ab Adriano adoptatus, secundus ab Antonino Pio. Post proximo c. col. 3ª in medio* (2). Il fait des rapprochements avec quelques auteurs. On trouve Suétone cité trois fois, Lucain, Aulu-Gelle et Solin, chacun une fois (3). Pline, une fois, sur *Sev.* 21: *De Tullii filio. Require Na. Yst. l. 4°, c. ultimo* (4). Pétrarque rapproche un usage d'Antonin le Pieux d'un usage de Tibère rapporté par Josèphe (5). L'habitude de Commode de se brûler la barbe et les cheveux pour éviter le fer d'un barbier (*Comm.* 17) le fait songer à un détail lu dans Cicéron: *Similis Dyonisio Siculo, de quo 2° officiorum non pro-*

---

(1) Mentionné dans *Fam.* VI, 2.
(2) Le ms. porte: *qui adoptatus est a marcho, uerus certe cum marcho et cum eodem.* P. a exponctué *a*, en remplaçant par *cum*. (Cf. Jordan, p. 30, 15). — Notes et renvois sur les deux Faustine: ff. 10 et 11.
(3) F. 25, 42 v°, 72. — F. 26. — F. 25 v° (*in Noctibus Athicis*, sans le nom de l'auteur. — F. 96 v°.
(4) F. 32 v°. Spartien dit: *Quid de Tullio, cui soli melius fuerat liberos non habere?* (Une glose de P. explique *soli* par *solitario*). P. fait ici un retour sur les soucis que lui causait son propre fils, comme dans *Fam.* XXIII, 12: *Scripsit Officiales libros ad Ciceronem filium nil patris habentem praeter nomen... Heu, Marce Tulli uir insignis, sed infelix pater!*
(5) F. 9 (*Ant. Pius*, 8, p. 28, 29). *Similis in hoc more Tiberio. Require 6° Iosephum. Iunge Nigri consilium, quod est in uita eius, in medio.*

cul a principio (1). Il reconnaît et marque en marge des vers de Virgile et de Térence; la parole d'Héliogabale dans une orgie: *Erubuit, salua res est!* (*Hel.* 11) lui suggère cette réflexion, f. 39: *Feda et amens exclamatio; et est Terentii in Adelphis* (2). Dans le manuscrit du Vatican, ces citations marginales sont moins nombreuses; Pétrarque y cite Pline, sur un point insignifiant (3), et deux fois Homère pour des rapprochements moraux assez inattendus (4); un seul renvoi constitue une référence historique utile, sur un Ptolémée nommé dans le texte (f. 71, *Car.* 6): *De hoc require Iustinum Florumque.*

Le manuscrit de Paris a des indications assez précieuses pour les autres études de Pétrarque (5). On voit, f. 69, qu'il a prêté attention aux bustes d'empereurs rencontrés dans ses voyages; le texte dit de Gordianus junior qu'il était *forma conspicuus* (*Gord.* 17) et Pétrarque s'en étonne: *Si hoc uerum fuit, malum habuit sculptorem.* Ce détail est d'autant plus digne d'être noté qu'il a rarement parlé avec précision des monuments de l'art ancien alors épars en Italie et dans la France méri-

---

(1) F. 22. Le souvenir est moins complet au *Palat.*, f. 43 v°: *Dyonisium Syracus. tyrannum imitatur.* — Dans *Aur.* 39, *Paris.* f. 96 v°, le mot *Atheniensium* étant corrompu au ms., P. ne comprend pas à quoi se rapportent les mots qui suivent (*cuius rei etiam Tullius in Philippicis meminit* = *Phil.* I, 1) et, consultant en vain sa mémoire, écrit: *Tullius rei potest meminisse, non hominis.*

(2) F. 39. Le rapprochement de P., qui vise *Adelph.* 643, a échappé aux derniers éditeurs de l'*Historia*. Ils notent avec lui *Eun.* 426, dans *Num.* 13 (*Palat.*, f. 212 v°: *Verbum Terentianum. Paris.*, f. 108: *Terrentius* [sic] *in Eunucho*).

(3) *Palat.*, f. 42 v° (*Comm.* 13, p. 97, 1): *De orige Plinius.*

(4) *Palat.*, f. 6 (*Hadr.* 11, p. 11, 20): *Illud Thelemaci dictum in Odissea secutus*; f. 63 (*Sev.* 21, p. 134, 25): *Adde hic illud Homericum: pauci certe filii similes patri sunt, plures peiores, pauci autem patre meliores.*

(5) Ex. de remarques géographiques: *Nota de Histro contra uulgatam opinionem* (f. 73 v°).

dionale (1). La seule mention analogue que je connaisse est également inédite et se trouve dans le manuscrit de la traduction de l'*Iliade* par Léon Pilate; Pétrarque y explique à sa façon, dans une scholie, le vêtement des femmes grecques (2): *Non pepli hic, ut Leo uult, sed linei amictus, quo Romane nunc utuntur et Agrippine*. On peut se demander pourtant s'il parle ici de marbres ou de médailles.

La numismatique est une forme plus connue de ses essais archéologiques: *Saepe*, raconte-t-il, *me uineae fossor Romae adiit gemmam antiqui temporis aut aureum argenteumque nummum manu tenens, nonnunquam rigido dente ligonis attritum, siue ut emerem, siue ut insculptos eorum uultus agnoscerem* (3). Il s'était formé ainsi une petite collection de médailles antiques (4). Il semble même s'être intéressé à ces monuments au point de vue iconographique; il invoque, en effet, à propos du visage de Vespasien, en même temps qu'un passage de Suétone, les médailles assez communes, dit-il, de cet empereur (5). Mais on peut

(1) On lit au chapitre *De statuis*, *Rem*. I, 41: *Veterum... cum adhuc innumerabiles supersint statuae*. Les textes de P. qui peuvent commenter ce mot seront réunis dans *Pétrarque et l'humanisme*, pp. 263-266.

(2) *Paris*. 7880, 1, f. 46. Sur les mots *Graecarum boni ueli*, par lesquels Léon Pilate a traduit Ἀχαιϊάδων εὐπέπλων.

(3) *Fam*. XVIII, 8.

(4) On sait qu'il en offrit à l'empereur Charles IV: *Aliquot sibi aureas argenteasque nostrorum principum effigies, minutissimis ac ueteribus litteris inscriptas, quas in deliciis habebam, dono dedi, in quibus et Augusti Caesaris uultus erat paene spirans* (*Fam*. XIX, 3). A son tour, Charles IV lui envoyait une médaille de César (*Fam*. XIX, 18). Sur les premières imitations de médailles impériales fondues en Italie bien avant Pisanello, v. Guiffrey, *Les médailles des Carrare* (*Revue de numismatique*, 1891, avec planches); la collection de P. ne semble pas étrangère à cette tentative, faite à Padoue peu après 1390.

(5) *Rer. mem*. II, 4 (Op. p. 426): *Simillimam faciem habuisse eum et scriptores rerum tradunt et imago uultus sui, quae uulgo adhuc aureis uel argenteis aereisque numismatibus insculpta reperitur, indicat*.

trouver plus significatif le rapprochement d'un texte historique et de la légende d'une médaille, tel qu'on le constate dans notre manuscrit, au f. 8 v°; (*Ant. Pius*, 5: *Uxorem Faustinam Augustam appellari a Senatu permisit*): *Hac appellatione est Faustina maior, me penes, in auro, similiter et minor, sed eo amplius Pij Aug. fil.* Ces détails font entrevoir, ce me semble, un côté des études de Pétrarque resté dans l'ombre, et peuvent se mettre en regard de ses trop rares observations épigraphiques, relevées avec soin par M. De Rossi (1).

Quelques allusions du poète à son temps doivent être remarquées dans la même annotation. Pour qui connaît les idées favorites et les grandes passions de Pétrarque, plusieurs de ces allusions prennent un relief particulier. La première se rapporte visiblement au célèbre chef de la famille Colonna, à ce Stefano l'Ancien, dont il a parlé ailleurs avec tant de respect:

Ant. phil. 29: *Faustina mortua... ille concubinam sidi adciuit... ne tot liberis superduceret nouercam.*	f. 15 v°: *Hoc et Stephanus magnus fecit* (2).
Comm. 9: *Simulauit se in Africam iturum, ut sumptum itinerarium exigeret. Et exegit eumque in conuiuia et aleam conuertit.*	f. 21: *Hoc reges aliqui nostra aetate fecerunt.*
Heliog. 19: *Nec erat ei ulla uita, nisi exquirere uoluptates.*	f. 25: *O quot ego tales noui!*
Pesc. 10: *Iussit uinum in expeditione neminem bibere, sed aceto uniuersos esse contentos*, etc.	f. 33 v°: *Audi, superbe et uoluptuose miles nostri temporis.*

---

(1) *Bull. dell'Istit. di corr. arch.*, 1871, pp. 8-9; *Inscr. Christ. U. R.*, t. II, pp. 315-316.

(2) L'identification est justifiée par *Rem.* I, 76. Ne pourrait-on essayer de proposer le nom de Stefano Colonna, à la place de celui de Scipion, pour le personnage illustre désigné par allusion, dans la Canzone *Quell'antico*, comme tombé «in vil amore d'ancille» (str. 7, v. 6)?

Maxim. 11: *Ob hoc maxime orientalia secum trahebat auxilia, quod nulli magis contra Germanos quam expediti sagittarii ualent.*

Maxim. 20: *[Maximinus] intellexit Senatus odia esse perpetua.*

Aurel. 40: *Factum est ita ut per sex menses imperatorem orbis non habuerit.*

Proc. 13: *Ipsis prodentibus Francis, quibus familiare est ridendo finem frangere....*

f. 62 v°: *Nota pro eo quod nunc per Italiam uidemus.*

f. 64: *Odia perpetua, qualia Venetorum hodie.*

f. 97: *Nostro seculo diutius uacat.*

f. 107 v°: *Legite hic, Franci.*

Le moraliste lit toujours en même temps que l'historien et cherche dans les récits, à côté du fait, la leçon qu'ils contiennent. Sur le double adultère de Pertinax et de sa femme (*Pert.* 13), il observe, f. 25: *Mutua fidei fractio, que in multis habet locum* (1). Sans entrer dans le détail, voici quelques extraits qui donneront l'idée de cette partie de l'annotation: *Legite hic, reges et principes* (f. 9), *Legite hic et erubescite, rapaces et auari reges* (f. 13 v°), *Audite, monitorum impatientes* (f. 14), *Contra principes qui reguntur et non regunt* (f. 19), *Pessimum signum in iuuene* (f. 19 v°), *Legite hic uos, o potentes et clari uiri, qui usque adeo progeniem optatis* (f. 31 v°), *Non est mirum si multi seruiunt uxoribus* (f. 35 v°), *Legite miseri qui idem existimatis* (f. 38 v°), *Nota de his qui apud principes plurimum possunt, omnium cum dolore* (f. 40), *Audite, principes litterarum hostes* (f. 57 v°), etc.

Les passages relatifs à la constitution et à la destinée de l'Empire romain sont mis en lumière par des notes et des signes (2). Cette préoccupation de Pétrarque est, d'ailleurs, constante en toutes ses lectures historiques, qu'il rattache ainsi à

---

(1) A rapprocher d'un morceau sur l'adultère, *Fam.* IX, 4.
(2) F. 11 v°, 13,... 99.

ses idées politiques sur son propre temps. Déjà en 1342, il marquait sur son exemplaire de la *Cité de Dieu* la tristesse qu'il éprouvait à constater le rôle abaissé de l'Empire en Italie, *etsi non nomine mutatum* (1). En lisant l'*Histoire Auguste*, plus il vénère les bons empereurs et recueille avec respect leurs paroles (2), plus il montre d'horreur pour les monstres qu'il rencontre parmi eux; une émotion tantôt irritée, tantôt consolante, s'empare de lui dans toute son étude et se fixe aux marges du livre (3). Son imagination le fait assister aux règnes presque toujours tragiques de ces dépositaires du pouvoir absolu; mais, à ceux qui en ont abusé, il semble reprocher, moins leurs vices, que la mauvaise gestion de la chose romaine. C'est ainsi qu'il s'indigne de voir Verus abandonner l'Empire en péril pour chasser en Apulie (*Ver.* 6): *O quid audio!* (4). Les exclamations de ce genre relèvent la monotonie de nos scholies. On y surprend le sentiment du lecteur et sa naïveté parfois touchante. Dans la vie d'Alexandre Sévère, il montre le regret qu'un tel

---

(1) V. mon *De Patrum... codicibus in bibliotheca Petrarcae*, Paris, 1892. Les meilleures pages sur le sujet sont celles de Zumbini, *P. e l'impero*, dans ses *Studi*, Naples, 1878.

(2) *Palat.*, f. 209 v° (*Sat.* 8): *Attende diligenter epistolam hanc Adriani.*

(3) *Magnifice et pie*, f. 2 v°; *Humiliter et humane*, f. 3; *Prorsus magni animi dictum*, f. 4 v°; *Nota dictum aureum*, f. 26; *Magni animi dictum, at quod sequitur prudentis*, f. 31; *Magnifica et precisa iustitia*, f. 57; *Verbum graue principis optimi*, f. 60 v°. — *Turpissimus imperator, iniquissimus minister!* f. 20; *Similis Sille, sed in uitiis tantum*, f. 20 v°; *Minime non dicam imperatorie, sed nec magnifice, nec humane*, f. 30. — De même déjà dans le *Palatinus: O summum discipline militaris custodem!* f. 67; *O ducem integerrimum!* f. 68 v°; *O clementissimum et grauissimum imperatorem!* f. 106 v°. — *Impudens imperator impudenter triumphat*, f. 38 v°; *O senatum adulatorem et sane dignum imperatore tuo!* f. 40 v°; *Crudelissimum animal, Dementissimus imperator!* f. 71. On en remplirait des pages.

(4) F. 16 v°. Les trois passages suivants sont aux ff. 59, 26 v°, 105.

empereur n'ait pas été chrétien (43: *Christo templum facere uoluit eumque inter deos recipere*): *O felix si eum non inter deos, sed in Deum uerum et unicum recepisset!* Les qualités d'Avidius Cassius et ses sages décisions pour l'armée (*Auid.* 6) le font s'écrier: *Orarem pro anima huius uiri, si liceret.* Il semble plus loin que le scrupule qu'il a de prier pour un païen se soit évanoui; on ne peut guère expliquer autrement, après le récit des vertus de l'empereur Probus (*Prob.* 22), la façon émue et brève dont il coupe la parole au narrateur: *Sile! oro.*

Je n'ajouterai qu'une indication. A l'époque où le premier manuscrit de Pétrarque (*Palatinus*) passait entre les mains du Florentin Manetti, le second (*Parisinus*), celui qui avait servi de préférence à notre poète et qui gardait de si nombreux et si intimes souvenirs de sa lecture, se trouvait dans la bibliothèque des Visconti au château de Pavie. On peut le reconnaître, en effet, dans le n° 333 de l'inventaire de 1426 publié par le marquis d'Adda: *Cronice diuersorum principum et tirannorum ab Adriano imperatore usque ad Numerianum, mediocris uoluminis coperti corio rubeo antiquo. Incipit* Origo imperatoris Adriani *et finitur* Deo gratias amen. *Sig. cxxvij.* Le volume a suivi le sort d'une grande partie de la collection Visconti-Sforza, en passant sous Louis XII dans la bibliothèque du château de Blois.

Pierre de Nolhac.

LA BIBLIOTHÈQUE
DE GIOVANNI MARCANOVA (....-1467)

Le nom de Giovanni Marcanova n'est plus guère connu que des épigraphistes. Les belles études de M. G.-B. de Rossi et de M. Th. Mommsen ont illustré Marcanova en présentant son recueil d'inscriptions comme un des plus authentiques du XVe siècle. Il a été aussi un des premiers à unir l'amour des manuscrits à celui des monuments antiques, et c'est un des précurseurs de ces nombreux et illustres Vénitiens, les Grimani par exemple, qui, à la fin du XVe et au commencement du XVIe siècle, ont été animés de cette double passion.

Dans une de ses excellentes *Dissertazioni Vossiane* (1), Apostolo Zeno a raconté, avec sa précision ordinaire, les événements principaux de la vie de Marcanova. A notre tour, nous voudrions, tout en résumant les faits acquis, ajouter ici quelques traits à cette physionomie déjà connue, et reconstituer, autant qu'il est possible, la bibliothèque de ce remarquable érudit.

I.

Giovanni Marcanova naquit à Venise, probablement entre 1410 et 1415. Il subit son examen de doctorat ès arts et médecine dans l'église de Saint Martin de Padoue, le 2 mars 1440. Deux jours après, une nouvelle épreuve eut lieu au Palais épiscopal, et enfin, le 26 du même mois, les docteurs du collège

---

(1) Tome I, p. 140-146.

médical de Padoue l'admirent au nombre des leurs (1). Nommé d'abord professeur extraordinaire, il vit son traitement doublé en 1446 et, en 1453, il porte le titre de professeur ordinaire de philosophie (2). C'est en cette année même qu'il dut quitter l'Université de Padoue pour celle de Bologne ; car la première des acquisitions qu'il fit dans cette dernière ville porte la date de 1453. Il y resta jusqu'en l'an 1467, où il revint dans sa ville d'adoption. Il semble avoir peu voyagé ; il acheta des mss. à Venise, fit plus tard quelques séjours à Cesena (3). C'était un savant casanier, modeste, tout à ses mss. et à ses devoirs professoraux, partageant son temps entre la philosophie, entendue au sens large du XVe siècle, et l'étude de l'antiquité. Il mourut à Padoue l'année même de son retour, léguant ses collections, mss. et objets antiques, au monastère de San Giovanni in Verdara où, fidèle *cultor* de son patron saint Jean et de Saint Augustin (4), il passa probablement les derniers jours de sa vie laborieuse. Il avait composé au moins deux ouvrages : une exposition des commentaires d'Averroès sur la physique d'Aristote (5) et son célèbre recueil d'inscriptions.

---

(1) ZENO, *ouvr. cité*, p. 141.

(2) FACCIOLATI, *Fasti Gymnasii Patavini*, Padoue, in-4°, 1757, p. 104.

(3) Cf. plus bas. — A-t-il poussé jusqu'à Milan ? Une mention qui se trouve à la fin d'un de ses mss., mais que VALENTINELLI (*Bibliotheca Ms. ad S. Marci Venet.*, t. IV, p. 103) a malheureusement tronquée en la citant, pourrait autoriser à le croire.

(4) Comme on le verra, un des rares mss. théologiques qui nous viennent de lui contient la vie et l'office de saint Augustin, sous la règle duquel vivaient les chanoines de S. Giovanni.

(5) VALENTINELLI, *op. cit.*, t. V, p. 32 ; Cl. XII, 36-37. — Quant au *Repertorium Orationum diversorum Ioannis Marchanovae An.* 1436 *in fol.*, j'ignore ce que pouvait être. Cf. ZENO, *ouvr. cité*, p. 145 et surtout Tiraboschi, tom. VI, part. I, (Florence, 1807), p. 208.

II.

La bibliothèque de Marcanova entra, selon sa dernière volonté, dans celle des chanoines de S. Giovanni in Verdara (1). Ce monastère semblait le refuge désigné des mss. padouans, après la mort de leurs propriétaires. En 1455, Battista de Legname, l'évêque de Concordia; en 1466, le fameux " Caietanus de Thienis ", et d'autres encore lui avaient déjà légué leurs mss. Marcanova ajouta son nom à cette liste de donateurs, et il fut loin d'être le dernier (2). Ces savants collectionneurs croyaient avoir trouvé là un asile définitif pour les trésors qu'ils avaient amassés au prix de tant de peines et de sacrifices. Ils se trompaient. Dès le XVIe siècle, les mss. de San Giovanni in Verdara commencèrent à se disperser (3). L'exode continua pendant le XVIIe et le XVIIIe siècle; il se serait peut-être entièrement accompli si le gouvernement vénitien n'eût supprimé le monastère en 1782 et réparti ce qui restait de sa belle bibliothèque entre l'Université de Padoue et la bibliothèque de Saint Marc (1784) (4). Il faut donc rechercher un peu partout les anciens volumes de Marcanova; la plupart se retrouvent à la

---

(1) TOMMASINI, *Bibliothecæ Patavinæ Manuscriptæ....*, Udine, 1639, in-4°, p. 11.

(2) VALENTINELLI, *op. cit.*, t. I, p. 87-88.

(3) Un ms. grec de S. Giovanni se trouve déjà dans la bibliothèque royale de Fontainebleau; c'est auj. le *Parisinus græc.* 2830. Cf. les belles publications de M. Henri Omont. — Au XVIIe siècle, l'historien de l'ordre parle amèrement de cette dispersion: *Generalis totius sacri ordinis Clericorum canonicorum Historia Tripartita*, auctore *Gabriele Pennotto Novariense....*, Cologne, 1630, in-fol. p. 649, col. 2.

(4) VALENTINELLI, t. I, p. 88. — Cf. V. FORCELLA, *Catalogo dei mss. riguardanti la storia di Roma, che si conservano nelle biblioteche di Padova pubbliche e private*, Vérone, 1885, in-8°, p. II.

Marcienne; six sont déposés dans les riches armoires de Lord Leicester, à Holkham-Hall (Norfolk) (1); deux autres font aujourd'hui partie, l'un de l'*Estense*; le second, de la bibliothèque de Berne. Il y en a peut-être encore d'autres à l'Université de Padoue; mais le défaut de catalogue nous laisse sur ce point dans la plus complète incertitude.

III.

La collection des mss. de Marcanova était assez considérable pour l'époque où elle fut constituée. Elle montait selon les indications — d'ailleurs incomplètes — de Tommasini, à 120 mss. environ, sans compter ceux qui furent vendus après la mort de leur possesseur. Marcanova l'avait réunie à grands frais, achetant ou faisant copier les mss. qui l'intéressaient le plus vivement. On l'a déjà vu plus haut: le soin qu'il a pris de dater presque toutes ses acquisitions nous permet de suivre, d'une manière assez curieuse, les diverses étapes de sa carrière universitaire. C'est, croyons-nous, par le nombre et la continuité des renseignements, un fait à peu près unique en son genre. Voici un petit tableau qui résume, dans ce qu'elle a de plus positif, l'histoire de la formation de la bibliothèque de Marcanova:

1° Mss. achetés (2) *a*) à Padoue, de 1435 à 1450, au nombre de 29
          b) sans indication de lieu, mais
              probablement à Padoue,   „   3
          c) à Venise, de 1436 à 1440,   „   4
          d) à Bologne, de 1453 à 1462,   „   3

(1) *Philologus* de LEUTSCH, t. 42 (1884), p. 159 et *Neues Archiv*, 1885, p. 596. Je publierai très prochainement l'histoire et l'inventaire sommaire de ce riche cabinet dans la *Bibliothèque de l'Ecole pratique des Hautes Etudes*.

(2) Aucun de ces mss. ne remonte au-delà du XIIIe siècle; presque tous datent du XIVe siècle.

2° Mss. exécutés a) à Padoue, de 1431 à 1450, au nombre de 9
                  b) à Bologne, de 1456 à 1466, „ 13
                  c) à Cesena en 1457, „ 1
3° Mss. offerts par des amis ou des élèves en 1450
    et 1455, „ 2

Presque tous ces volumes, sauf ceux où elle a été volontairement effacée, portent à la fin une assez longue inscription commémorative en capitales rouges. Cette inscription offre, dans les divers mss., quelques variantes de peu d'importance. En voici la rédaction la plus ordinaire: " Hunc librum donavit eximius artium et medecine doctor Ioannes Marchanova de Venetiis congregacioni canonicorum regularium sancti Augustini. Ita ut tantum sit ad usum dictorum canonicorum in monasterio Sancti Ioannis in Viridario Padue commorancium. Quare omnes pro eo pie orent. M CCCC LXVII „. Quant aux autres mentions contenues dans ces mss., j'en citerai les plus intéressantes dans le cours de mon travail. Entrons maintenant dans quelques détails.

1. *Philosophie et médecine.* — Marcanova était avant tout professeur de médecine et de sciences. De ses mss. proprement médicaux il ne restait rien, au XVII° siècle, à S. Giovanni in Verdara. Il autorisa, semble-t-il, le monastère à les vendre, à la condition d'en employer le prix à l'achat d'autres mss. plus appropriés aux usages ecclésiastiques. Dès 1468, le prieur de San Giovanni, qui était alors un certain Lanfranchi, originaire de Milan, fit quelques opérations de ce genre; il fut imité, en 1471, par son successeur, Celso de Vérone (1). Du reste, au moins si l'on en juge par la liste de leurs remplaçants, ces mss. ne paraissent pas avoir été fort nombreux. Au contraire, la

---

(1) On voit que nous différons ici de l'opinion de BLUME, *Iter Ital.*, t. I, p. 184.

philosophie, c'est-à-dire les sciences en général, surtout les ouvrages d'Aristote et leurs commentaires qui formaient alors la base de l'enseignement scientifique, tiennent la place d'honneur dans la collection du consciencieux professeur. Voici la liste de ceux que j'ai pu retrouver; à l'exception d'un seul, ils sont tous aujourd'hui conservés à Saint Marc et j'ai cru suffisant de renvoyer aux catalogues de Tommasini et de J. Valentinelli, sans insister sur le détail de leur contenu (1).

Tommasini	*Valentinelli*	*Observations*
»	T. IV, p. 12 — Cl. X, 15	
»	. . . . . . 17 22	1440 p.
p. 39 a, l. 10 sq.	. . . . . . 21 27	1448 p.
id. l. 34 sq.	. . . . . . 23 31	p.
p. 36 b, l. 22 sq.	. . . . . . 27 39	1438 p.
p. 38 b, l. 6	. . . . . . 28 40	1437 p.
p. 37 a, l. 36-37 (?)	. . . . . . 30 45	
p. 38 b, l. 16 (ou *ibid.*, l. 33)	. . . . . . 31 47	
id. l. 8 sq.	. . . . . . 33 50	1460 B. (2) Armes (3).
p. 38 a-b	. . . . . . 34-35 52	Armes.
p. 37 a, l. 8 sq.	. . . . . . 42-45 57	1437 v. (4) XXIII.
p. 37 b, l. 35 sq.	. . . . . . 45 58	1440 v.
p. 36 a, id.	. . . . . . 46 61	
p. 37 a, l. 33 sq.	. . . . . . 47 62	1440.

(1) Voici l'explication des abréviations de ce tableau, dont la commodité compensera, nous l'espérons, l'aridité forcée.

P indique les mss. exécutés à Padoue aux frais de Marcanova p = les mss. achetés à Padoue. De même B indique les mss. exécutés à Bologne sur l'ordre de Marcanova, et b = les mss. achetés dans cette même ville; de même v indique les mss. acquis à Venise, et C un ms. exécuté à Cesena.

(2) Copié pour Marcanova le 30 avril « per me fratrem Paulum de Barianis de Placentia, sacri ordinis Minorum professum ».

(3) D'or, à une bande de sinople chargée d'un croissant d'or.

(4) TOMMASINI n'indique pas la provenance de ce ms.

Tommasini	Valentinelli	Observations
p. 35 a, l. 41	T. IV, p. 49 — Cl. X, 65	
p. 32 b, l. 32 (?)	. . . . . 49 66	
p. 35 a, l. 25 (?)	. . . . . 52 69	1436 v.
p. 35 a, l. 27	. . . . . 54 73	1431 P. (1) Armes.
id.	. . . . 56-57 78	1440 p.
p. 35 b, l. 12 sq.	. . . . . 57 79	1450 P.
p. 35 a, l. 22 sq.	. . . . . 63 90	1450 p. (2).
id. l. 16 sq.	 92	1440 p.
p. 37 b, l. 33	. . . . . 70 101	Armes.
id. l. 41	. . . . . 71 102	1440. Armes.
id. l. 45	. . . . . 74 107	
p. 18 a, l. 31-b, l. 16	. . . . . 75 109	1466 B.
p. 26 a-b.	. . . . . 87 138	1448.
p. 19 b, l. 4 sq.	. . . . 103 151	(Milan, 1ᵣ Oct. 1454).
p. 39 b, l. 46 sq. (?)	. . . . 103 153	1430 p.
p. 20 a, l. 33 sq.	. . . . 104 154	1450 p.
„	. . . . 107 157	1455 b (3). Armes.
p. 35 a, l. 4 sq.	. . . . 117 171	1440 p.
p. 38 b, l. 7 sq.	. . . . 124 176	1442 P.
p. 32 a, l. 13	. . . . 132 . . . . 184 (4)	
„	. . . . 132 185	1448 p.
p. 35 a, l. 19 sq.	. . . . 146 199	1453 b.
p. 36 b, l. 17	. . . . 149 201	1457 b.
p. 39 a, l. 32 (?)	. . . . 153 208	1435 p.
p. 39 a, l. 20 sq.	. . . . 163 219	
„	. . . . 165 220	1443 P. Armes.
p. 40 a, l. 12 sq.	. . . . 169 221	
p. 23 b, l. 20 sq.	. . . . 183 243	1440 p. Armes

(1) La note qui nous donne cette indication a été rédigée seulement en 1444.

(2) Offert à Marcanova par « Hieronymus de Sanctasophia, artium doctor Patavii ».

(3) Offert à Marcanova le 16 sept. par « Antonius Gilalbertus de Barchinona, artium scholaris ».

(4) Au fol. 1: « Guceli Franciscus scripsit ».

Tommasini	Valentinelli			Observations
p. 23 a-b	T. IV, p. 186	— Cl. X,	245	1437 p. (1).
p. 23 a, l. 40 sq.	 195	....	260	
p. 24 a, l. 44-b	 199	....	265	1444 p.
"	 221	— Cl. XI,	9	
p. 40 a-b	 225	....	14	1450 p.
"	T. IV, p. 226	— Cl. XI,	51	1435 p.
p. 38 b, l. 40 sq.	 227	....	16	1440 p.
p. 36 b, l. 34 sq.	 229	....	18	1438 p.
"	 231	....	19	1438 p.
p. 37 b, l. 19 sq.	 233	....	20	1440 p.
p. 38 a, l. 44 (?)	 277	....	103	1438 p.
p. 36 a-b	 287	....	109	1440 (p) (2).
p. 32 a, l. 48	T. V, p. 8	— Cl. XII,	6	1440 p.
p. 36 a, l. 44 sq.	 9	....	7	1438
p. 36 b, l. 43 sq.			8	
id. l. 6 sq.	 10	....	9	1443 (P).
p. 35 b, l. 21 sq. (?)	 12	....	11	
p. 36 a, l. 19	 17	....	15	1457 b.
p. 36 b, l. 30 sq.	 18	....	17	
p. 36 a, l. 26 sq.	 20	....	19	1442 p.
id. l. 30 sq.			20	1439 P. Armes.
"	 32	....	36-37	1456 B.
"	 32	....	34	1440 v.
p. 36 a, l. 6 sq.	 34	....	41	1440 p.
p. 37 a, l. 45	 42	....	60	
p. 37 b, l. 10	 49	....	71	1438 p.
id. l. 16 sq.	 50	....	73	1438 p.
"	 32	....	36-37	1456 B.

(1) Autographe (*propria compositoris manu*) d'un des bienfaiteurs de la bibliothèque de S. Giovanni, « Hieremias de Montagnone ».
(2) « Propria compositoris manu ».

Tommasini	Valentinelli	Observations
p. 32 b — p. 35 a (1)	T. V, p. 58 — Cl. XIII, 4	1440 p.
p. 23 b, l. 18	**Holkham** CCCCII (2)	1440 p.

En tout, 71 mss.

2. *Théologie et droit canonique*. — Je n'ai retrouvé que six mss. provenant de Marcanova et relatifs à ces deux sciences: tous les six sont aujourd'hui à la Marcienne.

Tommasini	Valentinelli	Observations
p. 31 b, l. 1	T. II, p. 12 — Cl. III, 20	1460 B. Armes (?).
p. 29 b, l. 43 sq.......	..... 27 38	1450 P.
„	..... 66 ...... 102 (3)	
p. 16 a, l. 12	..... 249 Cl. VIII, 35 (4)	
p. 30 a, l. 1 sq. (?)	T. V, p. 318 Cl. XXI, 156 (5)	1440 P. Armes.
„	..... 322 160	1448 P. Armes.

Nous avons dit plus haut que les prieurs de S. Giovanni in Verdara vendirent, en 1467 et en 1471, les mss. médicaux de Marcanova pour les remplacer par des mss. plus ecclésiastiques. Peut-être ne se bornèrent-ils pas à aliéner les mss. médicaux. Valentinelli cite une mention placée à la fin de l'un de ces mss. qui fut acquis en 1471 " ex denariis librorum in medicina *et aliis facultatibus* q[uondam] Joannis Marchanovae vendito-

---

(1) « Donum M. N. » dit Tomasini. C'est une faute pour I. M. Cf. p. 35 a, l. 3 sq.

(2) *Boethii de consolatione Philosophiae libri V*; parch. in-fol. XIVᵉ siècle. Gloses interlinéaires et copieux commentaire.

(3) La mention commémorative est partiellement effacée.

(4) Ce ms., exécuté à Bologne en septembre 1388, a appartenu au célèbre humaniste Giovanni Tortelli d'Arezzo.

(5) « Ex exemplari compositoris ».

rum (1) „. D'autre part, si, comme il le paraît bien, le prieur Lanfranchi de Milan (1468) s'occupait de chirurgie (2), il est probable qu'il remplaça, sans ombre de vente régulière, les mss. professionnels de Marcanova par des mss. de théologie qui l'intéressaient beaucoup moins. Quoi qu'il en soit, voici la liste de ceux des mss., achetés par les deux prieurs, que l'on retrouve encore à la Marcienne et chez Lord Leicester.

Tommasini	Valentinelli	Observations
p. 30 a, l. 32 sq.	T. I, p. 211 — Cl. I, 25	1468.
p. 32 a, l. 21 sq.	T. II, p. 66 — Cl. III, 100	1471.
„	. . . . . 67 104	id.
p. 32 b, l. 29 sq.	. . . . . 84 — Cl. IV, 25	1468.
id. l. 32 (?)	. . . . . 85 27	id.
p. 15 b, l. 20 sq.	. . . . 256 — Cl. VIII, 44 (3)	
„	. . . . . 270 64	1471.
p. 32 b, l. 29 sq.	Holkham CXLI (4).	1468.

Il y faut ajouter deux mss. indiqués par Tommasini (p. 16 a, l. 18 et p. 30 a, l. 37) dont je n'ai pu retrouver la trace.

3. *Histoire et épigraphie.* — Si Marcanova semble avoir eu peu de goût pour les études théologiques et juridiques, il n'en va pas tout à fait de même pour l'histoire. C'est en effet dans la lecture de Plutarque, de Diodore de Sicile, de Valère Maxime et de Pline, de Flavio Biondo et de Leonardo Bruni que, surtout pendant son séjour à Bologne, il se prit de passion pour l'antiquité et particulièrement pour la science épigraphique.

---

(1) VALENTINELLI, t. II, p. 66.
(2) *Id.*, t. V, p. 64, n° 10.
(3) Ce ms. a été acheté par le prieur « Celsus Maphaeus »; il n'est pas fait mention de Marcanova dans Valentinelli.
(4) *Cassiani collationes sanctorum.* Parch. in-fol.

Tommasini	Valentinelli	Observations
p. 17 b, l. 39 sq.	T. VI, p. 4 — Cl. XXII, 7	Armes.
p. 20 b, l. 10 sq.	. . . . . 27-28 50	1465 B. Armes.
"	. . . . . 36 63	1466 B.
p. 20 a, l. 31	. . . . . 43 73	1466 (B).
"	. . . . . 68 111	
p. 39 a, l. 43 sq.	. . . . . 103 148	1465 B.
p. 32 a, l. 36 (et p. 20 a, l. 28-9?)	. . . . . 104 150	1462 B.
p. 17 a-b	. . . . . 109-110 159	1464-1465 B. Armes.
p. 19 a, l. 46 sq.	**Holkham** CCCLXIV (1) . . .	1465 B.
p. 19 b, l. 17 sq.	id. CCCLXVI (2) . . .	Armes.
id. l. 20 sq.	id. CCCCLIX (3) . . .	1457 C.

Quant à l'épigraphie, elle était représentée dans cette bibliothèque par deux éditions du recueil d'inscriptions formé par Marcanova lui-même ; la plus ancienne est à Berne (B. 42), la plus récente à Modène (V. G. 13). MM. de Rossi et Mommsen ont savamment parlé du recueil de Marcanova : nous résumerons leurs recherches pour y ajouter quelques observations de détail.

(1) *Dictys Cretensis de Bello Trojano.* — *Appiani Historiae Romanae.* — *Leonardus Aretinus de primo bello Punico, de bello Carthaginensi et de bello Gallico.* — *Quintus Curtius de rebus gestis Alexandri.* Parch. in-fol. A la fin : *Scriptum per me Io. Ant. Z. P. Laus Deo.* Quelques notes critiques probablement rédigées par Marcanova lui-même. — Le *Marcianus* XXII, 150, cité deux lignes plus haut, porte le nom du même copiste.

(2) *Titi Livii Breviarium.* — *Caesaris Epistolae.* — *Florus; Sextus Rufus; Eutropius.* — *Aeschinis, Demadis et Demosthenis oratiunculae per Leonardum Aretinum in latinum traductae.* Parch. g.^{d} in-fol. Notes critiques dont l'une renvoie au ms. CCCCLIX d'Holkham : *tu vide in alio libro meo sic signato.*

(3) *Pauli Diaconi historia.* Pap. in-fol. — Ce ms., exécuté à Cesena, est sans aucun doute la copie de celui que le prince Malatesta avait fait copier pour sa bibliothèque en 1454. Cf. Muccioli, *Catal. mss. Malatestianæ Cæsenatis Bibliothecæ*, Cesena, in-fol., 1780, t. II, p. 68.

On sait que notre professeur acheva cet ouvrage à Cesena en 1457, et qu'il le dédia au prince Domenico Malatesta Novello, qui venait de fonder, avec l'appui de Nicolas V, la célèbre bibliothèque du couvent de Saint François. M. Th. Mommsen (1) avait cru en découvrir une sorte d'ébauche dans le *Vat. lat.* 3616 (2); mais M. de Rossi (3) a prouvé que ce ms., rejeté comme inutile par l'illustre épigraphiste allemand, était fort intéressant en soi, et il lui a fait, ainsi qu'au ms. de Trente, une place à part entre le recueil de Marcanova et celui de frà Giocondo. M. Mommsen (*loc. cit.*) a aussi avancé que le ms. de Berne B. 42 est le seul qu'il faille consulter et que c'est un autographe de Marcanova: " liber scriptus manu Marcanovae quatenus pervenit, solus adhibendus est; reliqui enim ex hoc descripti sunt „. L'autorité du *Bernensis* est pleinement hors de doute: c'est l'auteur lui-même qui le légua aux chanoines de S. Giovanni. Il n'en est pas de même de son autographie, au moins si l'on s'en rapporte à la souscription: " Patavii opus incoeptum, Cesenae scribi absolutum, Bononiae *in hanc formam redigere* s[ua] pec[unia] fec[it] Ioannes Marchanova artium et medicinae doctor p[atavinus] 1460 „. D'autre part, l'autre ms., aujourd'hui conservé à l'*Estense* de Modène sous la cote V. G. 13, provenant également de S. Giovanni et composé en 1465, a, lui aussi, une singulière importance et toute la valeur d'un original: Marcanova, mettant en pratique les conseils qu'il donnait à ses lecteurs dans sa grave et modeste préface (4), a ajouté

(1) *C. I. L.*, t. III, p. XXIX.
(2) Dans une prochaine étude sur la bibliothèque du cardinal Domenico Grimani, je prouverai que ce beau ms., qui est entré à la Vaticane en 1516, provient de cette célèbre collection.
(3) *Inscr. christianae urbis Romae...*, Rome, 1888, in-fol. t. II, p. 396 et 399.
(4) Publiée par MUCCIOLI, *op. cit.*, t. I, p. 26 et par ZENO, p. 143.

à son premier recueil toutes les inscriptions qu'il avait pu réunir dans le cours des six années écoulées. Enfin M. Th. Mommsen a établi que le *Parisinus* 5825 F n'est qu'une copie du *Mutinensis*, et que le ms. du Collège Romain était, à son tour, une copie du ms. de Paris. Comme M. Mommsen encore, M. de Rossi a observé que le ms. du Collège Romain provenait de Muret, et c'est un titre à notre intérêt; mais il y a mieux: il paraît hors de doute qu'avant de venir aux mains de Muret, ce ms. appartint au grand humaniste Lorenzo Valla. Voici en effet une description de cet exemplaire, écrite de la main du cardinal Mai, qui avait probablement examiné le ms. au cours des recherches où l'entraîna la publication des œuvres posthumes de Marini:

« In bibliotheca Collegii rom. S. I. sub n° 4. F. 44 codex membraneus in fol.° saec. XV pulcherrime pictus et scriptus opus antiquitatum romanarum et inscriptionum ad dominum Malatestam Novellum Principem, cum praefatione auctoris qui subscribit in calce praefationis sic: *Iohannes Marchanova ar. et med. doct. pat. s. p. fac. c. anno gratiae.* Titulus autem operis — *Quaedam antiquitatum fragmenta studio Ioannis Marchanovae ar. et med. doct. P. collecta.* In calce. LAUR. VALLA, qui fuit vel scriptor vel dominus huius codicis. Transiit deinde codex ad Muretum, teste Donato lib. 3 de Urbe Roma cap. 16 p. 280 antiq. ed. Vide etiam dissertationem XI academ. Corton. p. 112 tom. 1. De simili Marchanovae codice loquitur Zenus dissert. Voss. t. I, p. 142. Inscriptiones pleraeque omnes ethicae sunt. Vidi tamen aliquam temporum etiam christianorum. Codex quidem ineditus, sed ipsas tamen inscriptiones plerasque omnes vulgatas existimo » (1).

4. *Littérature.* — Enfin, la littérature proprement dite n'a occupé qu'un maigre espace dans la bibliothèque de Marcanova.

---

(1) *Vat.* 9560, fol. 295.

Je ne puis guère y signaler que deux mss. de pure littérature ; encore le premier (*Francisci Petrarcae Epistolae metricae ad Barbatum Sulmonensem*), acheté à Padoue en 1440 (*Tom.* p. 24 *a*, l. 25 sq. = Holkham CCCCXXVIII) (1) contient-il à la fin une série de pièces philosophiques, et le second a-t-il un caractère tout didactique: c'est la rhétorique à Hérennius (*Tom.* p. 26 *a-b* = *id.* CCCLXXII) (2). Signalons aussi à la fin d'un ms. historique (*id.* CCCLXVI), " Haeschinis, Demadis et Demosthenis oratiunculae [quatuor] per.... Leonardum Are[tinum] e graeco in latinum traductae „.

Telle était la bibliothèque d'un des premiers épigraphistes. Malgré les lacunes qu'elle présente, elle fait honneur à son possesseur, le studieux Giovanni Marcanova.

Léon Dorez.

(1) Parch. in-fol. XIVe siècle. N° LXXXXV de Marcanova. Il porte des armoiries composées de trois écussons et qui ne sont pas sans présenter de graves difficultés. L'écusson central est: *parti d'or et de sable à l'aigle de l'un en l'autre, couronnée du premier et lampassée de gueules*. Mon savant ami M. Richebé, archiviste-paléographe, propose la description suivante des deux autres; celui de gauche est: *fascé d'argent et de sable de six pièces, l'argent chargé de 12 besants d'or posés 6, 4 et 2; le sable chargé de 9 roses posées 5, 3 et 1;* celui de droite est: *d'argent au chevron cousu d'or, accompagné en chef de deux étoiles à 8 rais et en pointe d'un tau, le tout du même*. L'écusson de gauche semble être celui de Giovanni Micheli, neveu de Paul II. Cf. Onofrio Panvinio, *Epitome Pontificum Romanorum*, Venise, 1557, in-fol., p. 329.

(2) Parch. in-fol. 2 col. Ecrit à Venise en 1418 par « Marinus de Aridonibus de Esculo.... in conventu minorum ». Ample commentaire marginal qui s'interrompt au cours du quatrième livre.

SUR UN GROUPE D'INSCRIPTIONS
DE POMARIA (Tlemcen) EN MAURÉTANIE CÉSARIENNE

La ville africaine de Pomaria, bien qu'elle n'ait guère laissé de traces dans l'histoire, possède une assez riche épigraphie. C'est une des localités de la Maurétanie Césarienne où l'on a découvert le plus d'inscriptions funéraires. Mais le nombre de ces textes importe moins que la façon dont ils sont rédigés (1). Comme il est impossible, et sans intérêt d'ailleurs, de les transcrire tous ici, nous en donnerons un qui servira d'exemple.

C. I. L. VIII, 9923.

```
        D  M  ﬡ
     I V L I V ﬡ  I A D
     I R  V I C X I T  AI I
     ﬡ  L^{xx}  C V I  F I L I
     F E C E R V N T
     D O M V M    E T
     E R N A L E M    AI
     P R O V I C I E  d X C V
```

D(*is*) M(*anibus*) s(*acrum*). *Iulius Iadir vixit an*[n]*is septuaginta, cui fili*[i] *fecerunt domum* [a]*eternalem, an(no) provi*[n]*ci*[a]*e 595* = 634.

(1) Les observations que nous allons présenter ne concernent pas toutes les inscriptions de Pomaria. Il s'agit simplement ici des n[os] du *C. I. L.* VIII, 9911, 9914, 9920-9923, 9925, 9926, 9928, 9930-9932, 9934, 9935, 9939, 9940, 9944, 9948-9953, 9956, 9958. Nous ne retenons que ces seuls textes parce qu'ils portent des dates sûres. Quant aux autres de même provenance non datés ou à date incomplète, nous les laissons de côté à dessein.

Les vingt-cinq épitaphes dont les numéros figurent en note ne sont pas toutes de facture absolument identique. Trois d'entre elles (9914, 9920, 9952) n'ont pas le *d. m. s.* du début; *domum aeternalem* n'existe pas ou est douteux aux n°⁸ 9911 et 9931; 9949 a *domum* sans épithète; enfin *cui... fecit* ou *fecerunt* est cinq fois absent ou incertain (9914, 9931, 9935, 9940, 9956). Malgré ces différences de détail, on peut retenir comme caractéristiques de ce groupe d'inscriptions les quatre particularités suivantes: le *d. m. s.* initial; les formules *domum aeternalem* et *cui... fecit* ou *fecerunt*; enfin la date.

De ces éléments, les deux premiers et le dernier ont seuls de l'importance. Quant à la construction peu usuelle *cui... fecit* ou *fecerunt*, il suffit de la noter au passage. Il y a plus à dire sur le reste.

Rencontrer autant de dates sur des tombeaux du commun n'est d'abord pas chose ordinaire. Cependant cet usage de marquer l'année de la sépulture se généralise à mesure qu'on descend vers les bas temps de l'empire. Et c'est à cette période qu'appartiennent nos inscriptions. Les dates sont réparties sur deux siècles et demi environ; la plus haute (9928) est 417, et la plus basse (9935) 651. Mais tandis que trois seulement d'entre elles remontent au V⁰ siècle, quatorze indiquent le VI⁰ et huit le VII⁰.

A cette époque, le christianisme avait depuis longtemps pénétré en Maurétanie. Les preuves en sont abondantes. Ainsi, au colloque de 484, tenu par le roi Vandale Hunéric, les évêques de Maurétanie vinrent en grand nombre. Mais, pour nous en tenir aux documents épigraphiques tirés de la Maurétanie Césarienne et des environs mêmes de Pomaria, on trouve à Cartenna (Ténès) l'épitaphe d'un médecin chrétien en 357 (1); à

---

(1) *C. I. L.* VIII, 9693 addit.

Orléansville, une basilique est construite en 324 (1), et plusieurs textes chrétiens s'échelonnent entre 406 et 475 (2); Tiaret donne trois inscriptions funéraires de 461 à 488 (3); Ternaten, non loin de Frendah, une de 480 (4); Mechera Sfa, une de 408 (5); S. Denis du Sig, deux de 429 et 450 (6); Arbal, une de 345 (7); S. Leu, près d'Arzeu, une de 352 (8); Safar (Aïn Temouchent), deux de 418 et 425 (9); Altava (Lamoricière) a des inscriptions en grande quantité depuis 302 jusqu'à 583 (10); Numerus Syrorum (Lalla Maghnia), depuis 344 environ jusqu'à 429 (11). Ces témoignages qui remontent presque tous au IVe et au Ve siècle (nous avons laissé de côté ceux d'une époque postérieure), suffisent à démontrer qu'au moment où fut gravée la première de nos pierres de Pomaria (417), le christianisme était répandu, peut-être déjà florissant dans toute la région. Il devait en être ainsi, à plus forte raison, au VIe et au VIIe siècle. Nous savons qu'à la fin du Ve siècle Pomaria même était un évêché. Un de ses évêques, Longinus, fut exilé par Hunéric, à la suite du concile de Carthage de 484.

Trouver des épitaphes païennes, même isolées, à cette époque, est une rareté (12); ce serait une anomalie de les voir se

(1) *ibid.*, 9708.
(2) *ibid.*, 9709, 9713, 9715, 9718.
(3) *ibid.*, 9731, 9733, 9735.
(4) *Bulletin d'Oran*, 1891, p. 412, 1150.
(5) *Ephem. epigr.*, V, 1309.
(6) *C. I. L.* VIII, 9751, 9752.
(7) *ibid.*, 9798.
(8) *Ephem. epigr.*, V, 1056.
(9) *C. I. L.* VIII, 9804; et *Bull. d'Oran* 1890, p. 100, 1129.
(10) *ibid.*, 9847-9890, et *Bull. d'Oran* 1887, p. 286 sqq., 1082-1085, 1087, 1090, 1091, 1094, et p. 299, 1099; et 1891, p. 564, 1154.
(11) *C. I. L.* VIII, 9966-9937; et *Bull. d'Oran*, 1890, p. 222, 1133; et 1891, p. 141, 1141, 1142.
(12) Sur la disparition du paganisme en Afrique, cf. SCHULTZE, *Geschichte des Untergangs des griechisch-römischen Heidentums*, II, p. 147-165.

produire en abondance. Et pourtant nos vingt-cinq spécimens semblent bien au premier abord mentionner des adeptes de la vieille religion. Car ils n'offrent aucun signe de christianité, et de plus ils débutent par l'invocation aux mânes : *Dis manibus sacrum*. Faut-il donc les ranger sans plus tarder parmi les textes païens ? Nous ne le pensons pas, et voici pour quels motifs.

L'absence de tout signe évident de christianité, à partir du IVe siècle, n'est pas une preuve de paganisme. Cette raison, lorsqu'on l'invoque, ne peut être produite qu'après d'autres plus sérieuses, et comme accessoire. En elle-même, elle constitue une simple présomption, non pas un argument décisif.

La présence du *d. m. s.* serait plus probante. Les chrétiens, semble-t-il, devaient se garder soigneusement de toute allusion profane ; et dédier une sépulture aux mânes ne peut être qu'un acte d'idolâtrie. Cette manière de voir est très exacte quand il s'agit des fidèles instruits, habitants des grandes villes, et à même d'être enseignés par les Pères de l'Eglise. Mais dans les pays peu éclairés, dans les contrées soustraites à l'influence directe de ces docteurs, le sens précis des formules avait dû s'obscurcir, et la répugnance des nouveaux convertis à les employer comme avaient fait leurs ancêtres, devait être beaucoup moins forte qu'on ne pense. Un passage de S. Augustin montre bien qu'aux yeux d'un certain nombre de chrétiens, dont il réprouve les pratiques, le culte des mânes et le culte des martyrs n'étaient guère qu'une seule et même chose (1). " Non sit nobis religio cultus hominum mortuorum ; quia si pie vixerunt, non sic habentur ut tales quaerant honores ; sed Illum a nobis coli

---

(1) *De vera religione*, c. 168 ; cf. Goyau, *Rev. crit.*, 1892, I, p. 68. — Les mêmes idées se retrouvent encore dans S. Aug. *Contra Faustum Manichaeum*, XX, 21.

„ volunt, quo illuminante laetantur meriti sui nos esse consortes.
„ Honorandi ergo sunt propter imitationem, non adorandi propter
„ religionem „. — Mais il y a plus, et nous pouvons produire
des inscriptions évidemment chrétiennes où survit cependant l'usage du *d. m. s.* Il se rencontre notamment à Mactar (1), à
côté de la croix; deux fois à Safar (Aïn Temonchent) (2), et
une fois à Aïn Khial, localité voisine (3), avec les formules chrétiennes *praecessit in pace* et *discessit*; plusieurs des épitaphes
d'Altava et de Numerus Syrorum, parmi celles qui ont été indiquées ci-dessus, portent aussi *d. m. s.*, en même temps que
discessit (4). De tous ces documents, nous ne citerons qu'un
seul, d'Altava, dont l'autorité n'est pas contestable: *Bull. d'Oran*
1887, p. 299, n° 1099.

        D   M . S
    PETRONIVS PAM
   PILVS VICSIT A͡I IS X
   · DISCE XV KL NOVE
  PP CCCCXIII ☧ INFDEB   413 = 432

D(is) M(anibus) S(acrum). Petronius Pampilus vi[x]it an-[n]is decem disce(ssit) quintum decimum k(a)l(endas) Nove(mbres) [anno] p(rovinciae) 413, ☧ *in f[i]de b[eatus]*?

(1) *C. I. L.* VIII, 675.
(2) *Ibid.*, 9815, et *Bull. d'Oran*, 1890, p. 100, 1129.
(3) *Bull. d'Oran*, 1888, p. 300, 1121.
(4) *C. I. L.* VIII, 9855, 9856, 9859, 9861, 9862, 9872, 9882, 9887, et
Bull. d'Oran, 1887, p. 287 sqq., 1085, 1087, 1094, et p. 299, 1099; puis
C. I. L. VIII, 9967, 9968, 9972, 9973, 9975, 9977, 9980, 9982, 9984, et
Bull. d'Oran, 1890, p. 222, 1133, et 1891, p. 141, 1141. — Le mot *discessit*, sur une inscription d'Afrique, est-il à lui seul un signe de
christianité? On peut, ce semble, le conclure à bon droit en comparant les textes de ce genre avec ceux où ce mot figure également,
accompagné d'autres formules chrétiennes.

Quand bien même ou n'admettrait pas la lecture très plausible proposée par M. le commandant Demaeght pour les dernières lettres, le monogramme qui les précède et le terme *discessit* accusent assez l'antithèse entre la première ligne toute païenne et la suite du texte. Il est donc bien certain qu'en Afrique, et surtout dans l'ouest de la Maurétanie Césarienne (car tous les textes que nous venons de citer, sauf celui de Mactar, appartiennent à cette région) le *d. m. s.* existe souvent sur des épitaphes chrétiennes. Aussi, pour revenir à Pomaria, la présence de cette sigle dans nos inscriptions de basse époque ne peut à elle seule les faire qualifier de païennes.

Arrivons aux mots caractéristiques : *domum aeternalem*, qui ne sont pas fréquents pour désigner le tombeau. Il y a dans cette expression une pensée spiritualiste qui lui ferait volontiers attribuer une origine chrétienne. Le croire cependant serait peut-être commettre une erreur. Quelques inscriptions où se rencontre la même formule, par exemple deux de l'année 266, provenant de Mechta el Bir (1), en Maurétanie Sitifienne, laissent dans le doute si nous avons affaire à un terme primitivement païen. D'autre part, la formule toute voisine *domus aeterna* se rencontre sur des monuments dont le paganisme est certain (2). Il serait étonnant que la seule terminaison de l'adjectif suffît à faire distinguer les épitaphes des partisans de l'un et de l'autre culte. Le plus probable est donc que *domus aeternalis*, comme *domus aeterna*, d'abord en usage chez les païens, fut plus tard conservée par les chrétiens. L'adaptation du langage ou des sym-

---

(1) *C. I. L.* VIII, 8430.
(2) Par exemple à Lamasba (Merouana) *ibid.*, 4447 ; à Sigus, *ibid.*, 5749 et à Enchir Mabrek, dans la région de Khenchela, *ibid.*, 10712, en Numidie ; cf. *ibid.*, 5158 (Souk Ahras), 8186 (Philippeville), 10930 (Beni Fuda, près de Sétif) qui sont sans doute païennes. Mais 10927 de Beni Fuda est chrétienne.

boles païens n'est pas rare dans la région qui nous occupe : nous avons signalé celle du *d. m. s.* En outre l'épigraphie de Numerus Syrorum offre sur des tombes chrétiennes la formule *domus romula*, tirée sans doute de la *casa Romuli* du Palatin (1).

Quoi qu'il en soit, l'emploi nouveau de *domus aeternalis* est prouvé par deux textes d'Altava (2), dont il nous suffira de citer le premier.

☧ ₽ ☧
MEM · IVLIVS · DoNATVS
PATER FAMILIAS CVI FILI
FECER · DoMVM ETERNALE
VIXIT AINIS · PLVS MIN L^{xx}V
DIC · VII IDVS NoB · AI
No PRoC CCCCXCVII 497 = 536

Mem(oria). Iulius Donatus pater familias cui fili[i] fecer(unt) domum [a]eternale[m], vixit annis plus min(us) septuaginta quinque, di[s]c(essit) septimum idus no(vem)b(res) anno pro(vin)c(iae) 497.

Une épitaphe romaine extraite de la crypte de Veneranda, au cimetière de Domitille (3), porte aussi la même dénomination appliquée à la sépulture, et vient à l'appui de notre opinion.

L'inscription d'Altava que nous avons transcrite, et la suivante qui est toute semblable, sauf les mots *disc(essit) in p(a)c(e)* et la date très probable de 583, ne doivent pas être négligées

---

(1) *C. I. L.* VIII, 9966-9987. cf. DE ROSSI, *Piante iconografiche di Roma*, p. 7.
(2) *Ibid.*, 9869, 9870.
(3) DE ROSSI, *Bullettino di archeol. crist.*, 1875, p. 15.

dans la discussion présente. Ce n'est pas par la seule appellation *domum aeternalem* qu'elles sont à rapprocher de notre groupe de Pomaria, mais encore par la tournure *cui fili fecer(unt)* et enfin par les dates, qui appartiennent au VI° siècle. L'unique différence consiste donc dans l'emploi du *d. m. s.* d'une part et du monogramme avec *mem(oria)* de l'autre. Or, après ce que nous avons dit de l'usage du *d. m. s.* chez les chrétiens, ce léger désaccord ne tire pas à conséquence, et il n'y a plus de raisons, devant cette similitude presque complète, pour refuser d'accepter comme chrétiennes les inscriptions de Pomaria.

La survivance de cette dernière formule à une si basse époque est faite pour surprendre. Mais il y a dans l'épigraphie de cette partie reculée de la Maurétanie Césarienne plus d'une habitude qui contrarie les pratiques ordinaires. On a vu par les exemples allégués plus haut que ce n'est pas à Pomaria seulement, mais encore dans toute la région que le *d. m. s.* s'est maintenu fort tard. L'emploi du mot *discessit*, sans rien qui le détermine, est plus fréquent à Altava que partout ailleurs. Enfin *domum romulam instituit* le plus souvent seul, parfois accompagné de *discessit*, appartient en propre à Numerus Syrorum ; aucun exemple d'une autre source n'en a été fourni jusqu'à présent. Cette formule apparaît sur des tombes de la seconde moitié du IV° siècle et de la première du V°. Ainsi les villes de cette contrée ont leurs coutumes et leurs traditions épigraphiques. Bien qu'on puisse observer en plus d'un endroit de pareils faits, tel en Numidie et en Maurétanie Sitifienne l'emploi de *mensa* pour désigner le tombeau, il est rare de voir un usage de ce genre restreint à un pays peu étendu ou même à une ville. C'est le cas pour les formules que nous étudions.

Un second trait distinctif de nos inscriptions, c'est l'immobilité de ces mêmes formules, qui demeurent toujours identiques. Tandis qu'en tous lieux les épitaphes païennes se sont peu à peu développées, et, après avoir employé des termes auxquels les païens pouvaient se tromper, ont ensuite admis, ainsi que MM. de Rossi et Le Blant l'ont établi pour Rome et pour la Gaule, des expressions très claires et de plus en plus explicites, à Pomaria au contraire, et de même à Numerus Syrorum, elles sont demeurées immuables pendant deux ou trois cents ans.

Par malheur, l'histoire du pays est si peu connue qu'on est fort embarrassé, après avoir indiqué ces habitudes locales, d'en donner une explication satisfaisante. A propos d'un texte où se trouve mentionnée la *r(es) p(ublica) P(omariensium)*, les éditeurs du *C. I. L.* (VIII², p. 847) font les observations que voici : " Unde praeterea efficitur non castra tantum hic fuisse, sed rem- „ publicam quoque aliquam, quamquam in universa hac regione „ praesidia eaque equestria praevalent nec civilibus institutis hic „ campus videtur satis datus esse „. Si le régime du pays était spécial (1), il est assez naturel d'en conclure que les populations n'étaient pas du même caractère que celles du reste de l'Afrique romaine. L'assimilation de cette contrée ne dut pas être aussi complète qu'ailleurs. Les idées et les mœurs romaines y pénétrèrent moins profondément que dans le reste de la Maurétanie. Et peut-être avons-nous une trace de cet état de choses dans l'épigraphie de ces villes et en particulier dans notre groupe d'inscriptions de Pomaria.

AUG. AUDOLLENT.

(1) Fait digne de remarque, les noms de Numerus Syrorum, Pomaria, Altava, Safar, Aquae Sirenses, Cohors Brencorum, toutes villes de cette région, ne figurent pas dans les itinéraires anciens; ils nous sont connus par les inscriptions.

PLANS ET MONUMENTS DE ROME ANTIQUE

NOUVELLES RECHERCHES

En tête de ces recherches sur les antiquités de la Ville éternelle, je ne saurais inscrire un nom plus sympathique, plus vénéré, que celui du savant illustre auquel l'histoire de Rome païenne non moins que l'histoire de Rome chrétienne doit tant d'éclaircissements inappréciables. Qu'il accepte cet essai comme le témoignage de mon admiration pour ses travaux passés ! Qu'il l'accepte également comme l'expression sincère de mes vœux pour la mise au jour des travaux nouveaux que Rome et le monde érudit tout entier attendent de son inépuisable activité !

Depuis la publication de mon volume sur *les Antiquités de la ville de Rome aux XIV, XV*ᵉ *et XVI*ᵉ *siècles*, les recherches de MM. de Rossi et Gatti (1), Hülsen (2) et Michaelis (3)

---

(1) Voy. entre autres leur *Miscellanea di Notizie bibliografiche e critiche per la Topografia e la Storia dei Monumenti di Roma*. Rome, 1889 (extr. du *Bullettino della Commissione archeologica comunale di Roma*). — *Panorama circolare di Roma delineato nel 1534 da Martino Heemskerk*. Rome 1892.
(2) Hülsen, *Das Septizonium des Septimus Severus*. Berlin, 1886. — *Vedute delle Rovine del Foro Romano disegnate da Martino Heemskerk*. Rome, 1888. — *Antichità di Monte Citorio*. Rome, 1889.
(3) Michaelis, *Le Antichità della città di Roma descritte da Nicolao Muffel*. Rome, 1888. — *Geschichte des Statuenhofes im Vaticanischen Belvedere*. Berlin, 1890. — *Storia della Collezione capitolina di Antichità fino all'Inaugurazione del Museo nel 1734*. Rome, 1891. — *Römische Skizzenbücher Marten van Heemskercks und anderer nordischen Künstler des XVI Jahrhunderts*. Berlin, 1891.
Parmi les travaux analogues, je citerai: T. Shreiber, *Unedirte römische Fundberichte aus italienischen Archiven und Bibliotheken ver-*

ont fait faire un grand pas à l'histoire des monuments ou des collections de la Ville éternelle. C'est à peine si, devant le flot croissant des découvertes, j'ose mettre au jour les documents bien clairsemés que j'ai recueillis pour ma part personnelle. L'accueil trop gracieux fait par les savants romains à mes précédents travaux m'encourage seul à tenter l'entreprise.

I.

Le Sarcophage de Sainte Constance.

Un manuscrit du Vatican (fonds latin, n° 9022, ff. 277-280) contient le poème suivant, qui a été composé en 1467, à l'occasion du transport du sarcophage de Sainte Constance sur la place de Saint Marc (1). Ce poème, extrait " ex codice ms. saeculi XV, Venetiis apud Petrum Contarenum, equitem ac divi Marci procuratorem, asservato „, est dédié à Sigismond Malatesta († 1468). Il renferme, à côté des adulations obligatoires, une revue des principaux monuments antiques de Rome, ainsi que

---

öffentlicht. Leipzig (1835). — Jessen, Zeichnungen römischer Ruinen in der Bibliothek des Kgl. Kunstgewerbe Museums zu Berlin (Anomia. Archäologische Beitraege Carl Robert zur Erinnerung an Berlin dargebracht). Berlin, 1890. — Audollent, Dessin inédit d'un Fronton du temple de Jupiter Capitolin. Rome, 1889. — A. Geffroy, L'Album de Pierre Jacques de Reims. Dessins inédits d'après les marbres antiques conservés à Rome au XVIe siècle. Rome, 1890. — H. de Geymüller, Trois Albums de Dessins de Fra Giocondo. Rome, 1891. (Extr., ainsi que les deux précédents mémoires, des Mélanges... publiés par l'Ecole Française de Rome). — Gnoli, Le Origini di maestro Pasquino. Rome, 1890. Extr. de la Nuova Antologia.

(1) Voy. Les Arts à la cour des Papes, t. II, p. 83-85, 134; t. III, p. 158.

quelques détails sur le grand et le petit palais de Saint Marc, à l'achèvement desquels le pape Paul II faisait travailler à ce moment.

Oratio Urnæ invectæ ad Sanctum Marcum ex æde beatæ Agnetis. Ad Illustrissimum Principem Sigismundum Malatestam.

> Inscius invectæ ne sis, Dux inclytus, urnæ,
>   Perlege quæ cecinit carmina Musa tibi.
> Romuleus rapuit me post fera bella triumphus,
>   Cum patria adverso subdita Marte mea est.
> Tradita sublimis Tarpejo in culmine sedes,
>   Spectaculum populis ac decor urbis eram.
> Pampinei pendent circum mea corpora ludi,
>   Nuda studet juvenum quos celebrare cohors.
> Cæsar ab occasu speculans quæque solis ad ortum
>   Non similem toto repperit orbe mihi.
> Cum superos victo peteret Constantia mundo,
>   Cæsare erat nostro clausa jubente sinu.
> Sub feretri vitrea tenui testudine templi
>   Mixta auro cineres inviolata sacros.
> Deserui dominæ sanctissima nobilis ossa
>   Molliter urna diu corpore tecta meo.
> Reliquiis abiens gemui spoliata vetustis,
>   Artubus ut nostris viscera rapta forent.
> Nec minus Andromache flevit, furor impius ulnis
>   Cum Danaum arripuit Astianata suis.
> Indolui monitis, linquens sacra limina templi
>   Sæcula quæ incolui tot sine labe prius.
> Sed quia Pontificis Pauli sacra jussa peregi
>   Diruta post longa tempora tecta peto.
> Vecta fui exiguo, princeps dignissime, curru,
>   Ingenio potius, quam probitate, virum.

Ad Numentanæ peragravi mœnia portæ
  Vellere quam pulsus Hannibal imbre nequit.
Vertice sunt nec quæ superabant æthera quondam,
  Arcadii referunt ista minora fore.
Flens ingressa fui miseranda mœnia Romæ
  Vertissemque retro, si licuisset, iter:
Cumque Quirinalis superarem culmina montis
  Urbis visa fuit altera forma mihi:
Inspiciens circum, thermas post terga reliqui,
  Quarum reliquiæ præcipitare parant
Quadrupedes Phidiæ laceros comitisque videbam;
  Amborum tantum scripta vetusta manent.
Septenum excelsam montem qui spectat in Urbem,
  In cinerem toties barbara turba dedit.
Flentia Tarpejum verti in mea lumina collem,
  Qui domiti dominus et pater orbis erat.
In cœlum erectas celsis cum turribus arces
  Barbaries stravit, marte favente, solo.
Hei mihi! quod totum qui mons subjecerat orbem
  Supplicii locus est, quod meruere, reis!
Quis gemitu abstineat? Capitolii immobile saxum
  Hostibus intactum rustica turba fodit.
Marmorea hostili quot sunt subjecta ruinæ
  Condita nobilibus digna sepulcra viris!
Cerne, Adriane, tuam surgentem in sidera molem,
  Auro et imaginibus quæ spoliata jacet.
Cæsarei fuerat monumentum corporis olim;
  Machina, nunc urbi bellica signa minans.
Principum et insignes vivis cum vultibus arcus
  Nulla sponte ruunt auxiliante manu,
In quibus impressi victricia ad arma triumphi,
  Priscorum pereant ne monumenta virum.
Semirutum (illacrymans refero) jacet Amphitheatrum,
  Quo, memini, pridem stagna Neronis erant.

Cladibus et senio geminæ periere columnæ,
    Sculpta quibus veterum bellica gesta ducum (1).
Alta quoque Æneadum rapuit furor urbe theatra,
    Corpora quîs rabidis dilanianda feris
Ingentes studuit circus delere vetustas;
    Tantum Flaminius annua festa colit.
Pontibus in Tiberim jactis calcantibus undas,
    Haud ullo latices impediente fluunt.
Vos quoque flumineæ, statio gratissima, ripæ
    Tibridis in gelidas clade ruistis aquas.
Ex nitidis salubres undas qui vexit in urbem
    Fontibus, heu! stratus undique ductus aquæ.
Quot veterum celsas ædes ac templa Deorum
    Egregia ad terram quæ cecidere putrem!
Commodus (2) et Sonipes (3) hostilia vulnera passi,
    Pontificis tantum reficiuntur ope.
Ista gemens postquam conspexi incendia Romæ,
    Pontificem petii, quo mihi cursus erat!
Hic domus insurgit sublimis condita, quando
    Cardineo summus fulsit honore pater (4)
Hortus inest juxta, paries quem circuit altus,
    Quique decet fidei te, pater alme, caput.
Fundamenta jacent, quæ scandere summa videntur
    Regna Deum, solium Pontificale novum.
Millia diversos Ligurum subitura labores
    Per scalas miseri pondera magna ferunt:
Innumeras alii fodiunt sculpuntque columnas,
    Substentent humeris tecta levanda suis.

(1) Sans doute les colonnes Antonine et Trajane.
(2) Le buste de Commode ou de Domitien. Voir MICHAELIS, *Storia della Collezione Capitolina di Antichità, p. 14.*
(3) La statue équestre de Marc Aurèle, restaurée par les soins de Paul II.
(4) Le Palais de Saint Marc.

Ista novæ similis facies Carthaginis olim,
　　Iliaco in Libyam clam peragrante duce.
Hactenus haud domino coram data copia fandi,
　　Oranti potius janua clausa mihi.
Pontificis media meditabar in arce locari,
　　Credideramque loco splendidiore frui.
Sole sub ardenti crebrisque sub imbribus urna,
　　Destituor, Sancti Principis ante fores.
Sors mea me postquam peregrinam his appulit oris
　　Sim, precor, auxilii tuta favore tui.
Suppliciter Pauli rutilans, rogo, sidus adora,
　　Cernuus ante sacros, Dux metuende, pedes.
Quæ flendo invita jussu celerante reliqui,
　　Ut mihi sit reditus in sacra templa celer.
Hoc, rogo, clade hostis multo quoque sanguine raptum
　　Si tribuant sceptrum numina cuncta tibi.
Dux Malatestiadum, Latii decus, atque vetusta
　　Nobilitas procerum sanguine ducta patrum :
Æmiliæ regionis honor, ferus agmine, fulmen
　　Armorum, inclyta quod Itala terra tremit :
Dux Ligurum expertus rogitans tua numina supplex,
　　Cum Venetum imperio tradita signa tuo.
Clara per Argolicas celeri te labitur urbes
　　Fama gradu in Teucros bella gerente truces :
Testantur veteres Adrasti Lennon et Argos,
　　Te duce quæ Venetum jam subiere jugum.
Non ego te altisona, princeps celebrande, Camœna
　　Cantabo, armipotens, inferiore lira
Quam tua dextra potens bello sit, Horatius edit,
　　Præcipiti celeris limine mortis inops.
Nec minor est positis spectata per otia virtus,
　　Docte armis etenim dogmata cuncta colis :
Castalio dulces auxisti ex fonte liquores,
　　Te subiit vatum Pieriusque calor.

Indigne quamvis solio sis pulsus avorum,
 Ast animo nequiit te superare Pius :
Restituet meritis Pauli clementia regnum
 Quod furor arripuit non tibi jure Pii :
Si fortuna tibi fuerit satis æmula, princeps,
 Fortibus adversa quæ solet esse viris;
Crede mihi, celebris vivet tua fama perennis,
 Pieria vates dum sacra laude canent.

II.

Un plan inédit de Rome au Musée de Francfort.

Les travaux de M. le Commandeur de Rossi ont les premiers appelé l'attention sur l'intérêt des miniatures, dessins, gravures, reproductions de toutes sortes, dans lesquels le moyen-âge et la Première Renaissance ont essayé de fixer leurs impressions sur la configuration de la Ville éternelle. Depuis, le regretté F. Gregorovius, M. Lippmann, le sagace directeur du Cabinet des Estampes de Berlin, M. Stevenson, M. Strzygowski, ont ajouté à la liste dressée par le savant romain plusieurs documents intéressants. J'ai moi-même eu la bonne fortune de livrer à la publicité quelques plans inconnus à mes prédécesseurs, notamment ceux du Livre d'heures du duc de Berry, un des joyaux de la collection du château de Chantilly, et celui de Benozzo Gozzoli, peint à fresque à San Gimignano.

Aujourd'hui, je viens compléter ce catalogue par un plan qui fait partie de deux peintures du XVe siècle, acquises à Cologne, à la vente Paulis, au mois de mai 1890, par l'ancien directeur du Musée de Francfort sur le Mein, M. le docteur Thode, qui a eu le mérite d'en reconnaître le premier l'importance.

Ces peintures consistent en deux panneaux (H. 0.^{m} 74. L. 1.^{m} 50), peints en camaïeu bronze touché d'or, et qui représentent, l'un l'*Histoire de Mucius Scævola*, l'autre l'*Histoire d'Horatius Coclès*. C'étaient probablement, à l'origine, des devants de coffres de mariage.

Quoique signalés dans deux journaux quotidiens, la *Frankfurter Zeitung* (n° 35, 4 février 1891) et l'*Allgemeine Zeitung* de Munich (15 et 17 avril 1891), les tableaux du musée de Francfort semblent avoir jusqu'ici échappé à l'attention des spécialistes, et je crois faire œuvre utile en les analysant ici à leur intention.

Au fond du premier, l'*Histoire de Mucius Scævola*, on aperçoit une vue plus ou moins arrangée, et fort arbitrairement orientée, de Rome, vue qui, malgré ce qu'elle a de conventionnel, offre un réel intérêt, comme procédant d'un plan plus ancien. A gauche, le mur d'enceinte crénelé, puis une église, probablement Santa Croce, plus loin le Latran, très confus, avec des coupoles et des flèches, et, à côté, la statue dorée de Marc-Aurèle. A ces monuments font suite un immense aqueduc, différents édicules que je n'ai pas réussi à déterminer, le Colisée, représenté intact, sans la fameuse coupole de bronze dont l'avait doté l'imagination des topographes du moyen-âge, un arc avec des figures dorées, et, derrière cet arc, peut-être le Septizonium ; puis deux édifices circulaires à côté de la basilique de Constantin ; enfin une colonne triomphale, le Panthéon, et, derrière, un monticule crénelé. Devant le Panthéon, s'élève un palais de petite dimension et peu apparent, crénelé, sans tours, mais avec une sorte de dôme doré, aux fenêtres semi-circulaires et bilobées. Ce serait, d'après les auteurs des deux articles de la *Gazette de Francfort* et de la *Gazette Universelle de Munich*, le palais de Venise. Cependant je dois faire observer que les fenêtres de cet édifice ne sont cintrées qu'au rez-de-chaussée, tandis que les fenêtres du premier et du second étage sont rectangulaires.

Ce plan, encore conçu dans les données abstraites du moyen-âge, est absolument indépendant de ceux qu'ont publiés MM. de Rossi, Gregorovius, Lippmann et Stevenson. Le plan de Mantoue est le seul dont il se rapproche, mais uniquement en tant qu'orientation générale.

Le second panneau représente Horatius Coclès s'élançant dans le Tibre après en avoir rompu le pont. Il contient quelques édifices représentés en dimensions plus grandes, des tours, une colonne triomphale surmontée d'un chapiteau doré, des églises, la *Torre Milizia*.

Quel est l'auteur des deux panneaux du Musée de Francfort? Le catalogue de la collection Paulis a mis en avant le nom de Paolo Uccello, attribution qui ne soutient pas l'examen; car, autant la facture de Paolo est serrée et voulue, autant celle de l'*Histoire de Scævola* et de l'*Histoire de Coclès* est facile et ronde.

Les deux rédacteurs de la *Gazette de Francfort* et de la *Gazette universelle de Munich* revendiquent de leur côté l'ouvrage en faveur de Fra Filippo Lippi, en s'appuyant sur des arguments ingénieux, mais, à mon avis, privés de tout fondement.

Se souvenant d'avoir lu dans Vasari que Fra Filippo Lippi avait envoyé à Rome, au cardinal Barbo, deux petites compositions (1), et ayant d'autre part constaté, sur l'un des deux tableaux, la présence d'un lion rampant à la bande d'argent, armoirie du cardinal Barbo, le savant directeur du Musée de Francfort n'a pas hésité à identifier les deux tableaux qu'il venait d'acquérir aux deux tableaux mentionnés par Vasari. Il insiste en outre sur la profusion, dans tous deux, de motifs emprun-

---

(1) Voici le texte de Vasari: « Mandò di sua mano a Roma due storiette di figure picciole al cardinal Barbo; le quali erano molto eccellentemente lavorate e condotte con diligenzia ».

tés à l'antiquité — on sait que le cardinal Barbo, le futur pape Paul II, était un collectionneur émérite, — ainsi que sur la présence, dans la vue de la ville de Rome, du palais de Saint Marc ou palais de Venise.

Voilà des présomptions, sinon des preuves (ce qui est bien autre chose), assurément fort séduisantes. Malheureusement, il leur manque un élément capital pour provoquer la certitude, qui est, elle aussi, autre chose que l'hypothèse: il leur manque l'analogie entre les deux tableaux de Francfort et les ouvrages authentiques de Fra Filippo Lippi. La manière du " Frate „ est tellement personnelle, son faire tellement souple et voulu, qu'il est impossible de lui attribuer les deux tableaux, d'une facture si courante, du Musée de Francfort. Pas un des types, pas une des attitudes ne se rapproche de ceux des nombreuses peintures authentiques que le Fra Filippo nous a laissées, et qui se caractérisent par les fronts déprimées, les mâchoires aplaties, etc. Dans les deux tableaux de Francfort, nous trouvons au contraire des têtes d'un style facile et impersonnel, sans accent, remarquablement rondes, avec la bouche en cœur. Nous avons évidemment affaire à un peintre de troisième ordre, probablement Florentin, archéologue autant qu'artiste.

Tout d'ailleurs tend à prouver que les deux " storiette „ mentionnées par Vasari étaient des petites scènes religieuses (je ne sache pas que le Frate soit jamais sorti de ce cycle) et non des compositions profanes.

Notons en outre que Vasari s'extasie devant l'exécution des deux tableaux du Frate, — des merveilles, à l'entendre. Or qui oserait accorder de tels éloges aux deux tableaux du Musée de Francfort !

J'en viens au principal des arguments invoqués par les auteurs des deux articles en question: la présence des armoiries du cardinal Barbo.

On voit en effet, sur le bouclier ovale d'un des combattants, à gauche, dans le second tableau, un lion rampant accosté d'une bande. Mais est-il réellement vraisemblable que l'artiste ait placé sur un bouclier, et si peu en apparence, l'écu du cardinal ou du pape qui a commandé le tableau? Ah! si cet écu ornait la façade du palais de Saint Marc, ce serait autre chose. L'artiste y a attaché si peu d'importance que, sur un autre bouclier, il a placé une tête de Méduse, et ailleurs, sur le harnachement des chevaux, des griffons, puis, sur l'armure du personnage qui, debout à côté de la tente, brandit le javelot, un lynx, figure qu'on retrouve sur la tente même, et enfin, sur un étendard, des cercles concentriques, blason des Albizzi (1).

Le lion reparaît, toujours dans l'*Histoire d'Horatius Coclès*, sur une bannière, puis, découpé en forme de girouette, au sommet d'une tente.

S'agit-il d'ailleurs bien véritablement des armoiries du cardinal Barbo, et ce lion n'est-il pas un emblème guerrier des plus fréquents sur les boucliers, tout comme la Méduse, que l'on remarque sur un autre bouclier du même tableau? A supposer même qu'il s'agisse d'une armoirie proprement dite, le cardinal Barbo est-il donc le seul qui ait eu dans ses armes un lion rampant à la bande d'or? Tous ses proches, à commencer par son neveu le cardinal Marc Barbo, portaient les mêmes armoiries, et je ne doute pas que les héraldistes de profession ne puissent signaler beaucoup d'autres familles ayant adopté les mêmes pièces (2).

A mon avis, si un des emblèmes figurant dans les deux tableaux peut donner quelque indication sur son destinataire,

---

(1) Je suis redevable de cette dernière communication à l'obligeance de mon confrère et ami M. Paul Durrieu.
(2) Par exemple la famille Corsi de Florence: Voy. le *Sommario storico delle Famiglie celebri toscane*.

c'est le lynx, accompagné de la devise " Pour trover „, qui revient avec une insistance frappante sur la tente à côté de laquelle Mucius Scævola accomplit son exploit (cette devise est répétée une dizaine de fois).

Pour suivre jusqu'au bout le raisonnement de mes honorables contradicteurs, j'ai voulu savoir si un des membres de l'ancienne famille romaine, dont les Barbo de Venise se vantaient de descendre, avait joué un rôle dans les exploits à la glorification desquels sont consacrés les deux tableaux du Musée de Francfort. Or voici ce que j'ai trouvé : les Barbo rattachaient leur origine à Lucius Domitius Ahénobarbus, personnage qui fit son apparition en 496 avant J. C., lors de la bataille du Lac Régille, assez longtemps donc après Mucius Scævola et Horatius Coclès (507 av. J. C.). Le sujet choisi par l'auteur anonyme n'avait donc aucune application à l'histoire, plus ou moins légendaire, de la famille Barbo.

Les autres arguments mis en avant pour l'attribution à Fra Filippo me paraissent devoir être tous également écartés.

C'est ainsi qu'il n'est nullement démontré, comme le soutiennent les auteurs des deux articles visés, que l'artiste ait puisé dans les collections de monnaies du Cardinal Barbo. Les motifs qu'il a mis en œuvre étaient dès lors des plus répandus : il suffit de les énumérer pour montrer qu'ils constituaient le fonds commun de la Première Renaissance. Ce sont des Centaures avec un fouet à plusieurs lanières, l'Abondance, Rome assise, avec une statuette de la Victoire à la main et l'inscription S. C., Cupidon avec son arc, un Centaure enlevant une femme (Déjanire), une femme nue assise sur le dos d'un Triton, un des Dompteurs de chevaux de Monte Cavallo (à gauche dans le premier tableau), etc. Que de peintures de ce temps offraient en abondance des motifs analogues !

Il me reste à exprimer le vœu que les deux tableaux conquis par M. Thode pour le Musée de Francfort soient bientôt reproduits au moyen de la gravure (la photogravure proprement dite ne donnerait, je crois, qu'un résultat des plus incomplets). Cette reproduction permettra de déterminer avec plus de précision que je n'ai pu le faire la conformation des monuments représentés par l'artiste du XVe siècle, et ajoutera des éléments intéressants au recueil topographique de la Ville éternelle.

III.

Les Plans de la Bibliothèque de l'Escurial.

En 1886, dans mon travail sur les *Antiquités de la Ville de Rome*, j'ai signalé, d'après une communication de M. le professeur Justi, un précieux recueil de dessins de la fin du XVe siècle, conservé à la Bibliothèque de l'Escurial. En 1888, l'Académie des Lincei a bien voulu donner place, dans ses Comptes rendus, à une notice supplémentaire dans laquelle j'étudiais en détail les photographies que j'avais fait exécuter d'après ce recueil. Comme ces photographies n'ont pas été publiées jusqu'ici, je crois rendre service aux travailleurs en en plaçant le facsimilé sous leurs yeux. J'y joins, en le complétant, le texte de la notice communiquée aux Lincei. J'ajouterai que, depuis, le recueil de l'Escurial a été l'objet de commentaires dus à MM. de Rossi, Hülsen et Ficker (1).

Le recueil de l'Escurial est un volume en papier de 63 feuillets, portant d'ordinaire, sur les deux côtés, de nombreux des-

---

(1) *Bullettino dell' Imperiale Istituto archeologico germanico*, 1888, p. 94-95, 317-319.

sins, dont les uns représentent des édifices entiers, d'autres des fragments et surtout des ornements. Nul doute que nous n'ayons devant nous l'œuvre d'un des nombreux architectes qui sillonnaient alors en tous sens l'Italie, d'un contemporain de Giuliano da San Gallo, dont les deux albums conservés, l'un à la bibliothèque Barberini, l'autre à la bibliothèque communale de Sienne, n'ont plus besoin d'être signalés, ou encore d'un contemporain de Fra Giocondo qui, nous le savons par une publication récente de M. Barone, recueillait pour le compte du roi Ferdinand les principales antiquités du royaume de Naples (1). J'hésite à prononcer un nom, me bornant à recommander le problème aux savants qui se sont voués à l'étude de la topographie romaine.

L'exécution du recueil, on l'a vu plus haut, appartient aux dernières années du XVe siècle, à la fin du pontificat d'Innocent VIII ou au commencement du pontificat d'Alexandre VI. En effet un des dessins (fol. 39) contient l'inscription: ROMA | MCCCCLXXX | XI; d'autre part, la présence de la pyramide connue sous le nom de *Sepulchrum Scipionum* ou *Meta Romuli* prouve que le dessin correspondant a été exécuté avant l'année 1499, date de la démolition de ce monument.

(1) *Archivio storico per le Provincie napoletane*, 1884-1885.
1489. 19 octobre. « Il detto Lucio da Sessa ha pure 2 d. 3. t. spesi nei di passati allorche Fra Giocondo, e Jacobo Sannazzaro si recarono a Pozzuoli a vedere quelle anticaglie ».
1489. 21 octobre. « Fra Giocondo di Verona riceve 3 d. correnti per la spesa che gli converrà fare andando a Mola ed Gaeta per vedere certe anticaglie ».
1492. 30 juin. « Si danno 4 d. 3 t. et 11 gr. ad Antonello de Capua, pittore, e per esso a Fra Giocondo prezzo di 126 disegni, che a fatto in due libri di Maestro Francesco de Siena in carta di papiro, uno di architettura, e l'altro d'artigliera e di cose appartenenti a guerra ».
— Voy. en outre sur Fra Giocondo le *Corpus Inscriptionum latinarum*, t. III, p. XXVII et les *Inscriptiones christianae urbis Romae* de M. de Rossi, t. II, p. 395-401.

La vue reproduite sur notre planche I-II est un croquis fait très librement. Partant du Panthéon, que l'on voit représenté à l'extrême gauche, il coupe la ville en ligne droite pour aboutir au Château Saint Ange, et de là suit la ligne des fortifications jusqu'au " Palazo papale „, c'est à dire jusqu'au Vatican inclusivement. La partie la plus développée est donc le Borgo. On y reconnaît successivement la " Meta Romuli „, l'hospice de Santo Spirito, avec sa coupole polygonale, le clocher de l'église attenante, puis, en revenant sur le premier plan, la grosse tour construite par Nicolas V, et enfin le palais pontifical et la basilique de Saint Pierre. Le palais est vu de côté, comme sur le plan de Benozzo Gozzoli, et non de face comme sur les plans publiés par M. de Rossi.

Il importe de signaler la parfaite sincérité de l'artiste auquel est due cette vue; il a représenté - parfois un peu naïvement - ce qu'il avait sous les yeux, sans tenir compte des plans antérieurs, depuis ceux qu'a publiés M. de Rossi jusqu'à ceux qu'ont mis au jour le regretté Gregorovius, MM. Stevenson, Gnoli et Strzygowski. Les informations qu'il nous apporte sont donc absolument indépendantes de celles de ses devanciers et n'en ont que plus de prix.

A la vue générale de Rome, je joins, d'après une épreuve dont je suis redevable à l'obligeance d'un ami, une vue de la partie de la ville qui s'étend le long du Tibre (Planche I-II).

Les fouilles qui ont été entreprises au Forum avec tant de succès dans les dernières années, et qui ont renouvelé cette partie de la topographie romaine, m'ont décidé en outre à m'attacher, dans le choix des spécimens que je me proposais de faire reproduire, à un dessin assez fini, représentant le Campo Vaccino tel qu'il était à la fin du XVe siècle (Pl. III). La vue du Forum est prise du haut du Capitole. On aperçoit d'abord les trois colonnes du temple de Vespasien, puis, plus à droite, la colonnade du temple de Saturne, dans l'état, ou à peu près, dans lequel elle se trouve aujourd'hui. La partie la plus intéressante est celle qui a été représentée à gauche. Il n'est pas difficile de reconnaître l'arc de Septime Sévère (inscription: Lucio Settimeo Severo) (1), avec sa base presque complétement déblayée et son couronnement débarassé des constructions qu'y avait élevées le moyen âge (des traces de constructions se voient cependant encore sur le plan de Du Pérac, qui date de 1575). A travers l'arcade principale, on aperçoit un édifice a pilastres qui se trouve à la hauteur de l'église Sant'Adriano. Plus loin, du côté du Colisée, s'élève un édifice construit en pierres de grand appareil, avec une porte ou arcade cintrée au centre, et un fronton triangulaire. Ce monument serait identique, d'après M. Hülsen, à l'angle occidental de la basilique Emilienne. La rangée des colonnes qui fait suite est évidemment le temple d'Antonin et de Faustine. Quant au campanile, on peut y reconnaître sans hésitation celui de SS. Cosme et Damien. Au fond, le Colisée.

La vue conservée à l'Escurial, outre qu'elle est peut-être la plus ancienne des vues du Forum Romain, nous apporte donc des données intéressantes sur plusieurs monuments qui ont disparu depuis, et que les archéologues romains n'auront pas de peine à restituer, en rapprochant les éléments nouveaux fournis par le dessinateur anonyme des fouilles récemment exécutées par le gouvernement italien.

Parmi les autres dessins relatifs aux Antiquités de Rome, je citerai (fol. 4) une reproduction des mosaïques de Santa Costanza, des ornements conservés à Santa Sabina (fol. 1), d'autres provenant de la basilique des Santi Apostoli (fol. 4), de Sant'Agnese (fol. 5), de l' " Archo male arrivato „ (fol. 7), des

___

(1) Et non « l'arco Settimes Severo » comme je l'avais imprimé par erreur dans mon volume.

vues du Colisée (fol. 13, 15, 31), les détails du Château Sant'Angelo et de Sant'Adriano (fol. 14-27), de l'arc de Constantin (fol. 17), du Panthéon (fol. 18, 19, 33), du tombeau de Cecilia Metella et de Sant'Urbano (fol. 22), des reproductions d'une statue d'Hercule trouvée au Monte Cavallo et appartenant au Cardinal de Sienne (fol. 26), des mosaïques de SS. Cosma e Damiano (fol. 27), une " veduta d'Aracoeli „ (fol. 29), des croquis de fragments de sculptures conservés près de San Sebastiano, à Santa Maria in Trastevere, à Santa Cecilia (fol. 31, 33), des vues de l'arc de Vespasien, de l'arc de " Trusi „, de l'arc de Titus (fol. 34, 35, 36), du théâtre des Savelli (fol. 43), un dessin de l'Apollon du Belvédère (fol. 42), alors encore conservé dans les jardins du Cardinal de San Pietro in Vincoli, c'est-à-dire de Julien della Rovere, la plus ancienne reproduction à coup sûr de cette statue célèbre, et une infinité de plans, de vues d'ensemble ou de détails, de reproductions d'ornements de toutes sortes.

IV.

Acquisitions d'Antiques faites à Rome en 1641.

Les Archives d'Etat de Florence contiennent (Spoglio Strozziano, K. T. 158) une correspondance relative à des acquisitions d'antiques négociées à Rome en 1641 pour le compte d'un amateur dont le nom n'est malheureusement pas prononcé. Quant à l'auteur de la correspondance, il n'est autre que le savant siennois bien connu, Leonardo Agostini, dont *Le Gemme antiche figurate* parurent à Rome de 1657 à 1669. Je suis redevable de la transcription de ces lettres à M. le Prof. Ginanneschi.

Molto Illustre Sig.ᵉ mio, Padrone Colendis.ᵐᵒ

Il Sig.ʳ Abbate suo fratello mi ha reso la gratissima di VS. Vedo il favor duplicato che ella mi à fatto de Livi, duplicatamente la ringratio della riceuta: resta che Lei veda in che modo devo ricompensarla in cose di suo gusto. Il medesimo Sig.ʳ Abbate mi significa che VS. vorebbe una testa per accompagnare il Traiano: questa invernata ne ò comperate tre per l'Emin.º Sig.ʳ Cardinale Padrone, delle quali senza averle vedute non ci à auto gusto: le ò tolte per me essendo due Donne et l'altra un Commodo giovine: se saranno cosa per il suo gusto ò detto al Sig.ʳ Abbate venga a onorarmi per vederle.

D'iscrittioni non si è veduto cosa che potesse sadisfarla che vi sono stato oculato.

M. Antonio alla Vigniola di Porta S. Sebastiano non à trovato cosa di rilevo, solo che alcune cassettelle, e scrittioni piccole sepolcrali, che le à comperate quel Gentilhuomo Genovese. Due bellissime teste trovate pur nel medesimo luogo le à anche il Sig.ʳ Cardin. Antonio, non avendole volsute il Sig.ʳ Card. Padrone. Sono state riconosciute da me, una per Cicerone, et perchè l'altra è similissima, et erano tutte in una buca, ò fatto la conseguenza che sia Quinto suo fratello. Sono due teste che per vita mia vagliono 300 Ducati, tanto son belle di mastro e di conservatione.

Ò fatto ieri vedere al Sig.ᵉ Abbate due cassettelle trovate a Porta Latina. una è tonda tutta intagliata con alcune lettere: il coperchio rappresenta un'animale che non si conosce che sia per la stravaganza della forma: è piena d'ossa abrogiate: è piccola, ma galantina. L'altra è quadra intagliata con fogliami e ucelli, con scrittione, et è con il coperchio. Il padrone ne vuole 8 scudi: sarebbe facile averle per [sei] o sette scudi: La piccola vale il denaro.

Farò comparire il Todino al Sig.e Abbate che desidera vederlo per sapere se à cosa alcuna, che è quanto m'occorre; et a VS. resto con infinito obligo et li prego da N. S. J. ogni felicità.

Roma, 23 Marzo 1641.
Di VS. M. Illustre

Umiliss.° Servit.e
Lionardo Agostini.

M.t° Ill. Sig.r mio Padrone Colendiss.°

Dal Sig.e Abbate suo fratello ò riceuti li due Titi Livi di che rendo infinite gratie a VS. del favore. Io so quello devesi fare per corrispondere a una particella del debito che ò con Lei.

Ieri con il medesimo Sig.e Abbate andammo alle cave di M. Antonio a Porta Latina; buscammo alcune scrittioncelle per pochi soldi: dopo ci trasferissemo fora della Porta alla cava di quel Sacerdote mio amico a dove vedessemo una Scrittione assai bella, storiata di figurine attorno: credo che l'averemo a pocho prezo con il favore di un'amico mio e del detto.

Ò fatto intendere al Todino che vadi a trovare il Sig.e Abbate, e intanto io sto vegliantino per buscar qualcosa di suo gusto. Se averò qual cosa in casa mia che sia per Lei, già il medesimo Sig. Abbate mi ha favorito di vederlo: VS. gli scriva che mi terrò onorato che si serva di quello che ò, quale con ogni affetto gli lo esibisco, che è quanto posso offerirgli di mia povertà.

Il copista sta bene, ma quest'anno poche cose à trovato. Domane lo vedrò et farò quanto comanda, e con tal fine le fo umilissima reverenza, pregandoli da Nostro Sig.e J. ogni felicità.

Roma, 6 Aprile 1641
Di VS M° Illus.

Umiliss° Servit.e
Lionardo Agostini.

Mo Ills. Sig.r mio Padrone Colendiss.o

Sento dalla sua amorevolissima delli 20 decorso quanto Ella mi dice intorno al particolare delle Cave. Io non posso con sì minima dimostratione sadisfare al molto merito di lor Sig. et al infinito obligo che devo alla sua persona: così Dio mi concederà di poter corrispondere con cose proportionate al suo merito come io sarei prontissimo, come sono con tutto il vero affetto, ne l'andare alle Cave ne menò una povera medaglina sufficiente a una minima parte che gli sono tenuto: resti almeno VS. appagata del mio buono affetto che per testimonio gli adduco il Sig.r Cardinale Padrone, che ieri mattina alla tavola si parlò sempre di Lei con il proposito di due delle Scrittioni che sono tra quelle che il Sig.r Abbate et io avessimo da M. Antonio. Una di esse contiene di uno che riportava l'oche quelle Statue: et l'altra di due Gladiatori che andavano alla scuola insieme: mi domandò se io le avevo vedute. Gli risposi che ero stato in compagnia con il Sig.r Abbate suo fratello, et che da Lei avevo riceuto favore di poterlo menare alle Cave dove era solito andare VS. et io in compagnia. Replicò l'E. S. che era peccato che un virtuoso come VS. non stesse in Roma, mostrando di averne sentimento, come io mortificatione, non poter servirla di preferenza.

Il caso mi portò a discorrere delle sue curiosità, tra le quali gli ricordai quelle gentilezze di creta trovate a Loncheria rappresentanti le cose del Nilo. Le sentì con tanto gusto che mi à comandato che io gli deva scrivere che gli facci piacere di mandargliele disegniate che le vedrà con molto gusto. VS. si contenterà di far disegniare quelli pezzetti più grandi che sono quelle cacce e Cappanucci che son veramente curiose; et intanto perdonarmi se io son causa di questa briga, et incolpi il devoto affetto che gli porto .... ppotendo ancora di .... scerere gli obblighi. Ne ò volsuto dar parte al Sig.r Abbate ma questo .... ancora non era tornato di fuora di Roma dove è con il Sig.r Marchese da 4 o 5 giorni: intanto sto vigilantissimo se mi posso aver qual cosa da poterla servire, ma mi creda che è finito il mondo in queste materie. Ò speranza in ogni modo avanti alla partenza del Sig.e Abbate aver qual cosetta che sia di suo gusto. Il Copista vive tutto suo devotissimo: à buscato un'Alessandro Magnio con una quadriga; ma è medaglia di Cotrone che non sono di buona maniera. Che è quanto mi occorre con farli umilissima reverenza. Le prego da N. S. hogni felicità — Roma, 4 Maggio 1641.

Di VS. Mt° Illustre

Già ò cominciato a far disegniare le medaglie del Sig.r Cardinal Padrone. S. E. ci à molto gusto.

Umiliss° Servit.e
Lionardo Agostini.

Molto Ill.e Sig.° mio Proñe Colendis.°

Sono molti giorni che devevo rispondere alla sua amorevolissima. Scusimi VS. se prima non ho soddisfatto a questo debito: la causa è stata da alcuni miei travagli di mente. Intesi come Lei non aveva ritrovato i suoi bassi rilievi, di che mi ne dispiace. Io non dissi altro al Sig.r Cardinal Padrone: nè meno S. E mi à più detto cosa alcuna. La scrittione la quale gli avvisai non fu possibile averla per nessun verso: io ci sto con molta attentione. Il Computista mi à detto che a Porta portuense in una Cava ve ne stata trovata una: Lunedì senza fallo anderò a vederla. e se sarà cosa per la quale, sia sicura che non la lascierò.

Un cavatore mio amico mi à detto che vicino a Santo Pavolo, lungo il fiume, ne à veduta una coperta della quale se ne vede una parte: gli ò detto che la cavi et mi dica la grandezza: se sarà cosa a proposito la terrò a sua requisitione.

Lunedì il Sig.r Marchese Strozzi comperò dal Todino due belle figurine et una testa per mio consiglio, che invero fece bona spesa. Vi è una donna vestita che è cosa mirabile.

Il povero Jacomo nel farle condurre a casa di S.ᵃ Sig^(ia) Illᵐ̃a fu da un carro calcatogli un piede che ne sta molto male: credo che sia allo Spedale a farsi curare. Gli ò raccomandato che stia vigilante se gli capitasse una Scrittione che fusse a proposito: me ne à mostrata una che saria bellissima, ma ne manca una parte. Che è quanto mi occorre: con che le fo umilissima reverenza e le prego da N. S. hogni felicità — Roma, 24 Ag.° 1641.

Di VS M. Illustre

                Umiliss.° Servitore
                Lionardo Agostini.

Eugène Müntz.

RECHERCHES
SUR LE
DENIER DE SAINT PIERRE EN ANGLETERRE
AU MOYEN AGE

La physionomie de la redevance que tant de nations chrétiennes ont acquittée, au moyen âge, sous le nom de Denier de Saint Pierre, ne se marque nulle part aussi bien que dans l'histoire des relations du Saint-Siège avec l'Angleterre ; c'est là, si l'on veut s'en faire une idée un peu exacte, qu'il convient de l'étudier (1).

Les Anglo-Saxons, convertis au christianisme par des missionnaires romains, témoignèrent toujours à l'apôtre Pierre une dévotion singulière. Le roi Ceadwalla considéra comme un bonheur sans pareil de recevoir le baptême *ad limina apostolorum* (2); Ina, son successeur, déposa bientôt la couronne pour se rendre lui aussi en pèlerinage auprès de l'Apôtre, trop heureux de finir ses jours dans le voisinage du glorieux tombeau (3). Bède, qui

---

(1) Sur le denier de saint Pierre en Angleterre, voyez principalement: Cancellieri, *La visita de' sacri limini ed il danaro di S. Pietro* (*Giornale arcadico*, 1821, t. X, p. 264 et suiv.), et Garampi, *Il danaro di S. Pietro*. Ce mémoire, lu à Rome en 1750, à l'Académie ecclésiastique, a été imprimé par l'abbé Uccelli, en 1875, dans le recueil *Il papato* (t. I, p. 484-518) d'après le ms. 9022 de la Vaticane, auquel il n'est pas inutile de recourir encore.

(2) Bède, *Hist. eccl.*, V, c. VII: « Hoc sibi gloriae singularis desiderans adipisci ut ad limina beatorum apostolorum fonte baptismatis ablueretur. »

(3) Bède, *Ibid.*: « Cum triginta et septem annis sceptrum tenuisset, relicto regno, ad limina beatorum apostolorum profectus est, cupiens in vicinia sanctorum locorum ad tempus peregrinari in terris, quo familiarius a sanctis recipi mereretur in coelis. »

nous rapporte cette histoire, nous dit qu'en fréquentant ici-bas les lieux consacrés aux saints apôtres, on serait plus tard reconnu par eux quand on entrerait dans l'autre vie, et il ajoute que cette pensée entraînait alors vers le tombeau de saint Pierre nombre d'Anglo-Saxons, de tout sexe et de toute condition : " *plures de gente Anglorum, nobiles, ignobiles, laici, clerici, viri ac feminae certatim facere consuerunt* (1).

Aussi, dès la fin du huitième siècle, nous rencontrons à Rome une *Schola Saxonum* (2). Cet établissement était, en quelque sorte, le quartier général des pèlerins anglais à Rome. C'était pour eux comme une diaconie nationale : ils y trouvaient, autour d'une église desservie par des compatriotes, tous les services hospitaliers dont ils avaient besoin, et, s'ils venaient à mourir pendant leur séjour dans la Ville Eternelle, ils étaient assurés d'une sépulture honorable (3). Cette *schola* eut une importance si grande, qu'elle communiqua son nom (*Burgus Saxonum*) au quartier de Rome situé sur la rive droite du Tibre, qui est devenu le *Borgo* (4).

Matthieu de Paris, dans sa Chronique, en rapporte la fondation à Ina, roi de Wessex (689-726), et il ajoute : " Ina établit

---

(1) Bède, *Ibid*. Dès ce moment, les Anglo-Saxons avaient coutume d'envoyer des dons à la confession de l'Apôtre : témoin la fameuse Bible Amiatine, dans laquelle M. de Rossi a montré un présent destiné à l'Apôtre, en 716, par l'abbé Céolfrid de Wearmouth « AD CULMEN EXIMII MERITO VENERABILE PETRI » (Voy. Préface au Catalogue de la Vaticane, p. LXXIV-LXXVI).

(2) *Lib. pontif.*, édit. Duchesne, t. II, p. 36, n. 27. C'est vraisemblablement la plus ancienne des *Scholae peregrinorum*.

(3) Matthieu de Paris, *Chronica Majora*, édit. Luard, t. I, p. 330-331 : « Fecit, juxta domum prefatam, ecclesiam in honorem beatae Virginis Mariae fabricari, in qua Anglis Romam advenientibus divina celebrarentur officia in qua possent, si quem ex Anglis Romae mori contingeret, sepeliri. »

(4) Voy., dans le *Lib. pontif.*, l'incendie de 817 (édit. Duchesne, t. II, p. 53).

que, dans son royaume des Saxons occidentaux, chaque famille serait tenue de fournir annuellement un denier à saint Pierre et à l'Eglise romaine pour l'entretien des Anglais qui séjourneraient en ladite *schola*; ce cens annuel est ce qu'on appelle en anglais Romscot (1). „

D'après une autre tradition, le fondateur de la *Schola Saxonum* aurait été Offa II, roi de Mercie (2); d'ailleurs, ceux-là même qui attribuent à Ina l'établissement de la *Schola* (3) s'accordent à reconnaître qu'Offa II, comme roi de Mercie prit, en 794, à l'égard de la maison anglo-saxonne de Rome les mêmes dispositions qu'Ina avait prises comme roi de Wessex. " Etant entré, „ nous dit son biographe (4), " dans la *Schola Anglorum* qui florissait alors à Rome, il établit avec une munificence vraiment royale que toutes les familles (5) de son royaume de Mercie payeraient dorénavant, chaque année, un denier d'ar-

---

(1) Edit. Luard, t. I, p. 331 : « Statutum est generali decreto per totum regnum Occidentalium Saxonum ut singulis annis de singulis familiis denarius unus qui Anglice Romscot appellatur beato Petro ecclesiae Romanae mitteretur, ut Angli ibidem commorantes vitale subsidium haberent. »

(2) Par exemple Guillaume de Malmesbury, *Gesta regum*, I, 109. Cf. Henri d'Huntingdon, dans Petrie-Sharpe, *Monum. hist. Britan.*, p. 730 A; *Gesta abbatum*, de Matthieu de Paris, édit. Riley, p. 5.

(3) Matthieu de Paris (édit. Luard, t. I, p. 331) indique lui-même, en marge de son manuscrit : « Hanc scolam quia per avaritiam Romanorum suis reditibus destitutam et iccirco destructam reparavit rex munificus Offa, qui beatum Albanum invenit, ut in sequentibus dicetur. »

(4) *Vita Offae II*, édit. Wats, p. 29 : « In die crastina scholam Anglorum, quae tunc Romae floruit, ingressus, dedit ibi ad sustentationem gentis regni sui illuc venientis, singulos argenteos de singulis familiis, omnibus in posterum diebus, singulis annis » (Cf. Matthieu de Paris, *Chronica*, t. I, p. 360).

(5) Une seule exception fut faite, dit Matthieu de Paris, en faveur du monastère de Saint-Albans.

gent pour l'entretien de leurs compatriotes qui viendraient à Rome (1). „

Les écrivains qui mentionnent l'établissement de cette redevance sont unanimes à y voir l'institution du denier de saint Pierre : *Romepenny sive Petrespenny*, dit Brompton (2); *denarius b. Petri quod Romscot appellatur*, dit Matthieu de Westminster (3).

D'autres chroniqueurs reportent à Ethelwulf, en l'année 853, l'établissement du denier. Selon les uns, " Ethelwulf s'en alla à Rome, et il offrit à Dieu et à saint Pierre une rente annuelle d'un denier, qui devait être payée par chacune des maisons de l'Angleterre ; cette rente est connue aujourd'hui sous le nom de denier de saint Pierre (4). „ Mais la chose est présentée tout autrement par Asserius (5), presque contemporain des événements,

---

(1) Cf. Matthieu de Paris, *Chronica majora*, édit. Luard, t. I, p. 361 : « Hoc quoque sciendum est quod Offa rex magnificus, tempore quo b. Petri vicario, Romanae urbis pontifici, redditum statutum, id est Romscot, de regno suo concessit... »

(2) Brompton, col. 754, dans les *Hist. Anglic. scriptores*, de Twysden : « Nam, ut dicitur communiter, illum censum, qui Romepenny sive Petrespeny vocatur, Deo et b. Petro et domino papae qui tunc fuerat et successoribus suis [rex Offa] primo contulit pro perpetuo atque dedit. » Cf. p. 1235 du même.

(3) Matthieu de Westminster, à l'année 794 : « Ex his omnibus provinciis dedit rex prefatus denarium b. Petri, quod Romescot appellatur. »

(4) Cardinal d'Aragon, dans les *Miscellanea* de Baluze, édit. Mansi, t. I, p. 441. Cf. Guillaume de Malmesbury, *Gesta regum*, II, cap. II ; *Patrol. lat.*, t. CLXXIX, col. 1058.

(5) Asserius, *Vita Alfredi*, dans Petrie-Sharpe, *Mon. hist. Britan.*, p. 472 : « Romae quoque omni anno magnam pro anima sua pecuniam, id est trecentas mancussas, in honorem Sancti Petri, specialiter ad emendum oleum quo impleantur omnia luminaria illius apostolicae ecclesiae in vespera Paschae et aequaliter in galli cantu, et centum mancussas in honorem Sancti Pauli eadem conditione ad comparandum oleum in ecclesia Sancti Pauli ad implenda luminaria in vespera Paschae et in galli cantu ; centum quoque mancussas universali papae apostolico. »

et par Florent de Worcester (1) qui, tous deux, ont ici une autorité incontestable. D'après eux, il s'agirait simplement d'une redevance fixe de 300 mangons, dont les deux tiers devaient être employés à l'entretien du luminaire dans les basiliques de Saint-Pierre et de Saint-Paul, et dont le reste était destiné au pape lui-même.

En fait, nous savons qu'à la fin du neuvième siècle le royaume de Wessex envoyait chaque année au pape une certaine somme d'argent. Sous le règne d'Alfred, la Chronique anglo-saxonne mentionne à plusieurs reprises l'envoi à Rome des aumônes des Saxons occidentaux et du roi Alfred : *alms of the West-Saxons and of King Alfred to Rome* (2). Et cette double mention de l'aumône du roi et de celle de son peuple se retrouve dans les documents des premières années du dixième siècle (3).

Faut-il voir ici deux aumônes distinctes, celle du peuple et celle du roi, l'une résultant de l'obligation imposée par Ina de Wessex, à toutes les maisons de son royaume, de payer un denier chaque année pour l'entretien de la *Schola Saxonum*, et l'autre représentant la rente annuelle de 300 mangons sur la cassette royale, établie par Ethelwulf au profit du pape et des apôtres ?

La chose paraît très probable.

(1) *Chronique*, dans Petrie-Sharpe, *Mon. hist. Britan.*, p. 552 : « Romae quoque omni anno CCC mancusas denariorum portare praecepit, quae taliter ibi dividerentur : scilicet C mancusas in honore Sancti Petri, specialiter ad emendum oleum quo impleantur omnia luminaria illius apostolicae ecclesiae in vespera Paschae et in galli cantu aequaliter; et C mancusas in honore Sancti Pauli apostoli eadem de causa; C quoque mancusas universali papae apostolico. »

(2) Edit. Thorpe, p. 68, pour les années 887, 888, 889. — Cf. Chronique d'Ethelwerd (dans Petrie-Sharpe, *Mon. hist. Britan.*, p. 517 C), où la distinction de l'aumône du peuple et de l'aumône du roi est bien marquée.

(3) En 908, la chronique d'Ethelwerd mentionne l'archevêque Plegmund, « qui pro populo Romam quin (*sic*) eleemosynam duxit, Eadwardo quoque pro rege. »

Quoi qu'il en soit d'ailleurs, lorsque l'unité eut été définitivement constituée en Angleterre, au commencement du dixième siècle (1), il est bien certain qu'il y eut un remaniement dans l'assiette et l'affectation des différentes aumônes ou redevances payées à Rome par les Anglais : on les ramena toutes à un type uniforme.

Dans les lois d'Edouard et de Guthrum, qui étaient faites pour toute l'Angleterre (2), des peines sont édictées contre tout retard apporté au payement du *Romfeoh* (3), ou, comme le dit plus tard le roi Edgard, de Heord-penny (4). A partir de ce moment, nous constatons que le denier de saint Pierre est universellement et régulièrement levé par toute l'Angleterre (5).

Mais qu'y a-t-il de vrai dans les diverses traditions relatives à l'origine du denier ? Je crois, pour ma part, qu'elles renferment toutes une part de vérité.

Ina en Wessex, et Offa II en Mercie, ayant imposé à leurs sujets une contribution annuelle d'un denier par feu en faveur de la *Schola Saxonum* de Rome, il était naturel que, lors de la fusion des deux royaumes, la contribution continuât à être acquittée par l'ensemble des deux pays.

---

(1) Sous Edouard l'Ancien, fils d'Alfred le Grand (900-924).
(2) Entre 906 et 921.
(3) Cap. VI (*Ancient laws and institutes of England* dans la collection des *Public Records*, in-fol., 1840, p. 73).
(4) Cap. IV (*Ancient laws*, p. 112).
(5) Voy. la dissertation de M. de Rossi dans les *Notizie degli Scavi* (1883, p. 487 et suiv.), sur le trésor de monnais anglo-saxonnes trouvé en 1883 dans les fouilles de la maison des Vestales, au Forum romain. Ce dépôt fut fait entre 944 et 946, et il n'est pas douteux qu'il ne provienne du tribut payé par l'Angleterre au Saint-Siège. Depuis le temps de Jean VII, il y avait là un palais pontifical, et avec les monnaies ont été trouvés divers autres objets, notamment une fibule qui a appartenu à un officier de l'entourage de Marin II ; il est donc très probable que les pièces de monnaie représentent le *presbyterium* touché par cet officier à la caisse pontificale.

Quant à Ethelwulf, il s'était engagé envers le Saint-Siège dans des circonstances qu'il n'est pas inutile de noter. Dès l'année 853, il avait envoyé à Rome son jeune fils Alfred, et le pape Léon IV s'était empressé d'adopter l'enfant comme fils spirituel et de lui donner l'onction royale (1). C'est à la suite de ces événements qu'Ethelwul fit lui-même le voyage de Rome et qu'il s'engagea à payer au Saint-Siège une redevance annuelle de 300 mangons.

Cette rente ne devait-elle pas être comme le symbole de la consécration donnée par le pape à la dynastie d'Ethelwulf?

Si elle ne l'était point dans la pensée du fondateur, elle ne tarda pas, en fait, à le devenir.

Elle se confondit avec la contribution levée sur le Wessex et la Mercie pour la *Schola Saxonum* (2), et elle lui imprima le caractère spécial qu'elle tendait elle-même à revêtir.

C'est là, à proprement parler, la véritable origine du " denier de saint Pierre. „ Cette " aumône royale (3) „ est levée sur toutes les maisons de l'Angleterre, d'après le système établi par Ina et Offa pour l'entretien de la *Schola* de Rome. Mais le produit n'en est pas exclusivement attribué à la *Schola Saxonum*. Une moitié est destinée, conformément aux intentions d'Ethelwulf, à saint Pierre et à la papauté.

(1) Eodem anno Æthelwulfus rex praefatum filium suum Ælfredum magno nobilium et etiam ignobilium numero constipatum honorifice Romam transmisit, quo tempore dominus Leo papa quartus apostolicae sedi praeerat, qui praefatum infantem Ælfredum oppido ordinans unxit in regem et in filium adoptivum sibimet accipiens confirmavit (Asserius, dans Petrie-Sharpe, *Mon. hist. Britan.*, p. 470 A).

(2) D'autant plus facilement que le Saint-Siège avait bien mérité de l'Angleterre, précisément à propos de la *Schola Saxonum*, sous le règne d'Alfred le Grand. Le pape Marin avait exempté de tout impôt la fondation saxonne (Voy. Lappenberg, *Geschichte von England*, 1834, t. I, p. 339), si bien que détourner en faveur du pape une partie de la dotation de la *Schola* pouvait paraître une compensation.

(3) Remarquez en effet que le denier de saint Pierre est ordinairement appelé « *Eleemosyna regis* » dans les lois anglaises.

Aussi voyons-nous, par une lettre d'Alexandre II, qu'on fit longtemps deux parts dans les sommes ainsi réunies, *annualem pensionem Apostolicae sedi exhibébant, ex qua pars Romano pontifici, pars ecclesiae S. Mariae quae vocatur Schola Anglorum deferebatur* (1).

Il serait singulier que l'institution du denier de saint Pierre ait survécu à tous les régimes qui se sont succédés en Angleterre, si cette " aumône royale „ n'avait fini par devenir, aux yeux des peuples eux-mêmes, le signe de la consécration donnée au pouvoir de fait par celui qui possédait la puissance de lier et de délier sur la terre comme au ciel. Conquérants danois et conquérants normands ont tour à tour accepté ou même revendiqué cet héritage des anciens rois saxons; il semble qu'ils y aient vu une espèce de consécration de leur légitimité et de leur union avec le Saint-Siège.

Nous trouvons, dans la chronique de Florent de Worcester, une lettre du roi Kanut, écrite à son retour de Rome, vers l'an 1031 (2), et qui est tout à fait caractéristique. Comme autrefois Ina ou Offa, " il était allé à Rome, parce que, sachant que l'apôtre Pierre possède une grande puissance de lier et de délier, et qu'il est le porte-clefs du royaume céleste, il a jugé utile de solliciter spécialement sa faveur et son patronage; „ et il enjoignait " à tous les évêques ou officiers de son royaume d'Angleterre de faire en sorte qu'avant son retour toutes les dettes envers Dieu fussent acquittées, savoir les deniers dus à saint Pierre par chaque maison des villes et villages, etc. „

Le *Liber Censuum* nous a conservé le texte même de Kanut relatif au denier de saint Pierre: " Ci est la loi qu'en anglais on appelle Danelaye, ce qui veut dire en latin loi des Danois,

---

(1) Jaffé-Löwenfeld, *Regesta pontificum rom.*, n° 4757.
(2) Dans Petrie-Sharpe, *Mon. hist. Britan.*, p. 597.

établie par le victorieux et glorieux roi des Anglais, Danois et Norwegiens, Kanut, et soigneusement gardée par lui, d'après le conseil de ses princes et de ses sages:

„ Quiconque possède chez lui des troupeaux sur pieds pour une valeur de 30 deniers, devra payer de son propre fonds, s'il est de loi anglaise, le denier de saint Pierre; et, s'il est de loi danoise, un demi-marc d'argent. Ce denier doit être réclamé le jour de la fête des apôtres Pierre et Paul, et perçu au plus tard pour la fête de saint Pierre-ès-liens. Si quelqu'un n'est pas en règle pour cette date, il sera déféré à la justice royale, parce que le denier dont il s'agit est une aumône royale (1); ladite justice fera payer le denier, et, de plus, exigera une amende pour l'évêque ou pour le roi. Si quelqu'un possède plusieurs maisons, il payera pour celle où il se trouvera le jour de la fête des apôtres Pierre et Paul (2). „

Ce texte, c'est celui-là même que nous retrouverons dans les lois d'Edouard le Confesseur (3), et ce sont encore les mêmes dispositions, sinon tout à fait les mêmes termes, que nous rencontrons dans la législation de Guillaume le Conquérant: seu-

---

(1) Ce caractère bien marqué d'*aumône royale* est à noter; voy. plus haut, p. 132.

(2) Ms. Vatican 8486, fol. 253: DE QUADAM LEGE IN ANGLIA VOCATA DANELAYE ET LOQUITUR DE DENARIO B. PETRI. *Hoc est scriptum quod magister Sinicius, camere domini pape clericus, nuntius apostolice sedis in Anglia, ad curiam apportavit: Incipit lex que Anglice Danelaye, etc.* Maître Sinitius avait été envoyé comme nonce en Angleterre par le pape Clément IV (Archives du Vat., *Reg.* 31, fol. 8 et 9; bulles du 23 mai 1266). L'insertion de la Danelaye au *Liber Censuum* date vraisemblablement du pontificat de Grégoire X; elle paraît être de l'année 1275, car elle précède de très peu l'insertion d'un acte de Grégoire X, du 10 octobre 1275 (décharge donnée au camérier Bérenger de Séguret).

Cf. *Ancient laws and institutes of England*, p. 157.

(3) DE DENARIO SANCTI PETRI QUI ANGLICE DICITUR ROMESCOT (*Ancient laws*, p. 192).

lement la richesse n'est plus évaluée en bétail, mais en terres, *liber homo qui habet possessionem campestrem ad valenciam XXX denariorum* (1).

Les papes ont particulièrement insisté auprès du Conquérant de l'Angleterre pour le payement du denier. La suspension de cette rente était un des grands griefs du Saint-Siège contre la dynastie saxonne en Angleterre, et, lorsque Rome prêta son aide au duc Guillaume, le désir de rétablir l'ancienne redevance fut sans doute un des motifs déterminants. Du jour où ils avaient cessé de payer le denier, les Anglais avaient été considérés comme en révolte : " *Angli donec fideles erant annualem pensionem exhibebant* (2), „ écrit le pape.

Successivement, Alexandre II (3) et Grégoire VII (4) pressent Guillaume de lever en Angleterre ce que l'Angleterre doit à saint Pierre. Mais ici se marque un symptôme de grande importance.

Avec l'idée que la cour de Rome se faisait alors du cens, une conception plus concrète et plus précise se présente à l'esprit de Grégoire VII.

Cette offrande, cette aumône royale que l'Angleterre paye depuis trois siècles au Saint-Siège, n'est-elle pas un signe du domaine éminent que l'Apôtre possède sur ce royaume ? Les circonstances sont d'ailleurs favorables. Avant de conquérir l'Angleterre, Guillaume a commencé par faire reconnaître son droit

---

(1) *Ancient laws*, p. 204 : DE DENARIIS SANCTI PETRI : *Liber homo qui habet possessionem campestrem ad valenciam XXX denariorum dabit denarium b. Petri*, etc.
(2) Jaffé-Löwenfeld, *Regesta pontificum rom.*, n° 4757.
(3) Jaffé-Löwenfeld, *Regesta pontificum rom.*, n° 4757.
(4) Dès le 4 avril 1074 : *Rebus vero S. Petri quae in Anglia colliguntur, sic te ut tuis invigilare admonemus, sic liberalitati tuae ut tua committimus* (Jaffé-Löwenfeld, *Regesta pontificum rom.*, n° 4850).

par la cour de Rome (1), et tel a été le caractère de cette démarche, que des écrivains postérieurs se sont imaginés que le duc de Normandie avait alors reçu du Saint-Siège l'investiture de l'Angleterre par la bannière et par l'anneau (2). Grégoire VII fit donc réclamer par son légat le payement de la redevance et la prestation du serment de fidélité. Mais Guillaume n'était pas dans la situation de Robert Guiscard ; l'Angleterre n'avait pas à se faire reconnaître comme royaume ou comme état indépendant, et la dynastie nouvelle n'avait déjà plus grand'chose à redouter des Anglo-Saxons. Guillaume paya la redevance, mais il refusa tout net le serment d'hommage :

" Très saint Père, „ écrit-il au pape (3), " votre légat Hubert m'a signifié de votre part que j'eusse à vous prêter serment d'hom-

---

(1) Orderic Vital, *Hist. eccl.*, lib. III cap. XVII (*Patrol. lat.*, t. CLXXXVIII, col. 285 C) : *Ab Alexandro papa consilium requisivit; papa vero, auditis rebus quae contigerant, legitimo duci favit, audacter arma sumere contra perjurum praecepit, et vexillum Sancti Petri apostoli, cujus meritis ab omni periculo defenderetur, transmisit.*

(2) L'envoi de la bannière est attesté, non seulement par Orderic Vital (voy. note précédente), mais par des contemporains comme Ingulphe de Croyland (*Hist.*, édit. Savile, p. 900), par Guillaume de Poitiers (Duchesne, *Script. rer. Norman.*, p. 197); mais cet étendard n'est nullement représenté comme le signe d'une investiture; c'est simplement un *vexillum victoriae, velut suffragium.*

L'idée que le pape aurait entendu donner ainsi, au duc de Normandie, l'investiture de l'Angleterre n'apparaît que dans la *Chronique de Normandie* (Dom Bouquet, t. XIII, p. 227 A): « Le duc requerait licence de conquerre son droit, en soy soubzmettant de tenir le royaume d'Engleterre de Dieu et du Saint Pere comme son vicaire et non d'aultre. Le Saint Pere et les Cardinaulx examinerent la cause de Guillaume, et par deliberacion le pape envoya au duc Guillaume ung gonfanon de l'Eglise et ung anel où il avait une pierre moult riche, et dessous cette pierre avait ung des cheveux de monseigneur saint Pierre enclos dedens l'anel. » Augustin Thierry a accordé trop de foi à ce témoignage tardif.

(3) Œuvres de Lanfranc de Canterbury, édit. d'Achery, p. 304, ep. VII. — Cette lettre est, sans doute, de la fin de 1079, car le sous-

mage, à vous et à vos successeurs, et que je fusse plus exact dans l'envoi de l'argent que mes prédécesseurs avaient coutume d'envoyer à l'Eglise romaine ; de ces deux réclamations, j'admets l'une et je repousse l'autre. Je me refuse à prêter le serment, parce que je ne l'ai point promis et que mes prédécesseurs ne l'ont point prêté, que je sache, à vos prédécesseurs. Quant à l'argent, il n'a pas été exactement perçu ces trois dernières années, parce que j'ai eu affaire en France ; mais maintenant que me voici de retour en Angleterre, je m'empresse de vous envoyer, par votre légat, ce que j'ai trouvé prêt à mon arrivée, et, pour le reste, je vous l'expédierai en temps voulu par les envoyés de notre féal archevêque Lanfranc. „

Il était difficile d'être plus catégorique et de mieux distinguer ce que le Saint-Siège prétendait confrondre.

Aussi la papauté se garda pendant quelque temps d'insister. En 1088, Urbain II, écrivant à l'archevêque de Canterbury (1). le priait de faire des démarches auprès du roi pour qu'on lui envoyât *pecuniam quam de regno eodem b. Petrus consuetudinaliter solebat accipere*, et les termes n'ont rien que de très modéré : *ut et gratiam b. Petri adipisci valeat, et nos super augmentatione et exaltatione regni sui promptos semper et paratos inveniat.*

L'idée pontificale n'en faisait pas moins son chemin. On considérait de plus en plus le denier de saint Pierre comme un tribut et l'Angleterre comme un royaume tributaire, et ainsi se formait, sur l'origine de l'institution, cette opinion que le cardinal d'Aragon trouvait, au quatorzième siècle, dans les Chroniques : " Au

---

diacre Hubert, dont elle est mention, se trouvait auprès de Guillaume le Conquérant en septembre 1079 (Jaffé-Löwenfeld, *Regesta pontificum rom.*, n° 5135), et Grégoire VII, à cette époque, lui adressait de Rome ses recommandations au sujet du roi.

(1) Jaffé-Löwenfeld, *Regesta pontificum rom.*, n° 5351.

sujet dudit denier de saint Pierre, on lit ce qui suit dans les Chroniques, au chapitre du pape Léon IV, qui fut élu en 846 : Ethelwulf, roi d'Angleterre, qui, le premier, réunit tout le royaume sous sa domination, étant venu à Rome, offrit à saint Pierre, en présence du pape Léon IV, un tribut annuel d'un denier à prélever sur chaque maison de son royaume (1). „ *Tributum* est l'expression même dont se sert, en effet, Guillaume de Malmesbury, *tributum quod Anglia hodieque pensitat* (2).

Peu à peu s'accentua, en dépit de la résistance manifestée par le Conquérant, le rapport que Grégoire VII avait voulu établir entre le cens et l'hommage.

En 1101, Jean de Tusculum fut envoyé en Angleterre pour y lever le cens dû à saint Pierre, et à cette occasion, le pape Pascal II écrivit à Anselme de Canterbury, " *de regis erga se fidelitate debita censuque b. Petri restituendo* (3) ; „ la liaison entre les deux faits paraît toute naturelle.

Il est difficile de se prononcer sur l'authenticité de la fameuse bulle par laquelle Hadrien IV est censé avoir livré l'Irlande aux convoitises de Henri II d'Angleterre (4). J'incline, pour ma part, à la croire apocryphe. Mais, de toutes manières, elle est très précieuse pour l'étude que nous poursuivons ici.

Si elle a été fabriquée, elle l'a été en Angleterre, avant la fin du douzième siècle (5). Or, la condition qu'elle met à l'investiture demandée par le roi, c'est la promesse formelle de payer à saint Pierre, pour chaque maison de l'île, un cens annuel d'un denier,

---

(1) Ms. Ottob., 3078, fol. 93 : *De predicto denario b. Petri ita legitur in cronicis, in capitulo de Leone papa quarto qui cepit anno domini DCCCXLVI : Adeulphus rex Anglorum*, etc.

(2) *Gesta regum*, II, cap. II (*Patrol. lat.*, t. CLXXIX, col. 1058 B).

(3) Jaffé-Löwenfeld, *Regesta pontificum rom.*, n° 5883.

(4) Jaffé-Löwenfeld, *Regesta pontificum rom.*, n° 10055, où la bibliographie est indiquée.

(5) Elle figure, en effet, dans la Chronique de Raoul de Diceto.

et ce cens est la marque du droit supérieur de l'Eglise romaine, du *jus b. Petri*, car le roi d'Angleterre sera seigneur de l'Irlande, *te sicut dominum veneretur*, mais sous la suzeraineté de l'Apôtre, *salva b. Petro et Romanae ecclesiae de singulis domibus annua unius denarii pensione*.

En 1173, lorsque Henri II, craignant pour sa couronne, dut céder devant Thomas Becket, victorieux par delà la mort, et subir, à Avranches, les conditions que le Saint-Siège lui imposait, il s'engagea, en son nom et au nom de ses successeurs, à tenir du Saint-Siège le royaume d'Angleterre, et à ne s'estimer vraiment roi d'Angleterre que s'il était tenu pour tel par le souverain pontife (1). Aussi écrivait-il cette même année au pape Alexandre, dont il implorait l'appui en présence de la révolte de son fils : " Le royaume d'Angleterre est de votre dépendance, et je ne reconnais, en droit féodal, d'autre suzerain que vous ; montrez à l'Angleterre ce que peut le pontife romain, et, puisque vous n'usez pas des armes temporelles, protégez du moins, par votre glaive spirituel, le patrimoine de saint Pierre „ (2).

Il faut, sans doute, faire ici la part des circonstances ; mais le grand mot est enfin prononcé. Le roi déclare lui-même que l'Angleterre est la propriété de l'Apôtre : Grégoire VII n'avait pas prétendu davantage.

Avec Jean-sans-Terre, la dépendance de l'Angleterre se précisa. Le roi prêta le serment d'hommage-lige, et s'engagea, le 3 octobre 1213, à payer au Saint-Siège une redevance annuelle de 1,000 livres sterling : *volumus et stabilimus ut de propriis*

---

(1) Watterich, *Pontif. Rom. Vitae*, t. II, p. 419-420.
(2) Rymer, *Foedera*, édit. de 1704, p. 34 : « Vestrae jurisdictionis est regnum Angliae, et, quantum ad feudatarii juris obligationem, vobis duntaxat obnoxius teneor et astringor. Experiatur Anglia quid possit Romanus pontifex, et quia materialibus armis non utitur, patrimonium b. Petri spirituali gladio tueatur ».

et specialibus redditibus nostris predictorum regnorum pro omni servitio et consuetudine qua pro ipsis facere debemus, salvis per omnia denariis b. Petri, ecclesia Romana mille marcas esterlingorum percipiat annuatim (1). C'était un supplément de redevance, et nullement la suppression de la redevance précédemment établie, *salvis per omnia denariis b. Petri* (2). Aussi, quelques mois après, voyons-nous le pape Innocent III réclamer, sous les peines les plus sévères, le payement intégral du denier que devaient chacune des maisons du royaume (3).

Nous n'avons pas à faire l'histoire du denier de saint Pierre en Angleterre jusqu'à sa suspension sous Henri VIII, et sa suppression définitive à l'avènement d'Elisabeth (4).

---

(1) Rymer, *Foedera*, édit. de 1704, p. 176-177. Cf. la réponse d'Innocent III à l'acte royal, Potthast, n° 4843 (4 novembre).

(2) La somme promise par Jean-sans-Terre est toujours demeurée distincte du denier de saint Pierre.

Par exemple, au mois de décembre 1261, l'Angleterre est à jour pour le payement du denier de saint Pierre (voy. Potthast, n° 18178), tandis que le roi doit deux termes entiers de sa redevance personnelle, soit deux mille marcs (Potthast, n° 18183), qui n'étaient pas encore payés le 26 août de l'année suivante.

Un peu plus tard, on voit Nicolas IV rappeler, le 28 avril 1288, qu'Honorius IV a déjà réclamè trois annuités des mille marcs sterling dus annuellement par le roi, et que, deux ans s'étant écoulés depuis lors, il faut ajouter deux mille marcs è la somme demandée autrefois par son prédécesseur (Registre caméral de Nicolas IV; Bibl. nat., ms. lat. 4047, fol. 8).

Le 1er avril 1317, Jean XXII donne quittance aux envoyés du roi d'Angleterre « *de XXIV millibus marcharum ab ipsis nomine regis pontifici pro censu vigintiquatuor annorum Romanae ecclesiae debito solutis* » (Theiner, *Vetera monumenta Hibernorum*, n° 409, p. 193).

(3) Lettre du 28 janvier 1214; Potthast, n° 4891.

(4) Le denier de saint Pierre, supprimé, en 1543, par acte du Parlement, fut rétabli par Marie Tudor, et définitivement aboli à l'avènement d'Elisabeth (Voy. Cancellieri, dans *Giornale arcadico*, t. X, p. 281-232).

Il faut cependant noter quelques caractères généraux et typiques de cette institution. Elle a duré trop longtemps et elle a occupé trop de place dans les rapports de l'Angleterre avec la papauté pour que nous n'en marquions pas ici quelques traits.

A partir du treizième siècle, le Saint-Siège entretient à Londres une administration régulière pour la perception du denier. L'agent du pape chargé de ce recouvrement est à demeure (*commorans*) en Angleterre (1); et, de fait, nous apprenons, par un très curieux document conservé aux Archives du Vatican (2), que l'administration du Denier eut plus tard, à Londres même, sa maison et ses archives. Ce document est un traité théorique et pratique sur la matière, dû à un agent de la Chambre apostolique, Pierre Griphi, de Pise, désigné pour le poste de collecteur le 30 novembre 1508.

Pierre Griphi raconte son arrivée en Angleterre, et la réception qui lui fut faite au nom du roi Henri VII. Comme le roi mourut sur ces entrefaites, l'installation officielle du collecteur s'en trouva retardée, et ce fut seulement le 1ᵉʳ février 1510 qu'il fut admis à prêter serment devant le Parlement, " *in publico conventu quem Parleamentum appellant,* „ formalité nécessaire pour qu'il pût exercer son office, " *tum permissa mihi est officii administrandi potestas.* „

Son ouvrage contient, pour son temps et pour tout le quinzième siècle, des documents d'un grand intérêt. Nous y trouvons l'acte de nomination du collecteur (3), les sommations adressées aux débiteurs (4), les quittances délivrées par le collecteur (5),

---

(1) Voy. les bulles de Martin IV, Honorius IV, et Nicolas IV à Giffredus de Vezzano.
(2) Archives du Vatican, Arm. XXXIII, nº 26.
(3) Fol. 104.
(4) Fol. 111.
(5) Fol. 110.

la décharge qu'il reçoit lui-même du camérier pontifical à la fin de son exercice (1). Nous y trouvons aussi un essai historique sur le Denier lui-même et sur les anciens collecteurs (2) et la liste très complète de tous les cens et redevances encore exigibles en Angleterre au temps de Griphi lui-même (3).

Cette liste contient le détail des sommes payées pour le Denier de saint Pierre, et, chose remarquable, on s'aperçoit que, depuis le temps de Cencius, la quotité de la redevance n'a point varié.

Cela tient à ce que, dès l'époque de Cencius, les évêques anglais prenaient en quelque sorte à ferme la perception du denier. Moyennant une somme fixe, payée chaque année à la

---

(1) Fol. 104.

(2) Pierre Griphi a cherché, pour dresser la liste de ses prédécesseurs (fol. 43), les vieilles quittances qui pouvaient être conservées dans les archives « *apud exempta in Anglia coenobia,* » mais il n'a pas été heureux, « *nihil profeci,* » car la dernière quittance faisait ordinairement foi pour les payements antérieurs, et on n'avait pas besoin de garder les anciens reçus.

Voici les collecteurs dont Griphi a cru retrouver la trace du onzième au treizième siècle.

Les légats d'Alexandre II au concile de Winchester, en 1070.

Sous Calixte II, Jean de Crema, qui demeura vingt mois en Angleterre.

Sous Honorius II et Innocent II, Guillaume, archevêque de Canterbury, mort en 1138.

Sous Innocent II, Henri, évêque de Winchester; après la mort de Guillaume de Canterbury, et en mission spéciale, Albéric, cardinal d'Ostie, venu comme légat au concile de Winchester (1139).

Sous Célestin II, Théobald, archevêque de Canterbury.

Sous Alexandre III, les nonces Vivien et Gratien, envoyés en Angleterre en 1168 au sujet des démêlés entre Henri II et Thomas Becket; et, plus tard, en 1179, les cardinaux Albert et Theodinus.

Sous Clément III, Jean d'Anagni, cardinal de Saint-Marc.

Sous Innocent III, l'archevêque de Canterbury dès 1197; puis, en 1213, Pandolphe de Norwich.

Sous Honorius III, le cardinal Guala, depuis la Noël de 1216.

Il y a là plus d'une erreur.

(3) Fol. 70 et suiv.

cour de Rome, et convenue une fois pour toutes pour chaque diocèse, ils demeuraient libres de lever eux-mêmes le denier dû par chaque maison (1).

Après la mort de Guillaume le Conquérant, la perception semble être devenue plus malaisée. A peine Anselme de Canterbury était-il de retour d'exil, vers la fin de 1101, que le pape le pressait de s'employer pour le rétablissement du denier (2). Paschal II envoyait en même temps en Angleterre un de ses familiers nommé Tibère, pour s'occuper du recouvrement, et, vers le milieu de l'année 1103, il mandait à Anselme de prêter assistance à l'envoyé du Saint-Siège dans l'accomplissement de sa mission, *adjuvet in colligendo Romascot seu denario b. Petri* (3).

Cette mission était vraiment difficile à remplir pour un étranger. Aussi parut-il naturel de prier les prélats anglais de faire eux-mêmes office de collecteurs (4). Mais cette combinaison nouvelle présentait des inconvénients d'un autre genre. Le trente

---

(1) Ce fut même, pour les évêques, une source de fort beaux bénéfices. C'est ainsi, paraît-il, qu'en 1185 l'archevêque d'York, qui devait fournir au Saint-Siège 11 livres et 10 sous, trouvait moyen de lever de ce chef 118 livres; la différence restait entre ses mains (Cf. Spittler, *Von der ehemaligen Zinsbarkeit der nordischen Reiche an den Römischen Stuhl*, Hanovre, 1797, p. 106).

En 1214, Innocent III constatait que les évêques anglais, quittes envers le Saint-Siège par le versement de 300 marcs, gardaient par devers eux plus de mille marcs (Potthast, *Regesta pontif. rom.*, n° 4891).

(2) Jaffé-Löwenfeld, *Regesta pontificum rom.*, n° 5883.

(3) Jaffé-Löwenfeld, *Regesta pontificum rom.*, n° 5947. Anselme fait part (liv. III, ép. 85; *Patrol. lat.*, t. CLIX, col. 120) à l'évêque de Rochester de ce que le pape « *mihi mandavit verbis et litteris ut Tiberium de Romascot adjuvarem.* »

(4) Il semble que saint Anselme ait déjà été chargé de ce soin. Au moment de partir pour Rome, en 1103, il écrit à Gundulf, évêque de Rochester: « *Solutionem Romescoti usque ad festum S. Michaelis differre potestis* » (livre III, ép. 29; *Patrol. lat.*, t. CLIX, col. 216).

mars 1115 (1), le pape se plaint vivement au roi d'Angleterre de ce que l'*Eleemosyna* de saint Pierre soit levée *perperam doloseque*, et l'année suivante il invite directement les évêques à déployer plus de diligence dans la perception, et plus de scrupule dans le maniement des fonds (2). Il semble, d'ailleurs, que parfois le roi lui-même y tienne la main.

La date exacte de la convention est difficile à établir ; pourtant, une lettre d'Alexandre III semble indiquer que l'arrangement à été conclu, à tout le moins, dans la première moitié du douzième siècle, car Alexandre prescrit aux évêques d'Angleterre de ne pas exiger des églises et paroisses où ils lèvent le denier de saint Pierre des sommes plus fortes que celles qu'avaient levées leurs prédécesseurs au temps d'Innocent II et d'Eugène III (3).

(1) Jaffé-Löwenfeld, *Regesta pontificum rom.*, n° 6450.
(2) Le 24 mai ; Jaffé-Löwenfeld, *Regesta pontificum rom.*, n° 6525.
(3) Jaffé-Löwenfeld, *Regesta pontificum rom.*, n° 12578 a. Dans les *Décrétales de Grégoire IX*, lib. III, tit. XXXIX, cap. XII : *Quum autem propter b. Petri visitationem denariorum collectam per archidiaconatus vestros feceritis, in collectione facienda predictas ecclesias vel parochias non gravetis aliter sive magis quam predecessores vestri tempore sancte recordationis Innocentii, Eugenii pontificum fecisse noscuntur.*

A la fin du treizième siècle, le pape Martin IV trouvait de grands inconvénients à ce système de perception. Le 7 mars 1282, il écrivait à Gifredus de Vezzano, nonce en Angleterre, pour se plaindre de l'irrégularité que les évêques apportaient dans le payement du denier, et il ajoutait : « Discretioni tue per apostolica scripta mandamus quatenus inquisita diligenter veritate si prefati prelati denarium ipsum consueverunt colligere ab antiquo et quo modo, qua auctoritate, si de consuetudine vel ordinatione nuntiorum et si ex tali denario ipsi collectores consueverunt retinere aliquid vel habere, vel a quo tempore citra talia receperunt et utrum nuntii dicte sedis qui fuerunt pro tempore denarium ipsum collegerunt per se ipsos vel alios quibus ad specialiter duxerint committendum ac de omnibus aliis circumstanciis de quibus ad hujus instructionem negotii videris inquirendum, quidquid inde inveneris et quale super hiis posset sine scandalo remedium adhiberi nobis per tuas litteras harum seriem

Il ne semble pas toutefois que cet abonnement au denier ait beaucoup plû aux pontifes Romains. En 1214 (la seizième année de son pontificat), Innocent III n'a pas l'air de connaître la convention intervenue entre l'épiscopat anglais et ses prédécesseurs sur la chaire de Saint Pierre. Ecrivant au cardinal Nicolas de Tusculum, son légat en Angleterre, il s'étonne de ce que les évêques d'Angleterre, chargés de lever le denier de Saint Pierre, n'envoient à Rome que trois cents (c'était là le chiffre fixé par la convention), alors qu'ils gardent par devers eux plus de mille marcs sur les sommes recueillies de ce chef. C'est là, d'après le pape, un abus qu'il importe de faire cesser au plus vite: " *Non enim videmus quo jure valeant se tueri, cum nec concessionem possint ostendere a sede apostolica sibi factam* „ (1).

D'après le *Liber Censuum*, qui donne le détail par diocèses (2), le denier de saint Pierre représentait, au treizième siècle, une

continentes studeas intimare ut circa premissa, plenius informati annuente domino providere possimus de remedio opportuno » (Archives du Vatican, Reg. n° 42, fol. 26, cap. CXLI).

(1) POTTHAST, *Regesta pontificum rom.*, n° 4891.
(2) DENARIUS BEATI PETRI COLLIGITUR IN HUNC MODUM IN ANGLIA:
 De Cantuariensi diocesi VII libras et XVIII solidos.
 De Roffensi V libras et X solidos.
 De Norwicensi XXI libras et X solidos.
 De Eliensi V libras.
 De Lincolniensi XLII libras.
 De Cicestrensi VIII libras.
 De Wintoniensi XVII libras, VI solidos et VIII denarios.
 De Exoniensi IX libras et V solidos.
 De Wigorniensi X libras et V solidos.
 De Herefordensi VI libras.
 De Bathoniensi XI libras et V solidos.
 De Saresberiensi XVII libras.
 De Conventrensi X libras et V solidos.
 De Eboracensi XI libras et X solidos.
SUMMA CCC MARCAS MINUS UNAM MARCAM. Ce total est ainsi exprimé dans le ms. Riccardi 228: SUMMA CXCIX LIBRAS VI SOLIDOS

somme annuelle de 199 livres 6 sous et 8 deniers, soit 300 marcs sterling. Au commencement du seizième siècle, le chiffre n'avait pas sensiblement changé, car l'Italien Pie Griphi, qui fut collecteur du denier en 1510, indique encore le même total de 199 livres 6 sous et 8 deniers sterling (1).

Ces 300 marcs représentaient près de 48,000 deniers sterling, ce qui suppose que, le jour où le produit de la rente fut ainsi consolidé, on comptait environ 48,000 contribuables.

Pour juger de la valeur intrinsèque de la somme, en peut se rappeler qu'en 1285, dans une évaluation des revenus que le pape tirait de la basilique de Saint-Pierre, les anciens deniers sterling sont comptés pour 8 deniers provinois, dont 13 font une once d'argent (2). Au quatorzième siècle, le marc de sterling est communément évalué à 5 florins d'or (3); mais, en 1422, le

VIII DENARIOS; on sait en effet que le marc de sterling (voy. Ducange, v° Esterlingus), correspondait à 13 sous et 4 deniers.

Pietro Griphi rapporte une bulle d'un pape Grégoire, qu'il croit être Grégoire V, et qui ne peut être que Grégoire X (*Orvieto, X Kal. maii, anno secundo*) par laquelle est consacrée cette répartition du Denier par diocèses (22 avril 1275). En 1540, l'original de cette bulle se trouvait à Canterbury et les copies en étaient nombreuses par toute l'Angleterre. C'est d'après le *Liber Censuum* que la liste de Grégoire X a été dressée. Elle est précédée, en effet, de la formule consacrée: *Ne super hoc dubitari contingat presentibus fecimus annotari sicut in Regesto sedis apostolice continetur.*

(1) Il n'y a de changement que pour les diocèses de Canterbury et de Londres, où la division en archidiaconés a prévalu: l'archidiaconé de Canterbury est taxé à 8 livres, ceux de Colchester, d'Essex et de Middlesex à 5 livres 10 sous, et celui de Surrey à 5 livres 13 sous et 4 deniers. Mais ces cinq archidiaconés nous donnent le même total que les diocèses réunis de Londres et de Canterbury dans le *Liber Censuum*. Voy. Arm. XXXIII, n° 26, fol. 70.

(2) Archives du Vatican, *Introitus et exitus*, n° I, fol. 32: *Item XXV solidos sterlingorum veterum et VI solidos qui valent X lib. et IIII. sol. prov.;* fol. 31: *ad rationem XIII sol. prov. per unciam.*

(3) Parmi les recettes de Jean XXII, en 1326 (Archives du Vatican; Registre 46 de Jean XXII, série d'Avignon, fol. 655 v°), on voit *singulis marchis sterlingorum pro V florenis computatis.*

rapport du marc sterling et du florin a déjà changé (1), et, au seizième siècle, au moment même où allait cesser le payement de la redevance, nous apprenons par Virgile Polydore, collecteur du Denier en Angleterre sous Henri VIII (2), que le marc de sterling ne valait plus que 3 florins ou ducats (3), si bien que la somme réellement perçue par le Saint-Siège ne représentait plus que les $^3/_5$ de la valeur nominale.

Et, pourtant, cela paraissait chaque jour plus lourd. Il y avait sept siècles que les rois anglo-saxons avaient témoigné par cette libéralité de leur union avec le Saint-Siège, c'est-à-dire avec la puissance qui était alors la source de toute légitimité : l'aumône avait pris peu à peu la forme d'un tribut, et, par un acheminement naturel, le royaume qui le payait avait fini par être considéré, sans qu'on s'en étonnât trop, comme feudataire du Saint-Siège. Le sentiment national anglais avait pu en être souvent blessé, et c'est une vérité assez générale que, dans les pays où le pouvoir de Rome s'était fait le plus fortement sentir, la réaction fut d'autant plus vive et l'explosion plus violente, le jour où on exploita contre le Saint-Siège les rancunes accumulées durant tant de générations.

(1) D'après une quittance de la curie romaine délivré le 5 septembre 1422 à Walter Medford, un des prédécesseurs de Griphi (voy. l'opuscule de Griphi, fol. 104), une somme de 22 livres sterling, plus 5 sous et 5 deniers de monnaie romaine équivalait à 133 florins de la Chambre, plus 31 sous et 3 deniers de monnaie romaine.

(2) *Anglicanae historiae libri viginti sex*. Virgile Polydore considère le denier comme un tribut, et dit que les rois qui l'ont établi ont rendu l'Angleterre « *vectigalem Romano pontifici* » (édit. de Bâle, 1546, p. 96). Il a exercé pendant plusieurs années ce qu'il appelle la *quaestura*, c'est-à-dire les fonctions de percepteur (p. 89-90), et c'est au roi Henri VIII qu'il adresse son livre : sa déclaration mérite donc considération.

(3) Edit. de Bâle, de 1546, page 309, ligne 36.

L'Angleterre était peut-être de tous les royaumes censiers du Saint-Siège celui à qui le denier de saint Pierre a le moins servi, et c'est elle, pourtant, qui l'a payé le plus régulièrement et le plus longtemps (1). Sans doute, elle acquittait une dette de

(1) Les royaumes scandinaves, eux aussi, ont acquitté le denier de saint Pierre jusqu'à la Réforme. Les populations y étaient tellement accoutumées, qu'en 1540 l'évêque luthérien d'Islande pouvait encore le lever à son profit. (Voy. Woker, *Das kirchliche Finanzwesen der Päpste*. Nordlingen, 1878, p. 44).

Je ne connais pas l'origine du denier de saint Pierre dans les pays scandinaves.

Nous avons déjà vu que, dès le temps de Grégoire VII, le Danemark payait un cens au Saint-Siège. Quant à la Suède, nous savons qu'à la suite de la légation qu'y exerça, de 1148 à 1154, le futur Hadrien IV, alors cardinal Nicolas Breakspeare (un anglais, ce qui est à noter), on y organisa le payement régulier d'un cens annuel, qui portait sur la terre « *de terris vestris persolvendum* » (bulle d'Anastase IV; Jaffé-Löwenfeld, *Regesta pontificum rom.*, n° 9938) et qui devait être perçu dans chaque diocèse par les soins de l'évêque, à qui incombait le soin de le faire pervenir à Rome, « *charitatem vestram monemus quatenus censum quicquid de suo episcopatu annis singulis colligere et sedi apostolicae transmittere studeatis* » (bulle d'Anastase IV; Jaffé-Löwenfeld, *Regesta pontificum rom.*, n° 9937).

Nous n'avons rien de positif pour la Norvège; mais comme Nicolas Breakspeare y fut légat en même temps qu'en Suède (sous Eugène III et Anastase IV; cf. *Liber Pontificalis*, édit. Duchesne, t. II, p. 388) et comme son action y a été incontestablement très grande, puisque là aussi il a organisé la hiérarchie ecclésiastique (*Liber Pontificalis, ibid.*), tout nous porte à croire qu'il a établi pour le denier de saint Pierre les mêmes règles qu'en Suède, — alors surtout que nous savons, d'autre part, qu'à la fin du douzième siècle la Norvège se trouvait à l'égard du cens exactement dans les mêmes conditions que la Suède (*Gesta pauperis scholaris Albini*, dans la *Patrol. lat.* de Migne, t. XCVIII, col. 486 D), et que dans les deux pays le « tribut romain » était d'un denier par maison.

L'archevêque de Drontheim, en Norvège, était chargé de lever le denier dans tous les pays de son obédience métropolitaine, y compris les Feroë, l'Islande et le Groënland, ce qui n'était pas une mince besogne. Le tribut du Groënland était presque toujours acquitté en nature (peaux de bœufs et de phoques, dents de morses, etc.); cf. Potthast, n° 21858. M. Luka Jelić, dans un mémoire inséré au *Compte*

reconnaissance envers cette Rome qui l'avait appelée au bienfait de la foi chrétienne; mais les politiques ont pu penser qu'au bout de mille ans il y avait prescription.

PAUL FABRE.

rendu du congrès scientifique international des catholiques tenu à Paris en 1891 et intitulé : *L'Evangélisation de l'Amérique avant Christophe Colomb*, a tiré des comptes relatifs à la perception du denier dans le diocèse de Gardar, en 1326, de très ingénieuses déductions relatives aux productions, au commerce et au chiffre de la population du Groënland et du Vinland au quatorzième siècle (p. 6-8).

Deux documents montrent très bien l'importance et le caractère que le denier de Saint-Pierre avait dans la péninsule scandinave vers la fin du quatorzième siècle :

« *De denario b. Petri uno a quolibet humano capite exigendo, dixit archiepiscopus* (Hemming d'Upsal) *quod rustici qui in diocesi Upsalensi colunt et seminant in anno, denarium integrum monetae in regno currentis solvant, quamvis in aliis suae diocesis provinciis non conferant nisi obolum sive medium denarii dicte monete; alios vero, qui non colunt nec seminant, non consuevisse dare istum censum* » (Dans Spittler, *Von der ehemaligen Zinsbarkeit der nordischen Reiche an den Römischen Stuhl*, 1797, p. 62).

« *Curate et omnes ut tributum Romanum pendatis unusquisque qui eucharistiam accedit* (ce passage est extrait du mandement d'un évêque norvégien on 1395), *numeratum nummum minimum qui ex incode regia decidit. Hanc pecuniam sanctus Petrus qui est Romae possidet, ideoque tributum Romanum vocatur* » (Woker, *Das Kirchliche Finanzwesen der Päpste, 1878, p. 42*).

LA COLLECTION D'AMPOULES À EULOGIES DU MUSÉE DU LOUVRE

Il m'a semblé qu'une courte étude sur les ampoules ou fioles à eulogies conservées au Musée de Louvre ne serait pas hors de propos dans ce volume consacré au soixante-dixième anniversaire de l'illustre maître de l'archéologie chrétienne. Je n'ai point oublié, pour ma part, la complaisance avec laquelle M. le Commandeur de Rossi a bien voulu, au temps de mon séjour à l'Ecole française de Rome, en m'emmenant avec lui pendant plusieurs semaines dans les fréquentes visites qu'il faisait à ses fouilles du cimetière de Priscille, me faire suivre au jour le jour les découvertes relatives à l'hypogée des *Acilii Glabriones*, et je saisis avec empressement l'occasion d'apporter ma faible contribution à l'hommage que lui rend l'Ecole.

Les ampoules à eulogies en terre cuite, d'un travail presque toujours fort grossier, ne sont point rares; mais je ne sache pas qu'il en existe nulle part ailleurs qu'au Louvre une véritable collection. J'en ai vu, il y a quelques années, au British Museum, qui est sans doute parmi les plus riches, une vingtaine (1). Au contraire, la série que possède le Louvre ne compte pas moins de soixante-dix-sept pièces. Je n'entends pas, en quelques pages de ce travail rapide, en faire l'étude complète. Il pourra du moins, je l'espère, y avoir quelque intérêt

---

(1) Les ampoules à eulogies du British Museum sont réparties entre la 4me salle Egyptienne du premier étage et la salle des « Early Christian Antiquities ». M. A. Nesbitt en a sommairement décrit quelques unes à propos d'une boîte en ivoire du VIe siècle, *Archaeologia*, t. XLIV, p. 329.

à en ébaucher le catalogue, à signaler les types nouveaux ou peu connus.

L'usage de ces ampoules ne réclame pas de longs éclaircissements, et M. Le Blant, dans la publication qu'il a faite d'une de celles qui sont entrées le plus anciennement au Musée (1), a réuni sur ce point les témoignages les plus précis : je ne ferai que résumer ici les textes frappants qu'il a rassemblés. L'huile bénite, rapportée des tombeaux en renom, y était conservée, soit que les fidèles, selon le témoignage de Grégoire de Tours, déposassent des vases d'huile près des tombes miraculeuses où dorment les confesseurs et les martyrs, afin que la grâce d'en haut se répandît sur elle comme une divine rosée, soit que simplement ils puisassent aux lampes des sanctuaires (2). Les guérisons attribuées à ces huiles sanctifiées remplissent les hagiographies, et la foi en elles était générale ; mais nul texte peut-être ne donne mieux l'idée du prix que l'on attribuait aux eulogies et du commerce parfois frauduleux qui s'en faisait, que ce passage de Grégoire de Tours, rapporté par M. Le Blant, où le saint évêque nous dépeint un imposteur abusant la foule au point qu'on le fit arrêter : " Il portait une croix aux bras de laquelle étaient suspendues de petites fioles contenant d'après lui de l'huile sainte : il prétendait arriver d'Espagne, et rapporter ces reliques des bienheureux martyrs Vincent le Lévite et Félix „.

I.

Il est peu de saints dont la popularité ait été aussi grande dans les premiers siècles chrétiens que Saint Ménas, le patron

---

(1) E. LE BLANT, *Note sur une fiole à inscriptions portant l'image de Saint Ménas*, Revue Archéologique, 1878, t. XXXV, p. 299.

(2) Une de ces lampes avec la curieuse inscription ΕΥΛΟΓΙΑ ΚΥΡΙΟΥ a été publiée par M. MOWAT, *Bull. des Antiquaires*, 1885, 291.

en quelque sorte de l'Egypte chrétienne. A son culte se rapportent exclusivement tous les petits monuments du genre de ceux que nous étudions jusqu'ici publiés, à l'exception d'un seul (1). Il peut de même réclamer la part de beaucoup la plus considérable des ampoules du Louvre (2).

Je ne m'attarderai pas à décrire dans leur ensemble les ampoules à eulogies de Saint Ménas. La provenance en est presque toujours l'Egypte, quoiqu'il en ait été trouvé une à Arles. (3) et que les pèlerinages en aient transporté dans diverses contrées, et c'est en majeure partie à Alexandrie, par M. P. Juba de Lhôtellerie, qu'a été réunie la collection du Louvre. On sait qu'elles consistent en de petits récipients aplatis formés d'un goulot relié à la panse par deux anses coudées. Les deux faces de la panse étaient d'abord obtenues au moyen de moules et appliquées l'une contre l'autre; le goulot, fait à part, était alors ajusté à leur partie supérieure, où l'ouvrier avait eu soin de laisser un passage pour l'écoulement du liquide, et les deux anses soudées; mais le tout sans grand soin, de sorte que les joints des pièces rapportées empiètent constamment sur les faces

---

(1) Il s'agit d'une ampoule portant d'un côté l'image de Saint Ménas, de l'autre le monogramme du nom ΠΕΤΡΟΥ, trouvée à Alexandrie et conservée au collége des Barnabites de Moncalieri, signalée par M. DE ROSSI dans son *Bulletin*, 1872, p. 25.

(2) Soixante-sept ampoules. — Voir sur les ampoules à eulogies de Saint Ménas: *Revue Archéologique*, 1844, t. I, p. 405; DE ROSSI, *Bullettino di Archaeologia christiana*, 1869, p. 31, 1872, p. 25, 1882, p. 157; A. NESBITT et le P. GARRUCCI, *On a box of carved Ivory of the sixth Century*, Archaeologia, t. XLIV, p. 321 et seqq.; E. LE BLANT, *Revue Archéologique*, 1878, t. XXXV, p. 299. Il en a été signalé notamment dans la collection de M. le Comte de l'Escalopier, au collége des Barnabites de Moncalieri, au Cabinet des Antiques de la Bibliothèque Nationale, aux Musées de Montauban, de Marseille, d'Aix, au British Museum, au Musée égyptien de Turin, au Musée de la Porte de Hal de Bruxelles.

(3) DE ROSSI, *Bullettino*, 1869, p. 31.

et masquent parfois soit une partie de la légende, soit la couronne ou les filets circulaires qui les limitent. Le travail, le plus souvent, était alors terminé ; mais quelques ampoules semblent avoir été peintes. Il en est ainsi par exemple d'une ampoule assez bien conservée — il ne manque qu'une anse — qui provient d'Alexandrie. Sur la tunique de Saint Ménas s'aperçoivent encore quelques légères traces de bleu, qu'a presque entièrement mangé le salpêtre ressortant de la terre ; mais M. Juba de Lhôtellerie affirme que, lorsqu'il acheta l'objet qui venait d'être découvert par un Arabe, les traces de couleur bleue, jaune et rouge étaient encore très-visibles, et l'aspect de la terre, toute poreuse, nullement patinée par le contact de l'air, vient à l'appui de son dire. Les dimensions des ampoules sont généralement restreintes, n'excédant pas six à sept centimètres pour le diamètre de la panse : quatre pourtant de celles que possède le Louvre — et il faut en rapprocher trois au British Museum — se distinguent, en même temps que par leur exécution plus soignée, par leur taille qui atteint quinze centimètres sur dix et demi de diamètre.

Une autre, signalée par M. Le Blant, munie d'une seule anse, présente la particularité, unique je crois, d'un col taillé en forme de bec de manière à en faciliter l'usage pour les onctions de l'huile sainte, éclairant ainsi d'un exemple saisissant les textes qui nous rapportent de nombreux recours à ce remède miraculeux (1).

Un sujet ou une légende, quelquefois les deux ensemble, occupent les deux faces de la panse, et M. de Rossi, dans son *Bulletin* (2), distinguait sommairement les quatre types suivants : ampoules portant l'inscription ΕΥΛΟΓΙΑ ΤΟΥ ΑΓΙΟΥ ΜΗΝΑ en quatre lignes horizontales, ampoules avec l'inscription circulaire

---

(1) *Revue Archéologique*, 1878, t XXXV, p. 303.
(2) 1872, p. 31.

abrégée ΤΟΥ ΑΓΙΟΥ ΜΗΝΑ autour de la croix équilatérale, ampoules avec l'effigie du saint et les mots Ο ΑΓΙΟC ΜΗΝΑC ou anépigraphes. Je distinguerai, dans l'énumération qui va suivre des ampoules à eulogies du Musée du Louvre, les sujets d'abord, les inscriptions ensuite.

I. Le sujet de beaucoup le plus fréquent est celui-là même qu'a signalé M. de Rossi, où se voit le Saint debout entre deux chameaux, agenouillés en quelque sorte à ses pieds, tandis que le train de derrière, par suite de la forme du champ, se trouve en l'air et que la queue vient affleurer les mains de Saint Ménas (1). L'identification des animaux, malgré le caractère sommaire de la représentation, qui les a fait longtemps méconnaître, ne semble pas pouvoir être mise en doute. M. de Rossi avait songé à y voir comme le symbole de ces caravanes qui menaient au tombeau de Saint Ménas les pèlerins venus des déserts de Palestine et de Libye (2); mais le Père Garrucci (3) et M. Le Blant (4) ont signalé dans la passion du Saint le passage suivant relatif à sa sépulture. " Lorsque j'aurai été décapité, dit Saint Ménas, prenez mon corps, chargez-le sur un chameau, et laissez-le aller sans que personne le guide; vous verrez alors la grâce de Notre-Seigneur Jésus-Christ, qui le conduira lui-même au lieu où il voudra faire reposer son serviteur. A l'endroit où s'arrêtera le chameau, donnez à mon corps la sépulture „, Il fut fait comme Saint Ménas avait dit, et il n'est pas douteux que ce ne soit ce souvenir que rappelle la présence du chameau sur les ampoules, deux animaux au lieu d'un ayant été introduits par recherche de la symétrie.

(1) Soixante-dix fois sur cinquante ampoules.
(2) *Bullettino*, 1872, p. 25.
(3) *Archaeologia*, l. c., p. 326.
(4) *Revue Archéologique*, l. c., p. 305.

Le costume du Saint est celui du soldat romain : on sait en effet que Saint Ménas était soldat et que c'est après avoir abandonné l'armée qu'il dut confesser sa foi. Il porte la tunique courte, s'arrêtant à mi-jambe, et d'ordinaire le manteau jeté sur l'épaule et le bras gauches et retombant en arrière jusqu'aux pieds. Le manteau pourtant manque sur quelques exemplaires du Louvre et du British Museum où le costume est quelque peu différent et plus sommairement traité dans un relief accusé. La tête du Saint, dont les détails varient suivant les exemplaires — les yeux en particulier sont soit indiqués en creux, soit formés de petites pastilles écrasées en relief — est souvent nimbée, quelquefois nue ; elle est de plus accostée, sur la majeure partie des exemplaires, soit de l'inscription O ΑΓΙΟC | ΜΗΝΑC disposée de part et d'autre, soit de deux croisettes quelquefois formées seulement par quatre ou cinq points, soit de trois points en creux disposés en triangle. Sous les pieds du Saint enfin figurent quelquefois deux palmes.

II. Un deuxième type qui n'a été jusqu'ici signalé qu'incidemment par M. A Nesbitt sur une fiole du British Museum ainsi décrite " a wreath including a head with curly hair in profil (1) „ représente une tête imberbe, à cheveux crépus et à face proéminente de nègre, de profil à droite (2). Je ne sais quelle en est au juste la signification. Il me paraît difficile d'y voir un portrait du Saint, que rien dans la représentation ne désigne, et peut-être doit-on plutôt l'interpréter comme l'image des habitants de la contrée où son culte était le plus en faveur, de la Libye où l'on rapporte qu'il avait vécu et dont il était plus particulièrement encore le protecteur que de la Basse-

---

(1) *Archaeologia, l. c.*, p. 380, n° 8.
(2) Neuf fois sur six ampoules.

Egypte et d'Alexandrie, quoique ce fût aux environs de cette ville que s'élevait son sanctuaire. La seule variante qui se re-

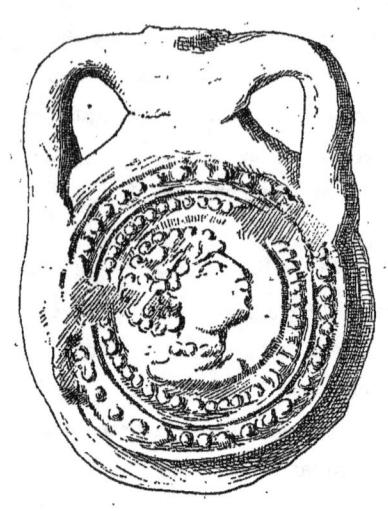

marque dans ce type a trait à l'inclinaison de la tête, qui d'ordinaire est levée, le regard en l'air, tandis que sur un des exemplaires elle semble à peu près horizontale, avec l'oeil en amande traité d'une manière enfantine. Il faut noter aussi que souvent un collier d'un ou de deux rangs de perles est figuré autour du cou, que limite une section rectiligne.

III. Un troisième sujet, moins aisément explicable encore, est, je crois, unique. La face de l'ampoule porte ici en relief et très-sommairement traité un cheval ou mulet trottant à droite, la tête et la queue hautes, la crinière soigneusement peignée, sur lequel est assis de côté, les jambes en avant, un personnage les bras étendus, semblant tenir une palme dans chaque main; sous le cheval est une plante à cinq tiges; d'autres se voient dans le champ. S'agit-il dans ce personnage du Saint lui-même? Cela est probable; mais je

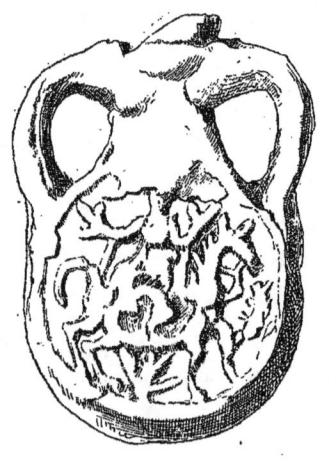

ne sache pas qu'aucun trait de sa vie, telle que la tradition nous l'a conservée, apporte d'éclaircissement (1).

Il faut mentionner encore les types suivants :

IV. Croix simple, gemmée où pattée, seule ou cantonnée, tantôt de petits triangles, tantôt des lettres A et ⲱ et de deux plantes trifoliées, tantôt enfin des mots $\overline{IC}$ | $\overline{XC}$ | NI | KA, Ἰησοῦς Χριστὸς νικᾷ (2).

V. Fleur épanouie vue de face (3).

VI. Palmier à six branches avec ses fruits (4).

VII. Etoile à huit rayons cantonnée de cônes ou de triangles (5).

VIII. Etoile à six rayons (6).

Il n'y a guère moins de variantes de l'inscription mentionnant le Saint dont l'eulogie est conservée que de représentations différentes.

(1) Je dois en outre signaler comme types remarquables d'ampoules à eulogies de Saint Ménas deux ampoules conservées au British Museum, sur l'une desquelles se voit une amphore entre une croix et une fiole à deux anses (A. NESBITT, *Archaeologia, l. c.*, p. 380, n° 15), sur l'autre une barque, la proue recourbée à droite, avec une grande voile de face (Salle des Early Christian Antiquities).

(2) Dix-sept fois sur autant d'ampoules. — La croix figure aussi sur les ampoules de Saint Ménas du British Museum et du Musée de Bruxelles.

(3) Quatre fois sur trois ampoules. — Même type au British Museum.

(4) Une seule fois.

(5) Une fois également.

(6) Deux fois sur les deux faces de la même ampoule. — Il est quelques ampoules de ces derniers types, deux portant sur leurs deux faces, soit la fleur épanouie, soit l'étoile à six rayons, deux ornées de la croix, et sur le revers, l'une de la fleur, l'autre de l'inscription $\overline{IY}$, Ἰησοῦ, dans une couronne d'olivier, dont l'attribution à Saint Ménas pourrait être regardée comme arbitraire si l'identité de la fabrication, des types et de la provenance ne les rangeait manifestement dans la même série que les précédentes.

La forme la plus complète et la plus intéressante est celle qui figure sur deux des grandes ampoules, d'un travail plus soigné, qui portent sur leurs deux faces le Saint debout entre les deux chameaux accroupis et que j'ai signalées plus haut, ainsi que sur une semblable au British Museum (1) : disposée circulairement de droite à gauche elle encadre sur l'un des côtés le sujet représenté et se lit

ΕΥΟΛΟΓΙΑ ΛΑΒΟΜΕ ΤΟΥ ΑΓΙΟΥ ΜΗΝΑ.

L'attache du col et des anses malheureusement, sur les deux exemplaires, recouvre partiellement non seulement les deux premières lettres ΛΑ de ΛΑΒΟΜΕ et l'Υ de ΤΟΥ, qui se rétablissent facilement, mais encore un signe qui suit le mot ΛΑΒΟΜΕ, où l'on serait tenté de voir le Ν manquant, si les traits encore visibles ne montraient qu'il ne peut guère s'agir que d'une petite croix, marquant le haut de l'ampoule précisement au-dessus de la tête du Saint, de même que le début de l'inscription se trouve précisément sous ses pieds. M. Le Blant ajoute : " Si par une faute de syntaxe dont on trouve de nombreux exemples dans le langage vulgaire du VIᵉ siècle ΕΥΟΛΟΓΙΑ (εὐλογία) n'est pas écrit ici pour εὐλογίαν — de même que ΛΑΒΟΜΕ est certainement pour λάβωμεν — il représenterait l'accusatif pluriel d'εὐλογίον qui m'est inconnu, mais dont le correspondant latin existe dans le mot *eulogium* (2) „. Il n'y a donc point de doute sur l'interprétation de la légende, et M. Le Blant nous y montre la reproduction presque textuelle d'un conseil donné par Saint Chrysostome : " Demeure, demeure près de la tombe des martyrs,

---

(1) A. NESBITT, *Archaeologia*, *l. c.*, p. 330, nᵒ 1. Une quatrième, vendue à l'Hôtel Drouot le 15 févr. 1884, a été signalée par M. MOWAT (*Bull. des Antiquaires*, 1884, 292). Il lit ΤΟΥ | ΑΓΙΟΥ | ΜΗΝΑ ΕΥΟΛΟΓΙΑ ΛΑΜΚΟΜΕ.

(2) *Revue Archéologique*, *l. c.*, p. 302, note 7.

verse-s-y des ruisseaux de larmes, brise ton cœur et emporte avec toi l'eulogie.... Prends l'huile sainte, que ton corps en reçoive l'onction, ta langue, tes lèvres, ton cou, tes yeux. Ἆρον εὐλογίαν ἀπὸ τοῦ τάφου, λάβε ἔλαιον ἅγιον „.

La forme

ЄΥΛ		ЄΥΛΟ
ΟΓΙΑΤΟ		ΓΙΑΤΟΥ
ΥΑΓΙΟΥ	ou bien	ΑΓΙΟΥΜ
ΜΗΝΑ (1)		ΗΝΑ + (2)

se trouve également; mais plus souvent elle est abrégée en

ΑΓΙΟΥ		ΑΓΙ
ΜΗΝΑ	ou bien	ΟΥΜΗ
ΕΥΛΟΓ (3);		ΝΑΕΥ (4).

Souvent aussi le mot εὐλογία a disparu et le nom seul du Saint est mentionné, soit en légende circulaire:

TOY ΑΓΙΟΥ ΜΗΝΑ (5)

soit horizontalement en trois lignes :

ΤΟΥΑ		ΤΟΥ ΑΓΙ
ΓΙΟΥΜ	ou en boustrophédon	ΝΗΜΥΟ
ΗΝΑ (palme ou 3 points). (6);		(enroulement) Α (7);

(1) Deux fois.
(2) Une fois.
(3) Neuf fois.
(4) Cinq fois.
(5) Cinq fois.
(6) Trois fois sur deux ampoules.
(7) Une fois.

ou en deux lignes avec disparition des dernières lettres de chaque ligne

TOYAΓ
OYMHN (1);

ou enfin avec la suppression de l'article

AΓI
OYMH
NA (palme) (2).

Quelquefois, au contraire, le type indiquant suffisamment quel était le Saint vénéré, le mot εὐλογία est seul exprimé

ΓIA   ou en bous-   AYϴ
ЄYΛO (3),   trophédon   OΊIA (4).

Il faut signaler enfin les ornements qui occupent sur les faces le champ laissé libre par le sujet ou la légende; peu nombreux au fond, couronne, tresse, filets, grènetis en relief ou en creux, ils sont employés de la manière la plus diverse. Joignez-y le nombre de combinaisons auxquelles peut donner lieu leur rapprochement de tel ou tel type, de telle ou telle inscription, la combinaison nouvelle qui peut résulter de la réunion de telle face à tel ou tel autre revers, nombre de variantes en résulteront. Les soixante dix-sept ampoules du Louvre, de fait, n'en présentent qu'un nombre très-minime qui soient sorties entièrement du même moule, telles que les deux grandes notamment, à la légende ЄYΛOΓIA ΛABOMЄ TOY AΓIOY MHNA,

---

(1) Deux fois sur les deux faces de la même ampoule.
(2) Une fois.
(3) Une fois.
(4) Une fois également.

dont l'aspect est rigoureusement semblable et où, nous l'avons signalé, les mêmes lettres se trouvent précisément cachées. Il y a là un fait digne de remarque, comme une nouvelle preuve de l'ample fabrication à laquelle donnaient lieu et de la vogue dont jouissaient les ampoules à eulogies de Saint Ménas.

II.

Il y a dans la collection du Louvre une seconde classe d'ampoules d'une nature quelque peu différente, dont, quoique le British Museum en possède également quelques exemplaires (1), l'existence n'a, je crois, jamais donné lieu à aucune étude (2). Les fioles dont il s'agit ne sont plus rondes, ainsi que les ampoules à eulogies de Saint Ménas, mais ovales, avec un simple appendice fort court pour goulot, hautes de sept centimètres en moyenne sur cinq de large. Les anses sont remplacées par deux trous de suspension formant le plus souvent une légère saillie des deux côtés de la partie supérieure de la panse. Ici point d'inscriptions, des types nouveaux et variés, et partant de grandes difficultés d'interprétation; mais du moins les sujets représentés, des bustes ou des images de saints le plus souvent, ne laissent point de doute que, pour se rapporter à des cultes différents, les ampoules en question n'en ont pas moins servi,

(1) J'ai souvenir d'y avoir remarqué sur des ampoules de cette forme les sujets suivants : 1° Barque, dans laquelle se voit un buste de grande taille de face et de part et d'autre deux figures (?) méconnaissables. 2° Personnage debout en courte tunique, la main droite appuyée sur un objet indistinct. 3° Croix pattée ornée de cercles en creux. 4° Croix grecque décorée et cantonnée de cercles au trait.

(2) M. Héron de Villefosse a signalé en quelques mots six d'entre elles à la Société Nationale des Antiquaires de France (*Bulletin*, 1890, p. 94).

ainsi que celles de Saint Ménas, à conserver les huiles saintes ou eulogies rapportées de tombeaux célèbres.

I. Trois d'entre elles, avec de légères variantes de représentation, se rapportent au même personnage. La face montre, sous une arcade cintrée que supportent deux colonnes torses, un homme debout à longue et grosse figure barbue, le visage aplati, vêtu d'un grand manteau qui l'enveloppe entièrement, et maintenant de la main droite ramenée devant le corps un *volumen* ou une cassette qu'il tient sous le bras gauche. Sur deux de ces fioles, le revers est occupé par un autre personnage également barbu, mais dont le visage beaucoup plus court ne permet pas de reconnaître le même portrait. Il porte la tunique recouverte d'un manteau qui, jeté sur les épaules, retombe des deux côtés du corps et tient comme l'autre un objet indistinct, peut-être également un *volumen*. Un personnage analogue figure également sur le revers de la troisième, mais traité d'une manière un peu différente et la tête entourée d'un épais nimbe; on y voit de plus, dans le champ, de petits cercles au trait ornés d'un point central. Les deux premières proviennent, croit-on, de Smyrne, la troisième d'Ephése.

II. Une quatrième eulogie est sans doute consacrée au même Saint, et le travail un peu plus soigné permet ici d'en distinguer mieux les traits. Il est, comme sur les exemplaires précédents, vêtu d'un ample manteau et porte le *volumen* devant la poitrine, soutenu par les deux mains en face du corps. La figure avec le crâne haut et chauve, le visage plat et la longue barbe, plus expressive que ne le sont d'ordinaire les représentations des ampoules, se rapproche de celle que l'iconographie chrétienne prête à Saint Paul. Le champ semble occupé par deux grandes palmes. Le revers est non moins caractéristique, quoique mutilé dans la moitié inférieure : un personnage barbu, assis de trois quarts à droite, la tête trop grosse pour le corps, est occupé à écrire sur un livre qu'il tient devant lui.

L'ampoule, donnée au Musée par M. Piot — ainsi que la précédente et trois autres décrites plus loin — a été achetée par lui à Ephèse et attribuée pour cette raison à Saint Jean.

III. Il en est de même d'une ampoule, provenant également d'Ephèse, où se voit un personnage analogue, portant aussi le *volumen*, debout entre deux lions. Le sujet se réfère sans doute à l'histoire de Daniel et sa présence n'a pas lieu de nous étonner : il était bien dans les habitudes des premiers siècles chrétiens d'établir ainsi une sorte de parallélisme entre les prophètes de l'Ancien Testament et les saints ou martyrs de la loi nouvelle, et M. de Rossi avait d'abord expliqué par cette sorte d'allusion le sujet que présentent les ampoules de Saint Ménas, avant de reconnaître deux chameaux dans les animaux qu'on avait avant lui regardés comme des oiseaux ou des moutons (1). Sur le revers, un personnage, debout en courte tunique comme Saint Ménas, la main gauche contre la hanche, s'appuie du bras droit levé sur une lance. Les reliefs du champ sont trop indistincts pour qu'on les puisse reconnaître (2).

IV. Saint Jean enfin a encore été regardé, sans autre prétexte que la provenance d'Ephèse, comme représenté sur une dernière fiole, d'un travail fort grossier, dont les deux faces sont occupées par des bustes de saints en très-haut relief, l'un

---

(1) *Bullettino*, 1869, p. 32.
(2) M. DE VILLEFOSSE (*Bulletin de la S^{té} des Antiquaires*, 1890, p. 94) croît voir à la droite du Saint un monstre et songe à Saint Georges.

barbu, la tête entourée d'un nimbe, tenant encore le *volumen* et se rattachant par là à toute la série précédente, l'autre avec la tête surmontée d'une haute chevelure indiquée par une série de points en creux, peut-être par suite une femme, portant de la main droite un objet indistinct, tandis qu'un autre objet, non moins méconnaissable, est maintenu sous le bras gauche arrondi.

V. Il y a plus de certitude dans l'attribution à Saint Pierre d'une autre ampoule provenant de Smyrne et donnée au Musée par M. S. Reinach. M. de Rossi a publié jadis une ampoule portant sur une face l'image de Saint Ménas entre les deux chameaux, sur l'autre un monogramme du nom ΠΕΤΡΟΥ,

ampoule destinée, ainsi qu'il l'a fait remarquer, à conserver l'huile de deux sanctuaires également célèbres en Egypte, le sanctuaire de Saint Ménas et celui de Saint Pierre, évêque d'Alexandrie et martyr sous Dioclétien (1). Il est vraisemblable qu'il s'agit ici de Saint Pierre, mais de Saint Pierre le chef des Apôtres, ainsi que l'indiqueraient les attributs. L'encadrement est formé, non plus par une arcade, ainsi que sur les trois ampoules énumérées en premier lieu, mais par un fronton reposant sur deux colonnes torses. Sous ce fronton un saint barbu, vêtu d'une tunique plissée, marche vers la droite, le corps présenté de face. Sa main droite tient devant sa poitrine une croix latine, tandis qu'à son coude gauche plié est passée une courroie qui porte à son extrémité une clef suspendue par l'anneau. Un fronton semblable et supporté de même entoure sur l'autre

---

(1) *Bullettino*, 1872, p. 25.

face un buste drapé analogue, mais en partie masqué par de la terre incrustée.

VI. Un dernier groupe est formé par trois ampoules ornées sur l'une et autre face d'une croix (1), croix latine simple sur l'une, dont la terre foncée et brunâtre contraste avec toutes les autres qui sont d'un ton presque uniformément clair, croix latine pattée et gemmée sur la seconde, croix grecque enfin sur la dernière, de dimensions particulièrement restreintes (quatre centimètres de haut sur trois de large).

III.

Il me reste à dire quelques mots d'un autre objet se rapportant aussi aux eulogies, mais où le mot εὐλογία est pris dans une acception différente. Il s'agit d'un moule en terre cuite, trouvé en Grèce aux environs du Laurium et constitué par un disque de dix centimètres et demi de diamètre dont le revers légèrement convexe est renflé à sa partie centrale pour en faciliter la préhension, tandis que le plat porte en creux: au centre, dans un cercle, une croix; autour la légende ЄΥΛΟΓΙΑ $\overline{\text{KY}}$ $\overset{\circ}{\text{γ}}$

ЄΦΗΜΑϹ, εὐλογία Κυρίου ἐφ'ἡμᾶς. L'eulogie invoquée est donc, non plus celle d'un saint quelconque, mais l'eulogie, la bé-

---

(1) Deux ampoules analogues sont conservées au British Museum.

nédiction de Dieu même (1), et, de même que la forme des ampoules de Saint Ménas et autres analogues nous indiquait leur usage, la conservation de l'huile sainte, il est clair que nous sommes ici en présence d'une sorte de sceau à imprimer sur le pain bénit. Le mot eulogie, qui, plus tard, s'appliqua aussi à d'autres pains sanctifiés par une bénédiction spéciale que les évêques étaient dans la coutume de s'envoyer en signe d'union ecclésiastique, désignait, durant les premiers siècles, à la fois les espèces sacramentelles elles-mêmes et les pains qu'après avoir consacré le nombre d'hosties nécessaires à la communion des fidèles, le prêtre bénissait pour distribuer à ceux qui n'y avaient point pris part. Il est avéré que, dès le quatrième siècle, les pains offerts à l'autel étaient ronds, de petite taille, et d'ordinaire ornés d'une marque telle que la croix, avec l'inscription IC XC NIKA par exemple. M. de Rossi a même signalé (2), d'après un dessin, un cachet

ЄΥΛΟΓΙΑ
ЄΥΠΟΡΙѠ

qui, dit-il, devait être imprimé soit sur des pains offerts par un prêtre du nom d'Euporius, soit en souvenir de la personne à qui l'eulogie était donnée; mais je ne crois pas qu'il ait été publié aucun moule du genre de celui qui est décrit plus haut.

(1) La même inscription ЄΥΛΟΓΙΑ | ΚΥΡΥΟΥ (pour ΚΥΡΙΟΥ) se lit sur une lampe paraissant provenir de Syrie (*Bulletin de la Société des Antiquaires*, 1885, p. 291). Une des célèbres ampoules du trésor de Monza porte également + ЄΥΛΟΓΙΑ ΚΥΡΙΟΥ ΤѠΝ ΑΓΙΟΝ ΤΟΠѠΝ; sur une autre, qui a été signalée il y a quelques années à la Société d'Archéologie chrétienne (*Bullettino*, 1884-85, p. 136; cf. *Bulletin Monumental*, 1838, p. 114, on lit + ЄΥΛΟΓΙΑ ΤΗC ΘЄΟΤΟΚΟΥ, eulogie de la Mère de Dieu.
(2) *Bullettino*, 1865, p. 80.

L'humble monument du Louvre, avec son inscription qui ne laisse point place au doute, nous est ainsi un précieux témoin de l'habitude où étaient les chrétiens primitifs de marquer d'un sceau les pains consacrés.

Etienne Michon.

I. UN MANUSCRIT DE L'*ABRÉGÉ DE CHRONOLOGIE* DE NICÉPHORE.

II. LES STIQUES DES *ACTA THOMAE*

I.

Nous possédons deux ouvrages historiques dus à Nicéphore (1), qui fut archevêque de Constantinople de 806 à 813 ; ces deux ouvrages sont l'Ἱστορία σύντομος et le Χρονογραφικὸν σύντομον. M. Carl de Boor (2) a donné récemment de ces deux ouvrages une édition qui peut aujourd'hui tenir lieu de toutes les éditions antérieures. Pour l'*Abrégé d'histoire*, M. de Boor avai-découvert un manuscrit, le *Vaticanus* 977, qui non seulement est meilleur que tous les autres, mais qui, de plus, est l'original sur lequel tous les manuscrits que nous connaissons ont été copiés. Si, pour l'*Abrégé de Chronologie*, M. de Boor n'a pas eu la même bonne fortune, il n'en est pas moins parvenu, grâce à divers secours, à constituer le texte de cet ouvrage d'une façon très satisfaisante. Nous avons cependant à indiquer un secours qui aurait pu être utile, nous en sommes convaincus, au nouvel éditeur.

On connaît depuis longtemps l'existence, à la Bibliothèque Nationale de Madrid, d'un manuscrit de l'*Abrégé de Chrono-*

---

(1) Sur Nicéphore voir K. Krumbacher, *Byzantinische Litteraturgeschichte*, Munich, 1891, p. 126.

(2) Nicephori *archiepiscopi Constantinopolitani opuscula historica*, 1 vol., Leipzig, 1880, collection Teubner.

logie. Ce manuscrit est décrit par Iriarte (1) sous la cote N - 121 ; K. Krumbacher le mentionne dans sa *Byzantinische Litteraturgeschichte*, p. 128 ; Credner (2) s'en est servi en étudiant la stichométrie de la Bible. Cependant on n'a pas cru jusqu'ici qu'il valût la peine d'étudier sérieusement ce manuscrit ; on s'en est tenu à la description faite par Iriarte ; cette description a permis à Credner de classer le *Matritensis* (3), pour ce qui concerne les indications stichométriques ; mais elle est insuffisante pour en faire connaître la valeur. Nous ne sommes pas nous-même en mesure d'indiquer cette valeur : nous avons tenu trop peu de temps le manuscrit dans nos mains pour que nous puissions rien dire sur le texte qu'il contient. Il y a cependant un fait que nous avons pu constater et qui n'est pas sans importance. Iriarte met le *Matritensis* au XIIIe siècle : c'est une grosse erreur ; le ms. est du XIe ; le doute n'est pas possible : il suffit de jeter un instant les yeux sur l'écriture pour se convaincre de l'erreur d'Iriarte. Il se trouve alors que le ms. de Madrid est de la même époque que les deux plus anciens mss. de ce que M. de Boor appelle la *Chronographie retractata*, c'est-à-dire le Parisinus 1711 et le Coislinianus 133 ; et, comme le premier de ces deux mss., copié avec la plus grande négligence, est rempli de fautes et que le second (4)

---

(1) *Regiae Bibliothecae Matritensis codices graeci mss.*, Madrid, 1769. Cf. p. 480. Aujourd'hui ce ms. porte le n° N - 120 ; et c'est le n° N - 120 d'Iriarte qui porte le n° 121.

(2) *Zur Geschichte des Kanons* Von Dr. Karl August Credner, 1 vol. Halle, 1847 ; cf. p. 113 et suiv.

(3) Credner a publié la *Chronologie*, Giessen 1832-1838 ; je n'ai pas pu consulter cette édition ; mais il est facile de voir, par ce qu'il dit, *Geschichte des Kanons*, p. 113, qu'il ne s'est pas servi du *Matritensis* pour constituer son texte.

(4) Il y a ici divergence entre M. de Boor et H. Omont, *Inventaire sommaire des manuscrits grecs de la Bibliothèque Nationale*, tome III, p. 141 ; M. de Boor indique le XII-XIIIe s. ; M. Omont le XIe.

est très mutilé, on aurait des chances de trouver dans le Matritensis un texte meilleur que ceux des deux mss. de Paris. M. de Boor a encore employé un ms. d'Iéna daté de l'an 1304, un ms. d'Oxford qui est aussi du XIV⁰ siècle, enfin le Parisinus 233 ; pour ce dernier ms., il indique comme époque le XII⁰ siècle. M. H. Omont, au contraire, indique le XIV⁰. On voit, par conséquent, que le ms. de Madrid reste parmi les plus anciens. Nous avons pensé qu'il valait la peine de relever l'erreur d'Iriarte et de signaler ce ms. qui a probablement de la valeur, qui, au moins, mérite d'être étudié pour la constitution du texte de la *Chronologie Abrégée*.

J'ai dit que je n'étais pas en mesure d'indiquer la valeur du manuscrit ; voici cependant un fait qui a attiré notre attention. Il s'agit des indications stichométriques de la Bible. M. de Boor (1) dit que, pour la Genèse, les mss. (2) donnent la leçon ͵ΑΤ = 1300 stiques, ce qui est une erreur ; il faut ΔΤ = 4300. La bonne leçon semble bien être donnée par le *Matritensis*; seulement le trait qui se trouve en bas et à gauche du Δ, et qui indique que ce chiffre 4 doit être multiplié par 1000, ce trait se trouve appliqué au Δ de telle sorte que cette lettre ressemble, à s'y méprendre à un Α. Cette particularité paléographique serait-elle l'origine de l'erreur qui se trouve dans les autres mss.? Nous n'osons pas l'affirmer, car nous aurions l'air de dire que les autres mss. dérivent du *Matritensis*; et nous ne sommes pas en état de donner cette affirmation. Nous avons cru cependant devoir faire connaître cette particularité.

---

(1) *Op. laud.*, p. 132.
(2) Voir d'autres indications dans Credner, *Op. laud.*, p. 117.

II.

Un de nos meilleurs philologues, M. Max Bonnet, professeur à la Faculté des Lettres de Montpellier, a publié (1) récemment l'édition *princeps* complète de l'ouvrage qui est connu généralement sous le nom d'*Acta Thomae* (2), et qui est un des apocryphes du Nouveau Testament. Cet ouvrage avait déjà été édité en 1823 par Thilo (3), en 1851 par Tischendorf (4) d'après le texte grec connu jusqu'alors; mais la publication de la version syriaque de ce texte, faite par S. C. Malan en 1871, avait montré qu'il y avait pour ces *Acta* une rédaction beaucoup plus étendue que celle que l'on possédait. M. M. Bonnet a découvert, à la Bibliothèque Nationale de Paris, des mss. contenant le complément qui manquait au texte grec. Il se trouve que, dans la stichométrie de Nicéphore, les *Acta Thomae* sont indiqués comme ayant 1700 stiques (5). Dans l'édition de M. Bonnet, le texte grec de cet ouvrage a 95 pages; si l'on compte 25 lignes par page, et c'est le moins qu'on puisse faire, on obtient déjà un nombre de lignes égal à 2375; de plus les lignes de l'édition ont en moyenne 53 lettres, tandis que le stique, comme l'a établi Ch. Graux (6), avait seulement 37,7 lettres; l'indication stichométrique de Nicéphore ne concerne donc point le texte complet des *Acta*. Prenons à présent le texte de cet

---

(1) Un vol. in-8°, Leipzig, H. Mendelssohn, 1883.
(2) Dans les mss. cet apocryphe porte comme titre: Πράξεις τοῦ ἁγίου ἀποστόλου Θωμᾶ, ou bien Περίοδοι ou Περίοδος τοῦ ἁ. ἀπ. Θωμᾶ.
(3) Dans les *Acta Apostolorum Apocrypha*, Leipzig.
(4) *Apocryphal Acts of the Apostles*, Londres.
(5) C. De Boor, *op. laud.*, p. 135: Περίοδος Θωμᾶ στίχων ‚ΑΧ. Ce même chiffre est aussi donné par le ms. de Madrid.
(6) *Rev. de Philologie*, 1878, p. 123.

ouvrage tel qu'il était avant la découverte de M. Bonnet; il remplit, dans l'édition qu'il a donnée, les pages 1-29, 31-44; si nous comptons les lignes de ces 41 pages, nous obtenons le chiffre 1077, ce qui, multiplié par 53, nombre moyen des lettres de la ligne, nous donne 57081 lettres; en divisant par 37,7, nombre des lettres du stique normal, nous avons comme résultat 1514 stiques, ce qui, en somme, n'est pas bien éloigné du chiffre de 1700 stiques indiqué par Nicéphore. Il résulte donc de tous ces calculs qu'au IXe siècle, à l'époque de Nicéphore, en tout cas qu'au XIe, à l'époque où le *Matritensis* a été écrit, on connaissait surtout la rédaction abrégée des *Acta Thomae*. Quelles conséquences peut-on tirer de ce fait pour l'histoire de ce texte? La rédaction abrégée constituerait-elle véritablement l'ouvrage primitif, et les suppléments publiés par M. Bonnet ne seraient-ils que des additions postérieures? Il nous suffit de poser cette question.

Albert Martin.

LE MONOGRAMME DU CHRIST ET LA CROIX
SUR LES MONNAIES MÉROVINGIENNES

Le monnayage mérovingien procède directement du monnayage byzantin. Les premières monnaies frappées en Gaule sous la domination des rois francs furent de simples imitations des espèces contemporaines émises par les empereurs de Byzance. Bien loin qu'on songeât à changer le type, le nom impérial lui-même fut d'abord conservé. C'est seulement au caractère du dessin, au style, à l'altération des légendes, qu'on peut distinguer les monnaies pseudo-impériales sorties des ateliers de la Gaule, des monnaies impériales proprement dites. Tant que les ateliers orientaux conservèrent sur leurs monnaies d'or la figure de la Victoire, les monétaires de la Gaule suivirent leur exemple, sans s'interdire de graver sur des monnaies de bronze le monogramme du Christ et la croix qui, d'ailleurs, étaient, dès le commencement du VIe siècle, d'un usage courant dans la numismatique byzantine. Mais dès qu'à la fin du VIe siècle, sous Justin II ou peut-être seulement sous Tibère Constantin, la Victoire eut disparu des monnaies de l'Empire pour faire place à la croix, les monétaires gallo-francs s'empressèrent d'adopter ce nouveau symbole. Rien d'étonnant à cela; artistes fort maladroits, ils trouvaient plus facile de dessiner une croix qu'une Victoire.

Le monogramme du Christ est le plus ancien emblème religieux qui paraisse sur les monnaies mérovingiennes. Je ne parlerai pas en effet de la croix que porte la Victoire et qui ne saurait donner lieu à aucune remarque intéressante. Le monogramme dit constantinien, c'est-à-dire composé d'un X que traverse un P, décore le revers d'une pièce de bronze de Childebert I, 511-558 (fig. 1) (1). On cite encore une monnaie de Théodebert, de l'atelier de Chalon-sur-Saône, figurée dans Bouterouë (2) d'après la collection de Harlay; mais, comme aucun exemplaire de cette pièce n'a été retrouvé, il convient de laisser de côté ce document; car la lecture du nom royal peut être erronée. Le monogramme constantinien, au-dessus d'un globe, et accosté des lettres A et ω, paraît sur un tiers de sou d'or frappé à Vienne, avec le nom de l'empereur Maurice Tibère, 582-602 (fig. 2) (3). Ce symbole devient rare dans la numismatique mérovingienne après le VIe siècle, si rare que je ne puis citer qu'un exemple du VIIe siècle: c'est un triens d'atelier incertain, *Niaiolo* (4). On doit toutefois en rapprocher un triens de *Pauliaco*, aujourd'hui Pouillé, en Touraine, où le monogramme constantinien a subi une modification: la haste se termine à sa partie supérieure non plus par un P, mais par un R retourné; de plus, le pied du monogramme pose sur un piédestal rectangulaire (5).

Nous trouvons sur des monnaies, dont aucune n'est antérieure au VIIe siècle, le monogramme formé des lettres I et X, initiales de Ἰησοῦς Χρίστος, par exemple sur les deniers de Chalon-sur-Saône (fig. 3) (6), sur des tiers de sou des ateliers

---

(1) Cette pièce fait partie de la collection du Cabinet de France, à la Bibliothèque nationale; elle porte le n° 36.

(2) BOUTEROUË, *Recherches curieuses des monoyes de France*, p. 224, fig. Voy. aussi LE BLANC, *Traité histor. des monnoyes de France*, p. 22, fig.

(3) Cab. de France, n° 1303.

(4) Cab. de France, provenant de la collect. Gariel, catal. de vente, n° 544.

(5) Cab. de France, n° 398. Figuré: P. D'AMÉCOURT, *Touraine*, dans *Annuaire de la Soc. fr. de numismat.*, t. III, p. 120, n° 71; du même auteur, *Monnaies mérov. du Cenomannicum*, p. 174, n° 114.

(6) Cab. de France, n° 207.

tourangeaux d'Amboise (1), Ballan (2), Candes (3), et encore à Braye-sous-Faye (4) sur les confins de la Touraine et du Poitou, à Périgueux (5) et au Port de Créteil (6).

La figure résultant de la combinaison de la croix à branches égales, dite croix grecque, avec la croix de Saint André, ou *decussata* est rare. Nous la signalerons au revers d'un triens d'atelier incertain, *Campotrecio* (7).

Le symbole chrétien le plus commun dans le monnayage mérovingien, celui qui constitue le type du revers de la plupart des monnaies émises en Gaule, depuis la fin du VIe siècle jusqu'au milieu du VIIIe siècle, c'est la croix sous ses diverses formes. La croix haussée sur un globe, modification du globe crucigère, est le type le plus ancien en même temps qu'il a été le plus usité et le plus persistant. On le remarque pour la première fois sur des monnaies au nom de Justin des ateliers d'Arles (fig. 4) (8) et de Viviers (9). Il s'agit de Justin II 565-568; on ne peut pas songer à Justin I; car ce type n'apparaît pas

---

(1) Cab. de France, n° 359. Figuré: P. D'AMÉCOURT, *Touraine*, dans *Annuaire de la Soc. fr. de numismat.*, t. III, p. 112, n° 51; A. DE BELFORT, *Description générale des monnaies mérov.* n° 108.

(2) Cab. de France, n° 364. Figuré: A. DE BELFORT, *Descript. génér.*, n° 621.

(3) Cab. de France, n° 377. Figuré: A. DE BELFORT, *Descript. génér.* n° 1623.

(4) Cab. de France. Figuré: P. D'AMÉCOURT, *Cenomannicum*, p. 212, n° 135.

(5) Cab. de France, *Invent. somm. des monn. mérov. de la coll. d'Amécourt acquises par la Bibliothèque nationale*, n° 683.

(6) Cab. de France, n° 872. Figuré: CONBROUSE, *Monétaires*, pl. 22, n° 15; A. DE BELFORT, *Descript. génér.*, n°s 1661 et 1662.

(7) Cab. de France. Figuré: CONBROUSE, *Monétaires*, pl. 20, n° 10; A. DE BELFORT, *Descript. génér.*, n° 1364.

(8) Musée de Marseille. Figuré sur notre planche, d'après ROBERT, *Sur la prétendue restauration du pouvoir de Maurice Tibère*, n° 3.

(9) Voyez ROBERT, *ouvr. cité*, n°s 1 et 2.

sur les monnaies d'or, si nombreuses, de Justinien, successeur de Justin I ; on constate, au contraire, son emploi sous les règnes de Tibère Constantin et de Maurice Tibère, successeurs de Justin II. Le nom de l'empereur n'indiquerait pas ici une date précise que je n'en serais pas étonné : comme nous avons affaire à des pièces d'imitation, elles peuvent être postérieures de quelques années au règne de Justin II. Quoiqu'il en soit, la croix haussée sur un globe est gravée au revers de tous les sous et tiers de sou d'or de Marseille au nom de Maurice Tibère (fig. 5) (1). Son usage se prolongea, dans cet atelier au moins, jusque sous Childebert III, 695-711. De Marseille, cette croix se répandit dans tous les ateliers de la Gaule, mais non pas sans subir de nombreuses modifications. Du reste, parmi ces modifications, il en est qu'on constate déjà à Marseille. Ainsi, sur des monnaies où le nom de Maurice Tibère est plus ou moins altéré, la croix n'est plus potencée ni à son sommet ni aux extrémités de la traverse ; le sommet et les bras sont ou pattés, (2) (fig. 6) ou ornés de points ; le pied seul reste potencé, en d'autres termes, soudé à un degré. Sur les monnaies marseillaises de Clotaire II, 613-622, les extrémités sont généralement fourchues. Il semble bien que ce soit sous le règne de Clotaire II que cet usage d'exagérer l'empattement des extrémités de la croix jusqu'à lui donner l'aspect d'une fourche se soit établi. Nous constatons en effet la même particularité sur un triens de Clotaire II à Chalon (3). La croix potencée à ses quatre extrémités, sur un globe, dans quelque atelier qu'on la rencontre, est toujours pour la pièce où elle est gravée une marque d'ancienneté ; elle indique la fin du VIe siècle ou les premières

---

(1) Cab. de France, n° 1368.
(2) Cab. de France, n° 1378.
(3) Cab. de France, n° 167.

années du siècle suivant. C'est sous la forme d'une croix latine, avec le pied soudé à un degré, que la croix haussée sur un globe se présente sur la plupart des monnaies d'or mérovingiennes. Souvent aussi le degré se détache; il est isolé entre le pied de la croix et le globe; ou bien, la croix est fichée par une tige mince au degré. Ce degré disparaît même complètement et bon nombre de monnaies nous offrent, au revers, une croix placée directement au-dessus d'un globe. Il arrive encore que le pied de la croix est soudé (fig. 7) (1) ou fiché au globe (fig. 8) (2). Quant au globe lui-même, il devient globule, puis simple point. Certains monétaires se plurent à entourer ce globe de points ou de globules, surtout dans les ateliers de la province Belgique. A Toul, le pied potencé de la croix est porté par deux lignes de points inclinées (fig. 9) (3). A Verdun, le globe est entouré d'un cercle de perles soutenu par deux traits (4). De ce cercle de points est sorti le type de croix qu'on rencontre sur la plupart des monnaies frappées à Maastricht, Dinant, Namur et Wijk-bij-Duurstedt: une croix au pied soudé à un degré allongé, sous lequel six globules rangés en deux lignes horizontales. Les figures 10 à 12, empruntées à des tiers de sou de Maastricht, feront comprendre la filiation de ce type. Le globule, sur certaines pièces, est abrité sous une base trapézoïdale, par exemple sur un triens frappé à Huy, en Belgique (fig. 13) (5).

---

(1) La fig. 7 représente le revers d'un tiers de sou d'Autun. Cab. de France, n° 132.
(2) La fig. 8 représente le revers d'un tiers de sou de *Sancti Jorgi*. Cab. de France, n° 481.
(3) Cab. de France, n° 980.
(4) Cab. de France, n° 999. Figuré: A. DE LONGPÉRIER, *Vente Dassy*, dans *Revue numismatique*, 1868, pl. XVIII, n° 6.
(5) Cab. de France, n° 1202.

J'arrive à un autre type de croix qui remonte à la même époque que le précédent : la croix haussée sur des degrés. Elle paraît sur un triens au nom de Justin II, 565-568, frappé dans la cité des *Gabali* (fig. 14) (1), et sur un triens du roi Gontran, 561-592 (2). Sur la première de ces deux monnaies, les degrés sont au nombre de trois. Il en est ainsi assez souvent sur les monnaies de la première Lyonnaise, par exemple à Chalon (fig. 15) (3). A Byzance, on rencontre jusqu'à quatre degrés audesous de la croix, sur les sous d'or de Tibère Constantin et d'Héraclius. En Gaule, le nombre de trois n'est jamais dépassé ; souvent il est réduit à deux, même à un seul. Le type de la croix sur un ou plusieurs degrés ne saurait être localisé. On le rencontre dans tous les ateliers. Parfois, le pied de la croix est fiché au degré supérieur ; citons, comme exemple, un triens de Langres (fig. 16) (4). Sous les degrés figure aussi un globule (fig. 17) (5).

Ce fut l'habitude, dans les premiers siècles chrétiens et encore pendant la période barbare, de suspendre à la traverse de la croix, avec de petits chaînettes, les lettres A et ⏑. Le monnayage mérovingien témoigne de cet usage. Les deux lettres symboliques sont attachées aux extrémités des branches de la croix, par exemple sur des triens frappés à Troyes (6), à Ar-

---

(1) Figure, d'après ROBERT, *ouvr. cité*, n° 4.
(2) Ce triens de Gontran appartient au Cabinet de Madrid. Je l'ai publié d'après une empreinte communiquée par M. ENGEL, dans la *Revue numismatique*, 1889, p. 540, pl. IX, n° 2.
(3) Cab. de France, n° 166. C'est le revers d'un tiers de sou de Clotaire II (613-629).
(4) Cab. de France, n° 155.
(5) Cab. de France, n° 145 ; tiers de sou de Beaune (*Baleno*).
(6) Cab. de France, n° 593. Figuré : CONBROUSE, *Monétaires*, pl. 44, n° 17. — Ibid., n°s 594 et 595. Figurés : GRÉAU, *Etude sur quelques monnaies en or*, pl. II, n°s 15 et 13.

cis-sur-Aube (1), à Dourdan (2), à Bordeaux (3), et sur un denier du Mans (4). Le mode de suspension est même sommairement indiqué sur des triens d'Alaise (fig. 18) (5), de *Frisia* (6) et de Huy (7). Si la croix est accostée des lettres ⍵ et A, comme sur un tiers de sou de Corme (8) et un autre de Soissons (9), il faut attribuer cette anomalie à une erreur de gravure naturelle à des artistes inexpérimentés qui oublient volontiers que l'image du coin sera renversée sur le flan monétaire.

Les chaînes de suspension ne seraient-elles pas l'origine des pendentifs qui, sur quelques monnaies mérovingiennes, tombent des bras de la croix. J'ai déjà donné un exemple plus haut (fig. 13). En voici un autre (fig. 19); c'est le revers d'un triens de l'atelier de *Rufiacu* (10): il présente une croix avec pendentifs, fichée, et à double traverse. D'autres monnaies, comme les deniers de Paris à la croix ancrée, dont il sera question plus loin,

---

(1) Cab. de France, n° 609. Figuré: A. DE BELFORT, *Descript. génér.*, n° 252.

(2) Cab. de France, n° 560. Figuré: DUCHALAIS, *Note*, dans *Mémoires de la Soc. Archéolog. de l'Orléanais*, t. I, p. 198.

(3) Cab. de France. Figuré: JULLIAN, *Inscriptions romaines de Bordeaux*, t. II, pl. III, n° 3.

(4) Cab. de France n° 421. Figuré: P. D'AMÉCOURT, *Monnaies du Cenomannicum*, p. 60, n° 21; A. DE BELFORT, *Descript. génér.*, n° 1504.

(5) Cab. de France, n° 1257.

(6) Cab. de France, n° 615. Figuré: ENGEL et SERRURE, *Traité de numismat.*, t. I, p. 189, fig. 342.

(7) Cab. de France, n° 1208.

(8) Cab. de France, n° 446. Figuré: P. D'AMÉCOURT, *Monnaies du Cenomannicum*, p. 195, n° 127; A. DE BELFORT, *Descript. génér.*, n° 1641.

(9) Cab. de France, n° 1061. Figuré: CARTIER, *Lettres*, dans *Revue numismat.*, 1836, pl. XI, n° 10.

(10) Cab. de France. *Invent. sommaire des monn. mérov. de la collect. d'Amécourt*, n° 724.

nous montrent les pendentifs placés aux extrémités de la traverse. Sur un triens de Huy (1) et sur un autre d'*Evira*, les pendentifs sont courbés (fig. 20) (2).

Plus rare est la croix dont la traverse est surmontée de deux petits traits verticaux qui représentent sans doute les flambeaux dont on ornait les croix. Je donne les revers de deux triens, l'un d'atelier incertain (fig. 21) (3), l'autre de Ballon, dans le Maine (fig. 22) (4); sur celui-ci, la croix est ancrée; nous expliquerons bientôt cette particularité. Sur un triens de Ferrussac (5) les traits verticaux sont placés aux extrémités de la traverse.

Des triens frappés à *Breciaco* (6), en Limousin, à Ligugé (7) et à Andelot (fig. 23) (8), présentent une croix dont la traverse supporte deux petites croix. Au revers d'un triens de Trizay, en Poitou, nous trouvons une croix reposant sur un trait horizontal aux extrémités duquel reposent deux petites croisettes (9).

La croix monogrammatique, que les numismates appellent chrismée, se présente tantôt avec sa forme normale, c'est-à-dire le sommet terminé en P grec, tantôt latinisée, c'est-à-dire le sommet terminé en R latin (10). La première forme est rare.

(1) Cab. de France, n° 1204.
(2) Cab. de France, n° 885.
(3) Cab. de France.
(4) Cab. de France, n° 434.
(5) Cab. de France. *Invent. sommaire des monn. mérov. de la coll. d'Amécourt*, n° 409.
(6) Cab. de France.
(7) Cab. de France.
(8) Cab. de France, n° 158.
(9) Cab. de France. Figuré: Prou, *Monn. de Tidiriciaco*, dans *Revue numismat.*, 1886, pl. XIII, n° 20.
(10) Voyez sur cette croix le remarquable article de l'illustre et savant professeur de Rossi, *Della croce monogrammatica greco-latina*, dans *Bullettino di archeologia cristiana*, 3e sér., 5e ann. (1880), p. 154.

Nous signalerons son emploi dans les ateliers de Lyon (1), Chalon-sur-Saône (fig. 24) (2), Autun (3), Sion (4) et Huy (5). Sur un triens de *Bregusia* (6), la boucle du P est tournée à gauche. Quant à la croix monogrammatique latinisée, son usage a été très répandu dans tous les ateliers monétaires de la Gaule mérovingienne. Les plus anciennes monnaies à date certaine où elle ait été signalée sont des triens de Dagobert I 628-638, frappés à Paris avec le nom de Saint Eloi (fig. 25) (7). L'R est assez souvent tourné à gauche. Faut-il faire remonter à cette erreur l'idée de dessiner des croix à double chrisme, c'est-à-dire portant à leur sommet deux R adossés (fig. 26) (8). Des monnaies de Thiverzay, en Poitou, de Lieusaint, près Paris (9), et d'Albi (10) présentent ce type au revers. A Sion, on trouve concurremment employées les trois formes de croix monogrammatique que nous venons d'indiquer (11). Ai-je besoin de dire que la croix monogrammatique peut être haussée sur un globe, ou sur des degrés, ou bien accostée des lettres A et ⲱ ? A Rouen,

---

(1) Cab. de France, n° 94.

(2) Cab. de France, n° 190. Voy. encore le n° 181, figuré : Combrouse, *Monétaires*, pl. 18, n° 8, et A. de Belfort, *Descript. génér.*, n° 1148, pl. II, n° 38.

(3) Cab. de France, n° 133. Figuré : A. de Belfort, *Descript. génér.*, n° 443. Ibid., n° 137. Figuré : A. de Belfort, *ouvr. cité*, n° 456.

(4) Cab. de France, n° 1292.

(5) Cab. de France, n° 1201. Figuré : A. de Belfort, *Descript. génér.*, n° 1522.

(6) Cab. de France, n° 1325. Figuré : A. de Belfort, *Descript. génér.*, n° 930.

(7) Cab. de France, n° 693.

(8) Cab. de France. Revers d'un triens de *Theodeberciaco* (Thiverzay).

(9) Cab. de France, n° 857. Figuré : P. d'Amécourt, *Tiers de sol frappé à Lieusaint*.

(10) Cab. de France. Figuré : A. de Belfort, *Descript. génér.*, n° 81.

(11) Cab. de France.

un triens offre l'image d'une croix monogrammatique latinisée, s'échappant d'un calice et portant aux extrêmités de la traverse les lettres ⍵ et A (1).

J'arrive à un type de croix particulier aux monnaies mérovingiennes: la croix ancrée. Il faut prendre garde en effet qu'elle ne se rattache en aucune façon à l'antique symbole de l'ancre. Elle consiste en une croix, ordinairement latine, mais quelquefois aussi à branches égales, sur le sommet de laquelle s'appuie un ⍵ renversé : ⍺. Elle doit son origine au désir de combiner avec l'image de la croix les lettres symboliques A et ⍵. Je n'en veux pour preuve que les monnaies parisiennes au nom de saint Eloi, où l'on remarque une croix ancrée dont le pied repose sur un A (fig. 27) (2). Les premières monnaies datées où apparaisse la croix ancrée sont celles de Dagobert I (fig. 28) (3) et de Clovis II, à Paris. Il semble qu'on soit en droit d'affirmer que ce type a été inauguré par le célèbre orfèvre saint Eloi, qui en ce temps là dirigeait l'atelier monétaire du palais. C'est seulement sur des monnaies signées de son nom qu'on rencontre le prototype de la croix ancrée (fig. 27). La croix ancrée jouit d'une grande faveur. Les monétaires de la vallée du Rhône et du nord-est de la Gaule sont les seuls, comme l'ont remarqué MM. Engel et Serrure (4), qui n'y aient pas eu recours. Mais le type de la croix ancrée s'altéra promptement. Le trait médian de l'⍺ se confondit avec la haste de la croix, et n'en fut plus que le prolongement. L'⍺ fit corps avec la croix; ce qui justifie le nom de croix ancrée (fig. 29) (5). Dans

---

(1) Cab. de France, n° 260. Figuré: LE BLANC, *Traité hist.*, monétaires, n° 46.
(2) Cab. de France, n° 708.
(3) Cab. de France, n° 685.
(4) *Traité de numismat. du moyen-âge*, t. I, p. 166.
(5) Cab. de France, n° 711; revers d'un triens de Paris.

certains ateliers, on rencontre les deux variétés de la croix ancrée, à Paris et à Bordeaux par exemple. Dans ce dernier atelier, le type le plus ancien (fig. 28) figure sur des monnaies de date plus récente que celles où l'on voit le second type (fig. 29). On comprend facilement qu'un graveur de coins s'en soit tenu à la première forme tandis qu'un autre adoptait la seconde ; ou qu'un type ait persisté dans une officine plus longtemps que dans une autre. L'usage de la croix ancrée s'est prolongé jusqu'à l'aurore de l'époque carolingienne ; les deniers de Paris présentent au revers une croix ancrée à pendentifs (fig. 30) (1) qu'on retrouve sur un denier du roi Pépin (2).

Dans certains ateliers, surtout à l'Ouest, l'ancre s'aplatit et et se déforme (fig. 31) (3). Cette déformation a engendré la ligne courbe, qui, sur quelques monnaies, abrite le sommet de la croix (fig. 32) (4). En répétant cette ligne aux extrémités de la traverse, on a obtenu la fig. 33, relevée sur une monnaie frappée à *Lenius* (5), et enfin la fig. 34 (6), où la partie supérieure de la croix est encadrée dans un trilobe.

L'alpha sert d'amortissement à la croix sur un triens d'*Evira*, en Touraine (fig. 20).

Si je n'ai pas parlé tout d'abord de la forme la plus simple de la croix, la croix latine sans ornements (fig. 35) (7), c'est qu'elle ne se présente que tardivement dans la numismatique mérovingienne. Une monnaie, avec la croix latine non haussée

---

(1) Cab. de France, n° 786.
(2) Voyez P. D'AMÉCOURT, *Sur l'origine et la filiation des types*, dans *Annuaire de la Soc. fr. de numismat.*, t. III, p. 321.
(3) Revers d'un tiers de sou du Cab. de France, d'atelier incertain.
(4) Cab. de France, n° 297 ; revers d'un tiers de sou de Sées.
(5) Cab. de France.
(6) Cab. de France.
(7) Cab. de France, n° 162 ; revers d'un tiers de sou de Tonnerre.

sur un globe ou des degrés, n'appartient jamais aux premiers temps du monnayage mérovingien. Cette croix est ou pattée, ou fourchue, ou ornée de points à ses extrémités, ou bien fichée, c'est-à-dire avec le pied muni d'un petit trait vertical.

De la croix latine à la croix grecque le passage était naturel. Les variétés de la croix à branches égales sont nombreuses. Dans les ateliers de l'Est, les extrémités sont d'ordinaire pommettées (fig. 36) (1). Sur les bords du Rhin, nous trouvons une croix fortement pattée (fig. 37) (2). Sur des deniers de Bourges, de Troyes, de Poitiers, la croix est formée de cinq globules (fig. 38) (3); à Poitiers nous trouvons aussi, au revers d'un denier une croix dont chaque branche est ancrée (fig. 39) (4); un autre denier de la même ville présente une variété singulière de croix à branches égales (fig. 40) (5). La croix propre à l'atelier de Brioux consiste en un annelet central auquel s'appuient les quatre branches de la croix en forme d'Y (fig. 41) (6). C'est un type de très basse époque et qu'on retrouve sur un denier de Pépin (7).

Des deniers de Tours et de Poitiers et aussi un tiers de sou d'atelier incertain présentent une croix composée de deux S (fig. 42) (8). Ce n'est qu'une variété de la croix dite crossée, et qui occupe le revers de bon nombre de deniers frappés à Paris (fig. 43) (9).

(1) Cab. de France, n° 1006; revers d'un tiers de sou de Moranville.
(2) Cab. de France, n° 1173; revers d'un tiers de sou de Zülpich.
(3) Cab. de France; revers d'un denier de Bourges.
(4) Cab. de France.
(5) Cab. de France.
(6) Cab. de France; denier.
(7) GARIEL, *Monnaies royales de France sous la race carlovingienne*, t. II, pl. IV, n° 78.
(8) Cab. de France, n° 333; revers d'un denier de Tours.
(9) Cab. de France, n° 787; revers d'un denier de Paris.

Elle doit être apparentée tout ensemble à la croix monogrammatique et à la croix gammée, celle-ci symbole très-ancien, mais qui, exceptionnelle dans le monnayage mérovingien, n'y fait son apparition que sur deux pièces du VIIIe siècle frappées, l'une à Meaux, et l'autre à Clermont en Auvergne (fig. 44) (1).

Je signalerai pour mémoire les croisettes, étoiles, globules et points qui accostent ou cantonnent la croix sur les monnaies mérovingiennes. C'est encore aux monnaies impériales que les artistes de la Gaule ont emprunté ces motifs d'ornementation ; mais, tandis que les Byzantins en usaient avec mesure, les Francs les ont multipliés comme à plaisir.

Je n'ai pas eu d'autre but, dans cette notice, que de mettre en lumière les documents que fournit, sur un point spécial, la numismatique mérovingienne à l'archéologie chrétienne. Il me semble aussi que des pages qui précèdent de nouveaux arguments se dégagent en faveur de l'opinion, si juste, que professe avec tant de talent M. Courajod, à l'Ecole du Louvre, à savoir que l'art mérovingien tire son origine de l'art byzantin.

MAURICE PROU.

(1) Cab. de France, n° 1755.

UNE VUE INTÉRIEURE
DE L'ANCIEN SAINT PIERRE DE ROME
AU MILIEU DU XVe SIÈCLE
PEINTE PAR JEAN FOUCQUET

Toutes les splendeurs du Saint Pierre de Rome actuel ne peuvent faire oublier à l'archéologue et à l'historien la destruction si regrettable de l'antique basilique fondée par Constantin, dont il occupe l'emplacement. L'œuvre de Bramante et de Michel-Ange a fait disparaître entièrement ce sanctuaire, vénérable entre tous, témoin du triomphe du Christianisme, où Charlemagne avait été couronné empereur par le pape Léon III, et auquel se rattachait la mémoire de tant d'autres grands évènements. Les pèlerins qui visitaient Rome au milieu du XVe siècle pouvaient encore contempler la vieille basilique Constantinienne debout dans son ensemble. Aujourd'hui, il ne nous en reste que des souvenirs. Si nous voulons essayer de reconstituer ce qu'elle était, et tenter de nous faire une idée de l'aspect qu'elle devait offrir à l'intérieur, nous sommes réduits à rechercher, comme guides, les représentations figurées qui peuvent en avoir été faites autrefois.

Ces représentations du moins sont-elles nombreuses? Possédons-nous pour nous renseigner des éléments abondants et sûrs? Hélas! nous devons constater que, sans être absolument réduits à l'indigence, nous sommes bien peu riches à cet égard.

L'image la plus fréquemment répétée, celle qui est en quelque sorte classique, est une coupe intérieure perpendiculaire à l'axe de la basilique, montrant en perspective la profondeur des nefs avec l'abside au fond. Cette coupe a été gravée pour la première fois par l'architecte Martino Ferrabosco, pour l'ouvrage de Costaguti sur l'architecture de St. Pierre, dont la première édition est de 1620 (1). Elle a été donnée de nouveau par Ciampini (2), Fontana (3), Bonanni (4), et dans notre siècle encore par Valentini (5), Mignanti (6), etc. Ces différentes gravures ne font que se répéter les unes les autres dans un format plus ou moins grand. Si l'on y constate quelques très légères différences de détail, cela tient à des négligences ou à des oublis des exécutants. En somme, elles se ramènent toutes au même prototype, et il n'y a là véritablement, en plusieurs exemplaires, qu'un unique document iconographique.

Nous savons avec certitude d'après quels éléments a été établie cette vue en coupe de l'antique basilique. Les auteurs que nous avons cités ont mis à profit, d'une part, les notes manuscrites et les dessins réunis par deux archéologues aussi soigneux que passionnés pour les souvenirs du passé, Tiberio Alfarano (7), auquel on doit également un plan détaillé du vieux Saint Pierre, qui a été fréquemment reproduit (8), et Jacopo

(1) *Architettura della Basilica di San Pietro in Vaticano*, réimprimé à Rome en 1684, tav. V.

(2) *De Sacris Ædificiis a Constantino Magno constructis* (Rome 1693 et 1747), édition de 1747, pl. VIII.

(3) *Il tempio Vaticano e la sua origine* (Rome, 1694), p. 99, n.º 1.

(4) *Templi Vaticani historia* (ou *Numismata summorum pontificum Templi Vaticani fabricam indicantia*), (Rome 1695, et 1700), tab. V, fig. 1.

(5) *La patriarcale basilica Vaticana* (Rome, 1845-1855), tome I, tav. IV, fig. 2.

(6) *Istoria della sacrosanta patriarcale basilica Vaticana* (Rome, 1867), tome I, tav. IV.

(7) CIAMPINI, *De Sacris Ædificis* (p. 31 de l'édition de 1747), déclare formellement qu'il emprunte ses planches, où sont les vues en coupe, à un manuscrit d'Alfarano, conservé dans les archives de la Basilique Vaticane.

(8) Notamment par COSTAGUTI, CIAMPINI, FONTANA, BONANNI, VALENTINI, MIGNANTI *(op. cit.)*, SEVERANO *(Memorie sacre delle Sette*

Grimaldi, dont notre savant confrère M. Müntz a si bien remis la mémoire en honneur (1). D'autre part, ils se sont aussi appuyés sur une peinture exécutée sous Paul V, dans la crypte de St. Pierre (les Sacre Grotte Vaticane), pour garder la mémoire de la dernière portion du vieil édifice, qui tomba à cette époque sous les coups des démolisseurs (2). Cette peinture, qui existe encore, ne montre que l'intérieur des cinq nefs. Celles-ci sont arrêtées à leur extrémité par le mur de refend, construit avant le milieu du XVI° siècle (3), pour permettre de continuer à célébrer le culte dans le vaisseau de l'ancienne basilique durant la construction de la nouvelle église (4).

Ces diverses sources ont une réelle valeur, et nous devons accorder notre confiance à leurs dérivés. Mais nous ne pouvons

---

Chiese di Roma, Rome, 1630), les BOLLANDISTES (*Acta Sanctorum junii*, t. VII), CANCELLIERI (*De secretariis Basilicae Vaticanae*, Rome 1786), etc. Le plan d'Alfarano a été encore donné avec explication par M. DE ROSSI, *Inscriptiones Christianae*, II, pag. 229-238, et par M. l'Abbé DUCHESNE, *Le Liber Pontificalis* I, p. 192.

(1) *Recherches sur l'œuvre archéologique de Jacques Grimaldi*, dans le fascicule I de la *Bibliothèque des Ecoles françaises d'Athènes et de Rome*, pages 225-269.

(2) BONANNI, *Templi Vaticani historia*, édition de 1696, page 17, dit que sa gravure de la vue en coupe a été dessinée d'après cette peinture. — Voir sur la peinture elle-même: TORRIGIO, *Sacre Grotte Vaticane*, édit. de Rome, 1639, p. 122-130.

(3) La construction de ce mur est attribuée par UGONIO (*Historia delle Stationi di Roma*, p. 100) à Jules II, et par PANVINIO (*De Septem Ecclesiis*, p 46 de l'édition de 1750) à Paul III.

(4) Au-dessous de la vue est cette inscription :

CONTiGNATiO . TECTi . PARTiS
VETER . BASiL . SVB . PAVLO . V .
DEMOLiTAE

M. MÜNTZ a signalé l'existence d'un dessin de cette peinture dans un des recueils de la Barberine, XLIX. 19. ancien 1046, f.° 24, (*Les sources de l'archéologie chrétienne*, dans les *Mélanges d'archéologie et d'histoire*, publiés par l'Ecole française de Rome, t. VIII 1888, page 114).

nous empêcher de remarquer qu'elles sont, en somme, relativement récentes. Alfarano vivait dans la seconde moitié du XVI⁰ siècle. C'est en 1589 ou 1590 qu'il a publié son plan de Saint Pierre, et il est mort en 1596. Jacques Grimaldi est encore plus rapproché de nous. Il fut attaché à St. Pierre de Rome en 1581 et mourut seulement en 1623. Enfin la peinture des Sacre grotte n'est pas antérieure à Paul V, qui ne devint pape qu'en 1605. Tout ceci, on le voit, nous reporte à une époque presque moderne et bien éloignée déjà de ce pontificat de Nicolas V (1447-1455) où les premiers travaux de réfection furent commencés à Saint Pierre (1).

En fait de représentation plus ancienne, nous avons à citer la fresque de la donation de Constantin peinte par Raphaël del Colle au Vatican dans la salle de Constantin, en face de la grande composition de la défaite de Maxence.

Dans cette fresque, le fond du tableau nous montre l'extrémité supérieure de St. Pierre de Rome avec l'abside et l'autel majeur. M. de Rossi a fait remarquer que c'était le seul document iconographique qui nous soit resté sur cette partie de la basilique (2). Nous ne prétendons pas en nier le grand in-

---

(1) VALENTINI, *La patriarcale Basilica Vaticana* I, p. 22, note 51, invoque aussi l'autorité d'un manuscrit d'Onofrio Panvinio, conservé dans les Archives de la Basilique, vraisemblablement analogue, sinon même identique à celui dont le Cardinal Maï a publié de notables extraits dans le tome IX du *Spicilegium Romanum*. Mais ce manuscrit ne nous ferait pas remonter beaucoup plus haut. Panvinio était né en 1529. Les indications qu'il donne sur l'état de Saint Pierre au temps où il écrit, tant dans le manuscrit publié par le Cardinal Maï que dans son ouvrage posthume: *De septem Urbis ecclesiis* (Rome, 1570) trahissent une date postérieure, peut-être même de plusieurs années déjà, à la mort de Paul III (1550).

(2) *Parere del Commendatore G. B. de Rossi intorno ai lavori.... della Chiesa... di Grottaferrata*, Grottaferrata, 1881, p. 6. Cf. l'Abbé DUCHESNE, *Le Liber Pontificalis*, I. p. 422.

térêt; mais cette représentation a moins de valeur en réalité qu'elle ne semble en offrir au premier abord et qu'on n'a voulu lui en attribuer (1).

D'abord, sa date d'exécution est déjà sensiblement postérieure aux grands travaux de Bramante sous Jules II. En 1520, en effet, cette peinture n'était même pas encore commandée. Bien plus, le choix du sujet à traiter n'était pas arrêté (2). On observera ensuite que la perspective en avant est prise d'assez court, et que, dans la hauteur, l'œil est vite arrêté, la forme de la fresque étant délimitée par celle des voûtes dans la salle de Constantin. L'abside seule de la vieille église apparaît entièrement. De la nef, on ne voit dans leur intégrité que les colonnes les plus voisines du transept. Tout le haut est entièrement caché. Enfin, si l'on procède à un examen critique des détails, à l'aide des documents écrits, on constate qu'il y est glissé beaucoup de fantaisie (3). Nous sommes loin de la recherche d'exactitude archéologique d'un Alfarano et d'un Jacopo Grimaldi. Le peintre s'est inspiré de ce qui avait existé pour reconstituer une vue, en partie idéale, d'un St. Pierre du temps de Constantin, bien plutôt qu'il n'a entendu retracer l'aspect exact du vieux monument condamné à périr.

On retrouve au contraire l'accent de la sincérité et de l'image faite réellement d'après nature dans un dessin que M. le baron

---

(1) SARTI et SETTELE, *Ad Philippi Laurentii Dionysii opus de Vaticanis cryptis appendix* (Rome, 1840), explication de leur planche IV.

(2) EUGÈNE MÜNTZ, *Raphaël* (Paris, 1886), p. 447.

(3) Ainsi, les colonnes qui supportent l'arc triomphal sont de la même grandeur que celles de la nef, tandis qu'elles devraient être plus fortes. Le peintre a supprimé l'oratoire de la Vierge contre le support de gauche de cet arc. Au lieu de 12 colonnes au portique des Columnae Vitineae devant l'autel, on n'en voit que quatre, etc...

de Geymüller a découvert à Londres au Soane Museum (1). Malheureusement ce dessin, dans la manière de Heemskerck, ne remonte qu'à une époque où l'œuvre de destruction était fort avancée. On peut s'en convaincre par la reproduction réduite que nous en donnons sur la planche jointe au présent travail (2). De l'ancienne basilique, il ne reste plus que les parois latérales de la partie inférieure de la nef. Si donc ce dessin nous fournit un renseignement très digne de foi, ce renseignement ne s'applique qu'à une faible portion de la basilique Constantinienne.

Le bilan que nous venons de dresser est bien court. Passe encore si nous devions nous borner à déplorer sa brièveté. Ce qui est plus grave, c'est qu'en même temps nous sommes menacés d'être induits en erreur par d'autres représentations qu'il faut qualifier d'apocryphes. Certains artistes, mécontents sans doute de la pénurie de renseignements, ont été jusqu'à inventer des intérieurs du vieux St. Pierre de pure imagination. Telle est, par exemple, la fresque du milieu du XVIIe siècle, qui est à l'église de St. Martin des Monts, à Rome. Il suffit de comparer cette fresque avec les gravures donnant la vue en coupe si souvent reproduite, ou avec la peinture des Sacre Grotte Vaticane, pour se convaincre de son caractère absolument fantaisiste. Ainsi les fenêtres de la nef y sont supprimées, les colonnades latérales sont interrompues dans le milieu par une grande arcade dont jamais personne n'a parlé, et pour cause, etc. Et cependant cette image, sans aucune valeur, a été prise au sérieux

---

(1) Baron de GEYMÜLLER, *Les projets primitifs pour la Basilique de Saint Pierre de Rome* (Paris et Vienne, 1875), texte page 324, et planche XXIV.

(2) Nous devons les éléments de cette reproduction à l'obligeance de M. le baron de Geymüller, auquel nous adressons tous nos remerciements.

par Viollet le Duc, qui en a fait un excellent dessin. Elle s'est ainsi glissée déjà dans plusieurs publications, à commencer par la *Rome* de Francis Wey (1) ; et, si l'on n'y prenait pas garde, elle serait en passe, au grand détriment de la vérité, de conquérir une faveur dont elle est indigne.

Tout autant faut-il se défier des tentatives de restaurations sur le papier qui ont été essayées de nos jours, et où l'arbitraire a la plus grande part, comme celle que l'on trouve dans l'ouvrage de Letarouilly sur le Vatican (2).

On voit, d'après ce qui précède, combien toute découverte d'une image authentique de l'intérieur du vieux St. Pierre, venant s'ajouter au peu que nous possédons déjà, constituerait une importante conquête pour l'archéologie de Rome au Moyen-Age. Cette image offrirait d'autant plus d'intérêt qu'elle serait plus ancienne. Elle aurait surtout une grande valeur si elle remontait jusqu'à une date antérieure au pontificat de Nicolas V. Enfin elle achèverait de présenter un prix exceptionnel s'il était certain que l'auteur avait habité Rome et vu de ses propres yeux la basilique dont sa main a tracé la représentation, et d'autre part si on pouvait vérifier par l'examen des détails qu'il a porté la plus scrupuleuse exactitude à mettre à profit ses souvenirs ou ses croquis pris sur place.

Or, toutes ces conditions se rencontrent réunies dans une vue intérieure de l'antique Basilique Constantinienne restée jusqu'ici ignorée, et que nous avons l'heureuse chance d'être le premier à mettre en lumière.

---

(1) *Rome, description et souvenirs* (Paris, 1875, in 4º), p. 274 et 278. — Voir aussi *Les chroniqueurs de l'histoire de France*, par M.me DE WITT, première série (Paris, 1883, in 8º) p. 245.

(2) *Le Vatican et la Basilique de St. Pierre de Rome* (Paris, 1882, 3 vol. f.º) I, pl. 3.

Circonstance qui pourra sembler peut-être inattendue, ce n'est pas à Rome que nous avons retrouvé ce document de si haute importance. Il n'émane même pas d'un Italien : c'est à un de nos pauvres artistes français du XVe siècle, naguère encore si dédaignés, à notre Jean Foucquet, le " bon peintre et enlumineur „ de Charles VII et de Louis XI, que nous en sommes redevables.

Parmi les manuscrits dont on peut attribuer avec toute certitude l'illustration à Jean Foucquet, il faut ranger, comme un des plus beaux, un admirable exemplaire des Grandes Chroniques que possède, à Paris, la Bibliothèque nationale (Ms. fr. 6465). Ce volume a été fait pour Charles VII. Le travail de copie du texte fut commandé à Jean Donier, maître ès-arts et à Noël Frebois, en 1458 (1). C'est donc quelque temps après cette date que, la transcription étant terminée, Foucquet a dû y peindre les images. En tous cas celles-ci sont forcément antérieures à la mort du peintre tourangeau, qui, comme on le sait, avait cessé de vivre en 1481. Ces dates se réfèrent à l'exécution des miniatures mêmes de l'exemplaire des Grandes Chroniques. Mais il est évident que, si nous constatons dans certaines de ces miniatures des souvenirs frappants de l'Italie, reproduits avec une telle fidélité qu'ils supposent forcément l'emploi de notes et même d'esquisses relevées sur les lieux, ces éléments ainsi mis à profit auront dû être recueillis par Foucquet un certain nombre d'années plus tôt, lors du séjour qu'il fit, encore jeune, dans la Péninsule et spécialement à Rome. Ce sont les écrivains italiens, Filarete, Francesco Florio et Vasari, qui nous ont conservé la mémoire du passage de Foucquet dans la capitale du monde chrétien. Ils nous donnent à ce sujet un synchronisme qui permet

---

(1) H. BOUCHOT, *Jean Foucquet*, dans la *Gazette des Beaux Arts*, 1890, t. II, p. 419.

d'en préciser l'époque. Suivant Filarete, Foucquet fit à Rome le portrait d'Eugène IV. Nous sommes ainsi circonscrits entre les dates extrêmes du pontificat de ce pape (1431-1447). Il est même probable, suivant l'ingénieuse dissertation de M. de Montaiglon (1), qu'il faut encore resserrer ces termes entre l'année où le Pape revint à Rome après son long séjour à Florence, 1444, et l'année 1447.

L'hypothèse que nous formulions de traces indéniables du voyage de Foucquet en Italie se trouve justement réalisée dans le manuscrit des Grandes Chroniques, par une miniature du f.° 89 verso, que nous reproduisons sur notre planche.

La miniature en question représente le couronnement de Charlemagne par le pape Léon III dans St. Pierre. Le sujet était d'ailleurs indiqué par cette rubrique inscrite immédiatement au-dessous de l'image dans le volume : " Cy commence le second livre des histoires Charlemaine. Premièrement comment il fut couronné à empereur en l'église Saint Pierre de Rome. „

Foucquet a traité sa composition avec toute l'ampleur de son talent. La scène se passe à l'extrémité inférieure de la grande nef d'une basilique. Au centre, au premier plan, le pape est debout ; un cortège d'évêques l'accompagne. A ses pieds, Charlemagne s'agenouille pour recevoir la couronne impériale, tandis que, derrière lui, ses officiers portent les insignes de la souveraineté, l'épée, le globe, ou encore de grandes bannières armoriées au blason mi-parti de France et d'Empire. Dans le reste de la nef et dans les bas côtés, une foule nombreuse se presse. Elle est contenue par des sergents d'armes et des massiers, que l'on voit des deux côtés du tableau, vêtus de costumes courts et portant des coiffures de modes tout-à-fait italiennes.

(1) *Jean Foucquet et son portrait du pape Eugène IV,* dans les *Archives de l'Art français,* 2.me série, t. I, pages 454-468 (réimprimé dans Curmer, *L'œuvre de Jehan Foucquet,* IIme partie, p. 27.

On peut admirer avec quelle aisance Foucquet a groupé ses nombreux acteurs sur une surface de quelques centimètres carrés, et quelle noblesse, en même temps que quel naturel il a su donner à ses figurines, malgré leurs très petites proportions. Mais ce qui nous intéresse le plus, c'est le cadre dans lequel celles-ci se meuvent.

Trop souvent et de tout temps, les artistes en ont pris fort à leur aise avec les décors d'architecture servant de fond à leurs œuvres. Ainsi l'a fait Raphaël, pour ne citer qu'un exemple, précisément pour ce même sujet du couronnement de Charlemagne par le pape, dans une des fresques de la Chambre de l'Incendie du Bourg au Vatican (1). Dans notre miniature, au contraire, la vérité a été cherchée. C'est réellement le vaisseau central du vieux St. Pierre, tel qu'il avait pu le voir dans son séjour à Rome sous Eugène IV, dont Foucquet ouvre à nos yeux la perspective.

Il faut faire une observation d'ensemble en ce qui concerne le coloris. Foucquet, guidé ici comme partout dans ses créations, par un sentiment exquis de l'harmonie générale à atteindre, a volontairement traité dans une gamme très discrète la partie monumentale, afin de laisser toute leur valeur aux personnages. Il n'a employé que des tons gris, avec des traits noirs, comme dans une sorte de lavis, à l'exclusion de toute note plus voyante. Ce parti pris a forcément entraîné pour lui le sacrifice de l'indication de tout l'élément uniquement polychrôme, tel que les peintures ou les mosaïques ornant des surfaces pla-

---

(1) On sait que, dans cette fresque, peinte seulement d'après les dessins de Raphaël par ses élèves, le pape a les traits de Léon X et Charlemagne ceux de François I.^r « Tout d'ailleurs, dans cette peinture, dit très justement M. Müntz dans son *Raphaël*, nous rappelle le seizième et non le huitième siècle : les costumes comme les types. » Nous pouvons ajouter aussi : l'architecture.

nes (1). C'est au dessin général de l'édifice, dans ses grandes lignes, que le maître tourangeau s'est arrêté. Mais à cet égard, quelle exactitude irréprochable! Rien de plus convaincant que de mettre en regard sa miniature et les vues en coupe données par Ferrabosco, Ciampini, Fontana et leurs successeurs. L'identité est absolue.

Voilà bien la grande nef avec sa charpente apparente, avec ses colonnes à chapiteaux corinthiens, réunies par une puissante architrave, au-dessus de laquelle s'élève une haute muraille percée à sa partie supérieure de fenêtres cintrées. On n'aperçoit qu'à peine les bas côtés par une échappée à droite et à gauche au premier plan. Mais ce coup d'œil suffit pour nous permettre d'entrevoir les colonnes plus petites qui séparaient les deux nefs secondaires de chaque côté, et de constater que ces colonnes, ainsi qu'elles l'étaient dans la réalité, sont reliées par des arcatures au lieu d'une architrave comme dans la nef principale. Voilà bien, plus loin, les énormes piliers à l'entablement saillant qui supportaient l'arc triomphal. Au delà, nous sentons un espace vide correspondant à la largeur du transept. Enfin, tout au fond, s'ouvre l'abside. Malgré l'éloignement, nous pouvons distinguer la sil-

(1) On ne trouvera donc pas dans la miniature de Foucquet l'indication des peintures du temps du pape Formose qui couvraient les murs latéraux de la grande nef, ni celle de la mosaïque de l'arc triomphal, si tant est du moins qu'il y ait eu une mosaïque à cet endroit, et que cette mosaïque ait encore existé au XVe siècle; car le témoignage du Cardinal Domenico Jacobacci, cité à ce propos par M. ARTHUR L. FROTHINGHAM dans la *Revue Archéologique* de 1883 (Janvier-Février, p. 68-72), nous paraît encore fort sujet à discussion. D'ailleurs, par suite de la petitesse de l'échelle, ces détails n'auraient pu guère être rendus d'une façon distincte. On peut voir en effet, dans la miniature de Foucquet, à quelles dimensions microscopiques il a dû réduire, pour obéir aux lois de la perspective, les figures pourtant colossales de la mosaïque de l'Abside.

houette des figures colossales de la mosaïque qui en ornait la voûte (1).

Si nous passons ensuite à un examen critique plus approfondi, en prenant comme termes de comparaison, non seulement les croquis et les autres représentations graphiques, mais l'ensemble de tous les textes quelconques que l'on peut consulter sur l'ancienne basilique (2), nous achèverons de nous convaincre de l'exacte rigueur apportée par Foucquet au tracé de sa vue intérieure de St. Pierre.

La justesse des proportions relatives des colonnes, de l'entablement, du mur qui le surmonte, et des fenêtres cintrées, dans les deux parois de la nef, peut être vérifiée à l'aide du dessin retrouvé par M. de Geymüller au Soane Museum, dessin fait certainement d'après nature sur les lieux (3). Dans cette partie latérale, les fenêtres sont vues de côté, sous une perspective oblique. Pour juger de leur disposition, il faut se reporter aux cinq fenêtres percées dans l'abside, que Foucquet a au contraire représentées de face. On retrouvera dans celles-ci la division intérieure de la baie en arcatures géminées au moyen de meneaux, telle absolument que nous la donnent les relevés publiés par les différents auteurs.

(1) Sur cette mosaïque, voir: EUGÈNE MÜNTZ, *Notes sur les mosaïques chrétiennes de l'Italie*; VI (*Des éléments antiques dans les mosaïques romaines du Moyen-Age*). Paris, 1882, extrait de la *Revue Archéologique* de Septembre 1882.

(2) SEVERANO, *Memorie sacre delle sette Chiese di Roma*, I, p. 38 et suiv.; PAULUS DE ANGELIS, *Descriptio Vaticanae basilicae veteris et novae authore Romano canonico*, Rome, 1646, (cf. DE ROSSI, *Inscript. Christ.*, II, p. 193-221); CIAMPINI, *De Sacris Ædificiis*; BONANNI, *Templi Vaticani historia*; les BOLLANDISTES, *Acta Sanctorum junii*, t. VII, p. 37 et suiv., contenant les textes anciens de Petrus Mallius (XIIe siècle) et de Maffeo Vegio (XVe siècle); et les ouvrages plus modernes, comme ceux déjà cités de VALENTINI et de MIGNANTI.

(3) Notre planche est disposée de manière à faciliter cette comparaison.

Au-dessus de l'architrave qui réunit les colonnes, Foucquet a figuré une balustrade qui court tout le long des murs de la nef. Sa forme est très simple. Elle consiste en une succession de montants réunis par des traverses se croisant obliquement. Cette balustrade existait en effet dans l'ancienne basilique, ayant pour but de faciliter la circulation sur un passage de trois palmes de large qui régnait au-dessus de l'entablement. Chacun des écrivains qui se sont occupés d'une manière spéciale du vieux Saint Pierre en parle. On la voit reproduite dans les gravures donnant les vues en coupe (1) ainsi que dans la peinture des Sacre Grotte Vaticane; et partout elle apparaît identiquement avec la même disposition générale que chez Foucquet. L'exactitude de cette disposition est d'ailleurs confirmée par d'anciens dessins existant dans les archives de la basilique et par le témoignage d'Alfarano qui en avait vu encore une partie en place (2). Nous devons insister sur la présence de cette indication de la balustrade au-dessus des colonnades dans la miniature de Foucquet. Nous avons là une véritable pierre de touche ; la conscience que le maître tourangeau a mise à conserver ce détail, en réalité si secondaire, est la meilleure preuve qu'il a exécuté sa miniature en suivant fidèlement des notes très exactes.

En voici un autre témoignage. A l'extrémité supérieure de la nef, du côté gauche, adossée au pilier qui supporte l'arc triomphal, on distingue une construction de forme rectangulaire qui paraît de dimensions assez importantes, comme s'il y avait là

---

(1) Voir, par exemple, la gravure de Ferrabosco dans l'ouvrage de Costaguti, et celles données par Ciampini, Fontana, Mignanti, etc. La balustrade a été omise par erreur dans la gravure jointe à la *Templi Vaticani historia* de BONANNI; mais celui-ci en parle longuement dans son texte.

(2) BONANNI, *Templi Vaticani hist.*, éd. de 1696, p. 49. Cf. CIAMPINI, *De Sacris Ædificis*, éd. de 1747, p. 33.

un petit édifice construit à l'intérieur du grand. Les documents dignes de foi que l'on peut consulter, depuis le Liber Pontificalis et la description de St. Pierre faite au XIIe siècle par Petrus Mallius jusqu'au plan d'Alfarano (1), sont d'accord pour nous confirmer que Foucquet représente ici ce qu'il avait vu en réalité. Tous en effet nous indiquent à cette place la présence d'un oratoire particulier appelé oratoire de Grégoire III, ou oratoire de la Vierge, ou de la Vierge et de St. Gabinius, en avant duquel se développait un chœur où les chanoines de Saint-Pierre chantaient l'office.

D'après le Liber Pontificalis, l'oratoire avait été construit par Grégoire III. Il est mentionné par le guide des pélerins dans la basilique de St. Pierre au VIIIe siècle. Il fut remanié par Eugène III, et il existait encore à la fin du XVIe siècle, car en 1495 le cardinal Lorenzo Cybo, neveu du pape Innocent VIII, y fit édifier un tabernacle par Bramante pour recevoir la Sainte Lance donnée au pape Innocent VIII par le sultan Bajazet II (2). Les constructions nouvelles entreprises à St. Pierre amenèrent bientôt après sa destruction. L'existence de cet oratoire, avec le chœur des chanoines, dans la grande nef, auprès de l'arc triomphal, à gauche, est donc une particularité bien connue ; mais la miniature du maître tourangeau est jusqu'ici l'unique représentation graphique où on la rencontre figurée.

Enfin j'ai déjà noté que Foucquet, tout en observant les doubles lois de la perspective linéaire et de la perspective aé-

---

(1) Nos 38 et 39 de l'explication du plan donnée, entre autres, par M. DE ROSSI, Inscript. Christianae, II, p. 232, et l'Abbé DUCHESNE, Le Liber Pontificalis, I, p. 527.

(2) L'Abbé DUCHESNE, Le Liber Pontificalis, I, p. 417 et 422 ; DE ROSSI, Inscr. Christ. II, p. 200, n° 2 et p. 226, n° 10 ; Acta Sanct. junii, VII, p. 39 (témoignage de Petrus Mallius), 82 (Maffeo Vegio) et 100 ; SEVERANO, o. c., I, p. 106 ; CIAMPINI, o. c., p. 61 ; BONANNI, o. c., p. 89 ; MIGNANTI, I, p. 69-73 ; etc.

rienne, pour faire sentir l'éloignement où s'enfonce l'extrémité de la basilique, a cependant su trouver le moyen d'indiquer d'un trait fort léger, mais suffisamment distinct, les grandes figures de la mosaïque de l'abside.

Un dernier détail au contraire a pu être marqué par lui d'une façon plus accentuée parce qu'il se trouve tout-à-fait au premier plan en avant; c'est le pavé de l'ancienne basilique composé de grandes plaques de marbre et d'autres matières rares, de formes et de couleurs variées. Foucquet n'a eu garde d'oublier parmi elles les disques ou roues (*rote*) de porphyre rouge qui ont été replacées et se trouvent aujourd'hui encore, à divers endroits, dans la nouvelle basilique Vaticane.

On voit donc où nous amène notre enquête. En nous éclairant de l'étude des documents écrits, nous avons pu partout vérifier la sincérité et l'exactitude de notre grand miniaturiste français. La vue donnée par lui constitue au point de vue archéologique un document de la plus haute valeur. Je n'oserais pas affirmer qu'il n'en existe pas d'autres remontant à une époque aussi éloignée et présentant autant de garantie de véracité: les bibliothèques, les archives et les collections de dessins sont loin d'avoir livré tous leurs trésors; mais le fait est que jusqu'ici on n'a encore rien signalé d'équivalent. A l'heure présente, la miniature de Foucquet dans le manuscrit des Grandes Chroniques doit être classée la première parmi les sources iconographiques à consulter sur l'aspect de l'intérieur de l'antique Saint Pierre de Rome; et, quoi qu'il arrive, elle restera toujours une des plus précieuses.

Paul Durrieu.

LE FLAMBEAU PUNIQUE

En 1885, à Carthage, le Service des Travaux Publics de Tunisie fit exécuter, sous la direction de M. Jean Vernaz, des fouilles qui eurent un retentissement justifié. L'emplacement exploré est au nord-est de Byrsa, au sud du Bordj-Djedid, le long du tracé de l'aqueduc qui alimentait les thermes de Dermèche. Cet aqueduc, d'époque romaine, se trouva traverser une nécropole punique; et la fouille consista à ouvrir les caveaux les plus rapprochés (1). Leur mobilier fut placé par mes soins au Musée Alaoui, au Bardo.

Il se compose surtout de produits céramiques, dont le type, que je n'ai pas à décrire une fois de plus ici (2), ne diffère pas sensiblement de celui des poteries extraites de tombeaux plus anciens à Byrsa. On a là une vaisselle punique, fabriquée selon la tradition, sans nulle influence extérieure. L'importation est représentée, non pas par une altération dans les formes ou l'ornement, mais par des objets étrangers, qui, heureusement, portent en eux leur date: ce sont de petits vases peints, de style corinthien (3), qui appartiennent au VIe siècle, ou environ. La nécropole ne remonte pas au-delà du VIIe siècle, et ne traverse pas le Ve.

La pièce dont je donne un croquis a sa place dans la céramique, non pas grecque, mais carthaginoise (4).

---

(1) *Rev. Arch.*, 1887, p. 11 seq. et 151 seq.
(2) *Ibid.*, fig. p. 156.
(3) *Ibid.*, fig. p. 157.
(4) C'est le n° 7 de la p. 156 *ibid*. Mais, pour elle, comme pour les autres poteries reproduites dans cette page, la silhouette est plus précise qu'exacte; l'objet est loin de présenter la perfection de ce tracé, plutôt diagrammatique, et dont le contour, beaucoup trop pur, n'est même pas tout à fait juste.

C'est une espèce de cornet, de $0^m.16$ de haut, évasé par le sommet, et debout sur un socle annulaire. Vers le bas, au-dessus du pied, est un renflement, une moulure. La forme, les dimensions du corps le rendent commode à prendre à pleine main : c'est pour cela qu'il paraît fait. La silhouette générale est celle d'un verre à boire, d'une flûte à vin de Champagne.

Seulement il n'y a pas de fond : l'objet est percé de part en part, et a bien été fait ainsi ; il est intact.

Quel en était l'usage ?

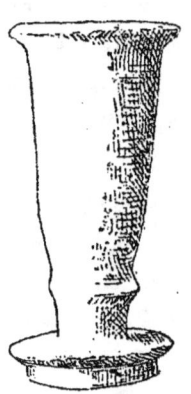

Etait-ce un entonnoir? Le fait qu'il ne ressemble pas à ceux d'époque romaine ne prouverait rien : les ustensiles diffèrent souvent suivant les pays et les âges. Mais celui-ci serait bien peu pratique. Il est d'embouchure médiocre ; d'un bout à l'autre, le conduit intérieur a une largeur presque constante ; enfin l'orifice inférieur, tel qu'il est, ne s'adapterait qu'à des récipients calibrés sur lui-même.

On ne peut rien induire de l'état actuel. L'instrument est tout neuf. Quel que fût son usage, il n'a pas servi, ou du moins il n'en présente aucune trace, cas fréquent dans ces poteries, dans tout le mobilier des sépulcres.

Il m'a paru qu'un tel outil n'était qu'un manche, une poignée, propre à recevoir quelque chose qu'on ne voulait pas tenir à nu.

Dès lors, j'y verrais un flambeau.

Les appareils à lumière, quelle que soit l'époque, abondent dans les tombeaux. Dans ceux d'ici, les lampes puniques sont très-nombreuses. Il n'est pas étonnant d'y rencontrer un pied de luminaire, étant donné ce que l'on sait des cérémonies funéraires. Les auteurs disent que les chandelles, les torches et les oribus ont précédé l'invention des lampes (1). Or cette nécropole nous reporte aux types primitifs d'éclairage. On y est encore fort loin des jolies *lucernae* romaines, ou même des petits λύχνοι noirâtres venus de Grèce et d'Italie, ou contrefaits par les potiers d'Afrique. La lampe que présentent, d'une manière uniforme, les sépultures antérieures aux Guerres Puniques, et même postérieures, est une soucoupe en terre grossière, dont les bords, sur deux points, ont été relevés afin de dessiner deux becs. Et ce modèle si barbare a persisté jusqu'après l'ère chrétienne : on le retrouve même aujourd'hui, à peine modifié, dans quelques coins de l'ancien monde punique. Ce n'étaient pas ces informes veilleuses (2) qui pouvaient empêcher d'employer pour le même usage rituel, ou de déposer dans les tombes comme pièce de mobilier, un autre engin d'illumination.

Celui-ci est approprié à la torche, φανός, *fax*, comme à l'oribus, δαΐς, *taeda*. On ne doit pas, sans doute, espérer qu'une œuvre d'art de son âge, encore moins d'âge romain, nous le fasse voir aux mains des gens. Mais la parenté est patente de lui au cornet figuré sur un fameux coffret du Musée Britannique, et dans lequel est emmanchée une torche (3). Il est seulement de forme plus gracieuse, plus commode aussi pour la main. Il présente même un avantage sur la plupart des porte-luminaires grecs et romains que l'on connaît, et qui sont quelquefois très-riches : c'est qu'il peut, au besoin, se poser, rester debout. Comme poignée, il est excellent : son évasement protège assez la main contre la poix qui coulerait. N'ayant pas de fond, il se nettoiera vite, on le débarrassera sans peine du talon de

---

(1) Mart. XIV, 43 ; Athen. XV, p. 700
(2) R. P. Delattre, *Lampes antiques du Musée de Saint-Louis*, Lille, 1889, fig. 1.
(3) Visconti, *Op. var.*, I, pl. XVII ; Seroux d'Agincourt, *Hist. de l'art par les mon.*, t. IV ; Saglio, *Dict. des Ant.*, t. I, fig. 1084.

la torche éteinte. Il a encore cette qualité que, même si la flamme le touche, il chauffe moins dangereusement qu'un tube de fer ou de bronze. Comme il n'est pas destiné à suivre des mouvements désordonnés, on ne lui a pas donné la bobèche de la λαμπάς, si souvent figurée aux mains des λαμπαδηδρομοι.

Je dois avouer que la certitude, à son sujet, ne peut être absolue. La preuve directe manque, et, je pense, pour toujours. Mais verrait-on quel autre usage cet ustensile a pu avoir? Je crois, en somme, plus que probable que nous tenons, dans cette terre-cuite, le flambeau des Carthaginois, à l'époque où leur céramique était encore toute nationale.

M. R. de La Blanchère.

SUPPLICIÉ DANS L'ARÈNE

En publiant naguère dans les *Mélanges d'archéologie et d'histoire* de l'Ecole française de Rome (1) un médaillon en terre cuite, d'époque romaine, qui avait été découvert à Lyon, je cherchais quel avait pu être le lieu de fabrication des monuments de cette catégorie ; je repoussais l'opinion émise par plusieurs archéologues, notamment par M. Hirschfeld (2), qu'ils fussent le produit d'une industrie localisée dans le Sud Est de la Gaule ; il me semblait préférable d'admettre que les vases dont ils ornaient la panse avaient été fabriqués à Rome même et de là répandus dans tout l'Empire (3).

Après avoir fait un examen plus attentif de la question, je crois aujourd'hui devoir abandonner cette hypothèse. J'avais cité deux médaillons trouvés à Rome même (4). M. de la Blanchère en connaît un autre, encore inédit, relatif aussi aux jeux publics, qui a été trouvé en Afrique et que l'on conserve à Tunis, au Musée Alaoui ; j'en ai vu un dessin entre ses mains. Il est, à la vérité, d'un diamètre un peu plus grand que celui que j'ai publié ; il se rapproche davantage de ceux qu'on observe sur le vase Sallier (5); il a dû être appliqué sur l'une des deux faces d'une gourde plate en terre-cuite. Quoi qu'il en soit, il me paraît à

---

(1) *L'Amour incendiaire*, tome X des *Mélanges* (1890), p. 61 et planche I.
(2) *Corpus inscriptionum latinarum*, XII, 5687 et suiv.
(3) *Mélanges*, l. c. p. 73, 74.
(4) *Mélanges*, l. c. p. 73 note 3. Ce sont ceux de FRÖHNER, *Musées de France*, pl. XIV, 3, et de STEPHANI, *Vasensammlung des Kais. Ermitage*, n° 1353.
(5) FRÖHNER, *Musées de France*, pl. III.

peu près évident que ce système de décoration, mis à la mode sous l'Empire, a commencé par être adopté à Rome, mais que la capitale n'en a pas conservé le monopole; plusieurs fabriques locales en ont produit à leur tour dans les provinces. Je reviens donc à l'opinion de Mr. Hirschfeld; seulement j'ajoute qu'à mon avis ce modèle n'a jamais été particulier à un seul et unique atelier, qui aurait envoyé ses vases à Lyon, à Vienne, à Orange etc. Il est plus probable qu'à une certaine époque, que j'estime être le troisième siècle de notre ère, il est tombé dans le domaine commun, et que beaucoup de potiers dans chaque ville se sont mis à le reproduire. Remarquons en effet que, si les sujets représentés sur ces petits monuments ont pour nous un véritable intérêt historique, l'exécution en est en général assez grossière; c'est là de l'art industriel, et du plus vulgaire. Nos médaillons offrent un rapport sensible avec les lampes en terre-cuite du même temps; or personne ne s'est encore avisé de prétendre que la fabrication des lampes occupât seulement quelques grands ateliers dans certaines régions isolées.

M. de la Blanchère a bien voulu me communiquer aussi la reproduction d'une lampe qui fait partie des collections du Musée Alaoui (1). On y voit représenté un appareil qui offre tout à fait l'aspect de celui qu'on appelle dans nos gymnases un *pas de géant*; c'est un mât, à l'extrémité duquel est passée une corde; à l'un des bouts de la corde est attaché un lion, à l'autre un Amour; le lion vient de saisir la jambe de l'Amour et s'apprête à le dévorer. On possédait déjà plusieurs exemplaires de cette lampe, dont un au Musée du Louvre. Le sujet avait été étudié avec soin par M. Kluegmann; ce savant avait montré que

---

(1) Elle provient probablement de l'ancien Musée de Kef. Elle est inscrite dans le Catalogue encore manuscrit sous le numéro E 173.

l'appareil était désigné en grec par le mot σκαπέρδα (1). Je me borne à rappeler ici ce curieux monument, qui offre tant de rapports avec le médaillon où est figurée la scène de l'*Amour incendiaire*. Je ne doute pas que, dans l'un comme dans l'autre cas, il ne s'agisse d'un de ces jeux qui se donnaient dans l'amphithéâtre, et où le principal acteur, revêtu d'attributs mythologiques, pouvait être mis à mort au dénouement.

Le médaillon qu'on peut voir reproduit plus bas, page 245, a été trouvé à Vienne (Isère), en 1874, dans les fouilles de la rue Vimaine. Il y est actuellement conservé dans les vitrines du Musée municipal, à l'hôtel de ville. Il n'était connu jusqu'ici que par une courte description rédigée pour le Congrès archéologique qui se réunit à Vienne en 1879 (2). Le fragment de vase sur lequel est appliqué le médaillon était brisé en deux morceaux, que l'on a pu rapprocher exactement. La cassure traverse le sujet par le milieu et le divise en deux parties presque égales. Le fragment est encore ébréché en deux endroits sur le bord de droite, mais le dommage n'est pas grand. Le médaillon, que nous reproduisons dans les dimensions de l'original, a $0^m,085$ de diamètre; la poterie est d'un rouge tirant sur le brun. Une couronne de feuillage forme le cadre de la composition.

Comme la grande majorité des médaillons étudiés antérieurement, celui-ci se rapporte aux jeux publics. Il représente l'exécution d'un condamné dans l'amphithéâtre. Par le sujet et par la disposition des personnages, il rappelle beaucoup l'Amour incendiaire. Seulement, il ne s'agit pas ici d'une scène mythologique, mais bien d'un supplice réel, et par là il se rapproche

---

(1) V. *Archaeolog. Zeit.*, 1872 (t. XXIX) p. 40. Le jeu de la σκαπέρδα, tel qu'il est décrit par Pollux IX, 116, n'a du reste rien de commun avec l'exercice du *pas de géant*.

(2) *Congrès archéologiques de France*. Session de Vienne, 1879, p. 51.

encore davantage d'une lampe trouvée à Rome et dont le sujet a été expliqué par le P. Bruzza (1). Lorsqu'elle fut publiée pour la première fois, on se demanda si le supplicié n'était pas l'Amour. Le médaillon de Vienne me semble démontrer d'une façon certaine qu'il faut renoncer à cette hypothèse, qui m'avait séduit tout d'abord (2). Sur la lampe comme sur le médaillon, c'est l'image d'une véritable exécution qu'on a voulu reproduire. Ici, autant qu'on peut en juger par les saillies quelque peu maladroites du relief, le condamné porte une barbe assez longue. La principale différence qui distingue les deux monuments l'un de l'autre, c'est que, sur le médaillon, la scène compte un personnage de plus, celui qui se tient debout derrière le patient.

Nous avons donc devant nous la plate-forme (*catasta*, *pons*, *pulpitum*), sur laquelle on a fait monter le criminel; il est attaché au poteau infâme (*palus*, *stipes*), les deux mains liées derrière le dos. Outre les nombreux témoignages que j'ai déjà cités pour expliquer cette scène (3), on peut invoquer ici les passages des Actes des martyrs, où le patient est dit *levatus in catasta* (4). Les Actes de Perpétue racontent qu'un des compagnons de la sainte fut lié sur l'échafaud pour être assailli par un ours, *ad ursum substrictus in ponte*. Holstenius entend que le martyr et l'ours avaient été attachés l'un à l'autre; c'est un contresens manifeste, puisque les Actes ajoutent que l'ours ne voulut jamais sortir de sa cage: *ursus de cavea prodire noluit* (5). Le mot *substrictus* peint avec beaucoup de concision et d'énergie

---

(1) *Bullettino di archeologia cristiana* de M. DE ROSSI 3ᵉ série, IV, p. 21 et 25, pl. III, 1. SAGLIO, *Dictionn. des ant. art. Crux*, fig. 2088.

(2) *L'amour incendiaire*, p. 87.

(3) *L'amour incendiaire*, l. c., p. 82-85.

(4) LE BLANT, *Supplément aux Actes des martyrs* dans les *Mém. de l'Acad. des Inscr. et B. L.*, t. XXX, 2ᵉ partie (1882) p. 218 et 307.

(5) *Acta martyrum sincera* de dom RUINART, *Acta SS. Perpet. Felicit. et com.* 19 avec les notes d'Holstenius.

MÉDAILLON DU MUSÉE DE VIENNE (ISÈRE).

l'attitude du condamné, dont les deux bras, abaissés et ramenés en arrière, ont été liés au poteau par les poignets. Sur les deux faces opposées de l'échafaud est appliqué un escalier, *scala*, qui part du sol de l'arène (1). Celui de droite supporte un lion dressé sur ses deux pieds de derrière; des deux pieds de devant, l'un s'appuie sur la cuisse du patient, l'autre lui laboure la poitrine. Ne croirait-on pas avoir sous les yeux le tableau ainsi décrit par les Actes des martyrs : " *Dimissus est leo ferocissimus, qui cum magno impetu veniens erectas manus in puellae pectus imposuit. Sanctum martyris corpus odoratus eam ultra non contigit* (2) „.

Mais ce qui est particulièrement digne de remarque, c'est le personnage qui se tient debout sur l'escalier situé derrière le patient. Il n'est pas douteux qu'il ne faille voir en lui un bestiaire. De la main droite, il serre fortement la poignée d'un glaive ; sur son bras gauche est jetée une pièce d'étoffe enroulée. Des bandages ou *fasciae* entourent ses jambes ; il est du reste entièrement nu. La présence du bestiaire est ici d'une grande importance ; car elle nous montre que le criminel lié sur l'échafaud n'est qu'un appât exposé à la voracité des bêtes féroces dans une de ces scènes de chasse dont on offrait le spectacle à la multitude ; ce supplice n'est qu'un épisode d'une *venatio*. Qu'il en fût souvent ainsi dans l'amphithéâtre, c'est ce qu'on pouvait déjà supposer grâce aux figures sur poteries découvertes en 1808 près de Pfünzen (*Pons Aeni*), en Bavière (3) ; mais remarquons à ce propos que cette horrible coutume a dû plus d'une fois trouver

---

(1) « Saturus, qui prior *scalam* ascenderat, prior reddidit spiritum ». RUINART, l. c. 21.
(2) *Acta S. Marcianae*, 5 (Bolland. 9 jan.) LE BLANT, l. c. p. 86
(3) STICHANER (Jos. von). *Sammlung der röm. Denkm. in Baiern*, hersggb. von Königl. Akad. d. Wiss. in München, 1808, taf. X. V. l'*Amour incendiaire*, p. 86.

son application dans les martyres des premiers chrétiens. Une exécution a par elle-même un puissant attrait pour la populace; cependant, chez les Romains, elle devait rarement suffire à rassasier la curiosité d'une foule blasée, dont on flattait les féroces instincts par de sanglants spectacles sans cesse renouvelés. Souvent les condamnés subissaient la torture au milieu d'une pantomime mythologique, comme nous l'avons vu dans l'*Amour incendiaire*. Mais d'autres fois, comme ici, leur corps, exposé nu sur un échafaud, servait à attirer dans l'arène et à occuper les animaux féroces, que le bestiaire égorgeait ensuite; c'est ainsi qu'en Afrique, les chasseurs qui vont affronter les lions ou les panthères attachent une chèvre à un piquet, près de l'endroit où ils se tiennent à l'affût. En effet les Actes nous apprennent que tel martyr a trouvé la mort au milieu d'un *ludus ferarum* (1). Quelquefois même on poussait la cruauté jusqu'à exiger que ces victimes désignées excitassent contre elles la fureur des animaux: τῶν ἱερῶν ἀθλητῶν γυμνῶν ἑστώτων καὶ ταῖς χερσὶ κατασειόντων, ἐπί τε σφᾶς αὐτοὺς ἐπισπωμένων. τοῦτο γὰρ αὐτοῖς ἐκελεύετο πράττειν (2). Du reste, le patient avait intérêt à abréger le plus possible un supplice inévitable, et quelquefois nous voyons les martyrs attirer d'eux-mêmes sur leur corps, sans en avoir reçu l'ordre, les bêtes féroces qui n'en voulaient pas.

En général, les pieux rédacteurs des Actes, comme il est naturel, n'ont d'attention que pour les martyrs; cependant plusieurs textes prouvent clairement que ceux-ci n'étaient pas seuls exposés dans l'arène aux morsures des animaux. Il y avait tout autour d'eux des *venatores* armés et libres de leurs mouvements, dont les exercices constituaient aux yeux des païens la partie la plus attrayante du spectacle; le patient, pour eux, n'était

---

(1) *Acta S. Alexandri*, 7. (Bolland. 21 sept.) LE BLANT, l. c. p. 287.
(2) EUSEB., *Hist. Eccl. VIII*, 7.

qu'un criminel de bas étage indigne de pitié; mais ils devaient évidemment se passionner, comme on le fait encore en Espagne, pour les beaux coups d'épée que le *venator*, au milieu de mille dangers, portait à la bête dans un endroit choisi d'avance, au moment le plus décisif de la lutte. Il est inutile de rassembler à nouveau les textes anciens qui concernent ce genre de divertissements (1). Il importe seulement de noter le rapport qui unissait le *venator* au supplicié; car il semble avoir été peu observé jusqu'à ce jour.

C'était le *venator* qui lançait la bête fauve vers l'échafaud dressé dans l'arène: *eam subministrabat*. Un personnage de Lucien raconte qu'il a vu dans l'amphithéâtre " des bêtes sauvages *piquéees avec des traits, poursuivies par des chiens et lancées sur des hommes enchaînés*, qui étaient sans doute des criminels „. ἑωρῶμεν θηρία κατακοντιζόμενα καὶ ὑπὸ κυνῶν διωκόμενα καὶ ἐπ' ἀνθρώπους δεδεμένους ἀφιέμενα κακούργους τινὰς, ὡς εἰκάζομεν (2). Quelquefois la bête, au lieu de se diriger sur le condamné, tournait sa rage vers le *venator*, s'acharnait après lui, et, tout armé qu'il était, il pouvait fort bien succomber ou recevoir des blessures mortelles. Ainsi on lit dans les Actes de Sainte Perpétue: " *Cum aper subministraretur, venator potius, qui illum aprum subministraverat, subfossus ab eadem bestia post dies muneris obiit* „ (3). Ce sont encore les *venatores* que désigne Eusèbe lorsqu'il parle en termes généraux " de ces infidèles qui excitaient les bêtes féroces contre les martyrs, et qui s'en virent subitement assaillis, τῶν θηρίων ἐπὶ τοὺς ἄλλους, ὅσοι δήπουθεν ἔξωθεν ἐρεθισμοῖς

---

(1) V. notamment HENZEN dans les *Atti dell'Accademia pontificia di archeologia*, t. XII, p. 118 et la pl. VI.
(2) LUCIEN, *Toxaris*, 59.
(3) *Acta SS. Perpet.* 59, *Felicit. et com.*, 19 (RUINART). Cf. *S. Pionius*, 18 (*ibid.*).

παρώρμων αὐτὰ, φερομένων (1). Le même écrivain raconte qu'un taureau furieux se détourna des martyrs pour fondre tête baissée sur les infidèles, et que plusieurs, lancés en l'air, eurent les membres déchirés ; on les emporta de l'amphithéâtre à moitié morts. Ἠγριωμένος ὁ ταῦρος τοὺς ἄλλους τῶν ἔξωθεν προσιόντων τοῖς κέρασιν εἰς τὸν ἀέρα ῥίπτων διεσπάραττεν, ἡμιθνῆτας αἴρεσθαι καταλιπών (2). Les faits de ce genre, que les auteurs chrétiens attribuent à des causes surnaturelles, durent se reproduire souvent ; ils montrent qu'il y avait dans ces exécutions une part d'imprévu, et ils expliquent le barbare plaisir qu'y prenait la foule. Les condamnés désignés pour servir d'appât dans une chasse étaient placés sous la garde des *venatores* ; ceux-ci faisaient alors auprès d'eux l'office de bourreaux ; il les cinglaient de coups de fouet à leur entrée dans l'amphithéâtre (3), et, à la fin du spectacle, si la dent des animaux les avait épargnés, ils les égorgeaient d'un coup de couteau, soit dans le *spoliarium*, soit dans l'arène même, sous les yeux du public (4).

Georges Lafaye.

---

(1) Euseb., *Hist. Eccl.*, VIII, 7, avec la note de Valois ad L. I.
(2) *Ibid.*
(3) « Populus exasperatus flagellis eos vexari pro ordine *venatorum* postulavit ». *Acta SS. Perpet. Felicit.* etc... 18 (Ruinart). Cf. Tertull. *ad Mart.*, 5, *ad nat.*, I, 18.
(4) *Acta SS. Perpet.*, etc. 21 sub fin.

L'INTERDICTION DES SACRIFICES HUMAINS
A ROME
ET LES MESURES PRISES CONTRE LE DRUIDISME

La politique de Rome à l'égard du druidisme a été si souvent étudiée, et par de tels maîtres (1), qu'il peut sembler à la fois oiseux et téméraire de revenir sur ce sujet. Peut-être cependant y a-t-il moyen, en examinant les textes dans leur succession chronologique, de serrer la question de plus près qu'on ne l'a fait jusqu'à présent.

Une recherche de ce genre ne paraîtra pas déplacée dans ce recueil. Le savant illustre auquel il est dédié n'a pas seulement renouvelé, par ses découvertes, notre connaissance des origines chrétiennes. Ses travaux ont éclairé du même coup l'histoire de la religion romaine. Ils touchent à l'histoire même du sentiment religieux, dans ses manifestations les plus nobles, comme dans ses plus tristes aberrations.

I.

En l'an 97 av. J. C., un sénatus-consulte décida qu'il n'y aurait plus de sacrifices humains: " Senatusconsultum factum est ne homo immolaretur „. C'est en ces termes que cet acte

---

(1) FUSTEL DE COULANGES, *Comment le druidisme a disparu*. Extrait du compte-rendu de l'Académie des sciences morales et politiques, 1880. — Du même, Revue archéologique, février 1880, p. 111. *Lettre à M. le Directeur de la Revue*. — Du même, *Histoire des Institutions politiques de l'ancienne France. La Gaule romaine*. Revu

est mentionné par Pline l'ancien (1). Le sens n'en est pas aussi clair qu'il paraît au premier abord. On croit généralement qu'il visait les cérémonies odieuses dont l'année 216 nous fournit un exemple demeuré fameux. On sait qu'en cette année, à la suite du désastre de Cannes, et d'après les instructions des *Xviri sacris faciundis*, un Gaulois et une Gauloise, un Grec et une Grecque furent ensevelis vivants sur le marché aux boeufs (2). Pline conclut du sénatus-consulte de 97 que ce genre de sacrifices était encore en usage cette année. Il oublie ce qu'il a dit dans un livre précédent, quand, faisant allusion à cette exécution, il remarque qu'on en a vu encore de semblables de son temps : " Boario vero in foro Graecum Graecamque defossos, aut aliarum gentium, cum quibus tum res esset, *etiam nostra aetas vidit* „ (3). Dès l'an 90, sept ans après le vote du sénatus-consulte, au milieu des terreurs causées par le soulèvement des alliés, une femme, dénoncée par son mari comme androgyne, avait été brûlée vive, sur l'ordre du Sénat, conformément aux conseils des Haruspices (4).

De deux choses l'une : ou le sénatus-consulte de 97 est resté lettre morte, ou il ne concernait pas les sacrifices publics. On sera tenté d'adopter cette dernière opinion si l'on considère le passage de Pline dans son ensemble. Dans tout ce début du trentième livre, Pline s'occupe de la magie, et c'est après avoir constaté, chez les Romains comme chez les autres peuples, le

---

par JULLIAN, p. 110-115. — H. D'ARBOIS DE JUBAINVILLE, *Les druides en Gaule sous l'empire romain*. Revue archéologique, décembre 1879, p. 374-879. — DURUY, *Comment périt l'institut druidique*. Revue archéologique, avril, 1880, p. 247-252.
(1) *H. N.*, XXX, 3.
(2) TITE LIVE, XXII, 57.
(3) XXVIII, 3.
(4) DIODORE, XXXII, 12.

succès de cette imposture, qu'il arrive à la mesure décisive prise pour la combattre : " DCLVII demum anno Urbis.. ... senatusconsultum factum est... „. Or il n'était pas permis de confondre avec la magie les rites, même les plus cruels, imposés par les pouvoirs publics. Sans doute, il n'y avait guère de différence au fond. Le sentiment était des deux côtés le même. Mais autre chose étaient, aux yeux des Romains, les prescriptions de la religion d'Etat, autre chose les excès de l'individu.

Cette deuxième hypothèse n'est pourtant pas elle-même exempte de difficultés. S'il ne s'agissait que des sacrifices pratiqués par les particuliers, comment se fait-il qu'on ait attendu si longtemps pour les proscrire ? Car il ne faut pas négliger le mot " *demum* „ dans le texte de Pline. Il signifie clairement que cette interdiction a été prononcée alors pour la première fois. D'autre part est-il possible que la vie humaine n'ait pas été suffisamment protégée contre ces criminelles entreprises, même antérieurement ? Comment admettre dans la législation une aussi monstrueuse lacune ? Comment supposer une aussi coupable négligence dans l'application des lois ? Il y avait eu des *quaestores parricidii* dès les premiers temps de Rome. La loi des Douze Tables réprimait l'homicide. On avait voté en 123 la loi *Sempronia de sicariis et veneficis*. Ou bien un meurtre cessait-il d'être considéré comme tel parce qu'il pouvait invoquer le prétexte d'incantations magiques ? On le croira d'autant moins que déjà le délit de magie était prévu par la loi des Douze Tables. Pline lui-même cite les premiers mots d'un article se rapportant à cet objet : " qui malum carmen incantassit „, (1). Un sénatus-consulte, dont la date — il faut le reconnaître, — ne nous est pas donnée, étendait les dispositions

---

(1) XXVIII, 4.

de la loi *Cornelia de sicariis* à quiconque avait consommé des sacrifices coupables " qui mala sacrificia fecerit habuerit „ (1). Les esclaves, il est vrai, étaient dépourvus de protection légale. On pouvait les immoler impunément. Mais rien ne nous autorise à conjecturer que le sénatus-consulte de 97 ait été fait à leur intention, et nous savons d'ailleurs que les premières mesures préservatrices de la vie de l'esclave ne sont pas antérieures à l'empire.

En présence de ces objections, on se demandera s'il ne vaut pas mieux revenir à la première des deux hypothèses présentées plus haut, et si, décidément, ce ne sont pas les sacrifices publics qui ont été interdits par l'acte de 97. Qu'ils aient été rétablis par la suite, et même très peu de temps après, cela veut dire simplement que les terreurs superstitieuses n'ont pas tardé à reprendre le dessus. Rien de moins étonnant. Ce qui surprend davantage, c'est l'assimilation faite par Pline entre ces sacrifices et les pratiques de la magie. Mais il faut réfléchir que le rite proprement romain " ritus patrius „ avait de très-bonne heure rejeté ce legs de l'antique barbarie. Les seules victimes qu'il acceptât étaient celles qui s'étaient dévouées volontairement. Le supplice même des condamnés avait cessé d'être une *supplicatio*, conformément au sens étymologique du mot et aux principes de l'ancien droit religieux. Quand par hasard, en certaines circonstances exceptionnelles, il reprend ce caractère, les historiens qui notent le fait en sont tout surpris, et n'y paraissent rien comprendre (2). C'est par l'Etrurie et la Grèce que les sacrifices humains ont fait leur rentrée à Rome. Tous ceux que nous connaissons ont été prescrits par les Haruspices (3), ou par le collège *sacris faciundis*. Les Haruspices

(1) Digeste, XLVIII, 8, 13.
(2) Dion Cassius, XLIII, 24; Suétone, *Auguste*, 15.
(3) Diodore, *loc. cit.*; Tite-Live, XXVII, 37.

étaient des devins étrusques sans autorité officiellement reconnue. Il n'en était pas de même du collège *sacris faciundis*. Il était uu des quatre grands collèges sacerdotaux, mais il représentait exclusivement le *ritus graecus*. Aussi Tite-Live, quand il rapporte le sacrifice de 216, a-t-il soin d'en renvoyer la responsabilité à qui de droit : " minime romano sacro „. Dans ces conditions, on s'explique assez bien une protestation du génie romain. Assurément il n'était pas plus doux que celui des autres peuples. Mais il était mieux préservé, par sa ferme raison, contre le délire du mysticisme. On comprend aussi le rapprochement établi entre les meurtres perpétrés au nom de la magie et ces coutumes introduites avec les superstitions étrangères. Ce rapprochement est nettement indiqué dans le passage de Pline. Il n'était sans doute pas formulé dans le texte du sénatus-consulte ; mais il devait être présent à l'esprit des hommes qui l'ont voté.

II.

La réaction ne dura pas, mais il en resta un texte de loi qui trouva son emploi après la conquête de la Gaule. Il y a deux vers de Lucain d'où l'on pourrait conclure que César déjà s'était opposé aux cérémonies sanguinaires des druides. L'auteur de la *Pharsale* nous montre, dans un long développement, la Gaule revenue à ses coutumes nationales après le départ des légions pour la guerre contre Pompée. Entre autres traits, on remarque celui-ci :

>   Et vos barbaricos ritus moremque sinistrum
>   Sacrorum, Druidae, positis repetistis ab armis (1).

(1) I, 450.

Mais il ne faudrait pas attacher trop d'importance à ce renseignement. Lucain est un poète, et un déclamateur plus soucieux de ses effets que de la vérité. Il peut fort bien avoir prêté à César des mesures prises par les empereurs, ses successeurs.

Ce qui est certain, c'est que les sacrifices humains continuèrent en Gaule après César. Diodore, qui écrivait sous Auguste, à une date que l'on ne peut fixer avec précision, mais qui est postérieure à l'an 21 av. J. C. (1), s'exprime sur ce sujet au présent. " Lorsque les devins consultent l'avenir sur quelque grand évènement, ils ont une coutume étrange et incroyable ; ils immolent un homme en le frappant avec un couteau dans la région au dessus du diaphragme ; ils font ensuite leurs prédictions d'après les convulsions des membres et l'écoulement du sang.... „ (2). Plus loin : " Cruels dans les combats, les Gaulois ne sont pas moins impies dans les sacrifices. Après avoir gardé les malfaiteurs pendant cinq ans, ils les empalent en l'honneur des dieux, et les brûlent ensuite sur d'énormes bûchers avec d'autres offrandes. Ils immolent aussi, en l'honneur des dieux, les prisonniers de guerre..... „ (3).

Diodore est un compilateur inintelligent. On peut le soupçonner d'avoir reproduit ses documents sans s'être donné la peine d'y introduire les changements rendus nécessaires par les circonstances ; mais son témoignage est confirmé par celui de Denys d'Halicarnasse. Denys est un historien médiocre, mais consciencieux. Il était sur le point de publier ses *Antiquités romaines* en l'an 7 av. J. C., sous le consulat de Ti. Claudius Nero et de Cn. Calpurnius Piso. C'est lui-même

---

(1) Mommsen, *Römische Forschungen*, II, p. 549, n. 1.
(2) V, 31.
(3) V, 32.

qui nous l'apprend en tête du premier livre (1), et c'est aussi dans le premier livre que nous lisons ce qui suit : " On raconte que ces anciens hommes immolaient des victimes à Saturne, ainsi qu'on a fait à Carthage, tant que cette ville a été debout, ainsi qu'on fait encore aujourd'hui chez les Gaulois, et chez quelques autres nations occidentales : " καὶ παρὰ Κελτοῖς εἰς τόδε χρόνου γίνεται „ (2).

Strabon est le premier qui parle de ces choses au passé. Il décrit l'usage où étaient les Gaulois de suspendre au cou de leurs chevaux les têtes de leurs ennemis, puis de les clouer aux portes de leurs maisons, et il ajoute : " Les Romains les ont fait renoncer à ces coutumes barbares de même qu'aux sacrifices et aux pratiques divinatoires en opposition avec notre législation — καὶ τούτων δ'ἔπαυσαν αὐτοὺς Ῥωμαῖοι... „. On voit, par la phrase suivante, qu'il entend les sacrifices humains : " Ainsi un homme avait-il été voué aux dieux, on le frappait par derrière avec une épée de combat, et l'on devinait l'avenir d'après les convulsions du mourant. On ne sacrifiait jamais sans l'assistance des druides. On cite encore chez eux d'autres espèces de sacrifices humains... etc. „ (3).

Le quatrième livre de la géographie de Strabon, d'où ces lignes sont extraites, a été rédigé, sous sa forme définitive, en l'an 18 ap. J. C. En effet Strabon remarque, dans le même livre, que la paix imposée aux populations alpestres par l'expédition de Tibère et de son frère Drusus durait depuis trente-trois ans (4). Cette expédition était de l'an 15 av. J. C. (5). La trente-troisième année qui la suivit tombe en 18 ap. J. C.

---

(1) I, 3.
(2) I, 38.
(3) IV, 4, 5.
(4) IV, 6, 9.
(5) Dion Cassius, LIV, 22.

Cette année 18 est la cinquième du règne de Tibère, puisque Auguste était mort en l'an 14, le 19 Août. Ainsi la mesure qui interdit les sacrifices humains en Gaule doit se placer dans les cinq premières années du règne de Tibère, ou bien antérieurement, sous le règne d'Auguste, mais après l'an 7 av. J. C. On vient de constater en effet, d'après le témoignage de Denys d'Halicarnasse, que ces sacrifices étaient encore en usage dans cette dernière année. Nous avons à nous prononcer entre ces deux hypothèses.

Auguste et Tibère intervinrent l'un et l'autre en cette matière; mais leur intervention n'eut pas la même portée. Suétone rappelle, à propos des mesures prises par Claude, celle qui fut arrêtée par Auguste : " Druidarum religionem dirae immanitatis, et tantum civibus sub Augusto interdictam, Claudius penitus abolevit „ (1). Quant à Tibère, c'est Pline qui, dans le passage cité au commencement de cette étude, nous fait connaître sa décision. Après avoir cité le sénatus-consulte de 97, il ajoute : " Gallias utique possedit (la magie), et quidem ad nostram memoriam. Namque Tiberii principatus sustulit druidas et hoc genus vatum medicorumque „ (2). Il résulte du premier texte qu'Auguste interdit les rites sanglants des Druides aux citoyens seulement. Il ne s'agit pas évidemment des Romains. Il s'agit des Gaulois élevés au droit de cité. Il y en avait déjà un certain nombre à cette époque. M. Anatole de Barthélemy l'a démontré dans un mémoire auquel nous renvoyons (3). Cette condition leur était imposée pour mériter la faveur qui leur était faite, pour l'obtenir ou la conserver. Mais on tolérait autour d'eux ce qu'on leur dé-

---

(1) *Claude*, 25.
(2) XXX, 4.
(3) *Les libertés gauloises sous la domination romaine*. Revue des questions historiques. Tome XI, p. 371, etc.

fendait en raison de leur nouvelle dignité. L'interdiction des sacrifices humains en Gaule n'est donc pas due à Auguste, mais à Tibère, et elle a été décidée entre l'an 14 et l'an 18 ap. J. C., comme il est prouvé par le texte de Strabon.

Cette prohibition était liée à une mesure plus vaste. Tibère supprima les druides. Nous devons sur ce point nous séparer de l'opinion soutenue par Fustel de Coulanges (1). Si Pline avait voulu dire que Tibère se borna à interdire les sacrifices humains, il l'aurait dit. Il n'aurait pas écrit ces mots: " Sustulit druidas „. Sans doute on a pu se tromper sur les vrais motifs de la politique impériale. Rien ne prouve que les druides aient paru dangereux pour le maintien de la domination romaine. Il est infiniment probable qu'ils ne l'aimaient point. Ils avaient trop perdu à la conquête pour ne pas regretter les jours de l'indépendance. On le vit bien d'ailleurs à leurs menées dans la grande crise qui suivit la mort de Néron (2). Mais cet acte d'hostilité ouverte est unique dans ce que nous savons de leur histoire. Les textes nous représentent le druidisme, non comme un centre de rébellion, mais comme un foyer de superstitions malfaisantes et honteuses. C'est à ce titre qu'il fut frappé par Tibère. " Sustulit druidas et hoc genus vatum medicorumque „. Les Romains avaient la conscience de leurs devoirs envers la barbarie occidentale. Ils n'étaient pas eux-mêmes sans péché. On a vu que les sacrifices humains, si hautement réprouvés par Pline, n'avaient pas entièrement cessé à Rome au premier siècle de notre ère. Mais ce qu'ils pouvaient admettre chez eux comme une rareté, ce qu'ils pouvaient concéder, en certains cas, au fanatisme vulgaire, ils ne voulaient pas l'autoriser ailleurs, comme un usage. Le senti-

(1) *Op. cit.*, p. 6.
(2) TACITE, *Histoires*, IV, 54.

ment qui animait les plus nobles d'entre eux est bien rendu par Pline, dont on ne peut dire cependant qu'il soit un des esprits les plus éclairés de son temps. Après avoir constaté la fin de la magie en Gaule, il en signale et en déplore la persistance en Bretagne. Puis il conclut : " On n'estimera jamais assez haut tout ce qu'on doit aux Romains pour avoir déraciné ces croyances monstrueuses, où tuer un homme était faire acte de religion, et où manger de la chair humaine passait pour une chose salutaire „ (1).

M. Fustel de Coulanges objecte ceci : " La meilleure preuve que les druides ne furent pas supprimés par l'autorité romaine, c'est que nous les voyons durer pendant presque tout l'empire, et même sans se cacher (2). Assurément, ils ont duré, mais comment? Ils avaient eu, avant la conquête, des immunités, des attributions politiques et judiciaires. Il est clair que cette situation avait pris fin dès le jour où s'était établi le régime nouveau. Mais ils avaient eu aussi des assemblées et un chef. Rien n'empêche de croire qu'ils aient gardé cette organisation, au moins quelque temps. Il est vraisemblable qu'ils l'ont gardée jusqu'à Tibère. M. Fustel de Coulanges se demande si elle est tombée d'elle-même, ou si elle a été abolie par quelque acte formel. Il déclare qu'il est impossible de trancher la question. Elle nous paraît, pour nous, résolue par le texte de Pline: " Sustulit druidas „. Ce que Tibère a supprimé, ce ne sont pas les druides, mais la corporation druidique. Disons donc, si l'on veut, que les druides ont été, non pas supprimés, mais dissous. Il suffisait pour cela de leur appliquer la loi sur les associations illicites portée par

---

(1) XXX, 4.
(2) *Op. cit.,* p. 11.

César (1) et renouvelée par Auguste (2), de même qu'il suffisait, pour interdire les sacrifices humains, d'étendre à tous les Gaulois les dispositions du sénatus-consulte de 97 et de la loi *Cornelia de sicariis*.

La première de ces deux mesures devait, dans la pensée de leur auteur, assurer l'exécution de la seconde. Il n'en fut rien. Quand Strabon s'applaudit, la cinquième année du règne de Tibère, de voir les sacrifices humains abolis en Gaule, il se fait illusion. Les efforts tentés entre les années 14 et 18 ap. J. C. se trouvèrent impuissants contre la résistance d'habitudes invétérées. Nous savons par le texte de Suétone cité plus haut (3) que Claude fut obligé de s'y reprendre à nouveaux frais. On est surpris que Pline ne dise rien de l'intervention de cet empereur, et rapporte au seul Tibère le mérite d'avoir délivré la Gaule des superstitions qui la déshonoraient. Peut-être est-ce parce que Tibère ouvrit la voie où Claude se borna à le suivre, avec plus de vigueur et de succès. " Druidarum religionem dirae immanitatis.... Claudius *penitus* abolevit „ dit Suétone. C'est la même expression dont se sert le géographe Pomponius Mela: " .... Cette coutume atroce vient d'être abolie. Il en reste seulement quelques traces. Manent vestigia feritatis jam abolitae „. Les traces se réduisent à un simulacre de sacrifice où l'on tirait des prétendues victimes quelques gouttes de sang (4). Pomponius Mela écrivait sous Claude, après l'expédition de ce prince en Bretagne en 43, et avant son triomphe, qui eut lieu en 44 (5), Claude était arrivé à l'empire en janvier 41. La mesure qui lui est attribuée fut donc

---

(1) SUÉTONE, *César*, 43.
(2) *Auguste*, 32.
(3) *Claude*, 25.
(4) III, 2.
(5) III, 6.

une des premières qui signalèrent son règne, puisque Pomponius Mela peut déjà en noter les heureux effets en 43 ou 44. Ces effets furent plus durables que les résultats obtenus par Tibère. Le témoignage de Suétone, qui vient plus de cent ans après, est décisif, et d'ailleurs, à partir de Claude, il n'est plus question pour la Gaule de sacrifices humains.

En résumé, Auguste a interdit les sacrifices humains aux Gaulois élevés à la qualité de citoyens. Tibère, entre l'année 14 et l'année 18 ap. J. C., les a interdits à tous les Gaulois sans distinction. Il a de plus dissous le clergé druidique. Mais c'est Claude qui, par de nouvelles mesures, prises entre 41 et 44, et plus près de la première année que de la seconde, a eu l'honneur d'extirper définitivement ces abominables pratiques.

G. BLOCH.

LISTE DES GRANDS PRIEURS

DE ROME

DE L'ORDRE DE L'HOPITAL DE S. JEAN DE JÉRUSALEM

L'Ordre de l'Hôpital de Saint Jean de Jérusalem avait établi à Rome, sur le mont Aventin, le siège d'un des sept grands prieurés dont se composait la langue d'Italie. Ce prieuré existe encore aujourd'hui, et est resté aux mains des Hospitaliers; mais son histoire est presque inconnue, et n'a fait l'objet d'aucune étude sérieuse. Le sujet, cependant, méritait de tenter les érudits; la position du grand prieur à Rome, près de la cour pontificale, ne pouvait manquer de faire de ce dignitaire l'intermédiaire naturel et écouté entre le grand-maître et le souverain pontife. Souvent, à la demande de celui-ci, les titulaires du grand prieuré avaient été choisis dans l'entourage immédiat, quelquefois même parmi les neveux des papes. Les prieurs de Rome se trouvèrent ainsi, par suite des circonstances, appelés à jouer dans l'histoire de leur ordre et dans celle de l'Italie un rôle prépondérant, qui n'a pas jusqu'ici été mis en lumière.

Malheureusement, les archives du prieuré de Rome (1), les archives anciennes du moins, sont aujourd'hui perdues, ce qui rend toute étude sur cette matière fort difficile. Aussi avons-nous pensé qu'il pourrait être intéressant d'apporter, sur un point spécial, notre pierre à l'édifice, et de dresser, en nous aidant des renseignements recueillis çà et là, le catalogue des prieurs

---

(1) La partie moderne (pièces postérieures au XVIe siècle) est conservée au Palais de Malte à Rome, siège de la grande maîtrise de l'ordre.

de Rome. La tâche n'est pas aussi facile qu'elle peut paraître au premier abord, et nous ne prétendons pas donner une liste définitive ; telle qu'elle est, elle pourra, croyons-nous, pour les époques anciennes, c'est-à-dire jusqu'à la bataille de Lépante (1571), fournir quelques renseignements utiles aux érudits romains, et leur offrir l'occasion de la compléter au cours de leurs études.

L'ordre de l'Hôpital s'établit relativement tard dans la péninsule italique. Sauf les biens qu'il reçut dès 1119, au royaume de Naples, de la libéralité d'Emma, fille du comte Roger (1), nous ne lui connaissons avant la fin du XIIe siècle aucun établissement important en Italie. C'est de cette époque que date le développement qu'il y prit. A ce moment apparaît le praeceptor Italiae, chargé d'administrer les biens des Hospitaliers italiens. La division en grands prieurés n'a pas encore été établie ; nous ne la trouvons qu'à partir du second tiers du XIIIe siècle, et encore n'a-t-elle, pendant tout le cours de ce siècle, aucune fixité ; les prieurés sont arbitrairement unis ou séparés les uns des autres, et cet état de choses subsiste jusqu'au milieu du XIVe siècle. A partir de 1350 environ, le prieuré de Rome est absolument constitué et distinct, et il s'est maintenu à travers les âges, malgré diverses vicissitudes, jusqu'à nos jours. Le titulaire actuel est le cardinal Fr. Ricci Paracciani. Si l'importance et la richesse de son prieuré sont très différentes de ce qu'elles étaient autrefois, il n'en reste pas moins le successeur direct des prieurs, dont nous avons dressé la liste suivante (2) :

(1) *Regii Neapolitani archivi monum. edita ac illustr.* VI, 189.
(2) Les dates imprimées en capitales indiquent la nomination des prieurs ou la cessation de leurs fonctions ; les chiffres ordinaires représentent les dates extrêmes auxquelles figurent les titulaires du prieuré dans les documents que nous avons consultés, mais n'ont rien d'absolu. Les mentions placées entre crochets sont empruntées à une liste manuscrite dressée par les soins du grand-magistère, et dont l'exactitude demande à être contrôlée.

12 novembre 1235 — 25 février 1236. — Buongiovanni, ou Gianbono, prieur de Rome et de Pise (les deux prieurés étant réunis sous le gouvernement d'un seul prieur) (1).

4 mai 1282. — 6 juillet 1285. — Enguerrand de Gragnana, prieur de Rome et de Venise; le prieuré de Rome avait été détaché de celui de Pise et uni à celui de Venise (2).

1320. — Pierre d'Imola, bienheureux, prieur de Rome. Il mourut le 5 octobre 1320 (3).

Juin 1330 — 24 août 1347. — Jean de Ripparia, prieur de Rome et de Pise, *facta unione de ipsis duobus prioratibus*, selon l'expression du Registre capitulaire de l'ordre (4).

20 juin 1351 — 1ᵉʳ juillet 1358. — Barthélemy Benini, prieur de Rome, successeur immédiat de J. de Ripparia (5). Il ne dut pas exercer effectivement ses fonctions beaucoup après 1358, car, dès le 9 août 1358, le grand-maître lui nommait un lieutenant, Nerio de Malavoltis, de Sienne (6). Il mourut avant le mois de mai 1365 (7).

30 mai 1365 — 22 novembre 1374. — Girard de Pérouse, d'abord vice-prieur pendant la vacance du prieuré, et ensuite prieur de Rome (8). Nous ne savons pas quand il résigna ses fonctions,

---

(1) Florence, Arch. d'état, *Spogli delle carte pecore, Olivetani di Pistoia*, passim.
(2) Venise, Arch. d'état, *Grand prieuré de Venise, Inventaire de 1757*, p. 14 et 18 *Istromenti* l. 2, n° 2.
(3) Bosio, *Historia della s. relig.... di S. Giov. Gerosol.*, I, 476.
(4) Arch. de Malte, *Reg. Capit. gener.* I, f. 1; *Libri bullarum mag.* II, f. 170 b. En 1327, il n'était que prieur de Pise. (Pauli, *Codice diplom.* II, 78).
(5) *Id., Libri bullarum* I, 255; III, 140.
(6) *Id.*, I, 253.
(7) *Id.*, IV, 228.
(8) *Id.*, IV, 228; V, 55 b.

mais en 1386 (12 janvier) il reparaît à la faveur du schisme; il obéissait à l'anti grand-maître Richard Carraciolo, partisan du pape Urbain VI (1).

[1373. — Gérard Ruffini].

[1379. — Robert de Diana, de Messine].

18 décembre 1381 — 7 mai 1385. — Pierre Pignate ou Peguace. Le 16 décembre 1385, il fut confirmé pour dix ans dans ses fonctions. On lui avait nommé, le 13 avril 1383, un lieutenant, Barthélemy Caraffa (2).

14 avril 1393. — Ange Cecchini de Pérouse, (appelé aussi Antoine de Pérouse) (3). Il eut pour successeur:

8 juin 1395-1407. — Barthélemy Caraffa, que nous avons déjà rencontré comme lieutenant du prieuré (4). Celui-ci fut confirmé, le 18 août 1402, dans sa charge de prieur de Rome pour dix ans.

Vers 1406. — Ange de Betutis, destitué comme partisan de Grégoire XII (5).

23 MAI 1407. — Louis Vaignon, amiral de l'ordre, fut nommé au décès de Caraffa pour dix ans; mais en 1410, au concile de Pise, il renonça à ses prétentions (6).

10 MAI 1410. — 20 mai 1420. — Etienne de Sycano fut confirmé comme prieur au chapitre général tenu à Aix. Il avait été nommé

(1) *Id., Reg. capit. gen.*, II, 83 *b*.
(2) *Id., Libri bull. mag.* VI, 191; VII, 255; VIII, 170 et 171 *b*.
(3) *Id.*, XII, 101.
(4) PAULI, *Cod. diplom.*, II, p. 104; *Libri bull. mag.*, XVII, 135.
(5) *Libri bull. mag.*, XXI, 172 *b*.
(6) *Id.*, XIX, 121; XXI, 172 *b*.

après la destitution d'Ange de Betutis et avait eu comme compétiteur Louis Vaignon (1).

18 décembre 1432. — 27 NOVEMBRE 1433. — Fantino Quirini ; il échangea le prieuré de Rome contre celui de Venise (2).

27 NOVEMBRE 1433. — 1442. — Robert de Diana, amiral de l'ordre, précepteur de Brindisi (3). Le prieuré étant dans un état déplorable, fut, dès le 3 janvier 1435, confié à l'administration d'un lieutenant dont les talents et l'expérience étaient universellement reconnus, Jean Baptiste Orsini, avec promesse de future succession. Robert de Diana resta titulaire jusqu'à sa mort, survenue vers 1442 (4).

[1434. — Laurent Orlandi].

26 JUILLET 1442 — 7 MARS 1467. — Jean Baptiste Orsini, de la famille des comtes de Gravina, déjà administrateur du prieuré depuis le 3 janvier 1435. Il devint en outre administrateur du prieuré de Capoue en 1446. Il résigna ces fonctions quand il fut appelé au grand magistère par bulle du pape Paul II le 7 mars 1467 (5).

20 septembre 1494. — Cencius Orsini, prieur de Rome (6). Il eut pour successeur :

21 OCTOBRE 1495 — 2 janvier 1506. — Charles de Gesualdo, prieur de Hongrie, nommé à la mort d'Orsini prieur de Rome (7).

(1) *Id.*, XXI, 172 *b*; XXIX, 170 *b*.
(2) *Id.*, XXXIV, 78 *b*; XXXV, 185.
(3) Il avait été nommé, le 26 novembre 1433, au prieuré de Venise qu'il avait refusé (*Id.*, XXXV, 185 *b*).
(4) *Id.*, XXXVI, 112.
(5) *Id.*, XL, 128 *b*; XLIII, 87; Arch. du Vatican., *Arm.* X, *cap.* 3, n° 2.
(6) *Lib. bull. mag.* LXXVII, 75.
(7) *Id.*, LXXVII, 77 *b*; LXXXI, 105 *b*.

27 NOVEMBRE 1509 — 20 juillet 1512. — Sixte Barthélemy de la Rovère, neveu du pape Jules II (1), avait été promu au cardinalat en 1508. Il mourut, suivant Moréri, en 1517.

15 décembre 1513 — 17 octobre 1516. — Jean Antoine de la Rovère occupa le prieuré de Rome jusqu'à sa mort (2).

1 AVRIL 1519 — 7 décembre 1521. — Pierre Salviati fut nommé à la mort d'Antoine de la Rovère (3). Il eut pour successeur :

1 AVRIL 1525 — 1558. — Bernard Salviati, neveu de Clément VII, général des galères pontificales, nommé au décès du précédent (4). Il fut aumônier de Catherine de Médicis, évêque de Clermont, et reçut la pourpre cardinalice en 1561. Il occupa le priorat jusqu'à sa mort et eut pour successeur :

1568. — Michel Bonello ou Bonelli, cardinal Alexandrin, frère profès de l'ordre de S. Dominique, petit neveu de Pie V, et nommé par lui contre le gré du grand-maître (5). Il avait été créé cardinal en 1566 et protecteur de l'ordre ; son grand oncle avait tenu à lui donner le titre cardinalice qu'il avait porté lui-même. Il s'appelait Antoine et prit le nom de Michel en entrant chez les Dominicains. Il mourut en 1598.

La bataille de Lépante (1571) marque l'extrême limite du rôle héroïque de l'ordre dans les affaires d'Orient ; avec elle

(1) *Id.*, LXXXIV, 114 ; LXXXVII, 94 b.
(2) *Id.*, LXXXIX, 90 b ; XCI, 198.
(3) Il était fils de Jacques Salviati et frère de Bernard. (*Id.*, XCIII, 87 b ; XCIV, 92 b).
(4) *Id.*, XCVI, 228.
(5) J. BOSIO, *Historia della s. rel. di S. Giov. Gerosol....* III, 815 ; MORERI, au mot *Bonello* ; PAULI, *Cod. dipl.*, II, 224.

finit la période du moyen-âge et commencent les temps modernes. Nous arrêtons cette liste à cette date; après elle le prieuré de Rome devient l'apanage de cardinaux ou de neveux des papes, et la série de ses titulaires n'offre plus d'intérêt.

J. Delaville Le Roulx.

LA RÉSURRECTION DE LAZARE
DANS L'ART CHRÉTIEN PRIMITIF

Parmi les images chrétiennes tracées aux Catacombes avec une intention symbolique, il en est quelques unes, empruntées à la vie et aux miracles de Jésus, qui se transmettront au moyen âge par une série de développements successifs : ainsi l'Adoration des Mages, le Baptême de Jésus, la Résurrection de Lazare ; d'autres, comme les Guérisons de l'Hémorroïsse et du Paralytique, l'Entretien avec la Samaritaine, ont, en dehors de leur signification mystique, trop peu d'importance historique ou décorative pour être reproduites autrement que par exception. Mais si l'on veut chercher parmi ces images un exemple d'idée dramatique passant avec un progrès continu de l'expression la plus élémentaire à son parfait épanouissement, une seule nous offre tous les éléments d'un drame : c'est la Résurrection de Lazare.

Le seul Evangile de saint Jean (ch. XI) raconte la Résurrection de Lazare ; le récit, d'une simplicité et d'une émotion extraordinaires, réunit tous les détails dont peut s'inspirer un artiste. Les peintres des Catacombes, qui créent le type original, ne s'inspirent point de ce récit. L'histoire de la Résurrection de Lazare se présentait aux âmes chrétiennes comme le plus frappant symbole de la résurrection future, du salut promis par le Rédempteur ; elle était invoquée en ce sens par les liturgies funéraires ; c'est en ce sens, c'est-à-dire symboliquement, qu'il convenait de la représenter aux Catacombes. Pour cette représentation symbolique, les détails sont superflus ; deux personnages suffisent à rendre la scène reconnaissable, le Christ et Lazare. Ce qui caractérise le Christ thaumaturge, c'est la verge qu'il tient en main, la verge, chez les anciens et dans la Bible signe d'une puissance bienfaisante, d'une force émanée de Dieu (1). Ce qui caractérise Lazare ressuscité, c'est le tombeau. Les peintres des Catacombes remplacent par un mausolée en forme de temple, un *heroon*, la caverne close d'une pierre dont parle saint Jean (2); c'est une image plus simple à tracer, plus facile à comprendre. Image d'ailleurs assez diverse: tantôt ce n'est guère qu'une porte au haut de quelques marches; tantôt c'est une petite basilique, avec son escalier, ses colonnes supportant un fronton triangulaire, et sa nef percée de fenêtres (3). Il serait oiseux d'insister sur les variantes de cette composition si fréquente parmi les fresques des Catacombes (4). Remarquons seulement qu'elle fut exprimée d'abord avec une certaine liberté que ne reproduiront point ensuite les nombreuses images stéréotypées d'après un modèle uniforme. Deux fresques du IIIe siècle, dont l'une très ruinée, au cimetière de Calliste, nous montrent le second acte du drame: Lazare ressuscité, vêtu d'une tunique étroite, s'avance hors du sépulcre, obéissant au geste impérieux du Christ (5). La composition habituelle représente La-

---

(1) Cf. *Real Encyklopädie* de KRAUS, art. *Stab*.

(2) Une seule fresque fait exception, au cimetière de St. Hermès: GARRUCCI, *Storia*, tom. II, tav. 83,2.

(3) Cimetière des Sts. Pierre et Marcellin: GARRUCCI, tav. 57,1; et cimetière de Priscille: GARRUCCI, tav. 76,1.

(4) J'en compte 23 peintures au tome II de GARRUCCI; il faut y ajouter une mosaïque de St. Hermès, donnée au tome IV, tav. 204,1, et une fresque de Priscille, publiée par D'AGINCOURT, pl. VII. La mosaïque de St. Hermès, peut-être inspirée du type des sarcophages, ajoute la figure de Marthe agenouillée aux pieds du Christ. Sur une fresque du cimetière ostrien, tav. 67,2 de GARRUCCI, on ne voit pas Jésus, mais Lazare seul devant son tombeau.

(5) DE ROSSI, *Roma sotterranea*, tom. II, pl. XLV.

zare, de taille enfantine, enveloppé de bandelettes, comme une momie égyptienne ou juive (1), et maladroitement dressé au seuil de son tombeau.

C'est cette composition que reproduisent trait pour trait les verres à fond d'or (2), les verres gravés (3), les camées (4), les inscriptions (5), les étoffes brodées (6). Les sarcophages n'essaient point de la modifier (7) — d'ailleurs l'architecture monumentale du tombeau est d'un heureux effet à l'extrémité d'un bas-relief (8) — mais ils commencent à la développer, en y introduisant de nouveaux acteurs. Sur presque tous les bas-reliefs, en nombre considérable (9), qui représentent la Résurrection de Lazare, on voit agenouillée aux pieds de Jésus une femme, qui est Marthe (10). Parfois les deux sœurs de Lazare

---

(1) La tête est ou entièrement dégagée, ou à demi couverte d'un pan du suaire.

(2) J'en compte 13 au tome III de Garrucci; il faut y ajouter un fond de coupe récemment trouvé à Sambucca-Zabut, en Sicile.

(3) Garrucci, tom. VI, tav. 462,11 et 463,3.

(4) Garrucci, tav. 478,33.

(5) Garrucci, tav. 484,4 et 8.

(6) Cf. *Bullettino* 1871, p. 61, citation d'Astérius d'Amasée.

(7) C'est ce qui permet de distinguer la Résurrection de Lazare d'une scène analogue, la Résurrection du fils de la Veuve. Dans cette dernière scène, il n'y a point de mausolée; le mort est étendu dans un sarcophage, hors duquel il se soulève parfois à demi.

(8) Sur un sarcophage d'Arles, pl. VII de la publication de M. le Blant, le fronton du mausolée est orné de masques de théâtre, et l'on distingue, au soubassement, un petit bas-relief: Daniel empoisonnant le dragon des Babyloniens.

(9) J'en compte, au tome V de Garrucci, 16 du musée de Lateran, 16 autres de Rome, de Pise, de Ravenne, d'Espagne. Il faut y ajouter 3 bas-reliefs publiés par Grousset (*Catalogue*, n°s 79, 96, 112), et 10 reproduits dans les beaux volumes de M. le Blant sur les Sarcophages d'Arles et de la Gaule.

(10) Un très curieux sarcophage de Saragosse, décoré aux angles de figures de télamons, et portant des *graffiti* qui désignent les personnages, nous montre le prélude de la Résurrection de Lazare.

assistent au miracle: sur le gracieux sarcophage du Lateran dont les aventures de Jonas, pittoresquement racontées, forment le motif principal, Jésus a près de lui l'une des sœurs agenouillée, l'autre debout, et deux disciples. Sur le sarcophage de Lucq de Béarn, la scène fait un progrès sensible vers l'expression dramatique: les deux disciples se couvrent le visage, pour indiquer l'odeur fétide du cadavre (1).

Les ivoires (2), bien qu'en général d'époque plus récente, n'acceptent point la composition des sarcophages, et reviennent en arrière. Il est singulier que la merveilleuse lipsanothèque de Brescia, d'un style si classique, d'une invention si riche, reproduise sans y rien changer l'image habituelle des Catacombes (3). Sur plusieurs diptyques ou reliures de livres d'époque assez basse, Jésus tient en main, au lieu du bâton de thaumaturge, un sceptre terminé par une croix, analogue aux longues hastes que portent souvent les anges byzantins. Il faut noter enfin que sur deux ivoires, peut-être carolingiens, du British Museum et de la collection Trivulce à Milan, les portes du Saint Sépulcre, près duquel dorment les gardes, sont ornées de petits reliefs, où l'on distingue une Résurrection de Lazare: dernier exemple du succès extraordinaire de cette représentation, tout abrégée qu'elle fût, dans les divers ordres de monuments chrétiens.

Une femme, MARTA, est agenouillée, dans la posture de l'hémorroïsse, aux pieds du Christ, désigné par le monogramme ☧ : GARRUCCI, tav. 381,4.

(1) V. LE BLANT, *Sarcophages chrétiens de la Gaule*, pl. XXVII et pages 100-103. L'édifice, à l'intérieur duquel se dresse la momie, est recouvert d'un toit plat, qui porte, au lieu de fronton, la statue d'un personnage nu, couché, les jambes croisées, dans l'attitude donnée fréquemment à Jonas.

(2) GARRUCCI (tome VI) en publie 13 avec l'image de Lazare.

(3) La petite momie de Lazare a la tête entièrement découverte: le suaire est rejeté sur les épaules, comme un manteau.

C'est dans les miniatures qu'il nous faut maintenant chercher le type nouveau, la composition dramatique du miracle. Par ses dimensions restreintes et sa facilité d'exécution, la miniature, bien mieux que la sculpture ou la mosaïque, se prête à l'initiative des artistes; mais, en même temps, elle aide puissamment la tradition, en servant de véhicule, d'une région à l'autre, aux compositions une fois fixées. Il subsiste trop peu de manuscrits des premiers siècles chrétiens pour les pouvoir classer par familles, comme on classe les livres d'époque plus récente; cependant il est incontestable que plusieurs des recueils de miniatures que nous possédons sont des reproductions d'originaux antérieurs; dès le triomphe de l'Eglise, il y eut certainement soit dans les basiliques nouvelles, soit chez de riches personnages, des manuscrits illustrés de la Bible ou des Evangiles. Le P. Garrucci (1) a ingénieusement démontré que l'Evangile conservé au Collège *Corpus Christi* de Cambridge (envoyé sans doute, en 601, avec beaucoup d'autres livres, par le pape saint Grégoire le Grand à saint Augustin, apôtre de l'Angleterre) reproduisait dans ses miniatures un prototype dû à un artiste italien. Ces miniatures, dont la composition très sobre rappelle les mosaïques de Saint-Apollinaire Nouveau, sont réunies douze par douze en deux cadres. La Résurrection de Lazare y précède immédiatement les scènes de la Passion. La momie de Lazare, qu'un serviteur débarrasse de ses bandelettes, se dresse hors d'un petit édifice que couronne une coupole. Le Christ, suivi d'un apôtre, comme dans les mosaïques de Ravenne, fait le geste habituel; à ses pieds sont prosternées les deux sœurs de Lazare, ce qu'explique la double inscription: $\overline{\text{IHS}}$ LAZARVM SVSCITAVIT — MARIA ET MARTA ROGABANT $\overline{\text{DNM}}$.

(1) *Storia,* tom. III, p. 64 et suiv.

La présence des deux sœurs, celle du serviteur qui soutient Lazare (tandis que précédemment la momie surgissait seule, dans un équilibre douteux), la disposition de la scène dans un paysage accidenté marquent une certaine entente du pittoresque et du dramatique, malgré la gaucherie et la froideur des attitudes. Mais voici qu'à la même époque, dans le cours du VIe siècle, un autre manuscrit nous donne une Résurrection de Lazare où le drame est complet ; c'est l'Evangile grec de Rossano, dont nous ne connaissons malheureusement les miniatures que par les calques assez médiocres de deux théologiens, MM. Oscar von Gebhardt et Adolphe Harnack (1). Le Christ, très majestueux dans sa tunique pourpre et bleue que recouvre un manteau d'or, s'avance, suivi de ses apôtres, vers la tombe de Lazare. Marthe et Marie se prosternent à ses pieds ; il les regarde et les rassure du geste : devant le tombeau, creusé dans une colline que surmonte un arbre, Lazare est déjà debout, amaigri, serré dans son suaire, et soutenu par un serviteur qui se cache le visage. Deux des assistants se détournent avec des gestes d'épouvante ; d'autres, en groupe, observent le Christ et le ressuscité. N'est-ce point déjà, dans ses détails essentiels, l'admirable fresque de l'Arena où Giotto a tout exprimé, l'autorité du Christ, la confiance des saintes femmes, la stupeur des disciples, l'horreur de ce cadavre encore fétide et qui renaît ?

Le peintre du manuscrit de Cambridge continue la tradition latine, qui remplace par un mausolée le sépulcre creusé dans le roc (2). La tradition grecque, telle que nous la présente le

---

(1) *Evangeliorum Codex græcus purpureus Rossanensis*, in-4°, Leipzig, 1880.

(2) Le diptyque d'ivoire peint de Brescia (GARRUCCI, tom. III, tav. 156,4) offre, au VIIIe siècle, un curieux souvenir de la tradition primitive : la momie de Lazare se dresse sans appui hors de

manuscrit de Rossano, est plus conforme au texte de saint Jean. C'est cependant de la tradition latine que s'inspirent les mosaïques italiennes : à Saint-Apollinaire Nouveau de Ravenne, un des petits tableaux de la nef représente encore le miracle de la façon rudimentaire dont le représentaient les fresques ; et cette sécheresse paraît bizarre dans la longue suite d'épisodes évangéliques dont la plupart, notamment les scènes de la Passion, témoignent d'une originalité et d'une noblesse de conception remarquables. Au VIIIe siècle, parmi les mosaïques de l'oratoire du pape Jean VII, il y avait une Résurrection de Lazare très conforme à la miniature de Cambridge, si l'on en juge par le dessin de Grimaldi (1). Mais ce qui est plus singulier, c'est que le premier type de composition soit encore reproduit, au XIIe siècle, par les sculpteurs des portes de bronze. Sur la porte de Bénévent, la momie de Lazare se dresse dans une caisse oblongue, qui semble appuyée à un mur crénelé ; sur les portes de Pise et de Monreale, sculptées par Bonannus, le tombeau a deux étages (comme au manuscrit de Cambridge), et même — sur la porte de Pise — plusieurs personnes sont accoudées à l'étage supérieur, et se penchent pour assister au miracle. En bas, on voit un sarcophage, dont le couvercle est écarté ; au geste impérieux du Christ (songez à la célèbre eau-forte de Rembrandt), le mort se soulève, un premier frisson l'agite. Voilà une inspiration que le sculpteur pisan ne doit pas aux miniatures ; mais peut-être la doit-

---

son sarcophage, au seuil d'un mausolée pareil à ceux que représentent les fresques des Catacombes ; une seule des sœurs de Lazare est agenouillée aux pieds du Christ, derrière lequel se tient un seul disciple, qui se bouche les narines. A droite du tombeau se tient un serviteur, qui s'appuie au couvercle du sarcophage, et se bouche également les narines. De l'autre côté paraissent deux Pharisiens, dont le premier, vêtu d'une large *penula*, semble faire un geste de colère.

(1) GARRUCCI, tom. IV, pl. 280,7.

il aux sarcophages, qui ont exprimé de la sorte non point Lazare, mais le ressuscité de Naïm.

La tradition grecque se transmet des manuscrits aux mosaïques et aux fresques du moyen âge. L'Evangile copte de la Bibliothèque Nationale de Paris (1) reproduit en l'abrégeant la composition de l'Evangile de Rossano ; je la retrouve, au XI⁰ siècle, dans les fines mosaïques byzantines conservées au musée de la cathédrale de Florence ; à la même époque, dans les curieuses fresques de Sant'Angelo in Formis, près de Capoue ; à la fin du XII⁰ siècle, dans les mosaïques du dôme de Monreale (2). La fresque de Giotto, qui sera fidèlement reproduite pendant un siècle et demi, et servira de modèle à un des meilleurs tableaux de Fra Angelico (3), procède directement de la peinture de Sant'Angelo in Formis, c'est-à-dire de la miniature de Rossano.

On peut soupçonner, par cette brève étude, quel rôle considérable joue la miniature dans la formation de l'art du moyen-âge ; elle rassemble les éléments dramatiques épars dans les premières œuvres chrétiennes, les coordonne, les anime d'une vie nouvelle ; elle conserve pieusement, à travers les siècles barbares, le souvenir de la beauté antique, trop vite oubliée par la mosaïque et la sculpture ; elle transmet au moyen âge le don de composer, et en même temps elle lui transmet des compositions toutes faites.

J'aurais aimé pouvoir illustrer ces quelques pages par la reproduction d'une image assez étrange de la Résurrection de Lazare. On la voit en marge du folio 44 du Psautier Barberini (4). Ce Psautier est un manuscrit du XII⁰ siècle, mais dont

---

(1) Mss. coptes, n° 13, fol. 253 v.
(2) GRAVINA, *Il duomo di Monreale*, in-fol., 1859, pl. 18-B.
(3) Académie des Beaux-Arts de Florence.
(4) Bibliothèque Barberini, III, 91.

les compositions rappellent certainement un original plus ancien. La Résurrection de Lazare y est représentée selon le modèle ordinaire ; mais elle se complète d'une seconde partie: le Christ, debout, projette un rayon de lumière vers l'Hadès, énorme figure simiesque, sorte de Silène presque nu, à la peau vineuse, aux pieds enchaînés ; il lève les yeux avec stupeur, et laisse échapper l'âme de Lazare, qui monte vers le Christ dans le rayon lumineux, suivie par deux diablotins noirs. Cette figure de l'Enfer, que nous rencontrons ailleurs (1) recevant les pécheurs amenés par un ange, n'est-ce point déjà le Satan des jugements derniers, que les peintres giottesques se complairont à caricaturer? Il serait intéressant de rattacher aux peintures de la Résurrection de Lazare ces premières images de Satan, dont il faut peut-être chercher l'origine dans les représentations de la Descente aux limbes (2).

André Pératé.

(1) Fol. 12 v du même manuscrit.
(2) L'Hadès diadémé, les mains liées au dos, est représenté, ainsi que le Thanatos, sur une des colonnes historiées, du XIe siècle, qui soutiennent le *ciborium* de St. Marc, à Venise. V. Garrucci, tom. VI, tav. 498,3.

LE DOMAINE DES GAETANI
AU TOMBEAU DE CECILIA METELLA

L'histoire du tombeau de Cecilia Metella au moyen âge est encore mal connue. Nibby (1) prétend que Boniface VIII le donna en 1299 à sa famille, et qu'il y fit construire le château-fort dont on voit encore aujourd'hui les ruines. Gregorovius (2) a cherché vainement des documents sur ce point dans les archives Gaetani. Il aurait été plus heureux aux archives du Vatican. Les titres de propriété des Gaetani y sont conservés dans le registre 50 (3) et contiennent des détails qu'il nous a paru intéressant de résumer ici.

Le domaine de *Capo di Bove* a été acquis par le cardinal François Gaetani, du titre de S. Marie in Cosmedin, non pas en 1299, mais dans le courant de l'année 1302, et il a été formé par la réunion de deux grandes propriétés.

La première constituait le domaine appelé *Tor Perrone*. Il comprenait, outre la tour, dont il portait le nom, des maisons, des vignes, des viviers, des prairies, des pressoirs et trois tours

---

(1) Nibby, *Analisi della carta de' dintorni di Roma*. Roma, 1837, I, p. 392.

(2) Gregorovius, *Storia della Città di Roma*, Venezia, 1874, V, p. 757-758.

(3) Ce registre contient à la suite des lettres curiales de la dernière année du pontificat de Boniface VIII, qui se terminent au fol. 390, deux cahiers (fol. 393-401 et fol. 402-411) dont la transcription semble postérieure à la rédaction du registre. Le premier de ces cahiers contient 7 bulles de l'année 1303 concernant des acquisitions faites à Pofi, près de Ceperano, par le cardinal François et surtout par son frère Pierre Gaetani, comte de Caserte. Dans le second, 7 bulles, données au Latran les 19 et 20 mars, 16 et 17 avril 1303, revêtent de la confirmation pontificale les titres d'acquisition que nous analysons.

ayant appartenu à dame Rucciana, à Jean Macharii et à Ange Cornicella (1). Il était situé " dans le territoire de Rome, hors la porte Appia, au lieu dit Cretaczu, entre les propriétés de l'église S. Sébastien, celles de S. Lucie, la route qui mène au val des Chardons et la *via oratoria* „.

Des documents tirés par Crescimbeni et Nerini des archives de S. Jean de Latran et de S. Alexis permettent de fixer ces indications topographiques. D'après les renseignements qu'ils fournissent, le domaine de Tor Perrone devait se trouver à gauche de la via Appia, vers le deuxième mille (2), s'étendre le

---

(1) « Tenimentum quod dicitur Turris de Perronis cum domibus, terris, vineis, piscariis, pratis, torcularibus, et cum turri que fuit domine Rucciane, turri que fuit Johannis Macharii et turri que fuit Angeli Cornicella de Urbe et cum arboribus fructiferis et non fructiferis positum in territorio dicte Urbis extra portam Appiam in loco qui dicitur Cretaczu juxta rem ecclesie S. Sebastiani et rem ecclesie S. Lucie et juxta viam qua itur ad Vallem Cardosam ac juxta viam oratoriam ». (Epist. 281, fol. 409 v°. Reg. 50).

(2) S. Lucie *de Septemsoliis* possédait, d'après un acte de 1273 (NERINI, *De templo et coenobio S. S. Bonifacii et Alexii*. Rome, 1752, p. 451 et p. 489), des propriétés voisines de S. Sébastien à peu de distance de la petite église *Domine quo vadis*, devant laquelle au moyen-âge les foulons, sans doute attirés par le voisinage de la *Vallis Cardosa*, venaient carder leurs draps (ARMELLINI, *Le Chiese di Roma*. Roma, 1887, p. 705, d'après GALLETTI, *Miscellanea*). — L'inventaire des biens de S. Jean à la Porte Latine, inséré vers 1300 par le chanoine Nicolas Frangipani dans celui du Latran, mentionne l'article suivant: « Item habet unam clusam vinearum que vocatur clusa Pauli Alberti extra portam Appiam cujus hii sunt fines, ab uno latere est *vicolus oratorius*, ab alio est via publica, ab alio ecclesia SS. Johannis et Pauli » (CRESCIMBENI, *Istoria della Chiesa di S. Giovanni a Porta Latina*, Roma, 1716, p. 216). SS. Jean et Paul, d'après la *tavola celimontana* étudiée avec tant de sagacité par M. J. B. de Rossi, *Bull. di Arch. Christ.*, 1873, p. 36-41, possédait des biens au 2me mille de la via Appia *cum pantano*. Cf. G. TOMMASETTI. *Della Campagna Romana. Archivio della Società Romana*, II, p. 137-139. Il est curieux de trouver ce nom de *via oratoria, vicolus oratorius*, dans cette région consacrée par les grands souvenirs de la *Roma sotterranea*.

long des propriétés de S. Sébastien et comprendre une partie de la dépression qui sépare cette église du tombeau de Cecilia Metella à l'extrémité de la vallée *Johannis Judicis* (1).

On peut suivre dans les archives de S. Alexis l'histoire de cette vallée. Au XIIe siècle, *Johannes Judicis* s'était fait louer des terres tant sur S. Alexis que sur S. Sébastien. Par un acte de 1163, l'abbé Richard de S. Alexis consentit aux fils de *Johannis Judicis* et à leurs descendants une location semblable à celle qu'avait obtenue leur père. Ces locations n'étaient-elles point imposées par la force? Il est permis de se le demander en voyant peu à peu cette famille usurper les terres primitivement louées par elle et s'en rend maîtresse au point d'imposer son nom à toute cette région. Ce fut seulement en 1271 que Crescentius, fils de Léon *Johannis Judicis*, à son lit de mort, restitua aux monastères de S. Alexis et de S. Sébastien leurs biens usurpés, comme il y était tenu, disait-il, par le testament de son père Léon. Ses exécuteurs testamentaires, trois religieux dont un Franciscain et un Dominicain, furent plus fidèles à ses suprêmes volontés que lui-même ne l'avait été durant sa vie à celles de son père ; la restitution cette fois fut opérée (2). S. Alexis rentra en possession de ce qui lui avait appartenu, et il en fut sans doute de même de S. Sébastien.

---

(1) En 1274 « Petrus filius et heres quondam Henrici Johannis Romani » fit donation a S. Alexis de : « omnes vineas meas, scilicet XX petias et omnes hortos meos cum turricella ibidem positos extra portam Appiam in loco ubi dicitur *Vallis Johannis Judicis*, que omnia fuere quondam patris mei. Fines vero sunt hii : a 1° latere tenet monasterium S. Pauli, a 2° monasterium S. Sebastiani, a 3° *vallis cardosa*, a 4° via publica » (Nerini, p. 452).

(2) Nerini a publié l'acte de location de 1163 (p. 401), le testament de 1271 de Crescentius fils de Léon *Johannis Judicis* (p. 445), et le procès verbal de mise en possession de S. Alexis par les exécuteurs testamentaires (p. 418).

Mais la famille *Johannis Judicis* ou del Giudice conservait les propriétés qui avaient servi de noyau à ses usurpations, et ce sont précisément deux de ses membres qui cédèrent au neveu de Boniface VIII le domaine de *Tor Perrone*.

Le 21 août 1302, à Anagni (1), Léon fils de feu Jean del Giudice et Jean son fils, citoyens Romains, le vendirent pour 6000 florins à Hubert de Plaisance, chanoine de Laon, camérier et procureur du cardinal. Léon del Giudice avait probablement hérité ce domaine de ce Jean del Giudice qui fut élu sénateur par les guelfes romains en novembre 1238, et qui fournit contre les Frangipani de si bons services à Grégoire IX (2). Son fils Jean figure dans l'acte comme successeur universel de son oncle Jean del Giudice, qui venait de mourir revêtu de la charge très importante de notaire du Saint-Siège (3).

Le domaine de *Tor Perrone* était donc constitué depuis longtemps, et les Gaetani n'y ont été que les successeurs d'une famille dont l'importance paraît dater du Xe siècle (4).

---

(1) A° Dni MCCCII. — Die XXI mensis augusti nobiles viri Leo quondam domini Johannis Judicis et Johannes filius ipsius Leonis cives Romani presente — Domino Uberto de Placentia, canonico Laudunensi, camerario et procuratore — Domini Francisci — S. Marie in Cosmedin diaconi cardinalis — recognoverunt predictum D. Franciscum cardinalem — tenere ac possidere — ex venditione sibi facta per eumdem Leonem et ex ratificatione et de novo venditione ipsius Johannis postmodum subsecutis tenimentum quod dicitur Turris de Perronis —. Actum Anagnie in contrata ubi dicitur Portarium in domibus majoris ecclesie Anagnine in quibus dictus Leo tunc hospitabatur. (Ibidem.).

(2) Vita Gregorii IX, p. 582, dans Muratori, *Scriptores*, t. III.

(3) Une bulle du 16 avril 1301 (Reg. 50, fol. 86 v°, n° 106) mande à l'archevêque de Mayence de mettre Jacques, notaire du S. Siège, en possession de la prévôté de Mayence, vacante « *per mortem magistri Johannis Judicis predicte Sedis notarii* ».

(4) M. Tommassetti (*Archivio della Società Romana*, II, p. 156) signale l'importance des possessions territoriales d'un *Johannis Judicis* au Xe siècle.

Le domaine voisin de *Capo di Bove*, auquel ils le réunirent, et qui, à en juger par le prix payé, était plus important d'un tiers, ne fut pas non plus leur création. Situé dans le territoire de Rome, au lieu dit *Capo di Bove* et *Capo di Vacce* (1), près des propriétés de Gilles archevêque de Bourges ou des siens (2), de S. Alexis, de S. Jean à la Porte Latine (3), de S. Etienne au mont Cœlius (4), de S^{te}. Martine et de S. Sébastien *de Urbe*, il avait déjà l'aspect belliqueux que ses nouveaux acquereurs n'ont fait qu'accentuer. Dans l'un des actes de vente, il est question de la forteresse appelée *Capo di Bove*, de la tour appelée *Caputvacca*, avec leurs fortifications, leur courtines et leurs remparts (5). Dans un autre, on parle des forteresses, des maisons, des édifices, des fortifications, des bois, des aqueducs compris dans le domaine (6). Le cardinal Gaetani a complété les fortifications,

(1) « In territorio ipsius Urbis in ipso loco ubi dicitur Caputbovis et Caputvacce juxta casale quod fuerat judicis Johannis Satulli et tum erat venerabilis fratris nostri Egidii, archiepiscopi Bituricensis, vel suorum et juxta casale ecclesie S. Alexii et casale Francisci Tartari et casale ecclesie S. Johannis in Porta Latina et casale Nicolai Malacene militis et turicellam quondam Petri magistri Pandulphi et rem ecclesie S. Stephani in Celiomonte et rem ecclesie S. Martine ac rem ecclesie S. Sebastiani de Urbe » (Ep. 275, fol. 402, reg. 50).

(2) Il s'agit du célèbre Gilles de Rome; les termes dans lesquels il est ici mentionné prouvent bien qu'il n'appartenait pas à la famille Colonna à laquelle il a été rattaché à tort.

(3) S. Jean à la Porte Latine possédait des biens sur la voie Latine et à la droite de l'Appia.

(4) Il s'agit peut-être là des propriétés de la basilique de S. Etienne hors les Murs devenues celles de *S. Stefano Rotondo*.

(5) « Munitionem que dicitur Caputbove et aliam turrim que dicitur Caputvacca cum claustris, casseris et fortellitiis suis » (Ep. 280, fol. 408, reg. 50).

(6) « Tertiam partem — casalis Capitisbovis et Capitisvacce ac omnium munitionum seu munimentorum, domorum, hedificiorum, fortelliciorum, terrarum cultarum et incultarum, vinearum, silvarum, pascuorum, pratorum, aquarum, aqueductuum et omnium rerum, bonorum, jurium et pertinentiarum dicti casalis » (Ep. 276, fol. 493, reg. 50).

élevé l'église dont les ruines subsistent encore, mais il a certainement déjà trouvé à moitié accomplie la transformation du vieux tombeau romain en forteresse féodale.

Au moment où *Capo di Bove* fut acquis par les Gaetani, il était possédé en indivis par de nombreux copropriétaires.

Sabbus fils de feu *Martini Caballuti de Urbe*, qui en possédait à lui seul le tiers, ne traita pas directement avec le neveu de Boniface VIII.

L'acte de vente fut passé le 14 mars 1302 en sa présence et en celle de Pierre, cardinal de S. Marie Neuve, dans le palais de ce dernier, près de l'église SS. Jean et Paul (1); mais les acquéreurs furent Léon del Giudice et son fils Jean, les propriétaires du domaine de *Tor Perrone*. Ils achetèrent pour 3000 florins à *Sabbus Caballutus* sa part de copropriété dans *Capo di Bove*, et la revendirent au cardinal Gaetani pour le même prix, le même jour, au même lieu, et en présence des mêmes témoins (2).

Le lendemain, 15 mars 1302, le cardinal Gaetani, mais cette fois directement et par acte passé en son palais près de l'église

---

(1) « Aº Dni MCCCII — die XIV mensis martii. — Actum Rome apud ecclesiam SS. Johannis et Pauli in hospitio reverendi patris D. Petri, Dei gratia S. Marie Nove diaconi cardinalis, et in ejus camera, presentibus ipso D. Petro cardinali et *reverendo patre D. Francisco, S. Marie in Cosmedin diacono cardinali*, D. Riccardo Dni Theobaldi de Anibaldis, D. Urso Neapoleonis de Urbe, Paulo Dni Mathei de Piperno clerico, D. Amatone Dni Johannis Dni Amatonis milite Anagnino ac Symone Gerardi, mercatore de societate Spinorum de Florentia, et aliis testibus. — Et ego Nicolaus dictus Novellus de Vico ». (Ep. 275, fol. 402, reg. 50). La bulle de confirmation de ce premier acte est adressée: *Dilecto filio Leoni quondam Johannis Judicis et Johanni filio ejus, civibus Romanis*.

(2) L'acte de vente de Léon del Giudice et de son fils Jean au cardinal François est inséré dans la bulle enregistrée à la suite de la précédente. (Ep. 276, fol. 403, reg. 50). La bulle est adressée: *Dilecto filio Francisco, S. Marie in Cosmedin diacono cardinali*.

des Quatre-Saints, achetait l'autre tiers. Les nobles *Oddutius et Matheutius Gabelluti de Urbe* (1) le lui vendaient pour le même prix de 3000 florins et promettaient la ratification de leur frère Jean et de leur mère Egidia (2).

L'acquisition du dernier tiers ne demanda pas moins de trois actes distincts.

Le même jour, 15 mars 1302, au même lieu et en présence des mêmes témoins, deux frères des précédents, Paul, chanoine de S^{te}. Marie in Cosmedin (le titre du cardinal Gaetani), et François vendirent en leur nom et en celui de leur frère Jean pour 1500 florins (3) la sixième partie qui leur appartenait.

Le 19 juillet de la même année, leur mère Egidia, veuve de *Jacobi Petri Gabellutti*, agissant comme tutrice de ses fils mineurs *Petruccius et Johannes*, vendit à Hubert de Plaisance, camérier et procureur du cardinal, pour 750 florins, le douzième qui leur appartenait. A la fin de l'acte, Egidia et deux de ses fils, François et Jean, se portent fort de la ratification des mi-

---

(1) « A° Dni MCCCII — die XV mensis martii — Actum. Rome apud Sanctos Quatuor in hospitio ipsius Dni Francisci cardinalis, presentibus reverendo patre D. Petro, Dei gratia S. Marie Nove diacono cardinali, et discretis viris D. Jacobo Dni Nicolai Dni Mathie de Anagnia, canonico Attrebatensi, et D. Petro filio q. Dni Nicolai Busse militis Anagnini, canonico Anagnino, ac nob. viris D. Bernazono Dni Catenacii de Anagnia et D. Guillelmo de Fumone militibus. — Et ego Nicolaus dictus Novellus de Vico » (Ep. 278, fol, 405 v°, reg. 50).

(2) *Sabbus Caballutus*, malgré la différence d'orthographe de son nom, devait se rattacher à la famille de ces nouveaux vendeurs; mais il n'était certainement pas leur cohéritier immédiat, car il parle dans son contrat de sa mère Théodora et de sa femme Juliana.

(3) « A° Dni MCCCII — die XV mensis martii — Paulus Gabellutus, canonicus ecclesie S. Marie in Cosmedin, et Ceccus Gabellutus, frater suus, filii q. Jacobi Gabelluti de Urbe. — Actum Rome apud Sanctos Quatuor etc. » (Ep. 277, fol. 404, reg. 50).

neurs à leur majorité. L'acte est passé: " à Rome dans le *rione Ripa*, dans la maison des susdits François et Jean „ (1).

Quatre mois auparavant, c'est-à-dire au lendemain des contrats précédents, le cardinal était devenu propriétaire d'un autre douzième. Luca Savelli, fils de Jean Savelli et neveu du pape Honorius IV, lui en avait fait donation en considération de la grande affection qu'il lui portait, ainsi que des nombreux et précieux services qu'il en avait reçus (2). Cette part de *Capo di Bove* ne figure pas dans le testament d'Honorius IV, et elle n'était probablement parvenue à Luca Savelli que par une alliance avec les Gabellutti.

(1) « A° Dni MCCCII — die XIX mensis julii — D. Egidia relicta q. Jacobi Petri Gabelluti de Urbe — presente — Uberto de Placentia — camerario et procuratore r. p. D. Francisci — cardinalis — que quidem domina tutrix est Petrutii et Johannis pupillorum filiorum suorum et filiorum predicti q. Jacobi viri sui —. Preterea dicta tutrix — et dictus Franciscus — ac Johannes communis frater dicti Francisci et dictorum pupillorum — promiserunt — quod dicti pupilli — ratificabunt —. Actum Rome in regione Ripe, in domo predictorum Francisci et Johannis, presentibus D. Angelo Petri Matthei judice etc. — Et ego Nicolaus dictus Novellus de Vico » (Ep. 280, fol. 408, reg. 50). L'acte, très intéressant par les formalités nécessaires à l'aliénation des biens des mineurs qu'il contient, prouve que *Jacobus Gabellutus* et sa femme Egidia avaient deux enfants, l'un mineur et l'autre majeur, portant le même nom. Il mentionne aussi deux filles, Jacobella et Pernuccia.

(2) « A° Dni MCCCII — die XVII mensis martii — nobilis vir D. Lucas filius q. Dni Johannis de Sabello civis Romanus, ob magnum amorem magnamque dilectionem quem et quam habet ad r. p. D. Franciscum — cardinalem, ac multa et grata servitia que ab ipso D. Francisco dixit et asseruit se recepisse, dedit, donavit et tradidit ex mera libertate —. Actum Rome apud Sanctos Quatuor, in camera ipsius D. Francisci cardinalis, presentibus v. p. Leonardo, archiepiscopo Sypontino, et Raynaldo, episcopo Vicentino, D. Jacobo Dni Nicolai Dni Mathie canonico, Anagnino, D. Guillelmo Accursi de Bononia etc —. Et ego Nicolaus dictus Novellus de Vico » (Ep. 279, fol. 407, reg. 50). Sur Lucas Savelli et les biens des Savelli consulter les testaments d'Honorius IV, M. PROU, *Les Registres d'Honorius IV*, p. 577 et 588.

C'est cette famille en effet qui a dû posséder à titre héréditaire le domaine de *Capo di Bove*, et succéder au Saint Siège dans la propriété du tombeau de Cecilia Metella (1). Etablie dans le *rione Ripa*, où elle occupait encore une maison en 1302, elle avait laissé son nom, dont la forme est très archaïque, à une petite église S. *Lorenzo de' Cavalluti* qui dépendait de S^{te}. Anastasie (2). Au XIIIe siècle, elle était en décadence. En 1235 cependant, un *Johannes Cavellutus* figure parmi les 28 justiciers dont le serment fut requis pour garantir la paix conclue entre Grégoire IX et le peuple romain (3), et on voit qu'elle possédait encore des propriétés très importantes sur la via Appia (4).

Le cardinal Gaetani ne garda pas longtemps intact ce beau domaine de la via Appia, qui lui avait coûté près de 15,000 florins. Le château-fort passa entre les mains des parents de ce Lucas Savelli qui lui en avait donné une partie, et le siège qu'y soutint en 1312 Pierre Savelli fut l'un des épisodes les

---

(1) D'après un acte de 850 publié par GALLETTI, *Del primicero della S. Sede*, Roma, 1776, le *monumentum quod vocatur ta canetricapita* appartenait à l'Eglise Romaine, cf. TOMMASSETTI, II, p. 187.

(2) CRESCIMBENI, *Istoria della basilica di S. Anastasia*. Roma, 1721, p. 105.

(3) RODENBERG, *Epistolae Seculi XIII e regestis Pontificum Romanorum selectae*, t. I, p. 529.

(4) Si on admet l'identité entre les Caballuti et les Gabelluti, et si on suppose une alliance entre Lucas Savelli et les Gabelluti, on pourra tirer des documents que nous avons analysés le tableau généalogique suivant, avec l'indication de la part de chacun dans le domaine de *Capo di Bove*:

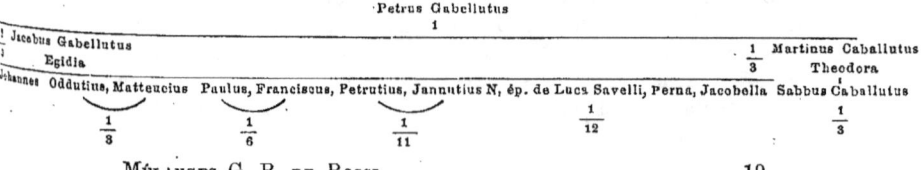

plus importants de l'expédition romaine d'Henri VII. Les Colonna vainqueurs y commirent de grands dégats; en outrageant cette belle ruine, où ils voyaient encore le blason de leurs ennemis, ils pensaient moins à servir l'Empereur qu'à exercer leurs propres représailles.

Georges Digard.

OBSERVATIONS SUR LA CONTRAINTE PAR CORPS
ET LES
VOIES D'EXÉCUTION DANS LE DROIT GREC

I.

C'est la contrainte par corps, c'est-à-dire la servitude pour dettes, qui a dû être en Grèce le mode primitif d'exécution du débiteur. Car il est vraisemblable qu'en Grèce comme à Rome l'état d'obligé a précédé historiquement la notion abstraite d'obligation; mais le développement des idées juridiques paraît avoir été beaucoup plus rapide en Grèce qu'à Rome, puisque dès l'époque de Solon nous trouvons à Athènes, à côté de la contrainte par corps, l'usage de l'hypothèque : dans les vers de Solon (1), les ὅροι que la réforme du législateur a fait momentanement disparaître paraissent bien en effet désigner, non pas les marques de propriété des Eupatrides, mais de véritables bornes ou enseignes hypothécaires (2). Aristote indique d'une manière très confuse les causes de la servitude pour dettes qui existait à Athènes à l'époque de Solon en disant que, si les cultivateurs ne payaient pas leurs redevances, ils pouvaient être emmenés, eux et leurs enfants, s'étant obligés envers les prêteurs sur leurs corps (3). Evidemment Aristote confond, parce qu'ils aboutissaient au même résultat, deux actes profondèment différents, que Plutarque sépare dans sa paraphrase de la Politique des Athé-

---

(1) ARISTOT., *Ath. pol.*, c. 12, v. 32 (éd. Herwerden et Leeuwen)
(2) Cf. sur cette question l'article *Eupatrides* dans le *Dictionnaire des Antiquités grecques et romaines*, fasc. 16, p. 855.
(3) *L. c.*, c. 2.

niens (1), à savoir l'emprunt sur le corps et le paiement des redevances foncières; dans les deux cas, l'inexécution du contrat a pour résultat de mettre le débiteur à la disposition du créancier, de le rendre ἀγώγιμος. Quel est le sens exact de ce mot? Le mot ἄγειν, dans le droit privé comme dans la procédure internationale des représailles (2), exprime toujours la mainmise du créancier sur le débiteur, la *manus iniectio*; l'individu ἀγώγιμος est celui qui est soumis légalement à la prise de corps; mais cette prise de corps aboutit-elle à une réduction véritable en esclavage ou simplement, comme dans le *nexum* romain, au droit pour le créancier d'emmener le débiteur, lui et les siens, de les traiter en esclaves et d'exploiter leurs services jusqu'au paiement de la dette? Il est probable qu'elle aboutit tantôt à un de ces résultats, tantôt à l'autre. Solon distingue dans ses vers, que paraphrase Plutarque (3), les débiteurs qui servent sous des maîtres dans l'Attique même et ceux qui ont été vendus à l'étranger, soit justement, soit injustement; or on ne peut guère admettre que des citoyens athéniens aient été véritablement réduits en esclavage dans leur pays; ils fournissent plutôt un travail servile, ils peuvent être enchaînés (4); ce sont des prisonniers pour dettes, des *obaerati*; les autres sont vendus à l'étranger, sans doute pour ne pas constituer par leur nombre un péril dans l'état, et la clause de vente " ἐπ 'ἐξαγωγῇ „ (5) correspond à la clause romaine de vente " *trans Tiberim* „ (6). A quoi tenait cette différence de traitement? Les textes ne le disent pas;

---

(1) *Sol.*, 13, 4.
(2) Cf. DARESTE, *Du droit de représailles principalement chez les anciens Grecs* (*Revue des Etudes grecques*, 1889, p. 305).
(3) ARISTOT., *l. c.*, c. 12, v. 32-35. PLUT., *Sol.*, 13, 4.
(4) SOLON, *frag.*, 4, 23 (éd. Bergk).
(5) CAUER., *Del. insc. gr.*, 2ᵉ éd., n° 131, 1. 39.
(6) AUL. GELL., *Noct. Attic.*, 20, 1.

peut-être les débiteurs vendus à l'étranger étaient-ils ceux qui avaient été attribués aux créanciers par les tribunaux ; ils seraient alors comparables aux *addicti* romains (1).

Solon a supprimé à Athènes (2) l'emprunt sur le corps (3) et, d'une manière générale, la contrainte par corps ; elle ne subsiste plus que, dans le droit public, pour les créances de l'état (4), et, dans le droit privé, pour les créances des marchands, qui peuvent demander l'emprisonnement du débiteur condamné, s'il ne fournit pas de cautions (5), et contre les étrangers qui ont subi une condamnation au civil ou qui sont assignés en justice, s'ils ne fournissent pas de cautions *judicio sistendi causa* (6); mais, dans tous ces cas, la contrainte est exercée par l'état, et la prison est un local public. Il n'y a qu'un seul cas où subsiste véritablement la contrainte par corps privée : le prisonnier de guerre reste aux mains de celui qui l'a racheté à l'ennemi jusqu'à ce qu'il ait remboursé le prix du rachat (7). La démocratie athénienne n'a plus toléré l'usage de la contrainte par corps privée ; du moins nous n'en avons pas d'exemples.

Il n'en a pas été de même dans les autres pays grecs, ou soumis, à la suite de la conquête d'Alexandre, à la législation

---

(1) Cette hypothèse pourrait s'appuyer sur les vers où Solon dit que les débiteurs ont été vendus les uns justement, les autres injustement (*l. c.*, v. 33).

(2) Peut-être à l'imitation du roi d'Egypte Bocchoris (Diodor., 1, 79).

(3) Plut., *Sol.*, 15 ; Dem., 19, 255, v. 23-25 ; Aristot., *l. c.*, c. 6.

(4) Dem., 47, 35 ; 24, 197 ; 22, 49, 52.

(5) Dem., 33, 1 ; 35, 46 ; 56, 4.

(6) Dem., 32, 29 ; Isocr., 17, 12 ; Lys., 13, 23 ; Dem., 25, 60 ; 32, 29. Il ne semble pas que dans un fragment de bail d'une tribu attique les mots ἐνεχυρασία αὐτῶν appliqués aux fermiers désignent la contrainte par corps ; il s'agit sans doute simplement de la prise d'un gage (*C. I. A.*, 2, 565).

(7) Dem., 53, 11.

grecque. Nous avons tant d'exemples de la contrainte par corps privée qu'on peut croire qu'elle a été d'un usage général. C'est ce qu'indique d'ailleurs Diodore de Sicile (1) en reprochant à la plupart des législateurs des villes grecques d'avoir laissé subsister la servitude pour dettes. Parmi les textes qu'on peut citer, il faut d'abord mettre à part ceux où la contrainte par corps est exercée soit par l'état soit par un corps qui détient une parcelle d'autorité publique; ainsi le texte où Polybe (2) montre Critolaos obtenant des magistrats des villes grecques qu'ils ne fassent pas rentrer les créances, et n'accueillent pas dans les prisons les citoyens qu'on y amène pour dettes, paraît ne s'appliquer qu'aux dettes d'état. Dans une inscription d'Halicarnasse, sans doute du cinquième siècle av. J. C., ce sont les administrateurs d'un temple qui font vendre des débiteurs insolvables (3) ; le texte est trop mutilé pour qu'on en tire d'autres conclusions, mais le fait est vraisemblable, car nous savons d'ailleurs que la liberté du citoyen était assez peu respectée à Halicarnasse, puisque dans une autre inscription de cette ville (4), les citoyens qui n'ont pas une fortune de 10 statères sont menacés, en cas de contravention à une loi, d'être vendus ἐπ'ἐξαγωγῇ. Dans l'inscription d'Héraclée (5), c'est aussi en vertu d'un bail dressé par des magistrats municipaux qu'il y a des clauses si dures pour les fermiers des biens des temples : leurs cautions sont responsables personnellement (c'est-à-dire sur leurs corps) et sur leurs biens. On n'a pas relevé jusqu'ici un passage important de Diodore de Sicile (6): Marius fait demander des au-

(1) 1, 79.
(2) 38, 3, 10; cité par THALHEIM, *Die griechischen Rechtsalterthümer*, p. 118, note 1.
(3) *Bull. de corr. hellén.*, 1880, p. 522.
(4) Voir la note 8.
(5) CAUER, 40-41, l. 155-158: αὐτὼς καὶ τὰ χρήματα.
(6) 36, 3, 1-2.

xiliaires au roi Nicomède de Bithynie; on lui répond que la plupart des Bithyniens ont été emmenés comme esclaves par les publicains et dispersés dans toutes les provinces; le sénat décide alors qu'aucun ingénu, parmi les alliés du peuple romain, ne pourra être réduit en servitude, et ordonne aux gouverneurs d'affranchir ceux qui avaient subi ce traitement; et, de fait, en Sicile, Licinius Nerva affranchit un nombre considérable de ces esclaves; ceux de Bithynie avaient donc été vendus ἐπ'ἐξαγωγῇ par les publicains, comme insolvables; les publicains avaient eu à leur disposition un moyen encore plus énergique que la *pignoris capio*, vraisemblablement par l'application des règles du droit hellénique sur les dettes d'état.

Dans quelques autres textes, il est bien question de la contrainte par corps, mais dans les relations internationales, comme un des éléments du droit de représailles; c'est là ce qui explique, par exemple, dans le jugement rendu par la ville de Cnide, au sujet d'un prêt consenti par deux banquiers de Cos à la ville de Calymna, la nécessité pour les Calymniens qui veulent venir à Cos d'obtenir un sauf-conduit pour éviter la contrainte par corps (1). Il en est de même dans les nombreuses inscriptions où un peuple s'engage à respecter le droit d'asile d'un sanctuaire ou d'une ville; ainsi les Etoliens, reconnaissant le droit d'asile du temple bâti par Eumène à Athènè Nikèphoros, interdisent à tout Etolien d'opérer dans le domaine de la déesse aucune prise de corps, de gage, aucune violence, d'exiger aucune caution, sous peine de comparaître devant les tribunaux étoliens (2); il s'agissait évidemment surtout des revendications qu'un Etolien pouvait élever contre des étrangers. Une série de

---

(1) NEWTON, *Anc. gr. inscr.*, 2, 299. Cf. DARESTE, HAUSSOULLIER, REINACH, *Recueil des inscriptions juridiques grecques*, p. 155-178.
(2) DITTENBERGER, *Sylloge inscr. graec.*, 215.

traités, qui garantissent le droit d'asile de Téos, prévoit le cas où des citoyens des villes signataires procèderaient à des prises de corps à Téos; les Téiens sont alors autorisés à s'emparer de leurs personnes et de leurs biens (1). Au contraire, dans une inscription où les Amphictyons de Delphes confirment les privilèges accordés dans toute la Grèce à une corporation d'artistes dramatiques d'Athènes, ces artistes sont bien à l'abri des représailles publiques que pourrait provoquer une guerre entre Athènes et une autre ville; mais ils restent soumis à la contrainte par corps pour les dettes particulières qu'ils pourraient contracter soit envers une ville étrangère, soit envers un citoyen d'une ville (2), et cette exception nous montre qu'on employait sans doute dans toute la Grèce à l'égard des étrangers les mêmes précautions qu'à Athènes.

Dans la loi crétoise de Gortyne (3), comme à Athènes, le prisonnier de guerre appartient à celui qui l'a racheté jusqu'au paiement de la rançon, et on peut conclure d'un passage de Dion Chrysostome qu'il en était ainsi dans toute la Grèce (4).

Dans les inscriptions relatives à l'affranchissement par forme de vente à une divinité, le maître peut exercer la contrainte par corps sur son ancien esclave, s'il ne remplit pas les clauses financières de son contrat d'affranchissement; l'affranchi sert probablement son nouveau maître jusqu'à paiement complet (5). Dans une des inscriptions de Tithora sur ce même sujet, l'affranchi peut se racheter de l'obligation de rester toute sa vie

---

(1) LE BAS-WADDINGTON, *Voy. Arch.*, 3, 72; 3, 85.
(2) *C. I. A.*, 2, 551. Cf. FOUCART, *De collegiis scenicorum artificum apud Graecos*, p. 45.
(3) Ed. Bücheler et Zitelmann, 6, 46-55.
(4) *Orat.*, 14, p. 231-232 (éd. Morelli).
(5) WESCHER et FOUCART, *Inscriptions de Delphes*, 213, l. 12-13.

auprès de ses anciens maîtres en payant une somme d'argent, pour laquelle il est ἀγώγιμος (1).

Enfin restent les textes où il y a la contrainte par corps ordinaire, issue de relations du droit privé. Nous avons deux indications générales: un passage de Varron sur lequel on a récemment appelé l'attention (2), et un fragment de lexicographe. Varron signale l'existence en Asie, en Egypte et en Illyrie de cultivateurs qu'il appelle *obaerati* comme ceux de l'Italie; il a évidemment en vue des débiteurs qui travaillent pour le compte du créancier (3). Le fragment de lexicographe, qui distingue entre l'ἀπελεύθερος, l'affranchi ordinaire, et l'ἐξελεύθερος, le débiteur affranchi après avoir servi son créancier (4), ne prouve peut-être pas qu'il y ait eu réellement cette différence de sens entre les deux mots, mais atteste au moins l'usage de la contrainte par corps. Nous avons ensuite des textes relatifs à des cas particuliers, depuis l'époque de la loi de Gortyne jusqu'au temps de Cicéron. Dans le Plataïque d'Isocrate (5), les Platéens, dispersés après la destruction de leur ville, se plaignent de ce que leurs enfants seront en servitude μικρῶν ἕνεκα συμβολαίων, c'est-à-dire pour des dettes minimes, et il y a les mêmes expressions dans un discours de Lysias, à propos des Athéniens exilés pendant la tyrannie des Quatre-Cents (6). Lysias ajoute ἐρημία

---

(1) COLLITZ, *Sammlung der griech. Dialekt-Inschr.*, 2, 1, 1555 b, l. 15-17: ἀγώγιμος ἔστω ποτὶ τὸ γεγραμμένον ἐπιτίμιον.

(2) WESSELY, *Studien über das Verhältniss des griechischen zum ägyptischen Recht (Sitzungsberichte d. Kais. Akad. d. Wiss.,* 1891. IX Abhandlung).

(3) R. R., 17, 2: « iique quos obaeratos nostri vocitarunt et etiam nunc sunt in Asia atque Aegypto et in Illyrico complures ».

(4) *Etym. Gud.*, p. 193, 1, et EUSTATH., *ad Odys.*, p. 1751, 2: ἐξελεύθερον μὲν εἶπον τὸν διὰ χρέος ὑπὸ τῷ δανειστῇ γενόμενον δούλου δίκην, εἶτα ἀπολυθέντα.... ».

(5) C., 48.

(6) 12, 98.

τῶν ἐπικουρησόντων, voulant sans doute parler des cautions. Ces deux textes s'appliquent cependant encore à des débiteurs poursuivis pour dettes dans une ville autre que la leur, et traités comme des étrangers. Un article de la loi de Gortyne dit que " si un fils se porte caution du vivant de son père, on ne pourra saisir que sa personne et les biens acquis par lui (1) „. Il est étonnant, comme le remarque Zitelmann, qu'il n'y ait pas la même clause pour le débiteur principal; mais cette rigueur à l'égard des cautions ne doit pas nous étonner dans le droit grec (2). Dans le traité conclu entre Athènes et Selymbria après la reprise de cette ville par les Athéniens en 409/8, on règle les dettes contractées par les Sélymbriens soit privées soit publiques, et il est dit qu'on ne saisira que les terres et les maisons (3); cette restriction parait prouver qu'on aurait pu employer aussi la contrainte personnelle, et qu'Athènes, conformément à sa législation, la supprimait dans une ville alliée. Dans le contrat du prêt consenti par Nicareta à la ville d'Orchomène, les polémarques de la ville et leurs cautions engagent à la fois leurs personnes et leurs biens (4). Dans le *P. Flacco* de Cicéron, un débiteur, condamné une première fois par les récupérateurs d'une ville d'Asie, Temnos, et n'ayant pas exécuté le jugement, est adjugé et livré à son créancier (5); il ne s'agit évidemment pas ici de l'exécution personnelle d'après le droit romain; les récupérateurs ont du plutôt appliquer une règle du

---

(1) 9, 40-43. Le sens du mot ἀνδέκσεται n'est pas bien établi, mais il ne peut guère signifier autre chose que se porter garant, être caution. C'est le sens auquel se rallient Zitelmann (*l. c.*, p. 132) et DARESTE (*Nouvelle Rev. hist. de droit*, 1886, p. 269, § 51).

(2) Cf. l'article *Eggyè* dans le *Dictionnaire des Antiquités grecques et romaines* (Caillemer).

(3) DITTENBERGER, *l. c.*, 46.

(4) COLLITZ, *l. c.*, 1, 448, 1. 28-32.

(5) C. 20.

droit hellénique. L'exécution militaire qui eut lieu contre le sénat de Salamine sur l'ordre du créancier de la ville, Brutus (1), était surtout en fait un acte de violence, mais avait pu légalement être autorisée par le gouverneur romain, puisque, dans les emprunts des villes grecques, les magistrats pouvaient s'engager sur leurs personnes.

Ainsi, pour l'époque classique et jusqu'à la fin de la république romaine, nous avons assez d'exemples pour affirmer l'emploi courant de la contrainte par corps. Malheureusement nous ne pouvons déterminer avec plus de précision de quels contrats elle résultait; nous ne savons pas si elle était toujours contenue dans le contrat le plus employé pour le prêt, dans la συγγραφή; le contraire est plus probable (2); l'acte pouvait être rédigé de différentes manières et comporter différents modes d'exécution. La contrainte par corps ne résultait pas nécessairement non plus de la clause exécutoire, qui pouvait être, comme on le verra, insérée dans la syngraphè.

Mais il est possible que dans les villes grecques, sauf dans celles qui l'avaient formellement abolie, l'usage de la contrainte par corps soit devenu de plus en plus fréquent pendant la période impériale. On peut citer pour la Grèce quelques textes isolés, celui de Plutarque sur ceux qui se réduisent en esclavage " par des mises en gage et des contrats (3) ", celui de Dion Chrysostome qui signale une servitude κατὰ συγγραφὴν (4). Dans un texte de Lucien, qui a été cité pour la contrainte par corps (5), il ne s'agit que de l'emprisonnement pour dettes d'état, ce qui prouve au moins le maintien dans les villes grec-

---

(1) Cic., *Ad Attic.*, 5, 21; 6, 1-3.
(2) Par exemple, si dans la syngraphè de Cos (note 23) il y a la contrainte par corps, c'est parce qu'il s'agit de droit international.
(3) *De vit. aer. al.*, 3.
(4) *Orat.*, 15, p. 241.
(5) *In Timon.*, 49.

ques, à l'époque de Lucien, de cette institution, qui n'a peut-être pas été sans influence sur les pratiques du droit fiscal romain. Mais c'est surtout pour l'Egypte que les textes abondent, soit pour l'époque des Ptolémées, soit pour l'époque impériale ; ils montrent surabondamment que la servitude pour dettes, supprimée dans l'ancienne Egypte par la législation du roi Bocchoris (1), a reparu avec les Ptolémées et s'est maintenue sous l'empire. Il suffit ici de renvoyer aux travaux relatifs à l'Egypte (2). Ne nous étonnons pas de cette persistance de la contrainte par corps après la conquête romaine, même après la concession du droit de cité à tout l'empire. Beaucoup d'institutions du droit grec se sont maintenues dans la pratique à côté des lois romaines ; le droit romain, d'autre part, n'avait pas non plus entièrement supprimé la contrainte par corps (3); les deux législations se rencontraient donc sur ce point particulier, et aussi est-ce à l'Orient que s'appliquent la plupart des textes littéraires et des passages du code Théodosien et du code de Justinien qui sont relatifs à la servitude pour dettes, et la plupart des nombreuses lois faites inutilement par les empereurs contre cet usage (4).

(1) Diodor. Sic., 1, 79.
(2) Lumbroso, *Recherches sur l'économie politique de l'Egypte*, p. 169-171; Wessely, *Wien. Stud.*, VII, p. 130-133 et *Sitzungsberichte d. Kais. Akad. d. Wiss., l. c.*; Révillout, *Les obligations en droit égyptien;* Mitteis, *Reichsrecht und Volksrecht in den östlichen Provinzen des römischen Kaiserreichs* (1891), p. 447-449; Hartel, *Wien. Stud.*, V, p. 29; Goldschmidt, *Inhaber —, order —, und executorische Urkunden im classischen Alterthum (Zeitschrift der Savigny-Stiftung*, X, p. 352-396.
(3) Les avis sont partagés sur cette question; mais il est infiniment probable que la contrainte par corps a subsisté pendant tout l'empire, comme l'ont pensé Savigny (*Verm. Schriften*, II, p. 453) et Giraud (*Des Nexi*).
(4) Cf. Lécrivain, *Etudes sur le Bas Empire (Mélanges d'archéologie et d'histoire publiés par l'Ecole française de Rome*, 1890, p. 256); Mitteis, *l. c.*, p. 451-455.

II.

L'exécution du débiteur peut-elle avoir lieu, dans le droit grec, à terme échu, sans jugement, par la seule autorité du créancier? Y a-t-il des contrats revêtus de la clause exécutoire? Ces questions ont déjà provoqué de nombreux travaux. Nous voudrions présenter sur cette matière quelques observations, établir, s'il est possible, quelques principes.

I. Le droit grec, en général, autorise l'exécution privée, sans jugement, à terme échu, quand les parties sont liées par un contrat hypothécaire ou pignoratif:

A. Au terme échu, quand il y a eu constitution d'un gage mobilier, restant entre les mains du débiteur (1), ou prêt à la grosse avec affectation sur le vaisseau ou le chargement (2), ou contrat pignoratif avec bail consenti au vendeur (3), le créancier est autorisé à se mettre en possession du gage ou des biens vendus à charge de revente, à opérer la *pignoris capio*. C'est l'ἐμβάτευσις, pour laquelle il a, à son service, en cas de résistance, la δίκη ἐξούλης (4).

B. Au terme échu, si le créancier est déjà en possession du gage, soit par constitution d'un gage conventionnel (5), soit

---

(1) ALCIPHR., *ep.*, 3, 3.
(2) DEM., 33, 6; 35, 10-12.
(3) DEM., 37, 7.
(4) DEM., 33, 6; 37, 7; DITTENBERGER, *l. c.*, 344, 1. 75; THALHEIM (*l. c.*, p. 90, note 1), cite à tort ici *C. I. A.*, 2, 1139, car il ne s'agit pas, dans cette inscription, d'une prise de possession, mais d'une antichrèse. D'autre part, il ne faut sans doute pas voir avec DARESTE (*Inscriptions juridiques*, p. 125-126) une prise de possession dans DEM., 49, 11; il y est plutôt question du droit qu'a le créancier sur la terre hypothéquée.
(5) DEM., 41, 11; 49, 48, 51; 27, 9. LYS., 8, 10.

par contrat pignoratif sans bail (1), soit par contrat d'antichrèse (2), il reste en possession du gage et le fait vendre. Outre les textes juridiques (3), on peut citer une inscription de Delphes sur l'emploi d'un prêt consenti par le temple : les emprunteurs doivent donner en gage un champ d'une valeur double avec des cautions ; si au bout de cinq ans, ils ne rendent pas l'argent, les gages appartiennent à la ville ; les épimélètes les font vendre ; si cela ne suffit pas, on poursuit les emprunteurs et leurs cautions ; ils sont également poursuivis s'ils ne paient pas les intérêts aux époques fixées (4).

C. Au terme échu, quand il y a eu hypothèque, soit hypothèque véritable, soit ἀποτίμημα dotal, il y a également prise de possession de la chose hypothéquée (5). C'est une règle générale dont nous avons la formule dans Démosthène, qui ne l'applique qu'aux hypothèques dotales (6) ; mais il est certain qu'elle s'appliquait à toutes les hypothèques en général, et non seulement dans l'Attique, mais encore dans toute la Grèce.

Mais, dans tous ces cas, le créancier n'est autorisé qu'à se mettre en possession du gage et à le vendre ; pour saisir les autres biens du débiteur, si le produit de cette vente ne suffit pas, il faut qu'il y ait une clause spéciale dans la syngraphè (7) ; l'inscription de Delphes distingue nettement la saisie du gage de la saisie des autres biens, qui n'a lieu sans doute qu'après jugement, comme " pour les autres choses publiques et sa-

---

(1) Dem., 33, 8-10.
(2) *C. I. A.*, 2, 1139, 1140.
(3) On peut encore citer la loi de Gortyne, 1, 55-2, 2, où il s'agit d'un esclave donné en gage.
(4) Dittenberger, *l. c.*, 233, 1. 28-33 et 69-82.
(5) Dittenberger, *l. c.*, 438, 1. 15 ; 344, 1. 75-77 ; Is., 10, 24. Cic., *ad fam.*, 13, 56.
(6) 41, 7.
(7) Elle existe dans Dem., 35, 12.

crées „ (1). Dans l'inscription d'Ephèse (vers 83 av. J. C.) (2), si les débiteurs ont donné comme libres des biens déjà hypothéqués, s'il y a eu stellionat, les créanciers trompés se mettent, à l'échéance, en possession de tous les biens, en remboursant les créanciers antérieurs ; si cela ne suffit pas, ils peuvent se faire payer sur les autres biens des débiteurs " sans encourir aucune peine „, c'est-à-dire évidemment sans jugement; mais justement la présence de cette clause " sans encourir aucune peine „ fait croire que le fait autorisé ici exceptionnellement, peut-être à cause du préjudice qu'avaient subi les créanciers, n'était pas la règle, et que l'ἐμβάτευσις n'avait lieu régulièrement que sur les biens engagés.

II. Nous avons des renseignements intéressants dans des contrats de location de biens qui appartiennent à des temples, à des phratries, à des dèmes, à des tribus, à des corporations. Dans le bail du dème d'Aixone (3) (de 345 av. J. C.) il y a, pour le retard dans le paiement de la redevance, prise en gage (ἐνεχυρασία) des fruits de la terre et de toute la fortune des fermiers. Il y a la même peine contre des fermiers et leurs cautions dans un bail consenti par une tribu de l'Attique (4). Dans un décret de la phratrie athénienne de Dyaleia, pour retard dans le paiement des redevances ou infraction aux conditions de la culture, les magistrats peuvent prendre des gages avant jugement (ἐνεχυράζειν πρὸ δίκης), et le fermier est en outre responsable devant les tribunaux (ὑπόδικος) s'il doit encore quelque chose ou commet d'autres contraventions (5); ici donc le contrat, à notre avis, prévoit deux choses distinctes, une prise

---

(1) Voir la note 58.
(2) THALHEIM, l. c., p. 140, 1. 40-41.
(3) C. I. A., 2, 1055.
(4) C. I. A., 2, 565, 1. 11.
(5) C. I. A., 2, 600.

de gage, sans jugement, et, si elle ne suffit pas, un jugement véritable. Dans les fermages de Délos (1), pour retard dans le paiement des redevances on menace les fermiers de la vente des fruits, de la saisie des animaux, et en outre de la saisie générale des autres biens qui leur appartiennent, à eux et à leurs cautions.

Dans un bail des Piréens (2), où les fermiers donnent une hypothèque si la redevance est au-dessus d'une certaine somme, et des cautions si elle est au-dessous, ils ne doivent, la dixième année, cultiver que la moitié du sol; sinon les fruits appartiennent au dème; c'est une sorte de prise de gage. Dans un autre bail, sans doute d'une corporation, le fermier négligent doit payer le double de la redevance et s'en aller sans avoir rien à réclamer (μηθένα λόγον λέγοντα), sans doute sans jugement. Il y a une clause analogue à Olymos pour des terres d'Apollon et d'Artémise; si deux fois de suite le fermier ne paie pas exactement, il doit une fois et demie la valeur de la redevance, et est expulsé (3). Dans l'inscription d'Héraclée, le fermier qui ne fournit pas de cautions ou ne paie pas dans les délais doit le double de la redevance annuelle, plus une autre indemnité, et perd ce qu'il a planté et bâti; ses cautions sont, comme on l'a vu, responsables, sur leurs personnes et leurs biens, sans pouvoir demander de jugement, sans pouvoir élever aucune réclamation (4). Dans tous ces baux, le bailleur a donc un droit d'exécution immédiate; ce droit n'est exprimé formellement que dans l'inscription de Dyaleia (πρὸ δίκης), mais il n'y a pas de doute pour les autres cas. L'exécution a lieu tantôt sur les

---

(1) HOMOLLE, *Bull. de corr. hell.*, 1882, p. 1-167; 1890, p. 389-511.
(2) *C. I. A.*, 2, 1059.
(3) *C. I. A.*, 2, 1058. LE BAS-WADDINGTON, *Voy. arch.*, 3, 331.
(4) CAUER, *l. c.*, 40-41, tab. 1, l. 110-115.

fruits et les plantations, tantôt sur toute la fortune du fermier, une fois même sur la personne des cautions. Pourquoi peut-on se passer de jugement dans tous ces cas ? Il n'y a pas toujours constitution d'hypothèque ; la clause πρὸ δίκης n'est écrite qu'une fois ; la véritable raison est sans doute que le bailleur exerce une part de l'autorité publique ; il s'agit en effet de temples, de dèmes, de tribus ; il n'est pas étonnant que ces créanciers jouissent de l'exécution privée immédiate sur leurs débiteurs.

III. On peut assimiler à une sorte d'exécution privée l'autorisation donnée à tous les citoyens de revendiquer par la force, comme étant libres, les esclaves affranchis par forme de vente à une divinité, sans que les défenseurs soient exposés à aucun procès ni passibles d'aucune amende (1).

IV. L'exécution immédiate, sans jugement, est autorisée, en certains cas, par l'adjonction au contrat d'une clause particulière qui met le débiteur dans la même situation que s'il avait été condamné par jugement. On a déjà vu cette clause dans un bail (2). On la trouve encore dans plusieurs contrats de l'époque classique soit entre particuliers, soit entre une ville et un particulier. Dans la syngraphè du discours de Démosthène contre Lacrite (3), les créanciers sont autorisés, au cas où la vente du gage ne couvre pas la dette, à poursuivre les débiteurs sur tous leurs biens de terre et de mer, comme s'il y avait eu jugement portant condamnation et déclaration de retard (καθάπερ δίκην ὠφληκότων καὶ ὑπερημέρων ὄντων). Dans l'inscription relative au prêt consenti par Praxiclès de Naxos à Arcesine d'Amorgos, il y a d'abord une hypothèque générale sur tous les biens de la ville et des particuliers ; si les débiteurs, habitants et métèques

---

(1) WESCHER et FOUCART, *l. c.*, n° 34. COLLITZ, *l. c.*, n° 1155.
(2) Voir la note 66.
(3) 35, 10-12.

d'Arcesine, ne remboursent pas l'argent, ils peuvent être saisis, comme s'il y avait eu un jugement (καθάπερ ἐκ δίκης τέλος ἐχούσης), et il y a même pour le cas de résistance contre l'exécution la menace d'une amende qui sera levée sur la personne récalcitrante comme si elle avait été condamnée par la δίκη ἐξούλης (1). Il y a également la saisie comme en vertu d'un jugement (πρᾶξις καθάπερ ἐγ δίκης) dans deux papyrus égyptiens du Ier siècle av. J. C. (2). Enfin, dans la série des inscriptions funéraires qui renferment des clauses pénales pour protéger les tombeaux, il est spécifié plusieurs fois que l'amende pourra être réclamée καθάπερ ἐγ δίκης ou ὡς ἐκ καταδίκης (3). Il n'y a donc aucun doute dans ces cas; la clause spéciale autorise l'exécution privée immédiate (4). Elle a le même effet qu'un jugement. Le créancier peut prendre en gage, sans intervention de l'autorité publique, la partie de la fortune du débiteur nécessaire pour l'indemniser.

Voilà les cas d'exécution immédiate que nous pouvons rattacher à des règles générales. Les autres textes ne sont pas aussi probants; dans beaucoup de cas où nous avons trouvé la contrainte par corps, on ne voit pas nettement si elle a eu lieu sans jugement ou après jugement; avant Solon, une partie des

---

(1) *Bulletin de corr. hell.*, VIII, p. 23, A, l. 11 et 22; Ἀθήναιον, X, p. 536, n° 9, l. 1 et 13; p. 537, n° 10.

(2) Papyrus de Leyde O. Papyrus 7 du Louvre (*Notices et extraits des manuscrits*, 1865, p. 172, l. 16.

(3) LE BAS-WADDINGTON, *Voy. arch.*, 3, 1, 1301, 1639.

(4) MITTEIS (*l. c.*, p. 411) et DARESTE (*Bull. de corr. hell.*, VIII, p. 367) citent encore l'exemple du roi Hérode se remboursant lui-même par une exécution militaire des 60 talents prêtés à Obodas, roi des Arabes, d'après une syngraphè qui portait qu'en cas de retard dans le paiement, il aurait le droit de prendre des gages sur tout le pays (ῥυσία λαμβάνειν); mais c'est là une prise de gage du droit international; elle aurait été permise même s'il n'y avait pas eu cette clause dans le contrat.

débiteurs athéniens était probablement dans la catégorie des *addicti*, les autres appartenaient probablement à leurs créanciers sans jugement. On peut admettre également qu'il n'y a pas besoin de jugement contre l'affranchi qui ne remplit pas les conditions de son affranchissement, contre le prisonnier de guerre qui ne se libère pas envers celui qui l'a racheté; mais, dans le prêt de Nicareta constaté par une syngraphè, la contrainte par corps est exprimée par les mots πραχθήσονται κατὰ τὸν νόμον, qui ne paraissent pas indiquer qu'on puisse se passer de jugement (1). Il n'y a rien de précis dans le texte de Cicéron sur les emprunts des villes de Mylasa, d'Alabanda et d'Héraclée (2). Pour le prêt consenti par le Romain Pinnius à la ville de Nicée, Cicéron recommande l'affaire au propréteur (3); mais on ne voit pas s'il fallait un jugement ou si le propréteur pouvait faire procéder à l'exécution en vertu de son seul *imperium*. Dans l'affaire du *P. Flacco*, le débiteur n'est exécuté et adjugé qu'après deux jugements, quoiqu'il dût cependant y avoir une syngraphè. Il n'y a rien à tirer de l'inscription de Lampsaque (4) qui défend de procéder à aucune prise de gage pendant la fête des Asklepieia, car on ne sait pas de quelle prise de gage il s'agit. Dans l'affaire de Salamine, où l'emprunt avait été contracté en vertu d'une syngraphè, la première exécution militaire paraît n'avoir été précédée ni d'un jugement, ni d'une *confessio in jure*. Un passage du P. Murena (5) ne fournit aucune conclusion. Dans le testament d'Epicteta qui crée une corporation, certaines amendes sont levées par prise de gage, κατὰ τοὺς νόμους, c'est-à-dire probablement d'après la procédure régulière (6).

(1) Voir la note 39.
(2) *Ad fam.*, 13, 56.
(3) *Ad fam.*, 13, 61.
(4) *C. I., gr.*, 3641 *b*.
(5) C. 17.
(6) Cauer[2], *l. c.*, 148, G, 1. 24-25.

Il n'y a donc que quatre groupes de cas où l'exécution immédiate, sans jugement, paraisse clairement autorisée, dans les contrats hypothécaires et pignoratifs sur les gages et les hypothèques, dans les fermages des biens de communautés sur les fruits et les meubles du fonds, quelquefois aussi sur le reste de la fortune du fermier et sur celle des cautions, dans la revendication comme libres de certains affranchis, et dans les contrats qui renferment la clause exécutive καθάπερ ἐκ δίκης. Des autres cas examinés nous ne pouvons pas tirer de règle générale. Tantôt il y a, tantôt il n'y a pas exécution sans jugement. On ne saurait évidemment regarder *a priori* comme renfermant la clause exécutoire les mots qui expriment simplement la réclamation de la dette, tels que πρᾶξις et εἴσπραξις. Ces mots s'emploient indifféremment, soit qu'il y ait eu, soit qu'il n'y ait pas eu de jugement; mais le plus souvent il y a eu jugement, comme le prouvent de nombreuses inscriptions (1), un texte d'Aristote (2), le sens même du mot πράκτορες (fonctionnaires qui font rentrer les créances d'état après jugement), et l'adjonction fréquente à l'adjectif πράκτιμος des mots κατὰ τὸν νόμον ou d'expressions équivalentes (3). L'emploi du mot πρᾶξις eût été fort dangereux s'il eût toujours impliqué l'autorisation de l'exécution sans jugement. Nous ne pouvons lui donner ce sens que quand il y a dans l'acte la clause exécutoire, ou qu'elle ressort du contexte. D'autre part, la clause exécutoire n'est pas liée à telle ou telle forme d'acte; elle ne fait surtout pas partie intégrante du contrat le plus souvent employé pour les prêts, de la syngraphè. L'opinion qui fait de la syngraphè un acte " emportant exécution parée, c'est-à-dire pouvant être mis à exécution sans ju-

---

(1) *C. I., gr.*, 2554, l. 200; DITTENBERGER, *l. c.*, 349, l. 59; 284, l. 12.
(2) *Pol.*, 6, 5, 5 (éd. Didot).
(3) WESCHER et FOUCART, *l. c.*, n°s 45, 202, 234, 425; DITTENBERGER, *l. c.*, 233, l. 76. CAUER[2], *l. c.*, 295.

gement à terme échu „ (1) a le tort de regarder comme une partie essentielle de la syngraphè un élément accessoire et facultatif, et d'usage relativement rare, sauf dans les catégories que nous avons énumérées (fermages, contrats pignoratifs et hypothécaires). Comment en effet expliquer dans ce système l'obligation souvent constatée (2) d'une sentence judiciaire pour déclarer que le terme est échu, et autoriser la prise de gage, même dans des cas où il devait y avoir une syngraphè? N'y a-t-il pas un double jugement dans le cas du *P. Flacco?* Comment les Athéniens auraient-ils accordé une telle force à ce mode d'obligation alors que, dans un discours de Démosthène (3), le créancier, qui présente une syngraphè contenant la clause pénale du double, paraît craindre cependant que les Athéniens ne condamnent simplement le débiteur à payer le capital et les intérêts? Le plaidoyer de Démosthène contre Lacrite prouve qu'on pouvait toujours, même devant une syngraphè avec clause exécutoire, demander un jugement, invoquer des exceptions, et la mention même dans plusieurs actes de cette clause prouve que l'exécution sans jugement n'était pas la règle. C'eût été d'ailleurs contraire à l'esprit général de la législation des villes grecques, qui soumettent autant que possible tous les contrats à la libre interprétation des tribunaux populaires.

Ces observations s'appliquent surtout à l'époque classique; plus tard, après la chute de la Grèce, et surtout sous la domination impériale, l'usage de l'exécution immédiate, sans jugement, devient de plus en plus fréquent. La clause exécutoire est presque de règle en Egypte, depuis les Ptolémées, jusqu'à la fin de l'empire romain, jusque sous la domination des Arabes,

---

(1) DARESTE, *La συγγραφή en droit grec et en droit romain* (*Bull. de corr. hell.*, VIII, p. 362-376).
(2) Lys., 17, 3; fragm., 1, p. 252, col. 2 (éd. Didot).
(3) 56, 43-44.

dans tous les actes qui constatent une dette, obligations, contrats hypothécaires et pignoratifs, cautionnements, contrats dotaux (1). Il y a dans le code de Justinien un très-grand nombre de lois impériales, relatives surtout à l'Orient, qui constatent et interdisent l'emploi de l'exécution privée, immédiate, de la prise de gage sans jugement (2). Cette pratique de la *pignoratio* ne cessera de se développer au Bas-Empire, et s'enracinera encore plus profondément dans les sociétés barbares, grâce à la décadence générale de la civilisation et de l'autorité publique (3).

Ch. Lécrivain.

(1) Voir les travaux cités à la note 47.
(2) La plupart ont été réunies par Mitteis, *l. c.*, p. 431-440.
(3) Cf. Esmein, Etudes sur les contrats dans le très ancien droit français (*Nouv. Rev. hist. de droit*, 1882, p. 56-61). Lécrivain, *Le Sénat romain depuis Dioclétien*, p. 180.

LA RELIGION ROMAINE
DEUX SIÈCLES AVANT NOTRE ÈRE

La religion romaine avait atteint son complet développement au temps où finissait la seconde guerre contre Carthage, l'an 552 de l'ère de Rome, l'an 202 avant notre ère. Elle était alors arrêtée dans ses croyances, dans son art et dans son culte. Tous les dieux auxquels les magistrats de la République ont jamais adressé des prières pour le salut de la patrie, Rome les a désormais reçus. Les derniers qui ont accepté de venir dans la Ville sont Esculape et la Mère des Dieux : en 291, le Génie d'Esculape a, sous la forme d'un serpent, quitté son antique sanctuaire d'Épidaure pour accepter dans l'île du Tibre l'hospitalité du peuple romain ; moins d'un siècle après, en 204, une délégation publique transporte solennellement à Rome la pierre symbolique qui représente la Mère des Dieux. A ce moment se ferme, pour ainsi dire, le cercle des dieux principaux de la religion d'État. Dès lors, l'union de la mythologie latine et sabine et de la mythologie grecque, la fusion, la pénétration intime des trois cultes sont une chose définitive. Lorsque, au début de cette seconde guerre punique, en 216, le Sénat voulut offrir aux dieux souverains de la patrie un repas suivant le rite grec, douze divinités vinrent se coucher autour des mêmes tables, et il se trouvait qu'elles n'étaient autres que celles du panthéon hellénique : dans un vers célèbre, le poète Ennius consacra ce fraternel banquet de tous les dieux protecteurs de Rome, adoptifs et naturels.

On voyait alors triompher à Rome l'art religieux des Grecs, sous la double forme de la poésie et de la sculpture. Avec lui s'établissaient en maîtres dans le Latium le riche cortège des légendes et l'abondante lignée des héros helléniques. D'une part, Rome se rattachait à l'Iliade et faisait d'Énée son fondateur. D'autre part, ses temples se peuplaient de statues, dont on allait chercher les modèles de l'autre côté de la mer Ionienne et du détroit de Sicile.

C'est alors que s'achevait aussi l'organisation du culte public. En 216, on créa en l'honneur des trois plus grands dieux les jeux les plus importants auxquels devait assister la Rome républicaine, et on leur voua à perpétuité le repas le plus célèbre de la religion officielle : ce sont les Jeux Plébéiens et ce qu'on appelle l'*Epulum Jovis*. Vers la même époque, en 220, on terminait ce cirque Flaminien, qui, pour la célébration du culte, avait la valeur d'un temple ou d'un sanctuaire. Enfin, en 196, la création du Collège des Épulons complète la hiérarchie sacerdotale.

N'est-ce donc pas à ce moment de l'histoire romaine qu'il convient le plus de s'arrêter pour jeter un coup-d'œil d'ensemble sur la religion classique, pour en saisir les traits et en définir l'essence ? Et non seulement c'est au temps de la seconde guerre punique que la religion romaine est le plus nette et le plus caractérisée, mais c'est encore alors que, par un rare concours de circonstances heureuses, nous pouvons le mieux nous initier aux croyances et à la vie religieuse des Romains. On voit naître les deux sources de nos connaissances sur l'antiquité latine, l'épigraphie et la littérature. Pour la première fois nous avons de longues inscriptions ; pour la première fois nous possédons de grandes œuvres, et nous pouvons, à l'aide de la pensée d'un écrivain, connaître celle de tout un peuple. Par un dernier bonheur, il nous est resté de ce temps des écrits ou des débris d'une nature très différente : les comédies de Plaute, qui nous révèlent les croyances populaires, les livres d'Ennius, qui nous font assister à la formation de la religion philosophique chez les Romains, et, enfin l'*Agriculture* de Caton le Censeur, qui nous dira comment un grand seigneur patriote entendait alors la pratique du culte et comment il comprenait ses dieux.

I.

Ce qui nous frappera avant tout chez Caton, chez Ennius et chez Plaute, c'est la place considérable que la religion tenait, je ne dis pas dans le cœur, — c'est là une chose que nul ne peut savoir, — mais dans la vie, les paroles et les actes des hommes de cette génération. A la ville et aux champs, au forum et dans les demeures, on ne fait rien sans les dieux. Le père de famille ne doit pas visiter son domaine qu'il n'ait d'abord vénéré la divinité : " Dès qu'il sera arrivé dans sa villa „, dit Caton, " qu'il aille saluer le Lare de la famille ; puis qu'il fasse ce même jour, s'il le peut, le tour de son bien „ ; et, dans la bouche de Caton, ces paroles ne sont pas un précepte de morale, mais un conseil d'utilité pratique. Il en allait de même, comme on sait, dans la vie publique. Aucune décision ne se prenait à l'insu des dieux. Ils étaient partout, invisibles et présents, non pas seulement dans les temples, mais à la Curie, dans la Basilique, au Champ de Mars, à la tête des armées, au sein des assemblées du peuple et du Sénat. A la campagne, les semailles, l'élagage d'un bois, le défrichement d'une lande, le moindre détail de la vie rurale est précédé d'une pensée ou d'une parole qui s'en va à la divinité. Le bas peuple des villes ne songe pas moins à elle. Qu'on lise quelques vers de Plaute: nous ne trouverons dans aucune littérature une œuvre de ce genre où les noms des dieux apparaissent plus fréquemment. Tous ces personnages ne sauraient dire un mot ou entrer en scène sans mettre en avant un dieu, pour l'invoquer, le remercier, le flatter ou l'injurier.

C'est que le nombre des personnes célestes, offertes ou imposées ainsi à l'adoration des Romains, était considérable. On ne pouvait l'évaluer, même par à peu près. Denys d'Halicarnasse nous dit qu'elles étaient au nombre de trente mille. Il n'en sait rien, et on était fort en peine pour les compter. Il n'y avait pas d'endroit sous le ciel ou d'homme sur la terre qui n'eût et son Génie et son dieu tutélaire. On trouvait l'un et l'autre auprès de chaque source, au fond de chaque vallée, sur tous les sommets des montagnes, dans chaque clairière de tous les bois. Les vertus des hommes et celles des femmes avaient rang de divinité, comme leurs vices, comme leurs sentiments, comme les particularités les plus viles de leur existence et les traits les plus nobles de leur caractère. On avait tout aussi largement pourvu d'esprits divins les États, les villes, les corporations, les corps d'armée, les plus infimes assemblées civiles et militaires. N'a-t-on pas retrouvé le Génie d'un bureau des douanes, d'un lavoir public, d'un grenier de l'État? Jésus-Christ a dit: " Là où deux ou trois se réunissent en mon nom, je suis au milieu d'eux „. Chez les Romains, il suffisait que deux ou trois hommes fussent assemblés pour qu'un Génie se formât de cette réunion même.

Ces divinités ne vivaient qu'un temps, je pense, au moins dans l'adoration et la pensée des hommes. D'autres leur succédaient, qui étaient remplacées à leur tour. C'était un monde mouvant et changeant, presque aussi mobile que les vagues de la mer. Toutefois, si les dieux naissaient, il ne semble pas qu'ils dussent mourir. On les oubliait: ils ne disparaissaient pas. Parfois il arrivait qu'on adressât des prières communes à toutes les divinités négligées, à tous les Génies inconnus ou méconnus. Si bien que le nombre des esprits célestes ne diminuait jamais:

il était plus facile, sur les routes et dans la rue, de rencontrer un dieu que de croiser un homme.

Ce qui venait encore grossir cette foule, c'était la croyance à l'immortalité de l'âme.

De notre temps, chez les peuples civilisés du moins, la croyance à l'immortalité de l'âme, qu'elle émane d'une religion révélée ou qu'elle soit la conséquence de principes philosophiques, occupe une place à part dans les idées intimes de tout individu. Acceptée ou repoussée, elle forme toujours un chapitre isolé du livre moral que chacun de nous se compose. A la rigueur, on peut croire à l'âme sans penser à Dieu, on peut traiter de l'une en négligeant l'autre. Ce sont, à tout prendre, des questions ou des notions d'ordre différent. Il n'en était pas de même dans la civilisation romaine du troisième siècle avant notre ère. La croyance à l'immortalité était de même nature, se rapportait exclusivement au même ordre d'idées que la croyance aux divinités : les deux choses ne se séparaient pas, il n'y avait pas deux chapitres distincts. Quand on parlait des âmes, il fallait parler des dieux. Dans la pensée des hommes de cette génération, l'âme était en effet quelque chose de divin, une sorte de génie qui, une fois débarrassé d'un corps imparfait et impur, devenait un dieu. Il y avait entre ces âmes déifiées et les puissances célestes des différences d'origine, de degré : il n'y en avait pas de nature. " Nos ancêtres ", dit Cicéron en parlant des contemporains de Scipion et d'Ennius, " nos ancêtres ont voulu que ceux qui laissaient la vie fussent mis au rang des dieux ". Mânes, lares, larves, lémures, héros, tous ces noms sont ceux des génies ou des âmes qui, après la fin du corps humain, sont allés se mêler à la foule des divinités. La théodicée de cette époque était donc d'une extrême simplicité. Il n'y avait pas de distinction essentielle entre l'homme et les dieux : toute âme devait prendre sa place dans le monde divin.

Pour se reconnaître dans cette multitude, on avait dû établir des classes et des groupes. Il y avait un premier classement, qui était géographique. Les dieux étaient répartis suivant la région qu'ils gouvernaient ou le domicile qu'ils préféraient. En haut, vivaient ceux du ciel, de l'air, de la lumière. En bas, ceux des enfers, de la mort, des ténèbres. Entre les deux mondes, ceux de la terre, les protecteurs des bois, des eaux, des villes et des hommes. Dans chaque classe, on avait établi des subdivisions, non plus géographiques, mais politiques. Le royaume des cieux avait été organisé comme les États créés par les humains. On avait distingué les grands dieux et les petits dieux, *dii majores, dii minores*: à Rome, ne séparait-on pas les magistrats supérieurs des magistrats inférieurs, *magistratus majores, magistratus minores ?* L'Olympe était absolument constitué sur le même modèle que la République romaine. Il avait ses fonctionnaires, ses curateurs, ses légats, ses chefs de curies, ses assemblées, son sénat, que présidait Jupiter, *princeps senatus*, assisté de Junon et de Minerve. Le régime de ce gouvernement était alors aristocratique et oligarchique. Toutefois, on pouvait y constater une tendance assez marquée vers la monarchie, de même, au reste, que dans l'État romain. Jupiter prend les allures d'un tyran, d'un Tarquin: on l'appelle trop souvent maître et souverain, *dominus, supremus:* l'épithète patriarcale de *pater* commence à tomber en désuétude. Les deux qu'on lui donne de préférence sont celles de *rex* et de *imperator*, rapprochement bizarre et contraire aux règles actuelles du droit public : le premier de ces titres, celui de roi, rappelle l'antique monarchie romaine ; le second, celui d'empereur, annonce la monarchie de l'avenir. Au-dessous de lui siègent Junon, son épouse, Minerve, " son conseiller „, puis les neuf autres grands dieux formant avec les trois premiers le patriciat céleste. Plus bas " grouille „, comme dirait Plaute, la plèbe des menus dieux, *dii minuti.*

Mais il ne suffisait pas aux Romains d'avoir créé une hiérarchie de dieux. Ils ont aussi voulu les classer par familles, les unir par les liens du sang. L'Olympe devient — et cela surtout grâce à l'influence grecque — non pas seulement un État, mais une famille, disons mieux, une sorte de cité-famille, de gouvernement archaïque, analogue à ceux des civilisations primitives. Nous sommes loin de l'antique religion du Latium, où les dieux vivaient dans un isolement farouche, sans ascendants ni progéniture, sans sexe et sans âge, sans amitiés et sans alliances! Jupiter cumule les noms de roi et de père de famille, *paterfamilias*: il a sur les dieux, dont il est le père, les pouvoirs absolus que lui confèrent l'une et l'autre prérogative. Il est marié, et Junon, reine et matrone, ressemble à s'y méprendre à la classique mère de famille. Près d'eux, tous les dieux se groupaient en familles, petites ou grandes. Mais ils étaient si nombreux, d'origine si diverse, quelques-uns étaient de naissance si obscure (il y en a, dit Varron, dont on ne connaît ni le père ni la mère), que les théologiens se trouvaient bien souvent dans un extrême embarras. Il ne faut point s'étonner, après cela, qu'il y eût à Rome des spécialistes en généalogies divines, et que, comme il arrive en ces sortes de matières, ces intrépides chercheurs ne tombassent jamais d'accord. Plaute ne manque pas de les railler à sa manière : " J'en jure par les dieux et par les déesses ! „ s'écrie quelque part un Alcésimarque: " J'en jure par les divinités d'en haut et d'en bas et des régions intermédiaires ! j'en jure par Junon la Reine et fille de Jupiter suprême ! j'en jure par Saturne son oncle ! — Son père, par Castor ! „ interrompt Mélénis. — " J'en jure par Ops, son opulente aïeule „ reprend Alcésimarque. — " Mais non ! c'est sa mère „, dit Mélénis. — " J'en jure par Junon sa fille et Saturne son oncle et le Très Grand Jupiter. A la fin tu m'embrouilles, et c'est toi qui me fais tromper „ !

Aussi, on avait eu beau organiser le monde des dieux en régions, en États, en familles, il s'y était glissé beaucoup de fausses divinités et, surtout, beaucoup de doublets. Les gens sérieux et honnêtes, comme Cicéron, se plaindront de ce que leurs ancêtres aient fait le contrôle du ciel avec si peu de discernement : n'y avait-on pas laissé trois Jupiters, cinq dieux solaires, quatre Vulcains, cinq Mercures ? Nous avons le devoir d'être plus indulgents que Cicéron, car nous nous rendons mieux compte que lui de la manière dont s'est formée la religion romaine : pouvait-elle ne pas contenir beaucoup de doubles emplois, puisqu'elle était faite moins de la fusion que de la juxtaposition de religions semblables ? Mars et Quirinus sont évidemment deux dieux identiques, non pas deux frères jumeaux, mais deux Sosies. L'un est romain, l'autre est sabin. Mais Rome ne pouvait pas plus refuser le Quirinus de ses voisins que sacrifier Mars son ancêtre. Elle avait admis les Sabins au partage de la souveraineté ; elle avait reçu d'eux un roi, une partie de son sénat et de ses magistrats : il fallait qu'elle acceptât quelques-uns de leurs dieux. Mars et Quirinus vécurent donc côte à côte.

En même temps, d'antiques collèges conservèrent par tradition le culte des dieux indécis et mystérieux de la religion primitive, bien que dans le culte public et populaire ces dieux eussent été remplacés par d'autres semblables, mais plus nets, plus précis, plus vivants. C'est ainsi que le collège des Frères Arvales adorait une déesse nommée *Dea Dia*, sur laquelle les savants modernes discutent à perte de vue. Ils se demandent quelle divinité connue se cachait sous ces deux noms vagues et obscurs : les uns ont proposé *Ops*, l'épouse de Saturne ; d'autres ont songé à Flore, à Proserpine, le plus grand nombre à Cérès. Ces recherches n'aboutiront jamais et ne peuvent aboutir, puisque, sans aucun doute, les anciens ne se posaient pas la question de savoir quelle déesse était *Dea Dia*. Si l'on eût demandé à un Frère Arvale si c'était *Ops*, Flore ou Cérès, il eût répondu, je pense : " C'est *Dea Dia* „, c'est-à-dire, une divinité vague, anonyme, inconnue, vieille comme Rome, plus vieille même, et dont le culte se perpétue à côté de celui de Cérès, d'*Ops* ou de Flore : celles-ci ou sont venues plus tard, ou se sont transformées, au moment où l'on ne voulait que des dieux semblables à des hommes, ayant un corps, un caractère et des attributs ; *Dea Dia* a été reléguée dans l'ombre par des déesses plus brillantes et plus actives, mais elle a continué à vivre, perpétuant au sein de la religion nouvelle un peu du caractère et du culte de la foi primitive.

La génération de la seconde guerre punique n'aime pas d'ailleurs ces anciens dieux, dont le nom ne dit rien et qui n'ont pas leur figure propre. En ce temps-là, *Dea Dia* et les divinités similaires sont bien oubliées, et, si nous les connaissons, ce n'est pas grâce aux écrivains contemporains ou aux inscriptions de l'époque. C'est grâce aux réformes de l'empereur Auguste, et à cette étrange tentative faite pour remettre en honneur, au huitième siècle de Rome, la vieille religion latine. C'est Varron, c'est Ovide, ce sont les inscriptions du temps des Césars qui nous ont révélé ces déités primitives. Il y eut alors une sorte de renaissance de la religion archaïque, d'amour pour les dieux oubliés. Tout concourut au même résultat, la politique chez Auguste, la philosophie chez Varron, l'érudition chez d'autres, un goût littéraire chez quelques-uns, la mode pour le plus grand nombre. Mais le temps de la seconde guerre punique ne ressemble en rien à celui du premier empereur. On ne regarde pas en arrière, vers le passé. On n'aime pas ces vieux dieux, on ne tient pas à les connaître. Il n'y a pas de Varron qui perde son temps dans ces recherches historiques, ou dans ces adorations démodées. La religion d'alors se sépare entièrement de celle des commencements de Rome : il y a scission entre les deux, aussi nette et aussi absolue que possible. Ce que l'on veut, ce sont des dieux faits chair, ayant la forme, les pensées, le caractère de l'homme. On est comme amoureux de précision et de sensations. Le populaire demande des dieux qui lui ressemblent, pour être plus capable de les séduire ou de leur obéir; les artistes cherchent dans la religion des motifs de beaux récits, de formes idéales et de scènes grandioses; les patriotes mêlent les dieux à l'histoire du pays et aux destinées de l'État. Cette époque est pour la religion romaine comme un moment d'épanouissement et de gloire où le dieu fraternise avec l'homme.

II.

C'est une chose extrêmement banale que de répéter, après tant d'autres, que l'*anthropomorphisme* est alors aussi complet que possible : mais cela est aussi vrai que banal. S'il y a des classes de divinités, si les dieux forment des familles et des États, s'ils ont un domicile, si les âmes des hommes les rejoignent après la mort, c'est toujours en vertu de cette loi toute-puissante à laquelle étaient soumises malgré elles les idées et les aspirations de ce siècle, qu'il fallait diminuer la distance qui séparait l'homme de la divinité. Elle était trop loin autrefois: on la mit trop près alors.

Les dieux sont des êtres supérieurs, tour à tour visibles et invisibles : ils ont un corps et une âme. Ils ne peuvent bouleverser les lois de la nature, auxquelles ils sont soumis. Jupiter, disait le pieux Caton, ne peut frapper de stérilité les terres naturellement fécondes. Mais ils sont assez puissants pour diriger cette marche des choses, qu'ils ne sauraient ni arrêter ni modifier complètement. Quelques miracles leur sont permis, pourvu qu'ils n'impliquent aucune transformation dans l'ordre du monde. Les débordements subits des rivières, les pleurs des statues, les voix dans le ciel, les taches du soleil, les frémissements d'armes au fond des bois, ce sont bien des miracles, mais qui n'entraînent aucun bouleversement dans le cours de l'univers. Au reste, les dieux ne semblent pas recourir volontiers à ces moyens extraordinaires : ce n'est que dans des cas exceptionnels qu'ils font connaître ainsi leur puissance. Il faut qu'ils aient à demander l'expiation d'un grand crime, à prévenir des désastres, à annoncer des évènements inouïs. En temps ordinaire, ils se tiennent dans les voies régulières et naturelles. Mais, pour manifester plus sûrement leurs volontés et leurs désirs, ils ont des règles fixes, dont ils ne s'écartent pas. Entre le ciel et la terre il existe un langage de signes, la divination, qui suffit à peu près à toutes les circonstances, et grâce auquel les hommes — ceux du moins qui sont experts en la matière, — peuvent exactement connaître les intentions des dieux qui gouvernent le monde. Au surplus, la divinité ne dédaigne pas de recourir aussi au langage usité chez les hommes : elle sait communiquer avec eux de vive voix, quelquefois même par écrit ; ne vit-on pas un jour des tablettes tomber du ciel, portant ces mots tracés d'une main divine : " Mars agite ses armes ? „

De même que les êtres inanimés, les hommes sont, non pas à la merci, mais à la disposition des dieux ; ceux-ci peuvent modifier l'état de leur corps et de leur âme. Ils les guérissent, les laissent ou les font tomber malades. Ce sont eux qui procurent aux hommes, dit Plaute, " l'abondance, les richesses, la réputation, le profit, le plaisir, les divertissements, la gaieté, les fêtes, le luxe, la boisson, la satiété, la volupté „. En revanche, ils font pendre les voleurs, découvrir les meurtriers, et se chargent, à défaut des magistrats, de punir les coupables. Ils envoient les bonnes et les mauvaises inspirations. Ceux qu'ils aiment, ils les excitent aux bonnes actions, aux dévouements héroïques, aux entreprises avantageuses. Ils rendent esclaves ceux qu'ils détestent, ils aveuglent et affolent ceux qu'ils veulent perdre.

Avec la puissance, leur principal apanage est le bonheur. Il semble même que, d'après les croyances d'alors, les dieux étaient plus heureux que puissants; que le bonheur, bien plus encore que le pouvoir, était ce qui élevait leur condition au-dessus de celle de l'humanité. La jalousie des dieux s'exerçait moins sur les grands que sur les heureux de la terre. Elle laissait volontiers les conquérants étendre leurs conquêtes, les riches accroître leurs trésors, mais elle ne permettait pas à un homme de goûter des joies sans limite. S'il lui arrivait de s'attaquer aux richesses, à la puissance, à la force physique, ce n'était point parce qu'elle voulait détruire ces choses-là en elles-mêmes, mais parce qu'elle les considérait comme un des éléments du bonheur absolu. Ce bonheur, l'homme ne devait point le goûter: il était le privilège exclusif de la divinité. Au milieu des plus grandes prospérités, il survenait toujours un accident, léger ou grave, qui empêchait tout mortel d'atteindre à la perfection de la vie; cet accident était envoyé par les dieux. Les hommes religieux, ceux qui connaissaient les lois de la nature et les volontés divines, allaient au devant de cet accident, le provoquaient, afin d'éviter de plus grands malheurs et de diminuer la colère de leurs souverains. La puissance des dieux était surtout, entre leurs mains, un instrument destiné à se réserver le monopole du bonheur.

Du reste, leurs plaisirs étaient de même nature que ceux des humains. Mais ils pouvaient les goûter tous également, sans mélange, sans altération, sans impureté d'aucune sorte. Un amant veut-il exprimer la joie infinie qu'il éprouve en voyant sa maîtresse: il s'écrie: " Je suis dieu „, *sum deus*. On sait en quel honneur étaient chez les Romains, avant l'arrivée des cultes orientaux, les plaisirs physiques : ils s'y livraient sans honte ni remords. A l'époque que nous étudions, c'étaient ceux qui comptaient le plus. Or, comme le bonheur était l'essence de la divinité, comme le plaisir matériel était l'essence du bonheur, on voulut que les dieux pussent jouir complètement de ce plaisir, et c'est peut-être pour cela que les hommes ont, à leur insu, donné la forme humaine à leurs dieux. Invisibles d'ordinaire, les divinités prennent un corps et une chair, surtout afin de satisfaire les désirs de ce corps et de goûter les douceurs de cette chair : il va sans dire que le corps des dieux a toutes les perfections, ne possède aucun défaut, est capable de toutes les joies, ignore toutes les douleurs, même celles qui, dans les corps des humains, accompagnent les plus grands plaisirs. Aussi la grande affaire des dieux de ce temps était-elle de se nourrir d'ambroisie et de nectar, et de se livrer à l'amour, entre Hébé et Ganymède. N'accusons pas les Romains d'avoir avili la nature divine : ils l'ont faite, non pas à l'image de la leur, mais à l'image de ce qu'ils considéraient comme l'idéal de la nature humaine. N'est-ce pas ainsi que la plupart des peuples se sont créé leurs divinités ? Les Romains avaient fait la plus large place, dans leur idéal, au bonheur matériel : ils ont donné à leurs dieux, avant toute chose, un corps et ce bonheur.

Puissance et bonheur, voilà donc les deux privilèges et comme les deux droits régaliens des dieux qu'on adorait à la fin du troisième siècle. Les Romains ne leur prêtaient pas encore — à l'exception peut-être de quelques cœurs d'élite, et il y en avait peu à Rome en ce moment, — cette vertu sans laquelle on ne les concevra plus quelques siècles plus tard, la bonté. La grande pensée de Platon que Dieu est le bien, et que la création du monde est un effet de sa bonté, cette pensée n'avait pas pénétré dans le Latium. Les légendes et les statues de la Grèce étaient déjà maîtresses à Rome, alors que la merveilleuse théologie de ses philosophes n'y avait pas encore reçu le droit de cité : du reste, le peuple romain n'avait pas atteint l'âge où il eût pu la comprendre. Plaute, qui est une intelligence vraiment supérieure, ne conçoit Jupiter que comme le plus puissant et le plus heureux des dieux. On connaît à peine le Jupiter très bon et très grand, *Jupiter optimus maximus*, des temps classiques. Cherchez parmi les inscriptions antérieures à la seconde guerre punique, vous ne trouverez pas une seule fois cette double épithète : avant Auguste, c'est à peine si vous la rencontrez trois ou quatre fois. Je crois bien qu'on l'employait cependant à la fin du troisième siècle : mais elle n'était certainement pas populaire. Au reste, il ne faut pas interpréter *optimus* dans le sens de très bon, très bienfaisant, très charitable, dans le sens qu'un platonicien ou qu'un chrétien aurait donné à ce mot. Cicéron traduit bien quelque part *optimus* par *beneficentissimus*, plein de bienveillance envers les hommes. Mais Cicéron voulait faire croire à la bonté des dieux, il voulait qu'on les aimât et qu'on se crût aimé d'eux. Son témoignage est suspect en cet endroit, et d'autant plus suspect qu'ailleurs il semble incliner pour une autre explication, qui cette fois est la vraie. Jupiter est très bon, mais pour ceux qu'il protège, il est plein de bienveillance et de bienfaisance, non pas pour tous les hommes sans distinction, mais seulement pour ceux qui l'adorent, qui le prient, qui le flattent, et en particulier pour les citoyens de la république romaine. La bonté de Jupiter s'étend sur ce peuple, et pas au-delà. Et en outre, cette bonté ne vient pas d'un véritable amour, mais d'une sorte de réciprocité de services et de bons procédés. C'est l'équité d'un seigneur envers ses esclaves, la générosité d'un suzerain envers ses vassaux, ce n'est pas, tant s'en faut, l'amour d'un père pour ses enfants, la charité d'un maître envers ses serviteurs. Chez les dieux, comme chez les hommes, cette sorte de bonté est une vertu de date plus récente.

Les dieux n'étant donc ni bons ni mauvais, les Romains ne pouvaient concevoir leur caractère que comme était celui des hommes : ils sont tous capricieux, mobiles, inconstants, tour à tour bienfaisants et malfaisants, généreux aujourd'hui et vindicatifs demain. Rien n'est plus fantasque qu'une divinité romaine.

En règle générale, pourtant, les dieux rendent le bien pour le le bien et le mal pour mal : ils traitent les hommes comme les hommes les traitent. Ils se vengent, mais ils récompensent. Les rapports entre dieux et humains étaient soumis en ce temps-là, non pas à l'arbitraire du plus puissant ou à la bonté du meilleur, mais à une règle acceptée par les deux parties, à un droit équitable et immuable. Si l'on avait rapproché à un tel point la divinité et les hommes, c'était afin qu'on pût s'entendre avec elle. Ce ne pouvait être d'égal à égal, sans doute ; mais enfin il était avantageux qu'on pût signer un pacte avec les dieux, savoir à quoi s'en tenir sur leur volonté, et ne plus être à leur merci. Aussi les dieux ne négligeaient que les indifférents : ils étaient bons pour ceux qui les priaient, qui pensaient à eux, qui leur faisaient des présents. La formule *do ut des* était de mise dans les choses divines. Un vœu avait la valeur légale d'une promesse solennelle. Lorsqu'on vouait à un dieu un temple, une statue, un autel, un repas, c'était afin d'obtenir de lui un service proportionné : s'acquitter de son vœu, c'était faire acte de débiteur, agir moins par reconnaissance que par équité. Dans les dédicaces, on ajoutait qu'on faisait présent du monument au dieu parce qu'il l'avait mérité.

Si les dieux réservent leurs bontés à leurs fidèles, les hommes aiment le mieux les dieux qu'ils jugent le plus puissants. Avant de recourir à l'un d'eux, on cherche celui qui, par son caractère, ses attributs, sa position, est le plus en mesure de rendre le service qu'on réclame. L'homme met pour ainsi dire au concours le sacrifice qu'il offre et le bienfait qu'il demande en échange. C'était une chose fréquente dans la vie romaine que ces marchés conclus entre l'homme et les dieux. Plaute les introduit souvent dans ses comédies, non sans forcer un peu la plaisanterie, comme de juste. Ecoutez par exemple deux esclaves figurant chacun une divinité et se laissant marchander leur concours par un troisième personnage :

Argyrippus : — Me donneras-tu de l'argent?

Libanus : — Tu vas m'élever une statue et un autel, et m'immoler un bœuf, comme à un dieu : car pour toi je représente *Salus*.

Léonida: — Maître, ne l'écoute pas, viens plutôt à moi, et promets-moi, accorde-moi ce qu'il vient de demander.

Argyrippus : — Mais quel nom de dieu faut-il te donner?

Léonida: — *Fortuna*, et qui plus est, *Fortuna Obsequens*.

Arg. : — Je préfère cela.

Lib. : — Mais pense donc, qu'y a-t-il de meilleur pour l'homme que *Salus* ?

Arg.: — Je puis bien féliciter *Fortuna* sans blâmer *Salus*.

Philomius: — Eh! par Castor! toutes deux sont bonnes.

Arg.: — Je le saurai mieux, quand j'aurai obtenu quelque chose de bon.

Léon.: — Souhaite donc ce que tu veux.

Arg.: — Et après?

Léon.: — Tu l'auras.

Arg.: — Je souhaite de jouir toute cette année de ma maîtresse à moi tout seul.

Léon.: — Accordé.

Lib.: — Essaie-moi à mon tour, je te prie.

Arg.: — Que puis-je souhaiter de plus, que ce qui me manque? les 20 mines d'argent que je dois à sa mère.

Lib.: — Tu les auras, et bon courage.

Arg.: — Oh! je vois que *Salus* et *Fortuna* se moquent toujours des hommes, comme d'habitude.

Salus et *Fortuna* sont des divinités d'importance. Mais celles qui avaient une origine moins illustre, un rang moins élevé, celles qui émanaient des hommes, les génies, les lares, les mânes, ne montraient, dans leurs rapports avec les humains, ni plus de bonté, ni plus de dignité : leur caractère ne différait point de celui des puissances célestes. Elles étaient aussi personnelles, aussi faciles à acheter, aussi sensibles à la flatterie. Le monologue si connu du dieu Lare, dans l'*Aululaire*, nous montre que ces démons issus de l'homme parlaient, raisonnaient et calculaient aussi bien que *Fortuna* et que *Salus* :

" Je suis le *Lare familial* de cette famille qui habite la maison dont vous me voyez sortir. Il y a bien longtemps que j'y suis, que j'y habite, que je l'entretiens pour le compte de l'aïeul et du père de celui qui y est maintenant. L'aïeul en question m'avait confié dans le plus grand secret un trésor de pièces d'or. Il le cacha dans le foyer, en me suppliant au milieu de ses prières de le lui conserver.... Quand il fut mort, je me mis tranquillement à observer si le fils aurait plus d'égards pour moi que n'en avait eu le père. Tant s'en faut! chaque jour il diminue les frais de mon culte, et économise sur mes honneurs. Je lui rendis la pareille... Le fils, — c'est celui qui habite ici maintenant, — ressemble exactement à son père et à son aïeul. Mais il a une fille, qui chaque jour me donne quelque chose, ou de l'encens, ou du vin, ou des couronnes, enfin n'importe quoi. Je tiens à la remercier : aussi j'ai fait découvrir le vieux trésor à Euclio, qui est son amant, et qui pourra ainsi l'épouser bien plus facilement, quand il le voudra „.

A de tels dieux, il fallait donc un culte de tout instant, beaucoup de prières, beaucoup de caresses, beaucoup d'offrandes, enfin, comme disait ce bon Lare, " toujours quelque chose „. Le culte romain répondait merveilleusement à ces croyances. Jamais religion peut-être n'a eu des pratiques plus en harmonie avec ses idées, des cérémonies qui fussent plus de nature à plaire à ses dieux.

III.

De même que l'on rencontrait partout les dieux, dans les villes et à la campagne, de même à chaque instant, dans la vie, on se heurtait à la nécessité d'une pratique religieuse. L'existence des Romains appartenait vraiment alors à leurs dieux. Tout acte, important ou non, était précédé d'une invocation. C'est par la prière que l'on commençait la journée. Elle sanctifiait les repas et les votes, les voyages et les guerres, les fêtes de famille et les réjouissances publiques. Caton faisait précéder tous ses discours d'une invocation à Jupiter. Avant de délibérer ou de se battre, les magistrats romains prenaient les auspices : avant de se mettre au lit nuptial, la mariée suppliait le génie de son nouveau maître.

La puissance et la jalousie des dieux obligeaient en effet les hommes à un culte de tout instant. Il ne suffisait pas de ne point mépriser ces souverains, il fallait ne les point négliger. L'indifférence était un crime au même titre que le blasphème et la profanation. Voici comment un des hommes les plus éclairés de ce temps, Paul-Emile, entendait la pratique de la religion officielle, au temps où il était augure:

" Il mettait, dans tout ce qu'il faisait, autant d'habileté que de zèle ; il était tout à son devoir : jamais d'omission, de distraction, d'innovation. Il contestait avec ses collègues sur les manquements les plus légers, sur les moindres détails: " La divinité, disait-il, est facile et indulgente sur nos négligences: vous le croyez, et je le veux bien. Mais il pourrait être funeste à la république de les pardonner, et de s'en mettre trop peu en peine. Ce n'est jamais par un grand crime qu'on commence à troubler le gouvernement, et ceux qui méprisent l'exactitude dans les petites choses négligent bien vite de veiller sur les plus importantes „.

Paul-Emile n'oubliait pas que c'était pour avoir négligé le service des dieux que les Romains avaient été écrasés sur les bords du lac de Trasimène. Les mânes et les lares, tout comme les grandes puissances divines, ne redoutaient rien autant de la part des hommes que leur indifférence. Nous avons vu jusqu'à quel point elle aigrissait le Lare de l'*Aululaire*. Ce fut pour garantir les morts contre l'oubli qu'on grava leurs noms sur les tombeaux; l'intention du premier qui traça une épitaphe fut une intention religieuse : il ne fallait pas que les vivants négligeassent la pensée, la prière ou les cérémonies dues au génie du défunt. En lisant l'épitaphe, on songeait au mort, on lui faisait plaisir, on était censé lui adresser quelques paroles, un simple adieu. Si l'on place les tombeaux sur les routes les plus fréquentées, c'est afin qu'un plus grand nombre de vivants pensent aux dieux des défunts. Ces pensées, ces paroles sont fugitives et courtes, elles viennent de désœuvrés qui s'amusent à lire des inscriptions: je le veux bien; mais enfin on pense aux dieux, et ils se sentent flattés même par cette adoration toute platonique.

Le culte devait être le plus agréable possible à la divinité à qu'il s'adressait, cela va sans dire. Par suite, il variait suivant les dieux. Chacun ayant ses goûts, on avait à les connaître et à les satisfaire. Tous ne voulaient pas les mêmes victimes: ils avaient leurs préférences, on prenait bien soin de s'y conformer et d'offrir aux uns des taureaux, aux autres des brebis, à celui-ci un bouc, un coq à celui-là. On leur devait à tous des attentions infinies. L'objet essentiel du culte n'était-il pas de fournir aux dieux l'occasion, je ne dis pas d'accroître, mais d'éprouver et pour ainsi dire d'exercer leur bonheur? Les sacrifices, les repas, les fêtes, les jeux sont autant de plaisirs qu'on leur offre : ils se nourrissent des parties de choix des victimes immolées, ils goûtent aux mets qu'on place devant leurs statues, ils aiment le spectacle des courses de chars et des combats de gladiateurs ; l'audition d'une comédie, de chants et de poésies les réjouit. Pour qu'ils puissent séjourner agréablement sur la terre, lorsqu'ils daignent la visiter, on leur élève des temples, qui leur appartiennent en propre, où il ne se trouve rien de public et de privé, rien qui soit à l'État ou aux hommes. Quand les grands seigneurs de Rome voyageaient, ils trouvaient, pour se reposer et s'arrêter, des maisons ou des villas qui étaient à eux, disposées presque d'étape en étape : ils y rencontraient leurs esclaves, leurs meubles et leur vaisselle, ce qui les dispensait d'un logement payé ou d'une hospitalité banale. Les temples ressemblaient un peu à ces maisons. Les dieux y étaient chez eux, sur un sol, sous un toit, au milieu d'objets qui leur étaient consacrés : meubles et immeuble étaient leur propriété.

La statue qui était dans chaque temple était l'image du maître et rappelait sans cesse les droits du propriétaire divin. En toute circonstance, elle représentait la divinité. Elle assistait en son nom aux repas, aux jeux, aux processions, couchée sur un *triclinium*, assise dans une loge, ou portée sur un char. Le cas échéant, elle prenait la parole pour le compte du dieu. Quand, après le départ de Coriolan, les matrones romaines élevèrent une statue à la Fortune Féminine, elle leur adressa, après l'acte de la consécration, quelques paroles de remerciment. Camille demanda à la Junon de Véies si elle voulait venir à Rome : la statue fit signe qu'elle consentait.

Voilà donc un culte bien matériel et bien extérieur. Mais pouvait-il en être autrement? Les dieux exigeront-ils des hommes une bonté, une pureté qu'ils ignorent eux-mêmes? Lorsque Cicéron nous dit qu'il faut se présenter devant eux avec une âme pure, c'est Cicéron qui parle, et non la loi ; ou, si l'on veut, c'est la loi idéale qu'édifie Cicéron, ce n'est pas la loi de son siècle. Cette dernière exige seulement la pureté du corps et la propreté des vêtements. Il importait qu'aucun objet ne vînt offusquer les regards de la divinité. A l'âme, ils ne demandaient que respect, obéissance et complaisance.

Comme tous les cultes extérieurs, celui de Rome était minutieusement réglé. On l'encombrait de pratiques, de cérémonies, de formules auxquelles on se conformait avec une prodigieuse exactitude. Les prières étaient de monotones litanies, où l'on répétait trois ou cinq fois d'insipides acclamations. Les sacrifices étaient ordonnés avec la dernière ponctualité. On ne changeait jamais rien au rite traditionnel. Une innovation était aussi coupable qu'une omission. Que par malheur un détail fût interverti dans la cérémonie, un mot oublié, et tout était à recommencer. Écoutons Plutarque à ce sujet :

" Ce n'est pas seulement pour des motifs d'importance, que les Romains ont coutume de recommencer les sacrifices, les processions, les jeux sacrés : il suffit de la moindre chose. Qu'un des chevaux qui traînaient les chars sacrés vînt à tirer plus lâchement, ou que le cocher prît les rênes de la main gauche ; et vite, un décret du sénat faisait recommencer la cérémonie. On les a vus, dans ces derniers temps, recommencer jusqu'à trente fois le même sacrifice, parce qu'on y croyait remarquer quelque défaut ou quelque obstacle. Tant les Romains ont pour la divinité un respect profond ! „

C'est le caractère formulaire et liturgique de ce culte qui a le plus frappé les écrivains modernes : c'est là-dessus qu'ils insistent le plus volontiers, et quelques-uns vont jusqu'à le reprocher au peuple romain. C'est aller beaucoup trop loin, et l'histoire n'a pas le droit de blâmer ou d'attaquer une religion disparue. Les Romains adressaient à leurs dieux les prières que ceux-ci demandaient, comme ils avaient les dieux qu'ils méritaient eux-mêmes. Avant de sacrifier à ces êtres exigeants et capricieux, il fallait savoir quelles victimes leur étaient le plus douces, quelles paroles le plus agréables. Cette recherche était l'affaire des théologiens et des experts en droit religieux. Le jour où on avait trouvé la prière qui était, croyait-on, la plus chère aux dieux, la plus propre à attirer leur faveur, pourquoi ne pas en garder soigneusement le texte? ne pas la réciter avec la plus rigoureuse exactitude? Cette prière, cette cérémonie était une recette infaillible pour apaiser ou pour charmer la divinité : comme dans toutes les recettes, le plus infime détail en avait une importance incalculable, et pouvait être ce je ne sais quoi qui en faisait la valeur spécifique.

Ce mot de recette est peut-être celui qui convient le mieux à ces vieilles cérémonies conservées depuis des siècles et parvenues jusqu'au temps de Plaute et de Scipion : la prière ne guérissait-elle pas aussi bien que le remède? le sacrifice ne s'apprêtait-il point tout comme un repas? Lisez le traité de Caton sur l'agriculture. Vous y verrez des chapitres intitulés, " prières pour les luxations „ " prière pour guérir les bœufs „, et Caton les intercale entre une recette pour faire les brioches et une autre pour faire les gâteaux de seigle. Voici d'ailleurs un de ces étonnants chapitres, qui montre bien que toutes ces prières, tous ces sacrifices, toutes ces cérémonies ne sont vraiment que des recettes jugées infaillibles pour obtenir la faveur divine :

« Voici comment il faut faire un vœu pour que les bœufs se portent bien. Adressez-vous à Mars Sylvain, dans la forêt et de jour : pour chaque tête de bœuf faites un vœu, à savoir de 3 livres de farine de froment, de 4 livres $^1/_2$ de lard, de 4 livres $^1/_2$ de viande de choix, et de 3 setiers de vin. Vous pouvez réunir le tout dans le même vase, le vin de même. On peut faire faire ce sacrifice par un esclave ou par un homme libre. Dès que le sacrifice sera fait, qu'on le consomme sur place et tout de suite. Qu'aucune femme n'y assiste, ni ne voie comme on le fait. Si vous le voulez, vous pouvez renouveler ce vœu chaque année „.

Ce caractère est-il particulier à la religion romaine, comme on l'a parfois insinué? Il est bien évident que non. Toutes les religions qui ont vécu ont passé par ce ritualisme à outrance. Les unes plus tôt, les autres plus tard, toutes, même la religion des Grecs, toutes ont eu ce moment dans leur histoire ; et si nous voulions, à la suite de certains travaux récents, pénétrer sur les bords du fleuve Orange à travers les peuplades des Hottentots et des Cafres, il ne nous serait pas difficile de trouver des recettes religieuses analogues à celles de Caton et des litanies qui rappellent le chant des Frères Arvales.

Aussi bien, au troisième siècle avant notre ère, ces litanies et ces sacrifices n'étaient pas tout dans le culte romain. C'était une survivance des anciennes pratiques, comme *Dea Dia*, Janus et *Rubigo* étaient une survivance des croyances primitives. A côté de ce formalisme minutieux, le culte d'alors offrait une partie grandiose et artistique, qui manquait entièrement à celui d'autrefois. L'influence salutaire et bienfaisante de la Grèce s'était singulièrement fait sentir: après avoir embelli les dieux, elle avait animé le culte. Ces vieilles prières, ces sacrifices d'un autre âge entravaient, sans doute, et mortifiaient la pensée et l'imagination humaine : mais ils coïncidaient avec des fêtes et des jeux où le sentiment religieux, loin de combattre, réclamait au contraire le plein épanouissement de l'art et de la poésie. Les banquets, les combats, les courses, les concours théâtraux, tout cela ne faisait-il pas partie du culte, au même titre que le chant et la danse des Saliens? Et en ce temps-là c'était même ce qui dominait, ce que l'on préférait dans la pratique de la religion. Il n'y avait pas quarante ans que le théâtre romain était né véritablement, et déjà il formait l'épisode le plus goûté des grandes fêtes. Après le désastre de Trasimène, Fabius Maximus voua aux dieux, suivant l'antique manière, un printemps sacré : mais il ajouta à son vœu des jeux scéniques et des représentations théâtrales. Les formules, les prières et les pratiques minutieuses commençaient à tomber dans le discrédit. Caton les recommande : mais Caton était pour ses contemporains un Romain du bon vieux temps, un esprit attardé, un réactionnaire. Paul-Émile les remit en honneur lorsqu'il était augure : mais Paul-Émile, lui aussi, préférait le passé au présent, et vantait le retour aux mœurs de jadis comme étant le salut de la république romaine. Autour d'eux, on s'en détachait de plus en plus. Ce qui était en quelque sorte la partie technique du culte lassait déjà, et agaçait la multitude et les gens d'esprit, et ne devait retrouver que sous Auguste un regain de faveur et de popularité. Le culte n'en demeurait pas moins extérieur et matériel : mais ce que l'on aimait surtout maintenant dans ces dehors, c'était ce qu'il y avait de poétique, de libre et de spontané.

IV.

Aussi, malgré son culte extérieur, malgré ses dieux corporels, la religion romaine ou, comme on doit l'appeler, la religion gréco-romaine, telle qu'elle s'était formée depuis la domination des Tarquins jusqu'à la fin de la seconde guerre punique, présentait un étrange contraste avec la religion de la Rome primitive. Ce n'était plus un polythéisme grossier et matériel, un sombre et mystérieux fétichisme, mais un anthropomorphisme vivant, gracieux et brillant, que la civilisation hellénique avait tout imprégné de l'exquise politesse de son art, de son goût et de sa pensée. Le progrès moral que cette religion représentait était immense. On répète qu'elle n'était guère intime, qu'elle ne connaissait pas le langage du cœur, qu'elle parlait peu à l'âme : mais c'est à notre âme qu'il faut dire, car celle des Romains comprenait admirablement la pensée de leurs dieux. Si l'on songe à ce qu'était le sentiment religieux six siècles auparavant, quels bénéfices assurés dès lors à l'Italie! Il n'y avait plus chez les hommes, lorsqu'ils se sentaient en présence de la divinité, cet esprit de crainte et de terreur, cette perpétuité d'inquiétude qui était le fond de la vieille religion. Les dieux devenus à demi des hommes, étaient moins cruels, " plus présents „, comme on eût pu dire en latin, c'est-à-dire, en prenant le mot de *praesens* dans ses deux sens, plus visibles et plus favorables. On savait détourner leur colère ; on était plus habile vis-à-vis d'eux, mais aussi on était moins lâche. On pouvait signer des pactes avec eux. On les redoutait moins, ce qui permettait de les aimer davantage. Rome était délivrée de cette terreur malsaine qu'inspirait autrefois la toute-puissance insaisissable de l'esprit divin.

Plus considérable encore était le progrès artistique. On voyait les dieux : on pouvait donc les représenter. Ils ressemblaient aux hommes, mais en leur empruntant ce qu'il y a de plus beau dans l'humanité. Le dieu est un homme perfectionné à l'infini : pour le comprendre et le figurer, il faut atteindre aux dernières limites de l'idéal. Aussi l'histoire des arts sous la république romaine se confond-elle avec l'histoire religieuse. C'est par la religion que les légendes et les statues, que la sculpture et la poésie de la Grèce ont envahi Rome : ou, plutôt, dieux, artistes et poètes sont venus ensemble, étroitement groupés, et le triomphe de l'art hellénique à la fin du troisième siècle ne fait qu'un avec l'achèvement de l'évolution religieuse. Parmi les pratiques de ce culte tout extérieur, il y a désormais des jeux, des courses, des chants et des poésies ; et ces dieux mesquins, capricieux et matériels, ont un corps qui respire la beauté, la grâce ou la force.

Le grand défaut de cette religion, aux yeux des quelques Romains qui philosophaient alors à la manière des Grecs, le reproche qu'on lui adressera de plus en plus, surtout au temps d'Auguste, c'était de ne point correspondre assez à la nature des choses, de n'être pas, comme nous dirions aujourd'hui, suffisamment philosophique et métaphysique. Les stoïciens le répétaient ; Varron l'écrira : " S'il le pouvait, il la ferait bien meilleure et plus conforme aux principes de l'ordre naturel „. Tous ces philosophes et ces érudits préféraient la religion primitive : ils la trouvaient plus soumise aux lois générales du monde, et peut-être n'avaient-ils point tort. Varron en veut aux Romains d'avoir subi l'influence des étrangers et laissé se transformer leur vieux culte national : " Ceux qui ont imaginé „, dit-il, " de représenter les dieux sous une forme humaine, ont diminué la frayeur qu'ils inspiraient et accrédité une erreur „ ; et ailleurs : " Les vieux Romains se sont pris aux récits mensongers des poètes, quand ils ont imaginé des dieux de sexe différent, qui se marient entre eux et qui ont des enfants „. Dans les temps anciens, il n'en était pas ainsi : on avait peur des dieux, on ne les voyait pas, ils ne ressemblaient pas aux hommes, c'étaient de vrais esprits répandus partout, invisibles, puissants, redoutables. Varron et les stoïciens allaient trop loin lorsqu'ils regardaient cette religion primitive comme une vraie philosophie, inconsciente mais coordonnée, comme l'image anticipée de leur propre cosmogonie. Cette croyance primordiale des Romains à une multitude infinie d'esprits divins, épars sur la terre et animant tout, humains et matière, cette antique croyance leur rappelait une doctrine chère entre toutes à leur école: l'action de l'âme divine pénétrant toutes les parties de l'univers. Il y avait bien une différence entre la théodicée stoïcienne et le soi-disant panthéisme des premiers Romains. Celle-là plaçait Dieu en toutes choses, celui-ci mettait dans toutes choses une divinité. Mais Varron ne s'arrêtait pas pour si peu, et, au temps où il écrivait, comme nous l'avons dit maintes fois, les politiques et les philosophes se trouvaient d'accord pour aider l'empereur Auguste à réveiller la vieille religion nationale.

V.

Au temps de la bataille de Zama, si une tendance se marque au sein de la religion, ce n'est pas dans le sens où le stoïcisme incline déjà, celui que devait indiquer Varron, et où la réaction d'Auguste essaiera vainement d'entraîner le monde romain. Certes, Caton ou Paul-Émile auraient été, pour d'autres motifs, de l'avis de Varron et d'Auguste : mais ils étaient à peu près les seuls à représenter alors les pratiques traditionnelles. Ce sont des figures isolées : autour d'elles, personne ne regarde en arrière. Ce gouvernement oligarchique formé par la grande famille des dieux, nul ne songeait à le remplacer par le polythéisme anarchique des premiers temps. C'était, tout au contraire, la monarchie qui tendait à s'établir. Le mouvement de simplification, commencé depuis des siècles dans la religion romaine, ne pouvait s'arrêter, et devait fatalement aboutir à l'unité divine. On oubliait de plus en plus certains dieux; d'autres devenaient de plus en plus grands. Le nombre des divinités aimées et adorées se limitait sans cesse. Même, la part de l'une d'elles s'agrandissait de jour en jour. On devine qu'il s'agit du dieu auquel Tarquin avait donné pour demeure le Capitole, après en avoir éloigné les vieilles déités italiennes, de Jupiter. Ce prince du sénat jouait déjà au tyran ou à l'empereur, comme nous l'avons dit. Au second siècle avant notre ère, sa prédominance était incontestée et définitive. Son prêtre a le pas sur tous les autres. C'est à lui qu'on élève le plus d'autels, c'est lui qu'on invoque le plus souvent sur les champs de bataille, c'est par lui qu'on jure le plus dans la conversation. Il est déjà regardé comme quelque chose de plus qu'un dieu, comme le père des autres dieux, le créateur des hommes et du monde. " Que Jupiter te soit favorable ! „ dit un personnage de Plaute, " et tu n'as pas à t'inquiéter des menus dieux „. La philosophie, de son côté, va s'emparer de son nom, pour en faire le synonyme de l'esprit divin. " Varron „, a dit M. Gaston Boissier dans un des meilleurs chapitres qui aient été écrits sur les transformations de la religion romaine, " Varron semble avoir résumé dans ce nom l'*anima mundi*, qui était son véritable dieu. Quand les stoïciens voulaient désigner leur dieu unique et le faire connaître à la foule, ils l'appelaient de ce nom. Jupiter contenait pour eux le principe mâle et le principe femelle; c'est en lui que se réunissait la vie universelle. Il était, comme dit Soranus, dans un beau vers fort admiré de Varron: " *Progenitor genitrixque deum, deus unus et omnes* „. — " L'ancêtre et la mère des dieux, dieu unique et union de tous les dieux „.

Jupiter faillit être ce dieu unique vers lequel les âmes aspiraient dès lors. Les philosophes et le bas peuple voulaient également de lui; sous certains empereurs, on put le croire arrivé à jamais à ce rang suprême. Mais il avait un grand défaut qu'on reconnut bien vite et qui l'empêcha de jouer ce beau rôle : c'était une divinité trop vieille, usée et décrépite, et qu'on ne pouvait rajeunir. Pour réunir toutes les âmes en une seule croyance, il fallait un dieu jeune, brillant et nouveau.

Quelques-uns des Romains qui, en ce moment, voulaient adorer une divinité par-dessus toutes les autres, faisant fi de l'Olympe classique, s'adressaient ailleurs et allaient la demander à l'Orient. C'est au temps dont nous parlons, au temps où la religion romaine est arrivée à son entier développement, qu'apparaissent, à peine perceptibles, les éléments étrangers qui en amèneront la dissolution complète. On voit arriver à Rome l'avant-garde des dieux orientaux. Cette Mère des dieux à laquelle le Sénat, en 204, donna sur le Palatin une fastueuse hospitalité, est une déesse orientale bien plutôt que grecque : elle devait porter au paganisme gréco-romain des coups aussi rudes que ceux qu'il reçut du christianisme, et, au troisième siècle de notre ère, elle sera la rivale redoutée du Dieu de la foi nouvelle. C'est peu d'années plus tard, selon toute vraisemblance, qu'on élève en Italie les premiers temples de cette Isis qui, avec ses mille noms et sa forme unique, prétendait à la domination de tout l'univers.

C'est alors également que nous trouvons, pour la première fois dans Rome, la trace de cette philosophie stoïcienne, qui devait s'établir un instant sur le trône impérial et donner au monde la plus belle religion qu'ait produite l'humanité. Le poète Ennius, dans ses *Annales*, regardait les dieux comme les symboles des forces de la nature : Jupiter est l'air, dont tout émane. Le même Ennius traduisait l'*Histoire Sacrée* d'Evhémère, qui donnait de l'origine des dieux une explication toute différente : Jupiter est un ancien roi de l'île de Panchæ où l'on montre encore son tombeau et son épitaphe. Il est curieux de voir, à l'origine de la littérature latine, le même écrivain recourir à la fois aux deux méthodes qui de tout temps ont divisé les historiens des religions humaines.

Mais, ce qui était un symptôme plus fâcheux que l'arrivée des cultes orientaux, que l'introduction des philosophies stoïcienne ou cyrénaïque, c'était le scepticisme qui surgissait de toutes parts. Le plus grand nombre des Romains ne se préoccupaient pas de résoudre, avec Ennius, les divinités en phénomènes célestes ou en personnages historiques; il y en avait bien peu qui désirassent remplacer l'Olympe par un dieu de l'Orient. Le monde occidental, à cette époque du joyeux épanouissement d'une civilisation toute jeune encore, n'avait pas ces intimes aspirations religieuses, ces profondes pensées philosophiques qui, quatre siècles plus tard, tourmenteront également l'âme du plus humble esclave et du plus grand des empereurs. La divinité était si près en ce temps et si semblable à nous que ceux qui ne l'aimaient pas ne s'en souciaient guère. Les artistes la cultivaient; officiellement, on devait être dévot; il était défendu de nier en public qu'il y eût des dieux. En particulier, c'était autre chose. L'exercice même du culte était parfois difficile. Les augures auxquels succéda Paul-Emile n'avaient vu dans cette charge qu'un titre et qu'un nom. En 210 et en 209, la place du roi des sacrifices, *rex sacrorum*, demeura vacante. En ce temps-là le culte du grand autel national d'Hercule, l'*ara maxima*, négligé par les familles patriciennes qui le desservaient de mémoire d'homme, était abandonné à des esclaves. La religion n'était souvent qu'un prétexte à des associations politiques ou à des orgies inouïes: les Bacchanales mériteront bientôt une sanglante répression. Enfin il suffit de lire les pièces de Plaute, jouées et applaudies publiquement, pour voir combien on redoutait peu ces dieux avec lesquels on était en contact perpétuel. Comme toutes les familiarités, celle des dieux avec les hommes avait vite engendré l'oubli du respect et de la crainte. A ceux qui invoquaient la puissance secourable des dieux, Plaute répond : " Sans ton aide, les dieux ne peuvent rien „ ; ce qui est évidemment un aphorisme moins religieux que celui de La Fontaine : " Aide-toi ; le ciel t'aidera „. Vous demandez à la Bonne Foi de vous avertir d'un danger : un corbeau vous en avertira mieux, dit Plaute. " Tous les mortels se confient aux dieux „, dit-il ailleurs, " j'ai vu pourtant bien de ces hommes confiants singulièrement trompés „. On croit à leur protection ; le malade demande à Esculape sa guérison : " C'est un bien mauvais médecin qu'Esculape „, insinue Plaute, et les dieux, semble dire le comique, s'entendent entre eux comme larrons en foire. Il vaut mieux, lui dira-t-on, ne s'adresser qu'au plus puissant de tous, à Jupiter : mais Jupiter, répond Plaute, " sera chassé du trône, et les menus dieux règneront à leur tour „. Voilà des pensées qui ont dû produire sur certains Romains le même effet que produisirent sur nos ancêtres les deux vers fameux de l'*Œdipe*. Voltaire s'en prenait aux prêtres, Plaute s'en prenait aux dieux. Et cependant, je crois que Voltaire avait, à le faire, plus de courage et de hardiesse que le poète latin : les prêtres du dix-huitième siècle étaient infiniment plus redoutables et mieux défendus que les dieux du troisième siècle avant notre ère.

Que Plaute n'ait point voulu railler la religion, mais seulement la manière dont on l'entendait, c'est possible. Mais en tout cas, les dieux dont il se moque, ce ne sont pas les Nymphes ou les Faunes du temps du roi Numa, mais les dieux aimés et adorés par ses contemporains : les pratiques dont il se joue sont celles du peuple romain tout entier.

Ainsi les premiers grands écrivains de la littérature latine battent en brèche la religion. Ce que Caton écrit en sa faveur est peu de chose, et n'était pas destiné à une grande publicité : Ennius était dans toutes les mains, tout le monde écoutait les pièces de Plaute. Le scepticisme était infiniment plus fort que la réaction. Caton est seul et impuissant. Ceux dont l'âme est éprise de religion ne sont pas avec lui : ils tournent le dos au Capitole et regardent du côté des philosophes grecs ou des dieux orientaux. L'arrivée des cultes égyptiens et asiatiques, la diffusion des doctrines stoïciennes, la liberté laissée et l'accueil fait aux railleries et aux sarcasmes du théâtre, tout nous montre que cette même génération qui vit la religion gréco-romaine à son plus haut point d'unité, de netteté et de logique, put apercevoir aussi tous les ennemis qui devaient entrer en lutte contre elle à la fin de la république, et en triompher à jamais à la fin de l'empire romain.

Camille Jullian.

BORNE MILLIAIRE INÉDITE

M. Jules Toutain, chargé en ce moment de diriger une fouille de l'Ecole française de Rome à Chemtou, en Tunisie, écrit à la date du 17 avril:

J'ai trouvé au lieu dit la Zaouia Khedima, à 25 kil. environ de Tunis, sur la route conduisant de cette ville à Zaghouan, une borne milliaire dont l'inscription paraît être inédite, et qui peut offrir un double intérêt, historique et topographique. Etant donné l'endroit où elle a été découverte, il semble qu'elle ne peut appartenir qu'à la route transversale, signalée par la Table de Peutinger, qui allait de Thuburbo Majus à Tunis ou à Carthage, en passant par Onellana et Uthina. Ch. Tissot identifiait Onellana avec la ville moderne de Zaghouan, et croyait que cette voie transversale suivait la même direction que la piste arabe qui mène de Zaghouan à Tunis, en passant à Aïn-Safsaf et près d'Oudna (Uthina). La nouvelle pierre paraît démontrer que ce tracé n'est pas exact. Peut-être aussi Onellana n'est-il pas Zaghouan.

Voici le texte de l'inscription, que j'ai copiée et estampée:

```
D///  N ////  IMP CAES
FLAVIVS VALERIVS
CONSTANTIVS PF IN
VIC · AVG · PM · TPXIIII
COSVI PP PROCOS ET
/////////////////////////////////////
////////////////////////////////////
```

D(omini) n(ostri) Imp(erator) Caes(ar) Flavius Valerius Cons-

tantius p(ius) f(elix) invic(tus) Aug(ustus) p(ontifex) m(aximus) t(ribunicia) p(otestate) XIV co(n)s(ul) VI p(ater) p(atriae) proco(n)s(ul) et...

Les deux dernières lignes sont martelées ; elles contenaient le nom de l'empereur Galère. A la première ligne, il y avait avant le martelage : DD NN = *domini nostri*.

Cette borne milliaire date de la très courte période pendant laquelle, Dioclétien et Maximien Hercule ayant abdiqué solennellement, Constance Chlore et Galère furent empereurs Augustes (1er mai 305 — 25 juillet 306).

M. Toutain écrit en outre, le 24 avril, qu'il a relevé les traces d'un système de barrages, de bassins et de citernes, destiné à alimenter d'eau de pluie une petite ville romaine, dans le voisinage de laquelle ne se trouvait aucune source. Les ruines de la ville s'appellent aujourd'hui Bab-Khalled.

NOTE
SUR LA BASILIQUE DE SERTEI

(Maurétanie Sitifienne)

La ville épiscopale de Sertei, en Maurétanie Sitifienne, est mentionnée dans deux documents ecclésiastiques (1). Les ruines très importantes de cette ville se voient à Kherbet Guidra, dans un pays montagneux, à environ quarante-cinq kilomètres au nord-ouest de Sétif. On y a en effet trouvé en 1864 une inscription de Sévère-Alexandre où se lisent ces mots: *Imp(erator) Caes(ar) M(arcus) Aur(elius) Severus Alexander Pius Felix Aug(ustus) muros paganicenses Serteianis per popul(ares) suos fecit*, etc.... (2). Sertei, qui a été décrite récemment par M. le capitaine Brochin (3), est situé sur un mamelon limité d'un côté par l'oued Chertioua (nom dérivé de Sertei), de l'autre par un affluent de ce cours d'eau. Au sommet du mamelon et en dehors du rempart de la ville, se trouvent les ruines d'une basilique chrétienne, dont M. Brochin a levé le plan, et où il a découvert une mosaïque fort intéressante (4).

---

(1) Conférences de 411 et de 484. Voir Morcelli, *Africa christiana*, t. I, p. 275.
(2) *Corpus Inscr. Latin.*, t. VIII, 8828. — On ne connaît que très peu d'inscriptions de Sertei (*C. I. L.*, p. 753-754; *Bulletin archéologique du Comité des travaux historiques et scientifiques*, 1888, p. 430). J'en ai trouvé quelques autres.
(3) *Bulletin du Comité*, 1883, p. 423 sg.
(4) *Ibid.*, pl. XIII.

Je suis allé à Kherbet Guidra en septembre 1891 (1) et j'ai fait à mon tour quelques fouilles dans cette basilique (2). Je donne (fig. 1) le plan de l'édifice : il présente quelques différences avec celui de M. Brochin, qui a fait son relevé à une époque où les herbes étaient très hautes et n'a pas pu le compléter par des fouilles.

Comme pour presque toutes les églises de cette région, le mur de façade fait face à l'occident : l'orientation est le nord-est sud-ouest (3). — L'édifice mesure 37^m.40 de long (en comptant l'abside) et 18.^{m}20 large. Les murs extérieurs, fort mal conservés, étaient en moellons cimentés, avec des harpes en pierres de taille, harpes qui sont distantes les unes des autres d'un mètre en moyenne (4). Presque partout les parties construites en moellons ont disparu, et il ne reste plus que les pierres verticales des harpes, qui ne s'élèvent pas à plus de 1^m. 10 au-dessus du sol actuel (5).

Les quatre angles (α α' α'' α''' sur le plan) (6) sont en pierres

---

(1) Je dois remercier ici M. Fenech, ancien administrateur de la commune mixte des Bibans, qui a eu l'amabilité de m'accompagner à Kherbet Guïdra, et dont l'obligeance a beaucoup facilité mes fouilles.

(2) Sur le plan ci-joint (fig. 1) les parties fouillées sont entourées d'un liseré +··+··+ et, extérieurement à ce liseré, d'une série de hachures. — La ruine est enterrée de 0^m.60 à 0^m.80 sur le devant, de 1^m.50 à 2 mètres sur le derrière.

(3) Pour la plupart des autres églises de la Maurétanie Sitifienne, l'orientation est au contraire le sud-est nord-ouest.

(4) C'est ainsi que sont construites toutes les églises de la région de Sétif. Je n'en connais aucune qui soit entièrement faite en pierres de taille.

(5) Il ne faut pas les prendre pour des piliers.

(6) Pour α''' c'est une simple supposition, car cet angle n'est pas visible actuellement.

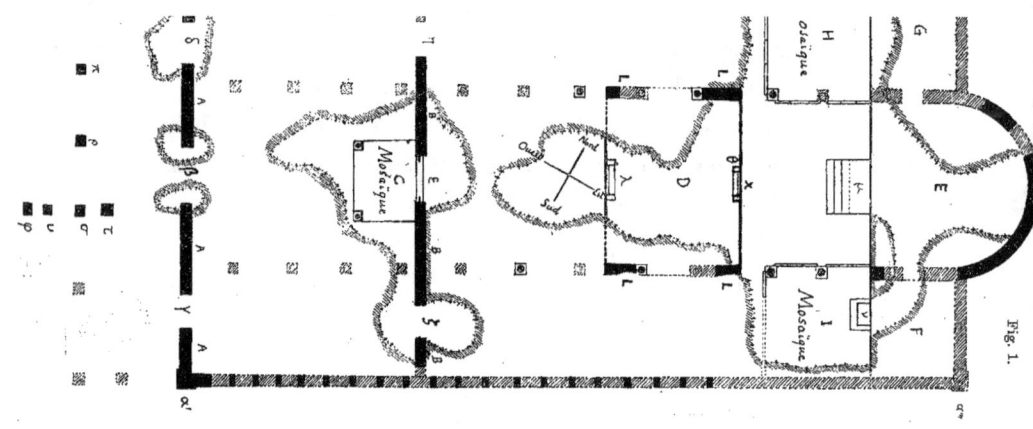

Fig. 1.

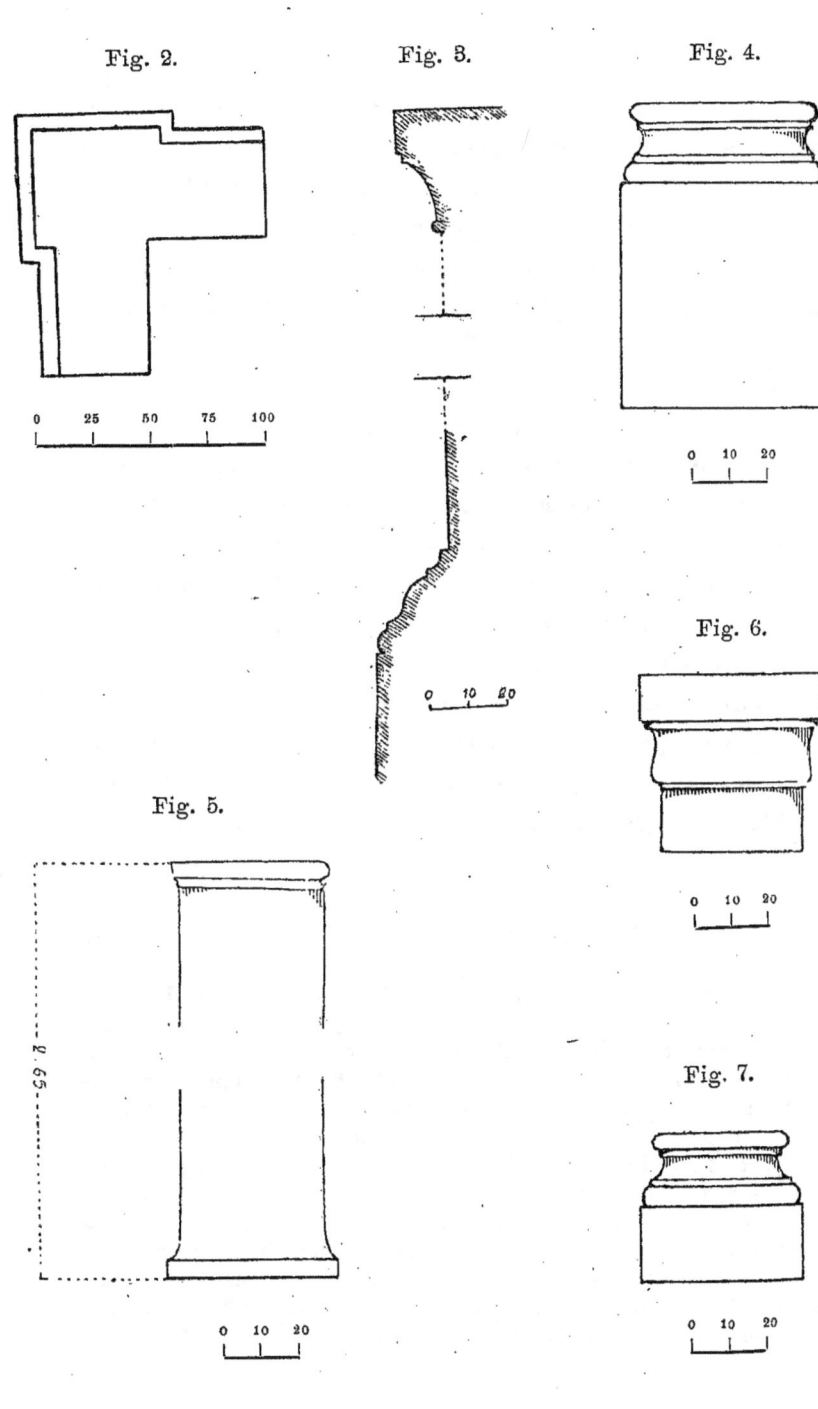

de taille (voir le plan de l'angle du nord fig. 2) et présentent une sorte de cimaise avec moulures (voir le profil de cette cimaise fig. 3); en haut, il y avait un chapiteau carré (voir le profil de ce chapiteau sur la même figure) (1).

Le mur A est percé de trois portes (β, γ, δ). Les autres églises de la région n'en présentent en général qu'une seule, au milieu (2).

A l'intérieur, la nef est séparée des bas-côtés par deux rangées de colonnes en pierre dressées sur des socles élevés. La figure 4 représente un de ces socles, la fig. 5 un des fûts. Nous avons trouvé deux sortes de chapiteaux: trois de la forme de la figure 6, deux de la forme de la figure 7. La hauteur totale des colonnes était de $3^m.90$ environ. Il n'y avait pas, semble-t-il, au-dessus de ces colonnes, d'archivoltes en pierre de taille, car nous n'avons pas rencontré de claveaux. Les colonnes étaient donc surmontées soit d'une architrave en bois, soit d'archivoltes en maçonnerie, ce qui est plus probable (3). L'emploi d'une double colonnade (avec des socles semblables), pour séparer la nef des bas-côtés, est général dans la région de Sétif: je ne connais que

---

(1) J'ai trouvé deux de ces chapiteaux, l'un contre α, l'autre contre α″.

(2) Il y en a trois dans l'église d'Henchir el Atech, dans une des trois églises de Kherbet bou Addoufen, et probablement aussi dans l'église de Bir Ounken. Ces localités sont situées aux environs du Chott el Beida (au sud-est de Sétif). On trouvera dans mon livre *Recherches archéologiques en Algérie* (sous presse) des renseignements sur les très nombreuses églises de la région de Sétif.

(3) Si l'on admettait l'existence d'une architrave en bois, il faudrait supposer que toute la partie haute de l'église était en bois aussi, et l'on ne trouverait pas d'emploi pour les très nombreux moellons, portant des traces de ciment, que nous avons trouvés au milieu de l'église. Je crois donc que chaque colonnade était surmontée d'une série d'archivoltes portant un mur percé de fenêtres, mur qui était construit aussi en moellons.

deux églises présentant des piliers (1). Il est de règle aussi que les colonnes soient montées sur des socles élevés. — Entre le mur de façade et le mur désigné sur le plan par la lettre B, je n'ai pas constaté la présence de colonnes séparant la nef des bas côtés (2) : je n'ai du reste fait fouiller qu'une très petite partie de cet espace ; mais je suis disposé à croire que là aussi il y en avait : le narthex (voir plus loin) et les moulures d'angle α et α' indiquent en effet que le mur de façade était bien en A et non en B : on ne saurait donc admettre que l'espace compris entre A et B représente une sorte d'atrium découvert.

Autant que mes fouilles m'ont permis de le constater, le sol de l'église était simplement en terre battue, sauf les espaces C, D, E, H et I dont je parlerai plus loin.

Le mur B se trouve $9^m.80$ en arrière du mur de façade. Il est construit en assises de petites pierres de taille cimentées et est conservé actuellement jusqu'à une hauteur de $0^m.85$ au maximum. Il est, comme le mur A, percé de trois portes (ε, ζ, η) (3) : le seuil de celle du milieu présente à ses deux extrémités une mortaise (4) qui indique qu'il y avait à cet endroit une grille servant à la fermeture. Je ne connais qu'une autre église de la Maurétanie Sitifienne qui ait un mur transversal analogue : c'est la plus petite des deux basiliques de Kherbet Fraïm, à une quarantaine de kilomètres au sud-est de Sétif.

---

(1) Petite église de Kherbet Rekiza au sud-est du Djebel Bou Thaleb, et chapelle avec une triple abside (en forme de trèfle) de Kherbet Bou Addoufen, au sud du Chott el Beida. — Dans la Maurétanie Césarienne, on connaît plusieurs églises à piliers : par exemple celle de Reparatus à Orléansville et celle de Sainte Salsa à Tipasa.

(2) On sait que les Arabes parent très volontiers leurs marabouts et leurs demeures de fûts, de socles et de chapiteaux pris à des édifices antiques.

(3) C'est par hypothèse que j'indique la porte η : je n'ai pas fouillé cet endroit.

(4) Longueur $0^m,17$, largeur $0^m.06$, profondeur $0^m.08$.

En avant de la porte du milieu, ε, à une distance de 2ᵐ.50, nous avons retrouvé en place les bases de deux colonnes : l'une d'elles est reproduite fig. 8, l'autre est semblable. Le chapiteau de la colonne de gauche a été aussi retrouvé : il est représenté fig. 9. Ces deux colonnes formaient devant la porte ε un petit

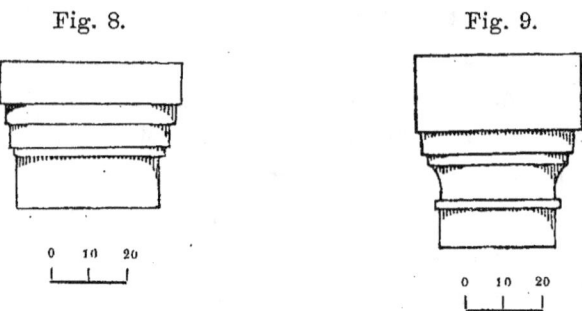

Fig. 8.   Fig. 9.

portique. L'espace C est décoré d'une mosaïque ornementale, bien conservée : on y voit des peltes s'emboîtant les unes dans les autres, avec une bordure qui consiste en une série de chevrons ; le fond est blanc, les couleurs sont bleu foncé, bleu pâle, rouge, jaune et vert pâle.

Il n'est pas impossible que le mur B, avec ce petit portique et cette mosaïque, soit une addition au plan primitif de l'église dont il semble troubler l'économie architecturale ; mais je n'en puis fournir aucune preuve.

Dans la nef, entre la porte ε et l'abside, se trouve un grand espace rectangulaire, indiqué sur le plan par la lettre D. Il est couvert d'une couche de mortier qui dépasse de 0ᵐ.10 le niveau du sol environnant ; du côté de l'abside et du côté opposé, il y a une bordure en pierres de taille. L'une de ces pierres (θ sur le plan) est un fragment de cippe funéraire payen (1). On y lit l'inscription suivante (haut. des lettres 0ᵐ.04 à 0ᵐ.05).

---

(1) Hauteur de ce qui reste (le cippe est brisé en haut et en bas) 0ᵐ.43, largeur 0ᵐ.54.

D   M   S   HSE
LICINIA·P·F MAXIMIL
LAVIXA XXVII ‹ VXORI
PIISSIMEMVI/I/IVSINGENVVS

Ligne 4 : *U[lp]ius.*

L'espace D est en partie séparé des bas côtés par quatre petits murs en pierres de taille qui semblent s'être élevés à la hauteur des socles des colonnes (LLLL sur le plan). En ϰ et en λ, il y a une dalle plate pourvue d'un rebord extérieur (par rapport à l'espace D) et enfermée entre deux montants dont le bas seul subsiste (1). Je croirais volontiers que l'autel se trouvait au milieu de D, à égale distance entre ϰ et λ. Comme il était sans doute en bois ainsi qu'un grand nombre d'autels africains (2), il n'est pas étonnant que nous n'en ayons trouvé aucune trace. Rien n'indique non plus qu'il y ait eu un ciborium (3).

---

(1) Celui qui est conservé le plus haut mesure 0^m.46.

(2) Voir les textes de St. Optat et de St. Augustin cités par HOLTZINGER, *Die altchristliche Architektur*, p. 115. Cf. DELATTRE, *Recueil des notices et mémoires de la Société Archéologique de Constantine*, t. XXVI, 1890-1891, p. 186.

(3) Dans la Maurétanie Sitifienne, je ne connais que deux *ciboria*, celui de Mechta el Bir, dont il ne reste qu'une base de colonne (DE ROSSI, *Bullettino di archeologia cristiana*, Série III, t. III, 1878, p. 25; *C. I. L.*, t. VIII, n° 8431) et celui de Beni Fouda, dont il reste deux fragments (voir plus loin, à la page 358, et fig. 11, 12). S'il m'est permis d'exprimer ici mon avis sur un monument étudié par M. de Rossi, je pense que l'arc en pierre d'Ain Sultan (près de Bordj bou Aréridj), publié dans le *Bullettino di archeologia cristiana* (1878, p. 115, pl. VII) et actuellement au musée d'Alger, n'appartenait pas à un ciborium, mais formait la partie supérieure d'un encadrement de porte. On voit encore à l'intérieur, à droite, un trou rond pour un des gonds. L'opinion de M. HOLTZINGER (*Die altchristliche Ar-*

On s'étonnera peut-être de nous voir placer l'autel à cet endroit, très en-avant de l'abside (huit mètres environ). On a pourtant quelques exemples de cette disposition. A Thelepte, on connaît trois églises dans lesquelles l'autel se trouvait plusieurs mètres en avant de l'abside : 5 mètres pour l'une (qui a 36 mètres de longueur), plus de 2 mètres pour l'autre (longueur 18^m), 2 mètres pour la troisième (longueur 25^m) (1). Dans la grande basilique de Carthage, découverte par le R. P. Delattre, l'autel se trouvait presque au milieu de l'édifice, à une distance de 24 mètrs en avant de l'abside principale (2).

L'abside E est élevée de 0^m. 98 au-dessus du niveau de la nef (de 0^m. 88 au-dessus du niveau de l'espace D). Elle est aussi recouverte d'une couche de mortier. On y accède par un escalier (μ sur le plan) de trois ou quatre marches (3).

Elle est flanquée, selon l'usage (4), de deux corps de bâtiments F et G. F communique avec le bas côté de droite par un escalier de deux marches (ν); G est sans communication avec

---

chitektur, p. 141), qui y voit la partie supérieure d'une édicule où était un sarcophage, ne me paraît guère admissible. Les dimensions exactes sont : longueur 1^m.14, hauteur 0^m.57, épaisseur 0^m.48 (correspondant à l'épaisseur d'un mur). Deux autres monuments analogues me sont connus : l'arc de Megroun (DE ROSSI, *l. c.*, t. II, 1877, p. 97, pl. VIII) et un arc de Tigzirt (VIGNERAL, *Ruines romaines de l'Algérie, Kabylie du Djurjura*, pl. III, au milieu); cf. peut-être aussi DELAMARE, *Exploration scientifique de l'Algérie*, pl. 180, fig. 1 et 2.

(1) PEDOYA, LAVOIGNAT et DE POUYDRAGUIN, *Bulletin du Comité*, 1885, p. 142, 148-149; 1888, p. 178. — A Et Toual, dans le Zab, l'autel se trouvait aussi en avant de l'abside (DELATTRE, *Recueil de Constantine*, t. XXV, 1888, p. 271).

(2) *Recueil de Constantine*, t. XXVI, 1890-1891, p. 186 et planche.

(3) Presque toutes les églises de cette région présentent aussi cette surélévation de l'abside. Quelquefois, il y a deux escaliers, l'un à droite, l'autre à gauche de l'extrémité de la nef.

(4) Il y a bien peu d'églises de la région de Sétif qui ne présentent un au moins de ces corps de bâtiments.

le bas-côté de gauche, et devait avoir une porte donnant sur l'abside. Le sol de G était aussi élevé que celui de l'abside, celui de F semble avoir été en contrebas de 0^m.15. On peut reconnaître dans F la *prothesis* où étaient déposées les offrandes des fidèles et dans G le *diaconicum* où se conservait le mobilier sacré.

En avant de G, se trouve la mosaïque (H sur le plan), découverte par le capitaine Brochin, et où on lit (1) deux épitaphes de femmes, l'une de l'année 444, l'autre de 467 (2). — En avant de F j'ai mis à découvert une autre mosaïque (I sur le plan), qui est reproduite par notre fig. 10, et qui présente les plus brillantes couleurs: bleu foncé, bleu clair, violet, rouge, rose, vert, blanc. Elle était dans un état de conservation déplorable: la plus grande partie avait péri et les cubes sautaient à mesure qu'on les mettait à découvert. Suivant un usage fréquent en Afrique (3), elle était ornée d'une inscription dédicatoire. Voici ce que j'en ai lu (4):

---

(1) Ou plutôt « on lisait », car cette mosaïque, fort mal établie, est aujourd'hui presque complètement détruite, quoique M. Brochin ait eu soin de la recouvrir de terre.

(2) Voir Héron de Villefosse, *Bullet. du Comité*, 1888, p. 435-437. M. Héron de Villefosse cite à cet endroit les mosaïques funéraires datées, découvertes en Afrique et remontant au cinquième siècle. On peut ajouter à cette énumération une inscription de Sétif de l'année 454 (*Comptes Rendus de l'Académie d'Hippone*, 1888, p. LXIX; *Recueil de Constantine*, t. XXVI, 1890-1891, p. 358) et une autre de Lamta, de 429 (*C. I. L.*, t. VIII, Supplément, n° 11129; cf. peut-être aussi le n° 11128 qui serait de 453; mais la date n'est pas certaine). Il faut en retrancher la mosaïque de Tipasa (*C. I. L.*, 9313) qui n'est pas datée (au début de la ligne 11, il y a h]ic *positus*, etc.).

(3) Voir *C. I. L.*, t. VIII, 9703, 9708, 9271, 11133, 11270; Ravoisié, *Exploration scientifique de l'Algérie*, t. I, pl. 52-53; mosaïques de Tipasa découvertes dans la chapelle de l'évêque Alexander et dans la basilique de Sainte Salsa par M. l'abbé Saint-Gérand et par moi.

(4) Haut. des lettres 0^m.08. — Voir le fac-similé fig. 10.

```
       ⟨A⟩
  \///R H O N/////////
  ET ADEODATA
  VOT/////////VM
  CONPL/////////NT
```

...., v[i]r hon[estus] et Adeodata votum [s]uum conpl[e-(ve)r]unt.

Cette mosaïque était protégée par une grille du côté opposé à la chambre F, comme le prouve une mortaise percée dans la deuxième base de colonne à partir du fond (voir la fig. 10) ; elle était de plus limitée, comme la mosaïque située en avant de la chambre G, par des minces rebords en pierre. — Le niveau des deux mosaïques est supérieur de 0^m.12 à celui du sol environnant.

L'église était couverte en tuiles ; nous en avons trouvé de nombreux fragments : ce sont soit des tuiles plates avec un rebord, soit des tuiles demi-cylindriques (1).

En avant de l'édifice, les pierres taillées ξ, ο, π, ρ, σ semblent indiquer l'emplacement d'un narthex. Les pierres τ, υ, φ ne sont peut-être pas en place et ne semblent pas appartenir en tout cas au plan primitif.

Sur le plan dressé par M. Brochin (2), quelques indications de murs en avant de l'église laisseraient supposer l'existence d'une sorte d'atrium. Pour ma part, j'avoue que je n'ai rien constaté de tel, et que les quelques pierres que j'ai remarquées à cet endroit ne m'ont pas paru être en place. Dans toute cette

---

(1) La longueur de ces tuiles est de 0^m.36.
(2) *L. c.*, p. 427.

région je ne connais que deux églises pourvues d'atria : ce sont celles d'Henchir Terlist et de Bir Ounken près de Zraia.

Comme l'a déjà remarqué M. Brochin (1), la basilique de Sertei a été détruite par le feu : on y trouve de nombreux débris de charbon parmi les décombres (2). Des gourbis arabes ont été établis plus tard sur la ruine : l'un d'eux couvrait en particulier presque toute l'extrémité du bas-côté de droite (3).

J'ai fait allusion plus haut (4) à des fragments d'un arc de ciborium trouvés à Beni-Fouda, au nord-est de Sétif et actuellement conservés à Saint-Arnauld, chez l'administrateur de la commune mixte des Eulmas. Je donne (fig. 11) la reproduction de l'un de ces fragments et (fig. 12) celle de l'autre. Sur le fragment reproduit fig. 11, et appartenant sans doute à la face antérieure, on voit Daniel entre deux lions, avec l'inscription (haut. des lettres 0^m.045) (5) :

DANIEL   IN LACV
LEO   NVM

Les figures sont à relief très plat avec des incisions à l'intérieur.

---

(1) *L. c.*, p. 428.
(2) L'église de Sidi Embarek, à une quinzaine de kilomètres au sud de Kherbet Guidra, a été détruite de la même manière.
(3) M. Brochin indique sur son plan une ligne de piliers à l'intérieur du bas côté de gauche. Cette ligne qui n'a ni la longueur ni la régularité qui lui sont attribuées sur le plan de M. Brochin, me semble représenter simplement des vestiges de murs de gourbis. Je n'ai pas jugé à propos de l'indiquer sur mon plan.
(4) Page 352, note 3.
(5) Cette inscription a déjà été publiée, mais moins complètement par M. POULLE, *Recueil de Constantine*, t. XXVI, 1890-1891,

Fig. 11.

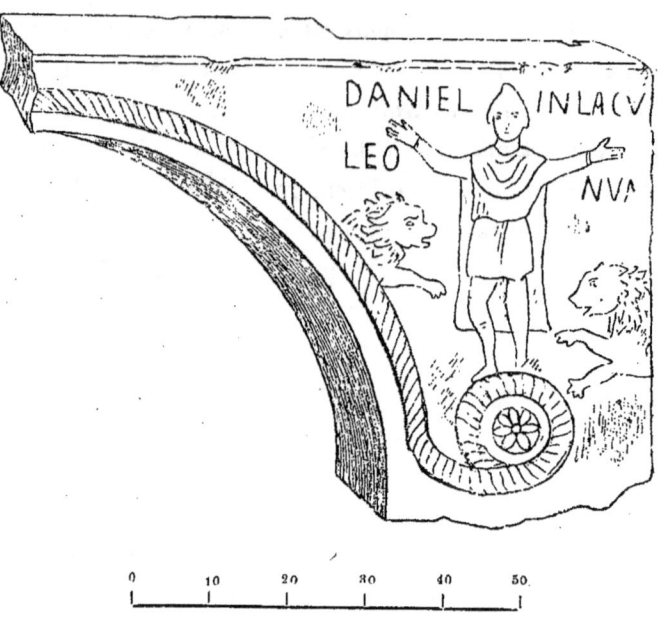

Fig. 12.

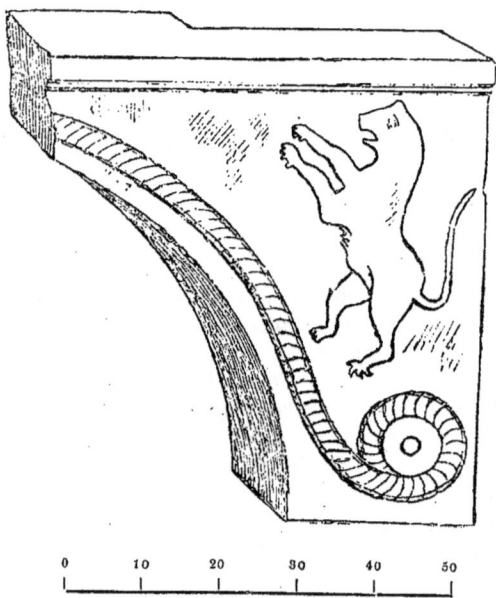

Je donne (fig. 13) le plan de la partie supérieure de ce fragment : la feuillure, ainsi que la petite mortaise qu'on y remarque (1), montrent clairement, ce me semble, que ce mor-

Fig. 13.

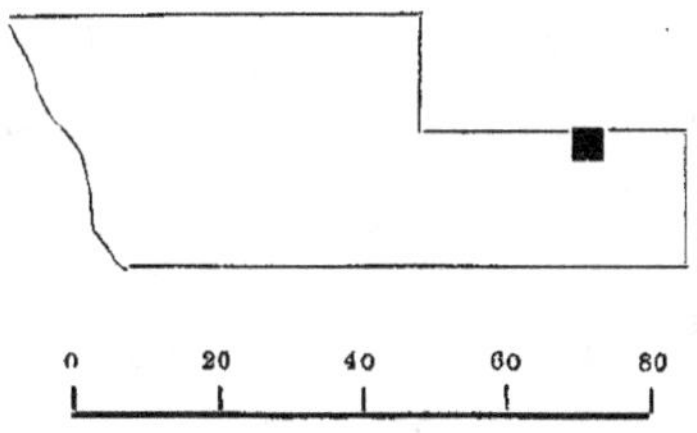

ceau était emboîté dans un autre morceau semblable le rejoignant à l'angle droit (2), et confirme l'hypothèse qui me porte à voir dans ces fragments les débris d'un arc de ciborium.

On a déjà trouvé à Beni-Fouda plusieurs inscriptions chrétiennes (3), entre autres un fragment d'architrave avec l'acclamation donatiste : *Deo laudes* (4).

S. Gsell.

p. 378. M. Poulle dit que sur l'autre arceau est également Daniel et un lion fuyant devant lui. Il y a là, je crois, quelque confusion. — Pour la représentation de Daniel entre les lions, cf. le fragment de *labrum* provenant de la ville voisine de Djemila (Cuicul) : Delamare, *Exploration scientifique de l'Algérie*, pl. 105, fig. 12.

(1) Un tenon en plomb devait y être introduit.

(2) Le fragment reproduit fig. 12 présente la même particularité.

(3) *C. I. L.*, 10927-10932 ; Poulle, *Recueil de Constantine*, t. XXVI, 1890-1891, p. 384 sq., n° 79-81.

(4) Toutain, *Mélanges de l'école française de Rome*, t. XI, 1891, p. 424, n° 13 ; Poulle, *Recueil de Constantine*, t. XXVI, p. 383, n° 77.

UNE VUE INÉDITE DE ROME EN 1459.

La Bibliothèque Sainte-Geneviève, de Paris, possède sous le n° CC, *12*, un beau manuscrit de la *Cité de Dieu*, dont le feuillet 2 (recto) présente, en une miniature intéressante, une vue de Rome de l'année 1459. Tout ce qu'on sait de la provenance de ce manuscrit est que son entrée à la Bibliothèque est antérieure à 1687. Il figure en effet sur un ancien catalogue de Du Molinet, qui est mort dans cette même année (1). — Le manuscrit, sur vélin, se compose de 413 feuillets, mesurant 386 sur 264 millimètres, aux tranches dorées. Des majuscules ornées sont les seules illustrations des feuillets autres que le second.

Au dernier feuillet il y a cette note, d'une écriture du XV° siècle, en caractères semblables à ceux de tout le manuscrit, sauf l'emploi d'une encre rosée qui a servi également pour ces dernières lignes et, dans le reste du volume, pour les rubriques :

Finitum hoc opus anno domini M°CCCC°LIX° die mensis octobris, per Reverendi in Christo patris et domini, domini Nicolai de Forteghueris, de Pistorio, episcopi Theanensis, ac sanctissimi domini nostri pape Pii secundi thesaurarii librarium et familiarem domesticum Johannem Gobellini de Lins, clericum Treverensis diocesis, Mantuae in dieta est.

C'est évidemment le copiste qui, selon l'usage, a inscrit son nom en terminant son œuvre, le 11 octobre 1459, à Mantoue, pendant la *dieta*. Les contemporains, et particulièrement Pie II dans ses Lettres, emploient ce dernier mot pour désigner la grande assemblée convoquée alors à Mantoue en vue de la croi-

(1) Je remercie MM. Aug. Molinier, Guill. Depping et Kohler de leurs diverses informations.

sade contre les Turcs, et à laquelle assistèrent trente cardinaux avec un grand nombre de prélats. Une inscription placée à cette occasion dans l'église de Saint François, de Mantoue, et conservée aujourd'hui au musée civique de la même ville, mentionne avec précision ces circonstances et les dates (1).

Le calligraphe est donc Johannes Gobellinus, de Lins, clerc du diocèse de Trèves, *librarius et familiaris domesticus* de Nicolas de Fortiguerra, évêque de Teano, trésorier de Pie II.

Ce Gobellinus est-il connu d'ailleurs? — On trouve, soit dans les Registres de Pie II, soit dans le Catalogue des *ministeria et officia domus pontificalis*, daté de 1460, qu'a donné Marini (2), un Giovanni Lines, copiste de Pie II, un Zohannes Lines, *scriptore di Sua Santità*, un Zano Lines, un Johannes Cyns *scriptor*, noms probablement altérés, et qui peuvent bien se rapporter à notre *librarius*. Il est très probablement le même que cet Allemand Gobel ou Göbel qui, par ordre de Pie II, exécuta le beau manuscrit des XII livres des *Commentaria*, œuvre du pontife, attribuée à tort au copiste par Francesco Bandini Piccolomini, archevêque de Sienne, quand celui-ci la publia, en 1584. Les doutes soulevés à ce propos ne subsistent pas pour qui a lu les six lignes inscrites par Gobel au dernier feuillet de ce manuscrit n° 147 de la Bibliothèque Corsinienne à Rome. Voici ces lignes, écrites en majuscules peintes en rouge:

Divo Pio secundo Poñt volente Johannes Gobellini de Lins vicarius Bonñen Coloniensis diõc, hoc opus anno Domini MCCCCLXIV *die* XII *mensis Junii excripsi foeliciter.*

Ajoutons que l'écriture paraît être absolument la même dans l'un et l'autre manuscrits.

M. Voigt, dans son *Histoire de Pie II*, ne croit pas impossible que ce *librarius* allemand doive être identifié avec

(1) Cf. Donesmondi, *Storia ecclesiastica mantovana.*
(2) *Archiatri*, II, 154.

le Johannes de Linss que nous trouvons, à côté de Heinrich Leubing, parmi les témoins dans l'acte d'acceptation des décrets de Bâle, 1439 (1). Calligraphe en octobre 1459 au service de Nicolas de Fortiguerra, évêque de Teano, Göbel a pu devenir dès 1460 (selon le catalogue de Marini) secrétaire de Pie II. Fabricius écrit donc évidemment à tort: *Vicarius Bononiensis* au lieu de *Bonnensis*. Et si la mort de notre homme doit dater de 1464, comme le veut M. Ulysse Chevalier dans son *Répertoire*, il faut tout au moins l'entendre de la seconde moitié de cette même année.

Quant à Nicolas de Fortiguerra, il nous est bien connu. Né à Pistoia en 1418, il est, quand s'achève le manuscrit exécuté pour lui, fort en lumière. Il a quarante et un ans. Pie II compte particulièrement sur lui pour l'entreprise de la croisade. Il le fait, en 1459, évêque de Teano et trésorier pontifical. En mars 1460, il le fera cardinal prêtre avec le titre de Sainte-Cécile, et généralissime des galères construites à Pise pour aller bientôt à Ancône prendre la mer. C'est un grand personnage, habile aux expéditions militaires, et sans nul doute protecteur aussi des lettres et des arts. Mort à Viterbe en 1473, il a, dans l'église de Sainte Cécile à Rome, son monument funéraire, œuvre excellente de Mino de Fiesole: M. le comte Gnoli (2) en a retrouvé les fragments épars, et en a obtenu récemment la restitution. Pour lui encore, Andreas del Verrochio et Lorenzetto élevèrent un tombeau dans l'église de Saint Jacques à Pistoia.

Nous ne nous étonnerons pas qu'il ait commandé l'exécution de beaux manuscrits (3), ni que le *librarius* Göbel ait achevé

(1) KOCH, *Sanctio pragmatica Germanorum*, Strassb. 1789, p. 168.
(2) V. l'excellent recueil périodique que dirige M. GNOLI: *Archivio storico dell'arte*, tome III, page 264.
(3) M. Léon Dorez, membre de l'Ecole française de Rome, a remarqué, au cours de ses recherches à Holkham-Hall (Norfolk) chez

son œuvre à Mantoue, pendant les célèbres événements où son patron avait un grand rôle, au milieu d'une ville et auprès d'une cour où la famille de Gonzague entretenait un des foyers les plus actifs de la Renaissance (1).

Avec le nom du calligraphe qui a exécuté notre manuscrit, nous avons celui de l'artiste qui en a peint les miniatures.

En effet, à l'angle supérieur de la même page où se trouve la vue de Rome, à droite pour le spectateur, il y a un médaillon représentant un petit monument sépulcral dont on voit la face et l'un des côtés. Sur la face, on lit, en caractères épigraphiques, ces mots :

AVRELII · | AGVSTINI | DE CIVITATE | DEI LIBER |
PRIMVS | INCIPIT | FELICITER |

Sur la plinthe, au bas de la face principale, on lit :

· P̄R · NICHOLAVS · POLAN͞I | · ME · FECIT ·

Sur le côté enfin, il y a :

M̊CC | CC · | LVI | III · | ADI | · P̊ · | OT | VB | RI | O

Le miniaturiste avait donc fini son œuvre dix jours avant le calligraphe, et cette différence de dates est un argument de plus

---

Lord Leicester, et veut bien me signaler un manuscrit n° 355 (4e Décade de Tite Live, parchemin, in-folio XVe siècle) au premier feuillet duquel se trouvent les armoiries de N. Fortiguerra. La souscription, au feuillet 210, est ainsi conçue : *Pro Reverendissimo Domino Cardinali Theanensi Franciscus de Tianis Pistoriensis scripsit anno Domini MCCCCLXX.*

(1) V. les diverses publications du dévoué archiviste de Mantoue, M. BERTOLOTTI. V. particulièrement son travail intitulé : *Figuli, fonditori e scultori in relazione colla corte di Mantova*, Milano, 1890.

pour ne pas les confondre l'un avec l'autre, pour ne pas douter que Polani ne soit cet artiste. — Comment faut-il entendre les deux lettres qui précèdent son prénom? Y a-t-il une simple abréviation, et doit-on lire *presbyter* (1)? Ou bien le signe qui surmonte la seconde lettre indique-t-il, comme d'ordinaire, une contraction, et faut-il lire *pictor ?* — Il est bien tentant d'identifier l'artiste avec ce *Nicolaüs presbyter miniator* qui est cité dans la liste des *ministeria* de 1460, avec ce *Nicolaüs presbyter miniator*, avec ce *prete Nicolo miniatore di sua Santità* que citent les Registres de Pie II. M. Müntz identifie même avec tous ceux-là un certain Nicolo da Gienova, enlumineur. Cependant le nom de Polani manque dans tous ces cas (2). — Il n'y a pas de raison suffisante pour songer à ce " maestro Niccolo tedesco „ qui fut chargé d'enluminer un manuscrit de Ptolémée pour la bibliothèque des Médicis (3).

On ne s'étonnera pas de la forme OTTVBRIO. De pareilles altérations sont d'usage courant au moyen-âge. On trouve de même dans les écrits français du XIII° siècle ces autres formes: *octoivre*, *oictouvre*, etc. (4). Telle lettre d'humaniste italien du XV° siècle est datée *VI Kalendas octubris*.

---

(1) Dans les mss. du *Liber pontificalis*, le sigle qui sert pour le mot *presbyter* est toujours p̄rb̄ et non p̄r. — Édition Duchesne, tome I, p. XCV.

(2) BRADLEY, *Dictionary of miniaturists*, Lond. 1887, ne nous apprend rien par son article *Polani*. — L'histoire de la miniature en Italie est encore à faire. On a toutefois les importantes études de MM. Milanesi et Piscitelli Taeggi (V. le recueil in-4° avec planches intitulé: *Paleografia artistica di Monte Cassino*, par Dom ODERISIO PISCITELLI TAEGGI). — Saint Jérôme médit déjà du luxe des manuscrits: « auri et pellis babylonicae vermiculata pictura ». Ep. CVII, ad Laetam.

(3) PICCOLOMINI, *Intorno alle condizioni ed alle vicende della Libreria Medicea privata*, Florence, 1875, p. 127.

(4) V. DU CANGE.

Le miniaturiste a représenté en haut et en bas de la page par lui illustrée, dans l'encadrement même de cette page, encadrement composé de fleurs et de dessins géométriques, une même armoirie deux fois figurée. Cette armoirie est d'or à trois chevrons de sable, et lambel avec deux anges pour tenants; le tout surmonté d'un chapeau de cardinal, puisqu'il est de couleur rouge, dont les cordons n'ont cependant que trois glands, ce qui semblerait indiquer un évêque; le chapeau rouge, et non vert, pouvait appartenir, surtout alors, à des évêques privilégiés; aux cardinaux appartiennent les cordons à cinq glands.

Il semblerait que l'armoirie placée en tête d'un manuscrit exécuté pour Nicolas Fortiguerra, évêque de Teano en 1459 (il ne devint cardinal qu'en mars 1460), devrait être celle même de ce prélat. Celle-ci n'a pourtant rien de commun avec l'armoirie attribuée, dans le recueil de Ciacconius, à Fortiguerra, et sculptée sur son tombeau de l'église Sainte-Cécile à Rome. La miniature reproduit, au lieu de cela, le *stemma* du cardinal français de Levis, postérieur d'une quinzaine d'années. Faut-il comprendre par là que le manuscrit aurait appartenu, après Fortiguerra, au cardinal de Levis, qui y aurait fait inscrire ou substituer sa propre armoirie?

Un deuxième médaillon, à la même page, représente Saint Augustin composant sa *Cité de Dieu*. Il porte le vêtement épiscopal, chape et dalmatique avec le fermoir, et mitre en tête.

Sur cette page encore, et dans le cadre même qui contient la vue de Rome, on aperçoit un petit médaillon où l'artiste a représenté une ville en forme de château-fort, avec un grand nombre de campaniles et de colonnes, dont quelques unes paraissent surmontées de statues. On pense naturellement à trouver en tête d'un manuscrit de la *Cité de Dieu* exécuté au XVe siècle une représentation de la Cité céleste, et peut-être aussi une image de la Cité terrestre, opposée à la première. La Cité céleste est à peu-près constamment figurée au moyen-âge, il est vrai, sous la forme d'une ville fortifiée et d'accès difficile. Mais ici Rome figure tout à côté de ce médaillon, et Rome ne peut pas être offerte comme la cité du paganisme et des vices, en tête d'un manuscrit de l'ouvrage de Saint Augustin, manuscrit exécuté pour un cardinal, et illustré par un artiste du XVᵉ siècle. La papauté avait repris quelque ascendant sous Nicolas V. On sait ce qu'avait été le jubilé de 1450, où l'affluence des pélerins avait causé de tels désastres. Le grand nombre des offrandes apportées par ces pélerins avait rétabli les finances du Saint-Siège et permis au pape d'entreprendre de grandes constructions, après avoir rendu au culte public une nouvelle magnificence. Le médaillon doit donc représenter la Cité terrestre; et de fait, autant que la minuscule image permet d'en juger, ce sont des statues nues et des divinités païennes qui surmontent quelques unes des colonnes.

Nous arrivons enfin à la vue de Rome, qui est l'objet principal de ce commentaire.

Le premier coup d'œil suffit, il faut bien l'avouer, pour démontrer qu'il s'agit d'une représentation fort arbitraire, et, d'ailleurs, très incomplète.

Un trait principal frappe d'abord: c'est la présence de ces montagnes boisées, qui s'élèvent à une grande hauteur à droite et à gauche, comme si toute Rome était assise dans une gorge étroite. Il faut simplement y voir l'exagération et la déformation d'une réalité qui s'imposait, et que reproduisent quelquefois avec le même excès plusieurs des plans de Rome du XVᵉ siècle (1). La partie septentrionale de la ville étant placée au

(1) V. les plans de Rome II et III dans l'atlas de M. DE ROSSI: *Piante icnografiche e prospettiche di Roma anteriori al secolo XVI*. Roma, 1879, in-folio, avec Texte in-quarto.

premier plan, selon le système d'orientation qu'on observait alors, et dont il est difficile de rendre compte, il est exact qu'à gauche du spectateur s'élèvent les monts Parioli et le Pincio, puis le Quirinal, et à sa droite, au delà du fleuve, le Vatican et le Janicule, après ce *monte Mario* ou *Monte malo*, d'où les pélerins du moyen-âge apercevaient pour la première fois la cité sainte, et qu'ils nommaient, à cause de cela, le *mons Gaudii*, la montagne de la joie (1). Le mal est que le miniaturiste a défiguré l'aspect général en exagérant la valeur des collines et leur relation avec les monuments représentés.

Le peintre a, du reste, en supprimant le Tibre, presque supprimé tout point de repère topographique. De plus, un grand nombre des monuments principaux manquent absolument. Nous n'avons ni le Capitole, qui était le centre administratif et civil de Rome, ni le Colisée, ni les arcs de triomphe, ni la basilique de Constantin, ni les Thermes de Dioclétien, ni les ruines de ceux de Constantin, ni la pyramide de Cestius, ni le Palatin avec les ruines du Palais impérial et du stade, dit aujourd'hui de Domitien, en partie visibles dès lors (2); et de tant de lacunes on

(1) Cf. *Il Sacro Romano Impero* di GIACOMO BRYCE, traduit de l'anglais par M. le comte Ugo Balzani, Napoli, Vallardi, 1886, p. 264. « Nel medio evo... viaggiatori d'ogni condizione... s'accostavano da nord o da nord-est, seguendo una via lungo il montuoso terreno sul corso toscano del Tevere finchè s'arrestavano sul ciglio di Monte Mario, il monte del Gaudio, e vedevano la città solenne ai lor cuori giacere sparsa innanzi ai loro occhi, dalla gran massa del Laterano lungi sul Celio alla basilica di San Pietro li presso ai lor piedi... ». — Cf. DANTE, *Parad.* IX, 139-141; XV, 109; XXVII, 25; XXXI, 34-36, 104.

(2) V. DE ROSSI, *Piante...* texte, p. 124-5. Cf. le passage bien connu d'Orderic Vital II, 8, tome premier, page 310-1 de l'édition de la *Société de l'histoire de France*. Aug. Le Prévost a rapproché ce passage de ce qu'il appelle la description du palais des ducs de Spolète vers 814; mais il faut lire sur tout cela le commentaire de M. de Rossi avec les calculs de M. Rod. Lanciani dans le volume des *Piante*. Cf. DE ROSSI, *Roma Sotterranea*, III, 458-9.

ne distingue aucun sérieux motif: on en peut conclure du moins que l'artiste n'est plus asservi aux idées systématiques du moyen-âge: un croyant des *Mirabilia* n'aurait pas omis le Colisée.

La miniature offre uniquement — si nous ne nous arrêtons qu'aux identifications évidentes ou probables — de gauche à droite: la colonne de Marc-Aurèle (on sait que l'Antonine resta ensevelie, quoique debout, depuis le commencement du moyen-âge jusqu'en 1703) et la colonne Trajane, celle-ci assez bien placée près d'une haute tour qui doit être celle de la *Milizia*. Le sommet de cette tour est ruiné. Ce peut être un vestige subsistant de ce terrible tremblement de terre de 1348 qui donna l'occasion à Pétrarque d'écrire aux Papes d'Avignon pour les rappeler. Rome fut alors dévastée entièrement. Les toits de la *basilica Ostiense* tombèrent, avec le campanile et une grande partie des murs de l'atrium. Une partie du Colisée fut détruite dans les premiers jours de septembre; on en voit, quelques années après, mettre en vente les pierres détachées. La basilique de Constantin, au forum, fut également ruinée. D'autres fléaux analogues avaient précédé, et le moyen-âge n'était guère empressé ni habile à relever les ruines; elles se perpétuaient en s'accumulant.

Le Panthéon a des fenêtres extérieures, comme dans quelques autres plans de mêmes dates; son portique n'est pas visible; l'édifice est entouré dans sa partie inférieure par une construction quadrangulaire et crénelée. L'artiste ne l'a pas du moins représenté avec la fameuse *pigna* au-dessus de la coupole, ainsi que l'ont fait, de son temps même ou après lui, Benozzo Gozzoli dans sa fresque du Campo Santo de Pise, et Arnold von Harff, voyageur allemand, dans sa relation de 1497 (1).

---

(1) *Die Pilgerfahrt des Ritters Arnold von Harff*..... herausgegeben von Dr. E. von Groote, Cöln, 1860, in-8°. Page 21, ligne 38.

Le château Saint-Ange est bizarrement placé en avant de ces derniers édifices, et dans cette moitié de la ville qui semblerait appartenir à la rive gauche du fleuve. Il faut remarquer toutefois que, s'il est mal placé, il a ici tout-à-fait la même forme que dans le plan Schedel, dont les indications remontent à 1464, et que dans celui de Mantoue (1).

Une grosse tour sépare notre vue de Rome en deux portions. C'est sans doute la *Turris nova:* on la trouve figurée et ainsi dénommée sur les deux plans de l'Atlas de M. de Rossi que nous avons déjà cités. Elle datait du commencement du XV° siècle (2). Tout à côté de cette tour, le miniaturiste aura voulu représenter la *porta viridaria quae et Sancti Petri*, par où les pélerins pénétraient dans la cité sainte; mais cette porte devrait être placée plus à droite (pour le spectateur), c'est-à-dire au bas du Palais pontifical (3). Une muraille crénelée, à gauche, figure les murs de la ville sur la rive gauche du fleuve; à droite, un mur avec des tours enferme tout le quartier du Vatican. C'est le même mur que Nicolas V venait de faire construire ou réparer et fortifier, sans toucher à la *Nova Turris*, ce dont témoigne Manetti dans sa description des travaux de ce pape (4).

Le monument le plus caractéristique et le mieux reproduit de ce côté est la célèbre *Meta* ou *Sepulcrum Romuli* ou *Neronis*, située sur l'emplacement de l'église Santa Maria Traspontina, dans le Borgo, et qui disparut en 1499. C'était proba-

---

(1) DE ROSSI, *Piante...* Atlas.
(2) *Id.*, Texte, p. 91-2. Atlas, Planches II, 1 et III. Ces deux vues de Rome datent de la seconde moitié du XV° siècle; elles reproduisent un prototype qui n'est pas antérieur à 1411, date de la construction de toute une série de murs dont faisait partie la *Nova Turris*.
(3) *Id.*, Texte, p. 101, au bas.
(4) V. MÜNTZ, *Les arts à la cour des papes*, I, p. 341.

blement un des tombeaux de l'antique voie triomphale, confondu plus tard avec une des *Metae* du cirque de Néron. On en avait fait au moyen-âge un poste fortifié (1). Elle est figurée sous une forme un peu différente de la simple pyramide et fort ornée (*miro opere tabulata*, dit Grimaldi) dans plusieurs scènes, sculptées ou peintes, du supplice de Saint Pierre, qui eut lieu *inter duas metas* près du Térébinthe; l'un et l'autre, *Meta* et Térébinthe, paraissent sur une des peintures de Giotto que conserve la sacristie de Saint-Pierre, sur la porte de bronze de la basilique par Antonio Filarete, 1445, sur le débris de ciborium sculpté qui se conserve aujourd'hui aux *Grotte Vaticane*, et qui est gravé dans Dionysio, planche LXXIX (2). La plus ancienne représentation que nous ayons conservée de la *Meta Romuli* est sans doute celle que donne, par un dessin grossier, un beau manuscrit italien du *Liber ystoriarum Romanorum* (XIIIe siècle) (3). L'image prétend figurer les deux martyres de Saint Paul et de Saint Pierre. La première des deux scènes est localisée par le *Sepulcrum Remi*, c'est-à-dire la pyramide de Cestius, et la seconde par le *Sepulcrum Romuli*. Il en est de même dans la peinture de Giotto, dans l'œuvre de Filarete, et dans les sculptures des *Grotte Vaticane*.

A droite de la Meta, c'est probablement l'hôpital de San Spirito qui montre ses quatre grandes arcades avec chapiteaux

---

(1) WINKELMANN-FEA, III, 392, n. D.

(2) M. BORGATTI, dans son *Castel Sant'Angelo*, Rome, 1890, date de 1431 la porte de bronze; mais le texte de Vasari (éd. Milanesi, II, 454) et les épisodes représentés sur cette porte même assignent tout au moins la date de 1443. Elle est posée en juillet 1445, selon le *Diario* de PAULO DELLO MASTRO (Archives de Turin).

(3) Feuillet 103. — Cf. sur ce curieux manuscrit, dont cinq exemplaires seulement ont été photographiés par ordre de la municipalité romaine (1887), le travail de M. le professeur MONACI dans l'*Archivio della Società di Storia patria*, tome XII. M. Monaci se propose de publier prochainement tout l'ouvrage.

et colonnes. Ici encore, la ressemblance est frappante avec le plan Schedel, sauf que, dans notre miniature, la partie supérieure du monument ne paraît pas. — Au-dessus, se trouve la basilique de Saint Pierre avec son campanile (1), sans la *guglia*; et, un peu plus loin, toujours vers la droite, le palais du pape; tout cela fort peu précis au double point de vue de la topographie ou de la forme.

Peut-on désigner sûrement, de ce même côté, quelques autres édifices? Sont-ce les églises de Santa Maria Novella au Transtévère, de Sainte Cécile, de Saint Chrysogone, qu'on aperçoit au delà de Saint-Pierre? Il est impossible de s'en assurer.

Quelles sont, outre la tour de la *Milizia*, les deux qui s'élèvent au fond de la scène? La tour à droite est sans doute celle qui subsiste encore aujourd'hui, mutilée, *Tor de' Conti*; elle fut, comme la première, une forteresse pendant les guerres du moyen-âge. Quant à celle du milieu, c'est peut-être une de celles qui, comme la tour *de Campo*, furent démolies lors de l'entrée de Charles Quint (2). — M. de Rossi, considérant sa position centrale, pense que c'est, quoique bien défigurée, la Tour du Capitole.

Si l'on n'avait, pour dater notre vue de Rome, nulle autre donnée que celles qu'elle offre par elle-même, quelles conclusions pourrait-on obtenir? — On remarquerait, à la vérité, qu'elle

---

(1) Près du lieu occupé plus tard par le campanile de la basilique se trouvait sans doute la seconde *Meta* du cirque de Néron, confondue, dans les représentations du moyen-âge, avec la pyramide de Cestius.

(2) Cf. DE ROSSI, *Panorama circolare di Roma delineato nel 1534 da Martino Heemskerck*, dans le *Bulletin de la Commission archéologique de Rome,* fin 1891. Page 11 du tirage à part. — On sait combien, au moyen-âge, les tours étaient nombreuses dans Rome: ALBERTINI, dans son curieux petit volume des *Mirabilia* (1510), témoigne que toute habitation de cardinal avait une tour.

est orientée comme les plans du XV.ᵉ siècle, c'est-à-dire avec le nord au premier plan, au bas de l'image. On saurait qu'elle est antérieure à 1499, puisqu'on y voit la *meta Romuli;* on approcherait de la réalité en y observant les murs du Vatican reconstruits par Nicolas V. Mais beaucoup des indices chronologiques que nous eût donnés une représentation quelque peu plus précise manquent absolument. Nous n'avons ni le *Ponte Sisto*, qui date de 1473-5, ni les fortifications du *Ponte Molle*, ni les deux chapelles élevées par Nicolas V en 1454 à l'entrée du pont Saint Ange, et détruites en 1527, ni l'escalier de la basilique de Saint Pierre avec les deux statues, œuvres de Mino del Regno, placées au bas des degrés par Pie II, ni le Belvédère de Nicolas V, qui serait précisément d'un peu après le milieu du XVᵉ siècle, c'est-à-dire de la même date que notre manuscrit.

La miniature de Nicholaus Polani est-elle donc tout-à-fait inutile pour l'histoire monumentale de Rome? Loin de là. Elle offre, croyons-nous, la première représentation incontestable et authentique de la statue de l'ange sur le tombeau d'Adrien dans son attitude traditionnelle, c'est-à-dire remettant l'épée au fourreau.

Il est douteux, en effet, qu'il faille reconnaître cette même image sur la fresque de Cimabue dans l'église supérieure d'Assise. On n'y aperçoit, peut-être à cause de l'état de délabrement de cette peinture, qu'une ombre informe, qui n'occupe pas même la place consacrée, c'est-à-dire le sommet du monument (1).

---

(1) On en verra la reproduction photographique dans *Cimabue und Rom. Funde und Forschungen zur Kunstgeschichte und zur Topographie der Stadt Rom,* von Dr. JOSEF STRZYGOWSKI, Wien, 1888, in-8°.

Ce qu'on peut distinguer à ce sujet dans la vue de Rome du palais communal de Sienne, publiée par M. Stevenson, et qui date de 1414 environ, figure bien plutôt un groupe, composé de l'ange qui va frapper ou qui menace, et d'un dragon ou de quelque animal placé à ses pieds (1), de sorte qu'on se demande involontairement si l'artiste n'avait pas voulu représenter une autre scène, empruntée à une autre des diverses légendes concernant l'archange Michel, à celle qui a été localisée sur le mont Gargano : pure conjecture sur laquelle je n'ose pas insister (2).

De la première moitié du XVe siècle ou de la fin du XIVe on a, outre la fresque de Sienne, plusieurs vues de Rome, celle du livre d'Heures du duc de Berry (3), celle de Leonardo da

---

(1) V. la photographie qu'en a donnée M. Stevenson dans le *Bullettino comunale di Roma* de 1881. M. le Dr Lisini, directeur de l'*Archivio* de Sienne, a bien voulu m'adresser un dessin qui concorde avec cette photographie.

(2) On connaît la légende : Garganus veut châtier le taureau qui s'est éloigné. Il lui lance une flèche empoisonnée, qui miraculeusement revient sur lui-même et le tue. L'archange a pris en effet sous sa protection le sommet de la montagne et l'animal qui s'y est réfugié. L'apparition de flèches mortelles se retrouve aussi dans la légende de l'archange Michel au môle d'Adrien : ce sont des flèches pestiférées qui, lors de la vision de Saint Grégoire, viennent frapper les malheureux Romains. — Dans la légende du mont Saint-Michel, en France, les habitants de la région infestée par un monstre l'attaquent à coups de flèches sous la conduite de l'évêque ; mais leur effort est superflu : l'archange a tué le monstre et apparaît. — Il serait aussi difficile qu'intéressant de démêler et d'expliquer les diverses traditions. Voir sur ce sujet l'utile travail de M. EBERHARD GOTHEIN, dans son volume intitulé : *Die Culturentwicklung Süd-Italiens* (Breslau, 1886, in-8° : *Der Erzengel Michael, der Volksheilige der Langobarden*). Cf. MAX BONNET, *Narratio de miraculo a Michaele archangelo Chonis patrato ; adjecto Symeonis Metaphrastae de eadem re libello*, Paris, 1890, in-8°.

(3) Publiée par M. Eug. MÜNTZ dans ses *Antiquités de la ville de Rome* (1886).

Besozzo, publiée et commentée par Gregorovius au tome XI (1883) des *Mémoires de l'Académie royale des Lincei*, et celles, presque identiques, qui sont contenues, l'une dans le manuscrit n° 104 de la Bibliothèque de S. M. le roi d'Italie, à Turin, l'autre dans le ms. Latin 9673 (fol. 13) de la Bibliothèque nationale à Paris. Nulle d'elles ne montre l'Archange du Môle d'Adrien (1).

Une représentation de l'Archange qui prend place en 1445 se rencontre sur une fresque bien singulière et, si je ne me trompe, peu connue. J'en dois la connaissance à M. de Rossi, et M. le professeur Gamurrini a bien voulu m'en communiquer un dessin, que je compte pouvoir publier ailleurs.

Il y a dans le cloître du couvent de Saint Bernard, d'Arezzo, une fresque de Bicci di Lorenzo (et non pas Lorenzo di Bicci, comme dit Vasari, lequel a confondu dans toute cette biographie le père avec le fils), qui a la prétention, malgré beaucoup de fantaisie, de représenter Rome. On y reconnaît, à la vérité, quelques traits. On y voit, par exemple, sous sa forme authentique, ou peu s'en faut, la *guglia*, c'est-à-dire l'obélisque

---

(1) Le manuscrit n° 104 de Turin porte au dos ce titre: *Figure storiche*. Il se compose d'une série de dessins. Le premier représente Adam; le dernier représente Tamerlan. On lit au bas de celui-ci ces mots: *Finis operis usque ad annum D(omini) MIIIIXV*. La vue de Rome a 13 centimètres de long sur une hauteur de 8 centimètres et demi. Elle porte ces mots: *Roma conditur anno ab origine mundi ter mill° CCCCXXXIII° anno*. — Le plan de Rome de Leonardo da Besozzo, comme celui du ms. de Paris, offre au bas de l'image, à gauche du spectateur, le dessin de la louve et des jumeaux, avec ces mots: *Roma c(on)dituri fueru(n)t. Anno III^m-II-XXXIII*; cette même représentation, dans le ms. de Turin, précède, au lieu de l'accompagner, la vue de Rome. — Le dessin de Besozzo fait partie d'un volume portant ce titre, d'une main moderne: *Leonardus de Bissutio Imagines Pictae Virorum illustrium usque ad Bonifacium VIII A. D. 1395.*

célèbre du cirque de Néron, transporté par Sixte V en 1586 au milieu de la place Saint Pierre. Il y a au sommet la fameuse boule de bronze doré dans laquelle le moyen-âge croyait qu'étaient déposées les cendres de Jules César ou d'un empereur romain. Il y a de plus, en bas du fût, les quatre supports qui le soutiennent sans qu'il touche le piédestal. Un voyageur allemand qui visitait Rome en 1497, Arnold von Harff, s'exprime ainsi (selon la traduction de M. de Reumont dans l'*Archivio veneto*) (1): " un altissimo pilastro di pietra, quadro, collocato sopra quattro pomi di bronzo ". Nous savons par la relation de Fontana (2) qu'avant d'ériger l'obélisque sur la place Saint Pierre, il avait remarqué cette disposition, et il l'a conservée, comme on peut le voir aujourd'hui. La fresque de Bicci offre donc une représentation romaine remarquable par son antiquité et son exactitude à peu près entière (3).

Or cette même fresque offre l'image du Môle d'Adrien en trois corps superposés, c'est-à-dire deux constructions rondes et crénelées de diamètres différents, surmontées d'une tour carrée et crénelée de moindre hauteur. Sur les créneaux du second étage, et non sur le dernier sommet, on aperçoit, faisant face au spectateur, un personnage ailé, vêtu d'un entier costume comme de cour ou de chevalerie, qui tient de la gauche un long bouclier ovale, et de la droite une longue épée reposant sur son épaule. Ses ailes sont, elles aussi, au repos. De plus, l'archange est à peine posé sur les créneaux. Ses talons seulement y sont engagés, de sorte que le reste de ses pieds s'avance dans le vide. On dirait que l'auteur de la fresque, qu'on sait d'ailleurs n'a-

---

(1) Tome XI, 1876, page 188.
(2) Domenico Fontana, *Della trasportazione dell' obelisco Vaticano*, Roma, 1590, in-folio.
(3) Cf. la description de la Guglia par Bunsen dans la *Beschreibung der Stadt Rom*, 1832, tome II, 1, p. 157.

voir pas visité Rome, n'a voulu que reproduire une vague vision, répondant à peine à la vision légendaire, qui serait restée peu intelligible pour lui. La place qu'il a donnée à la lourde figure de son archange est celle qu'occuperait, selon quelques uns, la statue qu'ils croient apercevoir sur la fresque de Cimabue; mais ce rapprochement ne suffit pas à nous faire distinguer dans l'œuvre du XIII° siècle ce qui, suivant de bons juges, n'y existe pas.

La fresque de Benozzo Gozzoli, à San Gimignano, qui paraît figurer l'archange à sa place et dans son attitude normales, étant datée de 1465, on voit que notre miniature, de six ans antérieure (1459), offre en effet la plus ancienne représentation incontestable de la statue du môle d'Adrien dans son attitude connue.

Ce n'est pas tout. — Cette miniature présente semble-t-il, le premier exemple de la statue dorée dont l'existence au sommet du château Saint-Ange à la fin du XV° siècle est attestée par deux textes qui se confirment l'un l'autre.

D'une part, ce pélerin allemand, Arnolf von Harff, qui visite Rome en 1497, atteste dans sa relation qu'il a vu au sommet du môle la statue *dorée* de l'archange tenant l'épée hors du fourreau: " off deser engelburch steyt eyn gulden engel mit eyme ws geruckten swerde „ (1).

D'autre part, Sigismondo de' Conti de Foligno, historien autorisé, préfet de la fabrique de Saint Pierre, secrétaire de plu-

---

(1) J'emprunte cette citation à M. EUG. MÜNTZ, *Antiquités de la ville de Rome aux XIV°, XV° et XVI° siècles*. Il l'a puisée dans l'édition du récit de von Harff qu'a donnée M. le Dr Von GROOTE: *Die Pilgerfahrt der Ritters Arnold von Harff*, Cologne, 1860 (LIII, 280 pages avec 47 gravures sur bois. V. la page 36). M. DE REUMONT avait naguère traduit cette relation au tome XI (1876) de l'*Archivio veneto*, mais incomplètement; il a omis les lignes qui nous intéressent.

sieurs papes, ami de Raphaël, auquel il commanda en 1511 cette célèbre Vierge de Foligno, la première œuvre de la glorieuse série qui se termine par la Madone de Saint Sixte, Sigismondo de' Conti, auteur d'une chronique qui va de 1475 à 1510, témoigne que, sous le pontificat d'Alexandre VI (1492-1503), la foudre réduisit en morceaux dispersés au loin la statue de *bois doré* placée au sommet du mont Saint Ange: " Hujus pontificatu.... angelus ligneus *inauratus* turri arcis Adrianae molis superstans de coelo tactus est, cujus frusta etiam in Exquiliis sunt inventa „. Reprenant à ce propos la légende de la vision de Grégoire Ier, Sigismondo de' Conti répète en partie son témoignage: " Cum Gregorius, supplicationibus habitis, pacem et veniam populo posceret, identidemque illud Davidicum repeteret : Cesset jam manus tua! angelus in summitate molis stillantem sanguine gladium tenens, et libratos ictus sustinens est conspectus, et continuo lues cessavit: ex eo moli illi Angeli nomen inditum est, et angeli statua *inaurata* est superimposita „ (1). L'assertion qu'une statue dorée aurait été dressée sur ce sommet dès le VIIe siècle peut fort bien être gratuite; par contre, on ne saurait, en bonne critique, soupçonner un témoin tel que Sigismondo de' Conti d'avoir, pour les choses du XVe siècle, partagé les idées superstitieuses et bizarres du moyen-âge en imaginant dans Rome des statues et des monuments resplendissants d'or. Il était homme de vive intelligence, et connaissait bien Rome pour l'avoir longtemps habitée.

Le peu d'indications que nous trouvons ailleurs ne contredit pas les textes que nous venons de citer. Les registres de Ni-

---

(1) V. *Sigismondo dei Conti da Foligno.* — *Le storie de' suoi tempi dal 1475 al 1510, ora la prima volta pubblicate nel testo latino con versione italiana a fronte*, 2 vol. gr. in-8°, Roma, 1883. — Voir au tome II, page 271. — Cf. l'importante Notice de feu IGNAZIO CIAMPI, dans l'*Archivio Storico Italiano*, année 1878, tome 1er.

colas V mentionnent, à la date de 1453, des dépenses de ce pape pour les clous, tenons et attaches, pour les ailes et l'épée, le tout en bronze, ayant servi à la réparation ou au renouvellement d'une statue de l'ange, dont la matière n'est pas indiquée (1). Nouvelle réparation en 1475 (2). Selon Maffei de Volterra, mort en 1522, Alexandre VI (1492-1503) a rétabli une statue de l'ange à la même place où, peu auparavant, dit-il, une statue semblable avait été renversée par la foudre (3). Ce rétablissement pourrait être de 1499, puisque c'est en cette année que, selon Nibby (*Roma antica*, II, p. 514), Alexandre VI paraît avoir accompli ses principaux travaux au château Saint-Ange.

Il y aurait donc eu sur le môle d'Adrien, au moins depuis 1453 et jusqu'à la fin du pontificat d'Alexandre VI, une statue de l'Archange, et cette statue aurait été dorée ; les deux textes qui la décrivent ainsi sont confirmés par la miniature de Nicolas Polani, de 1459.

Voici en effet les couleurs employées par l'artiste. Le fond de son petit tableau, qui est blanc, est rehaussé de bistre clair et de violet. Le ciel est bleu avec retouches de blanc. Le terrain et la montagne, à droite et à gauche, sont en vert avec rehauts de bistre. Et la statue de l'ange est très visiblement, tout entière, y compris les ailes et l'épée, d'une couleur d'or que notre photographie, naturellement, n'a pu rendre qu'en noir. Il est difficile d'admettre que le miniaturiste n'ait pas eu une

---

(1) Müntz, *Les arts à la cour des papes*, I, 1453, 25 janvier 153 : per l'ale e penne e spada e traverse e chatene e spranghe e perni tutti di rame a fatti per bisognio de l'agniolo nuovo messo in chastello.

(2) *Ibid.*, III, 173.

(3) (Alexander VI) Adriani molem opere quo nunc cernitur restituit, angeloque supremo reposito, cuius similis paulo ante fulmine dejectus fuerat... Raphaël Maffei de Volterra, *Rerum urbanarum Commentarii*, liv. XXII, *apud* Müntz, *Les antiquités de la ville de Rome*... Paris, 1886, gr. in-8°, p. 60, n. 1. — Cf. Winkelmann-Fea, III, 392.

intention spéciale en introduisant ce seul or dans toute une scène qui ne présente nulle autre part cette même couleur.

Ne sera-t-il pas permis de remarquer en outre que la fresque du Sodoma dans le cloître de *Monte Oliveto maggiore*, peinte en 1505, avant les différents séjours de l'artiste à Rome, et sans doute d'après les représentations courantes du XVe siècle ou d'après la simple renommée (1), semble offrir au sommet du château Saint-Ange une statue dorée? Le Sodoma, du moins, a fait usage, en figurant l'Archange, de cette même couleur rosée dont il se sert pour les auréoles des saints dans ses autres fresques du même lieu (2).

Sur la fresque de Benozzo Gozzoli à San Gimignano, qui date de 1465, c'est-à-dire de quelques années seulement après la miniature de Polani, la couleur générale de la petite et légère esquisse représentant l'Archange est, comme celle de la tour carrée et crénelée qui surmonte le môle, d'un gris clair qui n'exclut ni ne confirme la conjecture d'une statue dorée.

On est d'ailleurs bien embarrassé pour établir avec assurance quelques conclusions sur l'histoire de la statue de l'Archange du môle Adrien, quand on remarque les bizarreries suivantes:

Pendant que notre miniature (1459), la fresque de Benozzo Gozzoli à San Gimignano (1465), le ciborium de l'église Saint Grégoire, à Rome, œuvre non de Mino de Fiesole, mais d'un de ses nombreux imitateurs (1469), nous offrent la statue dans l'attitude légendaire, pourquoi l'intéressant dessin de Giuliano San Gallo, qui fait partie du célèbre manuscrit Barberini, et

---

(1) Cf. DE ROSSI, *Mittheil. Bullettino* de l'Institut de correspondance... 1887, p. 150. — Cf. l'intéressante étude du P. BRUZZA sur le Sodoma au tome premier de *Miscellanea di Storia italiana*, Torino. — Cf. Vasari, éd. Milanesi, VI, 406.

(2) D'après une lettre du respecté P. di Negro, de Monte Oliveto.

qui a toutes les apparences d'un *état actuel* de la fin du XVe siècle, n'a-t-il pas l'Archange ? (1).

Qu'est-ce, sur le plan Schedel (2), que cet Ange batailleur qui paraît s'apprêter à frapper d'estoc et de taille ?

Et, sur le grand plan de Mantoue (3), comment comprendre cette forme d'apparence féminine, aux longs vêtements, sans armes, sans ailes, qui sonne paisiblement de la trompette ?

Ces diverses représentations sont pourtant toutes de la même époque, ou peu s'en faut (4). Suffit-il de répondre qu'un singulier arbitraire y a présidé, et ces diversités ne s'expliqueraient-elles pas par la diversité de légendes locales ? Le sujet est fort complexe ; il faut poursuivre les recherches, et, chemin faisant, noter avec soin, comme nous avons essayé de le faire, les concordances entre les dessins et les textes.

A. Geffroy.

(1) Ce dessin serait de 1465. — V. Borgatti, *Castel Sant'Angelo*, 1890, in-8°, p. 98 et planches XI, XII.
(2) Dans l'atlas de M. de Rossi, *Piante... di Roma*.
(3) *Ibid.*
(4) Il nous tarde de lire l'étude sur les statues de l'Archange au sommet du *Castello* que va donner M. Cerasoli dans le recueil des *Studi e documenti di storia e diritto*. M. Cerasoli a en manuscrit tout un volume sur l'histoire du Château Saint-Ange, ses prisonniers politiques, son trésor etc..., travail sur lequel M. le professeur Lanciani a fait naguère à l'Académie royale des Lincei un rapport très favorable.

ECOLE FRANÇAISE DE ROME

MÉLANGES G. B. DE ROSSI

Recueil de travaux publiés en l'honneur de M. le Commandeur Giovanni Battista de Rossi.

Supplément aux *Mélanges d'archéologie et d'histoire* publiés par l'Ecole française de Rome, tome XII.

Ce volume contient, outre une bibliographie détaillée de l'œuvre de M. G. B. de Rossi, les mémoires suivants:

I. AUDOLLENT, Sur un groupe d'inscriptions de Pomaria (Tlemcen) en Maurétanie Césarienne. — II. BLOCH, L'interdiction des sacrifices humains à Rome et les mesures prises contre le druidisme. — III. DE LA BLANCHÈRE, Le flambeau punique (dessin dans le texte). — IV. DELAVILLE LE ROULX, Liste des Grands Prieurs de Rome de l'ordre de l'Hopital de Saint Jean de Jérusalem. — V. DE NOLHAC, Les manuscrits de l'Histoire Auguste chez Pétrarque. — VI. DIGARD, Le domaine des Gaetani au tombeau de Cecilia Metella. — VII. DOREZ, La Bibliothèque de Giovanni Marcanova (...-1467). — VIII. DUCHESNE, Saint Barnabé. — IX. DURRIEU, Une vue intérieure de l'ancien Saint Pierre de Rome au milieu du XVe siècle, peinte par Jean Foucquet (planche hors texte). — X. FABRE, Recherches sur le denier de Saint Pierre en Angleterre au moyen âge. — XI. GEFFROY, Une vue inédite de Rome en 1459 (planche hors texte). — XII. GSELL, Note sur la basilique de Sertei (Maurétanie Sitifienne). (Dessins et planches). — XIII. GUIRAUD, Le commerce des reliques au commencement du IXe siècle. — XIV. JULLIAN, La religion romaine deux siècles avant notre ère. — XV. Lafaye, Supplicié dans l'arène (une planche dans le texte). — XVI. Le Blant, Les sentences rendues contre les martyrs. — XVII. Lécrivain, Observations sur la contrainte par corps et les voies d'exécution dans le droit grec. — VIII. Martin, Un manuscrit de l'*Abrégé de Chronologie* de Nicéphore. — Les stiques des *Acta Thomae*. — XIX. Michon, La collection d'ampoules à eulogies du Musée du Louvre (planches dans le texte). — XX. Müntz, Plans et monuments de Rome antique (planches hors texte). — XXI. Pératé, La résurrection de Lazare dans l'art chrétien primitif. — XXII. Prou, Le monogramme du Christ et la croix sur les monnaies mérovingiennes (planche gravée, hors texte). — XXIII. Toutain, Une borne milliaire inédite.

Le volume des *Mélanges G. B. de Rossi* (VIII-392 pages in-8° et planches) n'est pas compris dans l'abonnement au recueil périodique des *Mélanges d'archéologie et d'histoire*. Il se vend quinze francs, à Paris chez Thorin, à Rome chez Spithöver. — Il n'a été tiré qu'à trois cents exemplaires.

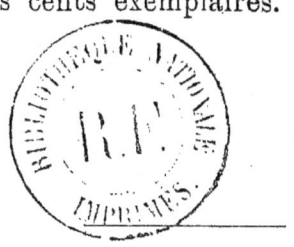

L'Ecole française de Rome poursuit trois séries de publications la 3ᵉ lui est commune avec l'Ecole française d'Athènes) :

Première série (format in-octavo). — Mélanges d'archéologie et d'histoire (Thorin et Spithöver).

Les *Mélanges* forment à la fin de chaque année un volume de 5 à 30 feuilles, avec planches, qui paraît en cinq fascicules à 4 francs. es fascicules ne se vendent pas séparément.

Table des matières comprises dans les onze premiers volumes:

Tome I (1881). Georges Lafaye et Albert Martin, Inscription de Tauromenion. — ené de la Blanchère, Inscriptions de la *alle di Terracina*. — P. Blondel, Restauration du prétendu théâtre maritime de la illa d'Adrien. — Georges Lacour-Gayet, astes consulaires des dix premières années u règne d'Antonin. — Eugène Müntz, Boace VIII et Giotto. — Lettre de M. J. B. Rossi, et G. Lacour-Gayet, Note sur un édaillon de verre trouvé dans une catacom-. — **Bibliographie:** Louis Duchesne, Bultin d'archéologie chrétienne de M. de Rossi. *Topografia di Roma antica. I Commentari i Frontino...* de M. Rod. Lanciani. — *Studi documenti di storia e diritto*. ‖ R. de la lanchère, Villes disparues, *La Civita*. — mparetti et Albert Martin, Sur l'inscripon de Tauromenion. — G. Lafaye, Un moument romain de l'étoile d'Isis. — G. Bloch, uelques mots sur la légende de Coriolan. — Lacour-Gayet, Graffiti figurés du temple 'Antonin et Faustine. — R. de la Blanchère, scriptions de la *Valle di Terracina*. — Ant. omas, Sur les traductions françaises de ernard Gui. — Camille Jullian, Note sur manuscrit de la *Notitia dignitatum*. — Biliographie: Klein, *Fasti consulares*. ‖ Eouard Cuq, Les juges plébéiens de la colonie Narbonne. — G. Lacour-Gayet, La *Pigna* u Vatican. — R. de la Blanchère, Le port e Terracine. — A. Geffroy, Oenomaüs, Péps et Hippodamie, vase peint inédit. — J. elaville Le Roulx, Sceaux des prieurs anais de l'Ordre de l'Hôpital. — **Bibliograhie.** — 14 planches.

II (1882). C. Jullian, Le diptyque de Sticon au trésor de Monza. — Maurice Faucon, es arts à la cour d'Avignon sous Clément V Jean XXII. — C. Jullian, Corrections à la iste de Vérone (province africaine). — R. de Blanchère, La malaria de Rome et le draiage antique. — Ant. Thomas, Extraits des archives du Vatican pour servir à l'histoire littéraire du moyen-âge. — C. Tommasi-Crudeli, L'ancien drainage de la campagne romaine. — M. Bréal, L'inscription de Duénos. — P. Blondel, Ruines du Temple de la Fortune à Palestrina. — Emm. Fernique, Note sur ces ruines. — Michel Bréal, Les inscriptions du vase Chigi. — R. de la Blanchère, Le drainage profond des campagnes latines. — Maurice Faucon, Mario Sanudo à Avignon. — Alb. Martin, Les manuscrits grecs de la bibliothèque Malatestiana à Cesena. — G. Bloch, Recherches sur quelques *gentes* patriciennes. — L. Duchesne, Le *Liber pontificalis* en Gaule au VIᵉ siècle. — M. Ramsay, Inscriptions inédites de vases phrygiens. — Fr. Lenormant, L'alphabet grec du vase Chigi. — Vigneaux, Notice sur trois manuscrits inédits de la Vaticane. — F. Gamurrini, Inscriptions du vase Chigi. — V. Laloux, Restauration du Temple de Vénus et Rome. — Alb. Martin, Inscription grecque de Corcyre de 1228. — R. de la Blanchère, Les Souama de Mécherasfa. — **Bibliographie:** Un nouveau fragment de représentation iliaque. — Fouilles de Tarente. ‖ A. Geffroy, Tablettes inédites de la Biccherna et de la Gabella de Sienne. — R. de la Blanchère, Briques romaines des terres pontines.

III (1883). Paul Durrieu, Les registres angevins. — Edm. Le Blant, Pierres gravées de Ravenne. — Ch. Grandjean, Administration financière de Benoît XI. — L. Lefort, Chronologie des peintures des catacombes de Naples. — C. Jullian, A propos du manuscrit Bianconi de la *Notitia dignitatum*. — C. Jullian, La Villa d'Horace. — Ch. Diehl, La colonie vénitienne à Constantinople à la fin du XIVᵉ siècle. — Ch. Grandjean, Sur l'acquisition du droit de cité à Sienne au XIVᵉ siècle. — C. Jullian, Le *Breviarium totius Imperii* d'Auguste. — P. de Nolhac, Catalogue des livres annotés par Muret. — L. Du-

CHESNE, La succession du pape Félix IV. — P. DE NOLHAC, Lettres inédites de Paul Manuce. — Georges DIGARD, Boniface VIII et le recteur de Bretagne. — Ch. POISNEL, Recherches sur l'abolition de la *Vicesima hereditatium*. — P. FABRE, Un manuscrit du *Liber censuum* de Cencius Camerarius. — René GROUSSET, Un sarcophage chrétien inédit. — Ch. GRANDJEAN, Documents relatifs à la légation du cardinal de Prato en Toscane. — Edm. LE BLANT, Les ateliers de sculpture chez les premiers Chrétiens. — **Bibliographie :** La *Table de Bantia* de M. ESMEIN. — A. ESMEIN, Les *Latini Juniani*. — 10 planches.

IV (1884). Léop. DELISLE, Authentiques de reliques de l'époque mérovingienne. — Ern. LANGLOIS, Jacques de Arena à l'Université de Padoue. — Ch. LÉCRIVAIN, Les formules du *Curator* et du *Defensor civitatis* dans Cassiodore. — P. DE NOLHAC, Les collections d'antiquités de Fulvio Orsini. — L. DUCHESNE, L'historiographie pontificale au VIIIe siècle. — Eug. MÜNTZ, Les arts à la cour des papes. — P. DE NOLHAC, Peintures des manuscrits de Virgile. — René GROUSSET, Le bœuf et l'âne à la nativité du Christ. — Maurice PROU, Statuts d'un chapitre général bénédictin à Angers, 1220. — Ch. LÉCRIVAIN, Le mode de nomination des *Curatores reipublicae*. — E. LE BLANT, De quelques types des temps païens reproduits par les premiers fidèles. — P. FABRE, Le patrimoine de l'Eglise romaine dans les Alpes Cottiennes. — **Nécrologie.** — 14 pl.

V (1885). V. BLAVETTE, La palestre des thermes d'Agrippa. — C. LÉCRIVAIN, Le partage oncial du *fundus* romain. — Ern. LANGLOIS, Le ms. Ottobonien 2523. — R. DE LA BLANCHÈRE, Villes disparues. *Conca*. — E. LE BLANT, Notes sur quelques actes des martyrs — Ern. LANGLOIS, La Somme Acé. — J. B. DE ROSSI, Le martyrologe hiéronymien. — L. DUCHESNE, Les sources du martyrologe hiéronymien. — R. GROUSSET, Le Bon Pasteur et les scènes pastorales dans la sculpture funéraire des Chrétiens. — A. BERTHELOT, Ecrits mathématiques du moyen-âge. — A. ESMEIN, Débiteurs privés de sépulture. — E. LE BLANT, Un sarcophage chrétien récemment découvert à Rome. — G. LUMBROSO, Un doute au sujet de Trogue Pompée. — M. PROU, Additions et corrections au *Gallia christiana*, d'après les Registres d'Honorius IV. — Ch. LÉCRIVAIN, Sur le recrutement des avocats sous le Bas Empire. — P. DE NOLHAC, Jacques Amyot et le décret de Gratien. — P. FABRE, Sur un ms. de la chronique de Jordanus. — André PÉRATÉ, Le groupe de Panéas. — Georges

DIGARD, Deux documents sur l'église de Sai Maximin en Provence. — C. JULLIAN, Cai Serenus proconsul *Galliae Transalpinae*. P. BATIFFOL, *Evangeliorum codex graec purpureus Beratinus* Φ. — H. DOULCET, S une fresque de S. Martin des Monts. — PROU, Inventaire des meubles du cardin Geoffroi d'Alatri, 1287. **Bibliographie.** — 1 planches.

VI (1886). Ch. POISNEL, Un concile apocr phe du pape S. Silvestre. — Ch. ROBERT, A cantodan, nom commun gaulois. — L. D CHESNE, Topographie de Rome au moyen-âg — A. MARTIN, Les cavaliers et les processio dans les fêtes athéniennes. — H. ALBANÈS, chronique de S. Victor de Marseille. — C LÉCRIVAIN, La juridiction fiscale d'Augus à Dioclétien. — Ed. CUQ, De la nature d crimes imputés aux Chrétiens, d'après Tacit — P. DE NOLHAC, Un compagnon de Pomp nius Laetus. — P. FABRE, Vies de papes da les mss. du *Liber censuum*. — Ch. DIEH Le monastère de S. Nicolas di Casole près d' trante. — P. DURRIEU, Etudes sur la dynast angevine de Naples. Le *Liber donationu Caroli primi*. — E. LE BLANT, De quelqu sujets représentés sur des lampes en ter cuite de l'époque chrétienne. — Léop. D LISLE, Virgile copié au Xe siècle par le moi Rabingus. — P. DE NOLHAC, Inventaire d manuscrits grecs de Jean Lascaris. — L. D CHESNE, Un mot sur le *Liber pontificalis*. M. PROU, Monnaie de Polémon II, roi d Pont. — E. LE BLANT, Mosaïque découver au Palais Farnèse. — A. PÉRATÉ, La missi de François de Sales dans le Chablais. — ESMEIN, Sur l'origine des juridictions privée — L. AUVRAY, Sur le cartulaire de N. D. Bourg-moyen de Blois. — Ern. LANGLOIS, rouleau d'*Exultet* de la Biblioth. Casan tense. — M. DESROUSSEAUX, Sur quelques m nuscrits d'Italie. — Léon G. PÉLISSIER, L amis d'Holstenius. — M. DESROUSSEAUX, propos d'une épitaphe grecque. — 9 planche

VII (1887). P. DE NOLHAC, Pétrarque, a pendice au « Canzoniere » autographe. — C ROBERT, Médaillons antiques de bronze rel tifs aux jeux. — Maurice FAUCON, Détentio de Rienzi à Avignon. — P. FABRE, Un regi tre caméral du cardinal Albornoz en 1364. E. LE BLANT, Le christianisme aux ye des païens. — M. DESROUSSEAUX, Sur le fra ment crypto-tachygraphique du *Palatin graecus* 73. — R. DE LA BLANCHÈRE, Les e voto à Jupiter Poeninus. — E. LE BLANT, quelques objets antiques représentant d squelettes. — R. CAGNAT, Sur le *Praefect* appelé à tort Aconius Castullinus. — CADIER, Bulles originales du XIIIe siècle archives de Navarre. — S. GSELL, Le sé- romain sous Trajan. — R. DE LA BLAN- RE, Découverte d'une place à Terracine. — BATIFFOL, Inscriptions Byzantines de Saint rges au Vélabre. — P. FABRE, Un nouveau logue des églises de Rome. — L. AUVRAY, e source de la *Vita Roberti regis* du moine gand. — H. NOIRET, Lettres inédites de métrius Chalcondyle. — 9 planches.

III (1888). P. DE NOLHAC, Giov. Lorenzi, liothécaire d'Innocent VIII. — M. PROU, tice et extraits du ms. 863 fonds de la e au Vatican. — E. LE BLANT, Les Chré- as dans la société païenne. — R. DE LA NCHÈRE, La poste sur la Voie Appienne. S. GSELL, Notes d'épigraphie. — E. MÜNTZ, urces de l'archéologie chrétienne. — L. CA- R, Bulles d'or des archives du Vatican. — LÉCRIVAIN, L'appel des juges jurés sous Haut Empire. — E. LE BLANT, Coupe de e gravé. — Ch. GRANDJEAN, Benoît XI nt son pontificat. — E. LE BLANT, Monu- nt relatif aux fils de Sainte Félicité. — P. TIFFOL, Librairies byzantines à Rome. — DIEHL, Deux manuscrits à miniatures de ssine. — Orazio MARUCCHI, Busto del Sal- ore trovato nel cimiterodi S. Sebastiano. — MICHON, La Corse sous la domination ro- e. — A. ESMEIN, Un contrat dans l'O- pe homérique. — H. STEVENSON, Tuiles plomb de la basilique de S. Marc. — J. DE ROSSI, L'inscription du tombeau d'A- en Ier, par Charlemagne. — E. LE BLANT, cophage découvert près de la Via Salaria. Alcide MACÉ, Un manuscrit de Solin. — DUVAU, Glossaire latin-allemand, Vat. Reg. 1. — **Bibliographie.** — 15 planches.

XI (1889). S. GSELL, Chronologie des ex- itions de Domitien pendant l'année 89. — MACÉ, Note sur les fragments d'Asper près le palimpseste de Corbie. — W. HEL- Coupe attique trouvée en Etrurie. — BATIFFOL, Les manuscrits grecs de Lol o évêque de Bellune. Recherches pour ser- à l'histoire de la Vaticane. — Léon CA- , Le tombeau du pape Paul III Farnèse, Guglielmo Della Porta. — E. JORDAN, Flo- ce et la succession lombarde, 1447-1450. — AUDOLLENT, Dessin inédit d'un fronton du ple de Jupiter Capitolin. — E. MÜNTZ, Les à la Cour des Papes, nouvelles recher- es sur les pontificats de Martin V, d'Eugè- IV, de Nicolas V, de Calixte III, de Pie II de Paul II. — Rod. LANCIANI, Les récen- fouilles d'Ostie. La caserne des Vigiles et

l'Augusteum. — P. ANDRÉ, Les récentes fouil- les d'Ostie. Etude et plan des ruines. — H. DEGLANE, Le Stade du Palatin. — **Nécrolo- gie**. — **Bibliographie :** Domenico TESORONI, *Il Palazzo di Firenze e l'eredità di Balduino del Monte, fratello di papa Giulio III.* — Paul FABRE, Le *Liber censuum de l'Eglise Romaine, publié avec une préface et un commentaire.* — Arthur ENGEL et Raymond SERRURE, *Réper- toire des sources imprimées de la numisma- tique française.* — Aug. AUDOLLENT, Les *Ve- redarii* émissaires impériaux sous le Bas Em- pire. — Etienne MICHON, Note sur des fouilles faites à Porto San Stefano. — André BAU- DRILLART, Coupes signées de Popilius. — P. FABRE, Registrum Curiæ patrimonii beati Pe- tri in Tuscia. — E. JORDAN, Monuments by- zantins de Calabre. — A. BAUDRILLART, Sta- tuette en bronze de Zeus lançant le foudre. — René DE LA BLANCHÈRE, Inscription de Ter- racine. — L. DUCHESNE, Notes sur la topogra- phie de Rome au moyen-âge, IV et V. - Le forum de Nerva et ses environs. - Le nom d'Anaclet II au palais de Latran. — Charles LÉCRIVAIN, De quelques institutions du Bas Empire. - Les *Principales* dans le régime mu- nicipal romain. - Les *Tribuni* des milices mu- nicipales. - La juridiction criminelle du pré- teur sous l'Empire. — Léon G. PÉLISSIER, Un inventaire des manuscrits de la Bibliothèque Corsini dressé par la Porte du Theil. — **Bi- bliographie :** DE ROSSI, *Inscriptiones christia- nae*, II, I, par M. Ed. LE BLANT. — P. FOUR- NIER, Une nouvelle édition du *Liber diurnus* de M. DE SICKEL. — G. B. DE ROSSI et G. GATTI, *Miscellanea di notizie biografiche e critiche per la topografia e la storia dei monumenti di Roma* — Giacomo LUMBROSO, *Memorie ita- liane del buon tempo antico.* — **Nécrologie :** Léon Cadier. — 20 planches.

X (1890). Alb. MARTIN, L'édition de Polybe d'Isaac Casaubon. — L. GUÉRARD, Lettres de Grégoire II à Léon l'Isaurien. — G. LAFAYE, L'Amour incendiaire. — P. BATIFFOL, Chartes byzantines inédites de Grande Grèce. — L. AUVRAY, Sur un traité des requêtes en cour de Rome du XIIIe siècle. — M. COLLIGNON, Marsyas, tête en marbre de la collection Bar- racco. — L. DUCHESNE, Les régions de Rome au moyen-âge. — A. GEFFROY, L'Album de Pierre Jacques de Reims. || L. DUCHESNE, No- tes sur la topographie de Rome. — L. AU- VRAY, Un traité des requêtes en cour de Rome au XIIIe siècle. — Ch. LÉCRIVAIN, Etudes sur le Bas Empire. — Ch. DIEHL, Sur quelques monuments byzantins de Calabre. — L. DU- VAU, Ciste de Préneste. — P. DELATTRE, In-

scriptions de Carthage. || P. FABRE, La perception du cens apostolique dans l'Italie centrale en 1291. — P. FABRE, Le polyptyque du chanoine Benoît à la Vallicelliane. — Ed. LE BLANT, De quelques statues cachées par les anciens. — Mission épigraphique en Algérie de MM. Aug. Audollent et J. Letaille. Rapport rédigé par M. AUDOLLENT. — L. DUCHESNE, Le dossier du donatisme. — **Bibliographie.** — 13 planches.
XI (1891). Ch. DIEHL, Notes sur quelques monuments byzantins de l'Italie méridionale. — A. L. DELATTRE, Marques de vases grecs. et romains trouvées à Carthage (1888-1890). — J. TOUTAIN, Trois inscriptions de Tabarka (Tunisie). — Georges LAFAYE, Une anthologie latine du quinzième siècle. — Etienne MICHON, Inscriptions inédites de la Corse. — H. DE GEYMÜLLER, Trois albums de dessins de fra Giocondo. — Rod. LANCIANI, Quatre dessins inédits de la collection Destailleur relatifs aux ruines de Rome. — Afrique romaine. Fouilles de M. Gsell: Basilique de Sainte Salsa à Tipasa. Fouilles de M. Dautheville à Tabarka. — **Bibliographie.** - 5 planches. || Cam. ENLART, L'abbaye de San G gano, près Sienne, au treizième siècle. — TOUTAIN, Une nouvelle inscription de Troe mis (Iglitza). — R. DE LASTEYRIE, Notice s un plat de bronze gravé découvert à Rom — L. G. PÉLISSIER, Un registre de lettr missives de Louis XII. — Afrique romain. J. TOUTAIN, Notes sur les poteries commun d'Afrique. — R. CAGNAT, Deux inscriptio militaires d'Afrique. — P. DELATTRE, Que ques marques doliaires trouvées à Cartha en 1891. — Chronique. Fouilles de l'Ecole fra çaise de Rome en Tunisie. — **Bibliographi** — 1 planche. || Fr. NOVATI et G. LAFAYE, manuscrit n° C de Lyon. — J. TOUTAIN, Ep graphie africaine. — H. OMONT, Note sur l mss. du *Diarium Italicum* de Montfaucon. J. TOUTAIN, Note sur l'île de la Galite (Tun sie). — L. DOREZ, Recherches et documen sur la bibliothèque du cardinal Sirleto. — ANDRÉ, Théâtre et forum d'Ostie. — Afriq romaine. Chronique. — **Bibliographie.** — planches.

Seconde série (format in-quarto). Chez Thorin, à Paris.

1. Stéphane GSELL, Fouilles dans la nécropole de Vulci, 570 pages, 20 planches et nombreux dessins (*tiré à petit nombre*) 40 francs. — 2. *Le Liber pontificalis*, Texte, introduction et commentaire, par M. l'abbé Louis DUCHESNE, membre de l'Institut, deux volumes (Le dernier fascicule est sous presse). — 3. *Le Liber censuum* de l'Eglise romaine, publié avec une préface et un commentaire par M. Paul FABRE. L'ouvrage formera deux volumes. — 4. Les Registres d'Innocent IV, publiés ou analysés d'après les mss. originaux du Vatican et de la Bibliothèque nationale de Paris par M. Elie BERGER (Le tomes 1 et 2 ont paru). — 5. Les Registre de Benoît XI, par M. Ch. GRANDJEAN (L dernier fascicule est sous presse). — 6. Le Registres de Boniface VIII, par MM. DIGAR FAUCON et Antoine THOMAS. — 7. Les R gistres de Nicolas IV par M. Ernest LA GLOIS. — 8. Les Registres de Grégoire I par M. Lucien AUVRAY. — 9. Les Registre d'Honorius IV par M. Maurice PROU (O vrage terminé). — 19-21. Les Registres d Clément IV, Grégoire X et Jean XXI, sou presse.

Troisième série (format in-octavo). Chez Thorin, à Paris. Biblio thèque des Ecoles françaises d'Athènes et de Rome.

Fascicule I. — 1. Etude sur le *Liber Pontificalis*, par M. l'abbé DUCHESNE. — 2. Recherches sur les mss. archéologiques de Jacques Grimaldi, par M. Eugène MÜNTZ. — 3. Etude sur le mystère de sainte Agnès, par M. CLÉDAT (*Rome*). . . . . 10 fr.

II. — Essai sur les monuments grecs et romains relatifs au mythe de Psyché, par M. Maxime COLLIGNON . . . . 5 fr. 50.

III. — Catalogue des vases peints du mu sée de la Société archéologique d'Athènes par M. M. COLLIGNON (*sept planches hor texte*). . . . . , ... 10 fr

IV. — Les arts à la cour des papes pen dant le XVe et le XVIe siècles, recueil d documents inédits tirés des archives e des bibliothèques romaines, par M. Eug MÜNTZ (Ecole française de Rome) — Premiè partie: Martin V. — Pie II (1417-1464) Rome).

Ouvrage couronné par l'Institut.

. B. — Ce fascicule ne se vend qu'avec le neuvième et le vingt-huitième contenant les deuxième et troisième parties du travail de l'auteur.

Les trois parties prises ensemble, *net* 45 fr.

V. — Inscriptions inédites du pays des Marses, recueillies par M. E. FERNIQUE (Rome). . . . . 1 fr. 50.

VI. — Notice sur divers manuscrits de la bibliothèque vaticane. — Richard le Poitevin, moine de Cluny, historien et poète, par M. Élie BERGER (*Rome*), *une planche en héliogravure* . . . . 5 fr.

VII. — Du rôle historique de Bertrand de Born (1175-1200), par M. Léon CLÉDAT (Rome). . . . . 4 fr.

VIII. — Recherches archéologiques sur les îles Ioniennes. — I. Corfou, par M. Othon RIEMANN . . . . 3 fr.

IX. — Les arts à la cour des papes par . Eug. MÜNTZ. — IIe partie: Paul II (1464-1471), 1 vol. . . . . 12 fr.

X. — Recherches pour servir à l'histoire de la peinture et de la sculpture chrétiennes Orient avant la querelle des Iconoclastes, par M. Ch. BAYET. . . . . . . 4 fr. 50.

XI. — Etudes sur la langue et la grammaire de Tite-Live, par M. O. RIEMANN, deuxième édition, revue corrigée et augmentée. . . . . 9 fr.

XII. — Recherches archéologiques sur les îles Ioniennes. — II. Céphalonie, par M. Othon RIEMANN . . . . 3 fr.

XIII. — De codicibus mss. graecis Pii II, bibliotheca Alexandrino-Vaticana; schedas cussit L. DUCHESNE (*Rome*) . . . 1 fr. 50.

XIV. — Notice sur les manuscrits des poésies de S. Paulin de Nole, suivie d'observations sur le texte, par M. Emile CHATELAIN (Rome) . . . . 4 fr.

XV. — Inscriptions doliaires latines. Marques de briques relatives à une partie de la *Via Domitia*, recueillies et classées par M. DESCEMET (*avec un très grand nombre de bois et de figures*) (*Rome*) . . . 12 fr. 50.

XVI. — Catalogue des terres cuites du musée de la Société archéologique d'Athènes, par M. J. MARTHA, *huit planches en héliogravure* . . . . 12 fr. 50

XVII. — Etudes sur Préneste, ville du Latium, par M. Emmanuel FERNIQUE Rome), *trois planches en héliogravure* . . . 7 fr. 50.

XVIII. — Recherches archéologiques sur les îles Ioniennes. — III. Zante. — IV. Cérigo. — V. Appendice, par M. Othon RIEMANN (*avec cartes*) . . . . 3 fr. 50.

Voir fascicules VIII et XII.

XIX. — Chartes de Terre-Sainte provenant de l'abbaye de N.-D. de Josaphat, publiées par H. François DELABORDE (*Rome*) *deux planches en héliogravure* . . . . . . 5 fr.

XX. — La trière athénienne, étude d'archéologie navale, par M. CARTAULT (Ecole française d'Athènes), *avec quatre-vingt-dix-bois intercalés dans le texte et cinq planches gravées hors texte*. . . . . 12 fr.

XXI. — Etudes d'épigraphie juridique: De quelques inscriptions relatives à l'administration de Dioclétien. — I. L'Examinator per Italiam. — II. Le Magister sacrarum cognitionum, par M. Edouard CUQ (*Rome*) . . 5 fr.

XXII. — Etude sur la chronique en prose de Guillaume le Breton, par M. François DELABORDE (*Rome*) . . . . 2 fr.

XXIII. — L'Asclépiéion d'Athènes, d'après les récentes découvertes, par M. Paul GIRARD (Ecole française d'Athènes), *trois planches en héliogravure* . . . . . . 5 fr. 50.

XXIV. — Le manuscrit d'Isocrate Urbinas CXI de la Vaticane. — Description et histoire. — Recension du panégyrique, par M. Albert MARTIN (*Rome*). . . . . . 1 fr. 50.

XXV. — Nouvelles recherches sur l'Entrée de Spagne; chanson de geste franco-italienne, par M. Antoine THOMAS (*Rome*) 2 fr.

XXVI. — Les sacerdoces athéniens, par M. Jules MARTHA . . . . 5 fr.

XXVII. — Les Scolies du manuscrit d'Aristophane à Ravenne et collation, par M. Albert MARTIN (*Rome*) . . . . 10 fr.

XXVIII. — Les arts à la cour des papes

pendant le XVᵉ et le XVIᵉ siècle, recueil de documents inédits tirés des archives et des bibliothèques romaines, par M. Eug. MÜNTZ. — Troisième partie: Sixte IV — Léon X (1471-1521). Première section (*avec deux planches*) (*Rome*) . . . . 12 fr.

XXIX. — Les origines du Sénat romain. Recherches sur la formation et la dissolution du Sénat patricien, par M. G. BLOCH (*Rome*) . . . . 9 fr.

XXX. — Etude sur les lécythes blancs attiques à représentations funéraires, par M. E. POTTIER, *quatre planches en couleur* . . . . 6 fr.

XXXI. — Le culte de Castor et Pollux en Italie, par M. Maurice ALBERT (*Rome*), *trois planches* . . . . 5 fr. 50.

XXXII. — Les Archives de la Bibliothèque et le Trésor de l'Ordre de Saint-Jean-de-Jérusalem, à Malte, par M. DELAVILLE LE ROULX (*Rome*) . . . . 8 fr.

XXXIII. — Etude sur le culte des Divinités d'Alexandrie (*Sérapis, Isis, Harpocrate, Anubis*) hors de l'Egypte, depuis les origines jusqu'à la naissance de l'Ecole néo-platonicienne, par M. Georges LAFAYE (*Rome*), *cinq planches*. . . . . 10 fr.

XXXIV. — Terracine, Essai d'histoire locale, par M. R. DE LA BLANCHÈRE (*Rome*) *deux eaux-fortes et cinq planches* . . 10 fr.

XXXV. — Francesco da Barberino et la littérature provençale en Italie au moyen-âge, par M. Ant. THOMAS (*Rome*) . . . 5 fr.

XXXVI. — Etude du dialecte chypriote moderne et médiéval, par M. Mondry BEAUDOUIN . . . . 5 fr.

XXXVII. — Les transformations politiques de l'Italie sous les empereurs romains (43 avant Jésus-Christ, 330 après J.-C.-), par M. Camille JULLIAN (*Rome*) . . . . . 4 fr. 50.

XXXVIII. — La vie municipale en Attique. Essai sur l'organisation des dèmes au quatrième siècle, par M. B. HAUSSOULLIER (*Rome*) . . . . 5 fr.

XXXIX. — Les figures criophores dans l'art grec, l'art gréco-romain et l'art chrétien, par M. A. VEYRIES . . . . 2 fr. 25.

XL. — Les ligues étolienne et achéen leur histoire et leurs institutions, nature durée de leur antagonisme, par M. Ma DUBOIS 7

XLI. — Les stratèges athéniens, pa Am. HAUVETTE-BESNAULT . . . .

XLII. — Etude sur l'histoire des s phages chrétiens. — Catalogue des sarco ges chrétiens de Rome qui ne se trou point au musée du Latran, par M. R GROUSSET (*Rome*) . . . . 3 fr.

XLIII. — La librairie des Papes d'gnon. — Sa formation, ses catalogues (1 1420), d'après les registres de comptes et d ventaires des archives vaticanes, par M. M rice FAUCON (*Rome*). — Tome Iᵉʳ. 8 fr.

XLIV et XLV. — La France en Ori au XIVᵉ siècle. Expéditions du maréchal B cicaut, par M. DELAVILLE LE ROULX (*Ro* 2 volumes 25

XLVI. — Les Archives Angevines de ples. — Etude sur les Registres du roi Ch les Iᵉʳ (1265-1285), par M. Paul DURRIEU (me). — Tome Iᵉʳ . . . . 8 fr.

XLVII. — Les Cavaliers athéniens, M. Albert MARTIN (*Rome*). 1 fort volume 1

XLVIII. — La bibliothèque du Vat au XVᵉ siècle, d'après des documents inéd Contributions pour servir à l'histoire de l' manisme, par MM. Eugène MÜNTZ et P FABRE (*Rome*) . . . . 12 fr.

XLIX. — Les Archives de l'Intenda sacrée à Délos (315-316 av. J.-C.), par M. Th phile HOMOLLE, Directeur de l'Ecole françai d'Athènes . . . . 5 fr.

L. — La Librairie des Papes d'Avigno sa formation, sa composition, ses catalogu (1316-1420), d'après les Registres de compt et d'inventaires des archives vaticanes, p M. Maurice FAUCON. Tome IIᵉ (*Rome*) . . 7

LI. — Les Archives Angevines de Naple Etude sur les Registres du roi Charles (1267-1285), par M. Paul DURRIEU. Tome I (*Rome*) 14

LII. — Le sénat romain depuis Dioclétie à Rome et à Constantinople, par M. Ch. L CRIVAIN (*Rome*) 6

RÉSUMÉ RÉCAPITULATIF DE L'ANNEXE IV

Lorsqu'une opération portait sur du numéraire et sur des céréales, nous l'av ns comptée dans ce résumé comme une demi-opération.

ANNÉES.	Nombre total d'opérations.	Nombre d'opérations.	En vieux écus.	Nombre d'opérations.	En petits florins de Florence.	Nombre d'opérations.	En écus de Philippe, forge de Tournai.	Nombre d'opérations.	En écus Johannes.	Nombre d'opérations.	En écus de Bruges ou d'Anvers.	Nombre d'opérations.	En vieux gros tournois de France.	Nombre d'opérations.	En vieilles mailles d'or.	Nombre d'opérations.	En moutons de Brabant.	Nombre d'opérations.	En moutons de France.
1330-1355	18	5	278	2	27	8	377	1	36	2	71	—	—	—	—	—	—	—	—
1356	33	9	664	1	1,900	12	472	1	28	9	636	—	—	1	66	—	—	—	—
1357	38	15	1,070	—	—	18	720	1	10	2	50	—	—	1	24	1	60	—	—
1358	70 (1)	40 ½	3,308	—	—	22 ½	1,320	1	24	4	425	2	26 lbs.	—	—	—	—	—	—
1359	51 (2)	43	4,024	—	—	3	164	1	200	1	80	—	—	—	—	4	380	—	—
1360	62 (3)	53	4,256	—	—	4	284	1	50	—	—	—	—	—	—	3	194	1	50
1361	64 (4)	44	3,338	—	—	5	406 ½	—			—	—	—	4	80	7	467	4	88
1362	100	91	3,459		—	2	450	—	—	—	—	—	—	—	—	7	258	—	—
1363	60	48	3,480	—	—	1	20	—	—	—	—	—	—	—	—	9	273 ½	1	60
1364	81 (5)	70	3,531	—	—	1	90	—	—	—	—	—	—	—	—	8	667	—	—
1365	43	40	2,818	—	—	1	50	—	—	—	—	—	—	—	—	4	230 ½	—	—
1366	27 (6)	21	1,503	—	—	—	—	—	—	—	—	—	—	—	—	6	588	—	—
1367	54 (7)	25	1,936	—	—	1	36	—	—	—	—	—	—	—	—	28	1,152	—	—
1368	48 (8)	19	1,335	—	—	—	—	—	—	—	—	—	—	—	—	29	1,134	—	—
1369	43 ½ (9)	6	317	—	—	—	—	—	—	—	—	—	—	—	—	33 ½	2,413	3	106
1370	34 ½ (10)	2 ½	214	—	—	—	—	—	—	—	—	—	—	1	18	20 ½	1,909	1	120
1371	23 ½ (11)	—	—	—	—	—	—	—	—	—	—	—	—	—	—	18 ½	1,346	—	—
1372	21 (12)	2	260	—	—	—	—	—	—	—	—	—	—	—	—	15 ½	1,303	½	98
1373	14 (13)	1	400	—	—	—	—	—	—	—	—	—	—	—	—	13	475 ½	—	—
1374	19 (14)	2	90	—	—	—	—	—	—	—	—	—	—	—	—	16	699	—	—
1375	11 ½ (15)	2	140	—	—	—	—	—	—	—	—	—	—	—	—	9 ½	336	—	—
1376	17	1	40	—	—	—	—	—	—	—	—	—	—	—	—	11	814	—	—
1377	25 (16)	—	—	—	—	—	—	—	—	—	—	—	—	—	—	15	700	—	—
1378	21 (17)	—	—	—	—	—	—	—	—	—	—	—	—	—	—	19	408	—	—
1379	16	—	—	—	—	—	—	—	—	—	—	—	—	—	—	7	879 ½	—	—
1380	58	2	30	—	—	—	—	—	—	—	—	1	200 lbs.	—	—	18 ½ ½	1,403	—	—
1381	46	—	—	—	—	—	—	—	—	—	—	—	—	—	—	10	387	—	—
1382	40 (18)	1	100	—	—	—	—	—	—	—	—	—	—	—	—	8	722	—	—
1383	40	—		—	—	—	—	—	—	—	—	—	—	—	—	12	393	—	—
1384	38	5	116	—	—	—	—	—	—	—	—	—	—	—	—	5	378	—	—
1385	44	1	100	—	—	—	—	—	—	—	—	—	—	—	—	9	342	—	—
1386	23	1	10	—	—	—	—	—	—	—	—	—	—	—	—	—	—	—	—
1387	20	—	—	—	—	—	—	—	—	—	—	—	—	—	—	1	20	—	—
1388	26	1	32	—	—	—	—	—	—	—	—	—	—	—	—	2	164	—	—
1389	10 (19)	—	—	—	—	—	—	—	—	—	—	—	—	—	—	½	36	—	—
1390	3	—	—	—	—	—	—	—	—	—	—	—	—	—	—	—	—	—	—
1391	5	2	42	—	—	—	—	—	—	—	—	—	—	—	—	—	—	—	—
1392	6	1	28	—	—	—	—	—	—	—	—	—	—	—	—	—	—	—	—
1393	3	—	—	—	—	—	—	—	—	—	—	—	—	—	—	—	—	—	—
1394	8	—	—	—	—	—	—	—	—	—	—	—	—	—	—	—	—	—	—
1395	4	—	—	—	—	—	—	—	—	—	—	—	—	—	—	—	—	—	—
1397	3	—	—	—	—	—	—	—	—	—	—	—	—	—	—	—	—	—	—
1398	2	—	—	—	—	—	—	—	—	—	—	—	—	—	—	—	—	—	—
1399	3	—	—	—	—	—	—	—	—	—	—	—	—	—	—	—	—	—	—
1400	1	—	—	—	—	—	—	—	—	—	—	—	—	—	—	—	—	—	—
1401	4	—	—	—	—	—	—	—	—	—	—	—	—	—	—	—	—	—	—
1402	2	—	—	—	—	—	—	—	—	—	—	—	—	—	—	—	—	—	—
1403	8	—	—	—	—	—	—	—	—	—	—	—	—	—	—	—	—	—	—
1408	4	—	—	—	—	—	—	—	—	—	—	—	—	—	—	—	—	1	30
1409	5	—	—	—	—	—	—	—	—	—	—	—	—	—	—	—	—	—	—
1410	5	—	—	—	—	—	—	—	—	—	—	—	—	—	—	—	—	—	—
1411	3	—	—	—	—	—	—	—	—	—	—	—	—	—	—	—	—	—	—
1412	9	—	—	—	—	—	—	—	—	—	—	—	—	—	—	—	—	—	—
1413	3	—	—	—	—	—	—	—	—	—	—	—	—	—	—	—	—	—	—
1414	3	—	—	—	—	—	—	—	—	—	—	—	—	—	—	—	—	—	—
1415	1	—	—	—	—	—	—	—	—	—	—	—	—	—	—	—	—	—	—
1417	3	—	—	—	—	—	—	—	—	—	—	—	—	—	—	—	—	—	—
1418	3	—	—	—	—	—	—	—	—	—	—	—	—	—	—	—	—	—	—
1419	1	—	—	—	—	—	—	—	—	—	—	—	—	—	—	—	—	—	—
1420	1	—	—	—	—	—	—	—	—	—	—	—	—	—	—	—	—	—	—
1423	3	—	—	—	—	—	—	—	—	—	—	—	—	—	—	—	—	—	—
1428	1	—	—	—	—	—	—	—	—	—	—	—	—	—	—	—	—	—	—
	1,348	555	39,096	3	1,927	78 ½	3,419 ½	6	348	19	1,282	3	226 lbs.	7	188	348 ½ ½	20,713	11 ½	600

ANNÉES.	Nombre d'opérations.	En francs de France.	Nombre d'opérations.	En pieters de Brabant.	Nombre d'opérations.	En mailles de Hollande.	Nombre d'opérations.	En couronnes de France.	Nombre d'opérations.	En nobles d'Angleterre.	Nombre d'opérations en monnaies inconnues.	A volonté.	De 1 à 9 jours.	De 10 à 30 jours.	De 31 à 60 jours.	De 61 à 90 jours.	De 3 à 6 mois.	De 6 à 12 mois.	De plus d'un an.	En plusieurs fois.	Terme inconnu.
1330-1355	—	—	—	—	—	—	—	—	—	—	—	17	—	—	—	—	—	—	—	1	—
1356	—	—	—	—	—	—	—	—	—	—	—	33	—	—	—	—	—	—	—	—	—
1357	—	—	—	—	—	—	—	—	—	—	—	37	—	—	—	—	—	—	1	—	—
1358	—	—	—	—	—	—	—	—	—	—	—	60	—	—	2	—	1	3	2	2	—
1359	—	—	—	—	—	—	—	—	—	—	—	47	—	—	1	—	—	1	1	1	1
1360	—	—	—	—	—	—	—	—	—	—	—	53	—	—	—	—	2	2	4	1	—
1361	—	—	—	—	—	—	—	—	—	—	—	56	—	1	—	—	1	1	3	1	—
1362	—	—	—	—	—	—	—	—	—	—	—	29	—	15	18	14	12	2	—	4	1
1363	—	—	—	—	—	—	—	—	—	—	1	6	—	13	18	11	5	1	2	1	2
1364	1	80	—	—	—	—	—	—	—	—	1	1	—	16	43	10	4	4	1	1	—
1365	—	—	—	—	—	—	—	—	—	—	—	—	—	10	16	9	1	3	1	2	1
1366	—	—	—	—	—	—	—	—	—	—	—	—	—	2	17	1	4	—	—	3	—
1367	—	—	—	—	—	—	—	—	—	—	—	1	—	4	9	13	12	6	2	5	2
1368	—	—	—	—	—	—	—	—	—	—	—	—	—	8	19	9	7	2	—	1	1
1369	1	88	—	—	—	—	—	—	—	—	—	—	—	4	26	6	2	—	2	2	1
1370	½	66	—	—	—	—	—	—	—	—	—	—	—	9	43	1	2	2	2	1	—
1371	5	318	—	—	—	—	—	—	—	—	—	—	—	4	13	3	1	1	—	—	2
1372	2	170	—	—	—	—	—	—	—	—	1	—	—	3	7	4	3	2	—	1	1
1373	—	—	—	—	—	—	—	—	—	—	—	—	—	6	6	—	—	2	—	—	—
1374	1	14	—	—	—	—	—	—	—	—	—	—	—	8	3	—	2	—	—	—	—
1375	—	—	—	—	—	—	—	—	—	—	—	—	—	3	6	1	—	—	—	—	—
1376	4	240	4	80	—	—	—	—	—	—	—	—	—	7	5	—	3	—	—	1	1
1377	4	69	5	100	—	—	—	—	—	—	1	—	—	9	10	1	3	—	1	—	—
1378	6	188	5	344	—	—	—	—	—	—	—	—	—	9	9	1	—	—	1	1	—
1379	1	90	8	366	—	—	—	—	—	—	—	—	—	9	3	—	—	1	—	—	2
1380	14 ½ ½	703	15	475	—	—	—	—	—	—	½	1	—	27	10	3	7	2	—	1	—
1381	12	746	24	1,044	—	—	—	—	—	—	—	—	—	20	13	5	1	1	2	—	2
1382	9	832	31	1,338	—	—	—	—	—	—	—	—	—	26	8	3	2	2	—	—	1
1383	8	418	20	686	—	—	—	—	—	—	—	—	—	23	9	—	1	1	—	—	1
1384	7	900	10	1,490	—	—	—	—	—	—	1	1	—	19	11	2	1	2	—	—	1
1385	24	3,378	4	92	6	945	—	—	—	—	—	—	4	20	17	1	—	1	—	—	1
1386	19	583	1	120	2	58	—	—	—	—	—	1	1	7	13	1	—	—	—	—	—
1387	17	527	1	40	1	12	—	—	—	—	—	—	2	6	9	2	—	—	—	1	—
1388	15	371	—	—	8	392	—	—	—	—	—	—	1	8	10	1	1	1	—	2	1
1389	4 ½	131	—	—	4	132	1	96		—	—	—	1	3	4	—	1	—	—	1	—
1390	1	36	—	—	2	840	—	—	—	—	—	—	—	—	2	1	—	—	—	—	—
1391	2	27 ⅔	1	96	—	—	—	—	—	—	—	—	—	3	1	—	—	1	—	—	—
1392	4	144	—	—	1	30	—	—	—	—	—	—	—	1	5	—	—	—	—	—	—
1393	2	46	—	—	1	60	—	—	—	—	—	—	—	1	1	—	—	—	—	—	—
1394	2	84	—	—	5	604	1	40	—	—	—	—	—	2	4	—	1	—	—	—	1
1395	2	260	—	—	2	68	—	—	—	—	—	—	—	1	2	1	—	—	—	—	—
1397	3	230	—	—	—	—	—	—	—	—	—	—	—	—	3	—	—	—	—	—	—
1398	2	134	—	—	—	—	—	—	—	—	—	—	—	—	—	—	1	—	—	—	1
1399	2	50	—	—	1	70	—	—	—	—	—	—	—	—	3	—	—	—	—	—	—
1400	1	8	—	—	—	—	—	—	—	—	—	—	—	—	—	—	1	—	—	—	—
1401	—	—	—	—	1	80	2	122	—	—	—	—	—	—	2	1	1	—	—	—	—
1402	1	200	—	—	—	—	—	—	1	16	—	1	1	—	—	—	—	—	—	—	—
1403	2	52	—	—	3	112	2	68	—	—	1	—	—	—	1	4	1	—	—	1	1
1408	—	—	—	—	—	—	3	92	—	—	—	—	—	—	4	—	—	—	—	—	—
1409	—	—	—	—	—	—	3	129	—	—	—	—	—	—	4	—	1	—	—	—	—
1410	—	—	—	—	—	—	5	268	—	—	—	—	—	1	—	—	—	1	3	—	—
1411	—	—	—	—	—	—	3	64	—	—	—	—	—	—	2	—	—	—	—	1	—
1412	1	20	—	—	—	—	8	532	—	—	—	—	—	—	1	5	3	—	—	—	—
1413	—	—	—	—	—	—	3	72	—	—	—	—	—	—	3	—	—	—	—	—	—
1414	—	—	—	—	—	—	3	82	—	—	—	—	—	—	2	1	—	—	—	—	—
1415	—	—	—	—	—	—	1	8	—	—	—	—	—	—	—	1	—	—	—	—	—
1417	1	44 ½	—	—	—	—	2	88	—	—	—	—	—	—	—	—	2	—	—	1	—
1418	—	—	—	—	—	—	3	64	—	—	—	—	—	—	—	1	2	—	—	—	—
1419	—	—	—	—	—	—	1	30	—	—	—	—	—	—	—	—	1	—	—	—	—
1420	—	—	—	—	—	—	1	10	—	—	—	—	—	—	—	—	1	—	—	—	—
1423	—	—	—	—	—	—	3	174	—	—	—	—	—	—	—	1	1	—	—	1	—
1428	—	—	—	—	—	—	1	30	—	—	—	—	—	—	—	—	1	—	—	—	—
	168 ½ ½	11,481 ½	135	6,248	37	2,013	47	1,851	1	16	6 ½	344	51	310	378	120	96	45	28	38	23

(1) Plus une opération de 169 muids de blé et une opération portant en partie sur 62 muids.
(2) Plus une opération de 667 pierres de laine.
(3) Plus une opération de 934 pierres de laine et deux opérations de 35 muids de blé et 48 muids d'avoine.
(4) Plus une opération de 30 muids de blé et 30 muids d'avoine.
(5) Plus quatre opérations de 265 muids de blé et 160 muids d'avoine.
(6) Plus six opérations de 443 ½ muids de blé et 117 muids de froment et 32 muids d'avoine.
(7) Plus une opération de 160 muids de blé.
(8) Plus quatre opérations de 35 muids de blé et 19 muids 1 rasière d'avoine.
(9) Plus une opération de 240 cercles de bois et deux opérations et demie de 60 ½ muids de blé et 30 ½ muids d'avoine.
(10) Plus une opération et demie de 40 muids de blé et 8 muids d'avoine.
(11) Plus une opération et demie de 30 muids de blé et 5 muids d'avoine et une opération de 3 muids de blé et 3 muids d'avoine.
(12) Plus une opération de 5 muids de blé.
(13) Plus une opération de 31 muids d'avoine.
(14) Plus une opération de 8 muids de blé.
(15) Plus une demi-opération de 6 muids d'avoine et une opération de 3 muids de blé et 1 muid de froment.
(16) Plus une opération de 78 ½ muids de blé et 78 ½ muids d'avoine.
(17) Plus une opération de 5 muids de blé et une opération de 2 muids de blé et 2 muids d'avoine.
(18) Plus une opération de 15 muids de froment et 15 muids d'avoine, et une opération de 43 muids de blé et 43 muids d'avoine.
(19) Plus une opération de 20 muids d'avoine.

LIII. — Etudes sur l'administration byzantine dans l'exarchat de Ravenne (568-751), par M. Charles DIEHL (Rome et Athènes) 10 fr.

LIV. — Lettres inédites de Michel Apostolis, publiées d'après les manuscrits du Vatican, avec des Opuscules inédits du même auteur, une introduction et des notes, par Hippolyte NOIRET (*Rome*). . . . . 7 fr.

LV. — Etudes d'archéologie byzantine. — L'église et les mosaïques du couvent de Saint-Luc en Phocide, par M. Charles DIEHL 3 fr. 50.

LVI. — Documents inédits pour servir à l'histoire de la domination vénitienne en Crète, de 1380 à 1499, tirés des archives de Venise, publiés ou analysés par Hippolyte NOIRET (*sous presse*) (*Rome*).

LVII. — L'orateur Lycurgue. — Etude historique et littéraire, par Félix DÜRBACH 4 fr.

LVIII. — Essai sur l'administration du Royaume de Sicile sous Charles Ier et Charles II d'Anjou, par Léon CADIER (*Rome*) 8 fr.

LIX. — Origines et sources du roman de la Rose, par M. Ernest LANGLOIS (*Rome*) 5 fr.

LX. — Elatée, la ville, le temple d'Athena Cranaia, par M. Pierre PARIS nombreuses figures dans le texte, et quinze planches hors texte en héliogravure ou gravées.

VUE DU FORUM

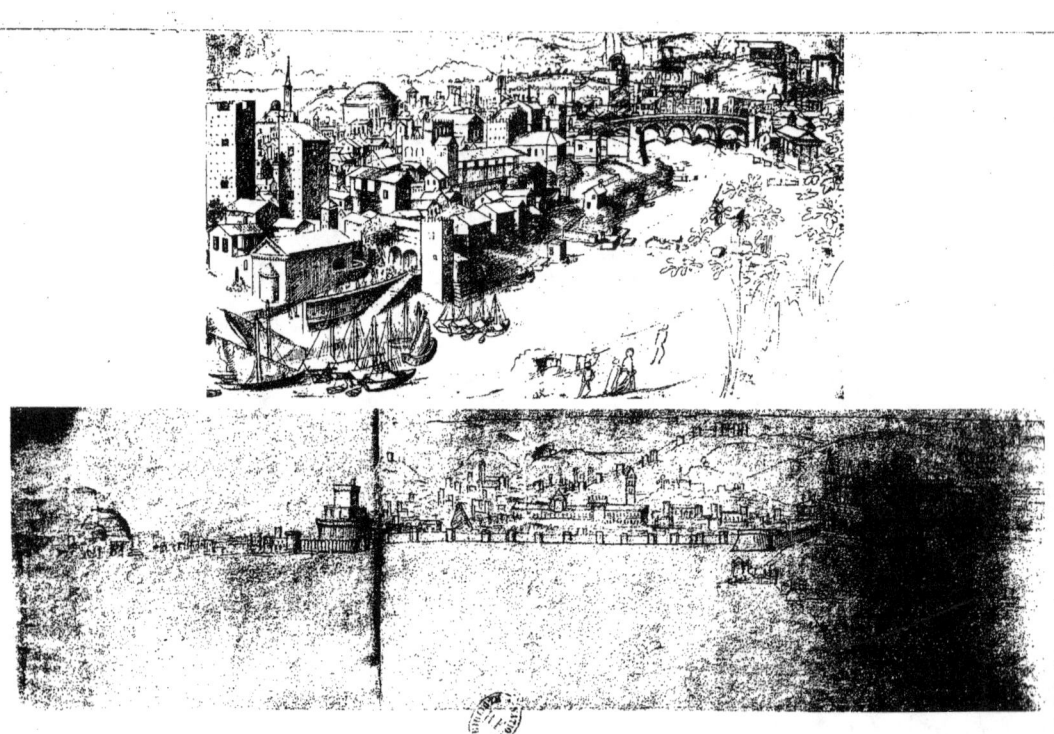

VUES DE ROME
d'après le recueil de l'Escurial.

Ecole fr. de Rome. Mélanges. G. B. De Rossi.   M. Prou

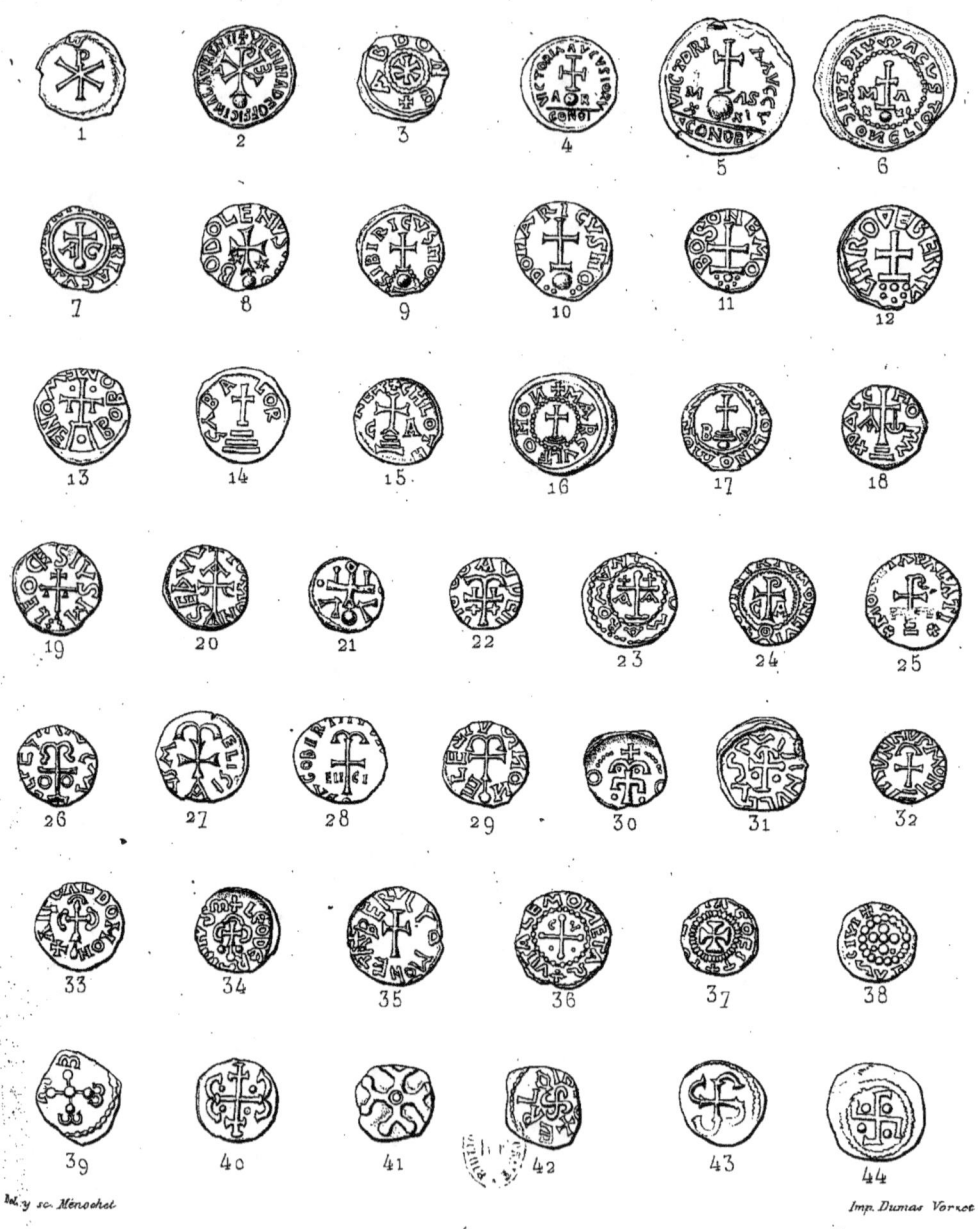

MONNAIES MÉROVINGIENNES

École fr. de Rome. Mélanges G. B. De Rossi — P. Durrieu

dessin du Soane-Museum

VUE INTÉRIEURE DE L'ANCIEN SAINT-PIERRE DE ROME
Miniature de Jean Fouquet représentant le couronnement de Charlemagne
Ms. français 6465 de la Bibl. Nationale

Ecole fr. de Rome. Mélanges De Rossi. A. Geffroy.

Vue inédite de Rome en 1459.

www.ingramcontent.com/pod-product-compliance
Lightning Source LLC
Chambersburg PA
CBHW070926230426
43666CB00011B/2320